DIETRICH WÜNSCH

EVANGELIENHARMONIEN
IM REFORMATIONSZEITALTER

ARBEITEN ZUR KIRCHENGESCHICHTE

Begründet von Karl Holl † und Hans Lietzmann †

Herausgegeben von Kurt Aland, Carl Andresen und Gerhard Müller

—————————————— 52 ——————————————

EVANGELIENHARMONIEN IM REFORMATIONSZEITALTER

EIN BEITRAG ZUR GESCHICHTE DER LEBEN-JESU-DARSTELLUNGEN

VON

DIETRICH WÜNSCH

WALTER DE GRUYTER · BERLIN · NEW YORK

1983

Gedruckt mit Unterstützung der Deutschen Forschungsgemeinschaft

BT
303.2
.W8
1983

CIP-Kurztitelaufnahme der Deutschen Bibliothek

Wünsch, Dietrich:
Evangelienharmonien im Reformationszeitalter : e. Beitr. zur Ge-
schichte d. Leben-Jesu-Darst. / von Dietrich Wünsch. – Berlin ;
New York : de Gruyter, 1983.
   (Arbeiten zur Kirchengeschichte ; 52)
   ISBN 3-11-008600-X
NE: GT

© 1983
by Walter de Gruyter & Co., Berlin 30
Printed in Germany
Satz und Druck: Arthur Collignon GmbH, Berlin 30
Buchbinder: Lüderitz & Bauer, Berlin 61

Vorwort

Die vorliegende Arbeit wurde im Frühjahr 1980 von der Theologischen Fakultät der Friedrich-Alexander-Universität Erlangen-Nürnberg als Dissertation angenommen. Für den Druck wurde sie noch einmal überarbeitet und vor allem im Anmerkungsteil gekürzt.

Der umsichtige Betreuer der Arbeit war Prof. Dr. Gerhard Müller. Das für mich aufschlußreiche Korreferat erstellte Prof. D. Walther v. Loewenich. Die Mitarbeiter an der Reformationsgeschichtlichen Forschungsstelle in Erlangen haben durch manche Hinweise und Hilfestellungen zum Gelingen der Arbeit beigetragen. Bei der Besorgung der manchmal schwer aufzuspürenden Quellen zeigten sich die Mitarbeiter der verschiedenen Bibliotheken entgegenkommend und findig. Stellvertretend für alle nenne ich die Mitarbeiter der Universitätsbibliothek Erlangen und der Stadtbibliothek Nürnberg. Die Stadtbibliothek Nürnberg hat auch die freundliche Genehmigung zum Abdruck der beiden beigegebenen Abbildungen erteilt.

Den Herausgebern der «Arbeiten zur Kirchengeschichte» möchte ich besonders herzlich danken, daß sie meine Arbeit nicht nur in ihre Reihe aufgenommen haben, sondern auch mit Ratschlägen und Kritik Hilfestellung gewährt haben. Auch die Mitarbeiter des Verlages haben mir bei der Drucklegung manche nicht selbstverständliche Unterstützung geleistet. Als Pfarrer einer ausgedehnten Diasporagemeinde hätte ich die Arbeit ohne solchen vielfältigen Beistand nicht zu Ende bringen können.

Die Drucklegung wurde ermöglicht durch eine namhafte Beihilfe der Deutschen Forschungsgemeinschaft und durch großzügige Zuschüsse der Frau Dorothea und Dr. Dr. Richard Zantner-Busch-Stiftung (Erlangen) sowie des Evang.-Luth. Landeskirchenrates in München. Diesen Stellen sei hier für ihre Unterstützung noch einmal gedankt.

Ganz sicher ist, daß dieses Buch nicht entstanden wäre ohne die Begleitung durch Herrn Prof. Dr. Gerhard Müller. Er hat einen langen Atem gezeigt, indem er mich über Jahre hinweg ermutigt und – so nötig – gedrängt hat, die Arbeit zum Abschluß zu bringen. Ihm, dem künftigen Bischof der Evangelisch-Lutherischen Landeskirche in Braunschweig, möchte ich dieses Buch widmen und so meinen Dank für diese Begleitung über mehr als zehn Jahre hinweg ausdrücken.

Obergünzburg, im Mai 1982   Dietrich Wünsch

Inhaltsverzeichnis

Abkürzungsverzeichnis

Die Abkürzungen der biblischen Bücher und die allgemeinen Abkürzungen richten sich nach TRE-Abkürzungsverzeichnis. Die Abkürzungen für Literaturangaben werden im Literaturverzeichnis aufgelöst.

Abweichend von bzw. zusätzlich zu TRE-Abkürzungsverzeichnis werden folgende Abkürzungen verwendet:

CF	Der Codex Fuldensis bzw. die in ihm enthaltene Evangelienharmonie
Ev, Evv	Evangelium, Evangelien
F.	Folium (bei Handschriften)
GC	Gesta Christi
LB	Landesbibliothek
LkA	Landeskirchliches Archiv
M	Die Handschrift Codex Mon. lat. 10025 (Pal. M. 25) bzw. die darin enthaltene Evangelienharmonie
MS	Manuskript
o.	oben
OCarm	Karmeliter
OFM	Ordo Fratrum Minorum (Franziskaner)
OSB	Ordo Sancti Benedicti (Benediktiner)
Pkt.	Punkt
SB	Staatsbibliothek
SiB	Stiftsbibliothek
SlB	Staatliche Bibliothek
SStB	Staats- und Stadtbibliothek
StB	Stadtbibliothek
SuB	Studienbibliothek
s. v.	sub voce
StA	Stadtarchiv
u.	unten
UB	Universitätsbibliothek
ZB	Zentralbibliothek

Einleitung

Die vorliegende Arbeit verdankt ihre Entstehung zunächst dem Interesse an der Frage, wie man sich im Reformationsjahrhundert das Leben Jesu vorgestellt und es dargestellt hat. Albert Schweitzer hat ja behauptet, daß «vor Reimarus . . . niemand das Leben Jesu historisch zu erfassen versucht» habe[1] Die Richtigkeit dieser Behauptung steht und fällt mit dem Verständnis von «historisch», wie Albert Schweitzer es hier voraussetzt, nämlich geprägt durch einen gegen das christologische Dogma gerichteten Impetus: «Die geschichtliche Erforschung des Lebens Jesu ging nicht von dem rein geschichtlichen Interesse aus, sondern sie suchte den Jesus der Geschichte als Helfer im Befreiungskampf vom Dogma.»[2] So darf die Behauptung Schweitzers jedenfalls nicht verstanden werden, daß vor Reimarus niemand versucht habe, ein geordnetes Bild des Lebens Jesu zu entwerfen[3].

Albert Schweitzers grandiose «Geschichte der Leben-Jesu-Forschung» muß geradezu die Frage provozieren, wie es denn vor dem von ihm überblickten Zeitraum, wie es vor allem im Reformationsjahrhundert mit seinen mannigfaltigen geistigen und geistlichen Impulsen mit der Sicht des irdischen Lebens Jesu bestellt gewesen ist. Irgendeine Vorstellung vom Leben Jesu müssen doch auch die Menschen damals gehabt haben – und wäre diese Vorstellung auch noch so vom Dogma und der Tradition geprägt und im Sinne Schweitzers «naiv»!

Wie wurde das Leben Jesu im Reformationsjahrhundert dargestellt? Wer hat an diesen Darstellungen gearbeitet? Welche Motive bewegten dabei die Verfasser? Welches Interesse konnte bei den Lesern vorausgesetzt werden? Wie wirkte sich die Person des Verfassers auf die Darstellung des Lebens Jesu aus[4] und umgekehrt: Konnte das darzustellende Leben Jesu auch Eindruck und Einfluß auf die ausüben, die sich damit beschäftigten? Welche Hilfswissenschaften hat man zurate gezogen? Welcher literarischer Gattungen hat man sich bedient?

[1] Schweitzer, Leben-Jesu-Forschung, S. 56.
[2] Schweitzer, a. a. O., S. 47.
[3] Albert Schweitzer selbst hatte wohl keine rechte Vorstellung von der Vielfalt und Vielzahl der Versuche im 16. und 17. Jh., das Leben Jesu darzustellen. Er urteilt: «Das einzige interessante Leben-Jesu vor Reimarus wurde von einem Jesuiten in persischer Sprache verfaßt» (Schweitzer, a. a. O., S. 56): Die Historia Christi des Hieronymus Xavier.
[4] Wie es Schweitzer von «seinen» Leben-Jesu-Darstellern aufzeigt, z. B. Schweitzer, a. a. O., S. 47f.

Solche und ähnliche Fragestellungen leiteten mich, als ich mich an die Sammlung von Material zu den Leben-Jesu-Darstellungen des 16. Jahrhunderts machte. Sie sind auch in der vorliegenden Arbeit noch wiederzufinden und werden an mehreren Stellen thematisiert.

Sehr schnell wurde mir klar, daß die Fülle des Stoffes zu umfangreich und zu verschiedenartig ist, als daß ich sie mit den mir zu Gebote stehenden Mitteln auch nur einigermaßen hätte bewältigen können. Was müßte da nicht alles an literarischen Gattungen, innerhalb derer das Leben Jesu zur Sprache kommt, herangezogen werden: Meditativ-erbauliche Schriften, Epen, Lieder und Merkverse, Leben-Jesu-Darstellungen in Predigtreihen, in biblischen Kommentaren, innerhalb von Chronologien und Geschichtswerken, als Unterrichtswerke und Lehrbücher, Monographien und Abhandlungen zu verschiedenen Einzelfragen und auch die verschiedenen Bilderzyklen!

Zu all diesen Gattungen lassen sich für das 16. Jahrhundert nicht nur vereinzelte, sondern zahlreiche, fast möchte man sagen: zahllose Beispiele finden.

Es ergab sich, daß die Bemühungen, die vom Evangelientext selbst ausgehen und sich vor allem mit den Problemen auseinandersetzen, die sich aus den Unterschieden zwischen den vier Evangelien ergeben, also die Bemühungen um eine Evangelienharmonie, innerhalb des ganzen Bereichs der Leben-Jesu-Darstellungen einen vorrangigen Platz einnehmen. Auf diese Bemühungen konzentriert sich nun meine Arbeit. Sie hat nicht die so oft gepflegten Erörterungen über den consensus evangelistarum zum Gegenstand, sondern nimmt sich sozusagen der praktischen Durchführung des consensus in der Gestalt von Evangelienharmonien[5] an, und zwar nur solcher Harmonien, die den gesamten Stoff der Evangelien beinhalten[6]. Es ist meine im Zuge dieser Arbeit gewonnene Überzeugung, daß den Anstrengungen im Blick auf die Demonstration des consensus evangelistarum ein hoher Stellenwert in der Geschichte des Bibelstudiums im Reformationsjahrhundert zuzuerkennen ist.

Unter den Evangelienharmonien des 16. Jahrhunderts nimmt die Harmonia evangelica des Andreas Osiander eine beherrschende Rolle ein: Sowohl vom Anspruch her als auch von der Durchführung und besonders von ihrer Wirkungsgeschichte bietet sie Besonderes. Zu Recht steht deshalb diese Evangelienharmonie des damaligen Predigers an St. Lorenz in Nürnberg im Zentrum unserer Arbeit, und in der

---

[5] Zu den Schwierigkeiten, die Gattung «Evangelienharmonie» klar zu definieren vgl. u. S. 6ff.

[6] Daneben gibt es noch eine große Zahl von Harmonisierungen der Kindheitsgeschichten Jesu und vor allem der Passions- und Ostergeschichten, die in unserer Arbeit nicht gewürdigt werden. In Alard, Bibliotheca, S. 135–146 findet sich ein Verzeichnis von Passionsharmonien.

gründlichen Untersuchung dieses Werkes Osianders wird auch ein wichtiger Beitrag zum Verständnis dieses Theologen liegen[7].

Was die anderen Evangelienharmonien dieses Zeitraums betrifft, so will unsere Arbeit mehr einen Überblick als eine vollständige Bestandsaufnahme bringen, mit zwei Ausnahmen: Die unmittelbare Wirkungsgeschichte der Harmonie Osianders ist recht ausführlich dargestellt, und in dem Abschnitt über die Geschichte des abendländischen Diatessarons im 16. Jahrhundert[8] habe ich in die zuweilen verwirrenden Angaben in der Literatur etwas mehr Licht und Ordnung bringen können[9].

---

[7] Einige Befunde meiner diesbezüglichen Untersuchungen hat Prof. Dr. Gerhard Müller in Genf vorgetragen und in Müller, Osianders Evangelienharmonie veröffentlicht.

[8] Vgl. u. S. 21—59.

[9] Die bibliographischen Angaben zu den besprochenen Evangelienharmonien sind so knapp wie möglich gehalten, in jedem Fall aber so, daß die Identifizierung unproblematisch ist. Der Bibliotheksfundort des Exemplares, mit dem ich gearbeitet habe, ist jeweils verzeichnet.

1. Einführung und Begriffserklärung

Als eine Möglichkeit, das Leben Jesu darzustellen, bietet es sich an, dem Wortlaut der Evangelien zu folgen oder, wenn nicht den Wortlaut, so doch die Abfolge der kanonischen Evangelien Schritt für Schritt zu übernehmen. So einfach und so wenig originell dieses Verfahren auf den ersten Blick erscheint, so beinhaltet es doch bei der praktischen Durchführung enorme Schwierigkeiten – und es waren nicht nur die kleinen Geister (solche waren auch dabei!), die ihren Scharfsinn auf ein solches Unternehmen verwendet haben.

Das zugrundeliegende Problem ist klar: Vier Evangelien hat die Kirche kanonisiert und alle vier unterscheiden sich voneinander. Die Differenzen werden besonders auffällig, weil die Evangelisten die christliche Botschaft nicht in das Gewand von abstrakten philosophisch-theologischen Erörterungen gekleidet, sondern sie eingefügt haben in die Darstellung des Lebens und Leidens Jesu, ja weil diese Schilderungen oft identisch sind mit der Botschaft selbst. Die Evangelisten haben gepredigt und gelehrt, indem sie die Geschichte Jesu erzählt haben. Wenn sich zwischen ihnen Unterschiede feststellen lassen, dann erhebt sich nicht nur die Frage, wie diese Differenzen gedanklich und glaubensmäßig zu bewältigen sind, sondern diese Fragestellung wird sozusagen auf den anschaulichen Bereich fixiert, weil zu klären ist, wie sich das entsprechende Ereignis im Leben Jesu abgespielt hat. Mit den Widersprüchen zwischen den Evangelien mußten die kirchlichen Exegeten schon sehr bald lernen, zu leben[1]; nicht nur wissenschaftliche Gründlichkeit verwies sie auf dieses Thema, sondern auch antikirchliche Polemiker, die meinten, auf diesem Feld besonders gute Früchte ernten zu können[2], und sicher auch hier und da die verwunderten oder gar zweifelnden Fragen der Gläubigen, die an solchen Hindernissen hängengeblieben waren. Der Weg, der theoretisch möglich gewesen wäre, nämlich ein Evangelium gegen ein anderes auszuspielen, wurde in kirchlichen Kreisen nie beschritten. Damit hätte man ja die Möglichkeit von Irrtümern innerhalb der Heiligen Schrift zugestanden – eine für unmöglich gehaltene Konsequenz![3] Man

---

[1] Wie sie dies im Zeitraum der Alten Kirche zu bewältigen versuchten, untersucht Helmut Merkel in Merkel, Widersprüche.

[2] Vgl. z. B. Augustin, de consensu evangelistarum I 7, 10 (CSEL 43, S. 10f.).

[3] Vgl. Augustin: «Omnem autem falsitatem abesse ab evangelistis decet, non solum eam, quae mentiendo promitur, sed etiam eam, quae obliviscendo» (Augustin, de consensu evangelistarum II 12, 29 = CSEL 43, S. 129).

mußte sich nach anderen Wegen umsehen. Nicht nur für die alte Kirche, sondern auch für die späteren Jahrhunderte bestimmend, hat Augustin das Problem angepackt. Schon der Titel seiner einschlägigen Schrift «de consensu evangelistarum»[4] deutet an, daß er die Unterschiede zwischen den Evangelien nicht als Widersprüche anerkennen will. Im Gegenteil: Wenn sich die Evangelisten zu bestimmten Ereignissen unterschiedlich äußern, dann muß man ihre Zeugnisse als gegenseitige Ergänzungen sehen, die uns erst ein komplexes Bild des Sachverhaltes — sei es einer historischen Einzelheit, sei es des Sinnes einer ganzen Perikope — vermitteln. Sachgemäßes Verhalten des Lesers der Evangelien ist es demnach, auf den Konsens zu achten und nicht an zunächst widersprüchlich erscheinenden Äußerlichkeiten hängenzubleiben. Die Unterschiede haben sogar die pädagogische Aufgabe, uns von den Worten weg auf die Sache selbst, die Gott uns lehren will, zu führen[5]. Die Evangelisten haben keinen Wert darauf gelegt, sich bei ihrer Niederschrift an die tatsächliche Reihenfolge der berichteten Ereignisse zu halten. Einmal greifen sie in ihrer Erzählung dem zeitlichen Ablauf voraus («praeoccupare»[6]), das andere Mal tragen sie an späterer Stelle etwas nach, was sie am ‹richtigen› Zeitpunkt nicht erwähnt haben («recapitulare»[7]). Auch erzählt der eine mal mehr als der andere, oder läßt auch mal etwas aus, was man in einem anderen Evangelium aufgezeichnet finden kann[8]. All das erlaubt es nicht, von ‹Widersprüchen› zu reden. Man kann vielmehr nur staunend eine «concors diversitas» bewundern[9]. Augustin hat der Nachwelt die Werkzeuge zur Verfügung gestellt, mit denen eine Harmonisierung der Evangelien angepackt werden konnte, er hat aber das Werkstück nicht selbst ausgeführt: Er hat keine vollständige Evangelienharmonie geschaffen, wenn er sich auch zu vielen Einzelfragen geäußert hat[10].

Wie maßgeblich Augustins Lösungsvorschläge für die Jahrhunderte nach ihm geworden sind, zeigt ein Ausspruch des Notker Balbulus in seinem Werk über die Schriftenauslegung: «Si Augustinus adest, sufficit ipse tibi.»[11]

Was für Augustin selbst zutrifft, das ist auch für alle kirchlichen Schriftsteller nach ihm selbstverständlich: Jeder, der sich ein Bild des irdischen Lebens Jesu ver-

---

[4] CSEL 43; Über diese Schrift vgl. vor allem Vogels, de consensu und Merkel, Widersprüche, S. 218—258.

[5] Vgl. Augustin, de consensu evangelistarum II 66, 128 (CSEL 43, S. 231).

[6] Vgl. z. B. Augustin, de consensu evangelistarum III 2, 5 (CSEL 43, S. 272 f.).

[7] Vgl. z. B. Augustin, de consensu evangelistarum III 25, 70 (CSEL 43, S. 368).

[8] Vgl. Augustin, de consensu evangelistarum II 12, 27 (CSEL 43, S. 127).

[9] Vgl. Augustin, de consensu evangelistarum II 66, 128 (CSEL 43, S. 230).

[10] In den Büchern II—IV seines Werkes de consensu evangelistarum geht Augustin zuerst dem Mt entlang und weist nach, daß in den Parallelberichten dazu keine Widersprüche zu finden seien. Dann bietet er eine Harmonisierung der Passions- und Ostergeschichten der vier Evv und bespricht zuletzt Differenzen zwischen Mk, Lk und Joh.

[11] Liber de interpretatione scripturae Kap. 5 (PL 131, S. 998).

schaffen will, ist vom Ansatz her Harmonist. Man konnte als solcher sehr großzügig, ja oberflächlich vorgehen und sich möglicherweise gar keine Rechenschaft
über den Gesamtablauf und über die Details ablegen; man konnte aber auch mit
größtmöglicher Sorgfalt und erstaunlichem Scharfsinn Stück für Stück des evangelischen Materials zu einem geschlossen wirkenden Ganzen zusammenstellen. Es
gilt auch uneingeschränkt für das 16. Jahrhundert, daß hinter jedem Leben Jesu,
in welcher Form es auch immer niedergeschrieben worden ist, eine mehr oder
minder sorgfältige, übernommene oder selbständig geleistete Harmonisierungs-
arbeit steht. Man könnte deshalb mit gewissem Recht all das, was Darstellung des
Lebens Jesu zum Inhalt hat, sei es ein Epos oder ein Lied, eine meditierende
Betrachtung oder eine chronologische Tabelle, ein Schulbuch oder eine Bilderfolge,
als Evangelienharmonie bezeichnen[12].

Doch es wäre nicht sinnvoll, diesen Begriff so weitgespannt verstehen zu wollen[13]. Vielmehr stellt sich uns die Aufgabe, unter den verschiedenen Darstellungs-
weisen des Lebens Jesu diejenige genauer zu charakterisieren, die man im engeren
und eigentlichen Sinne ‹Evangelienharmonie› nennen kann. Wir prüfen deshalb
zunächst einige von anderen vorgeschlagene Bestimmungen der Gattung Evangelienharmonie auf ihre Anwendbarkeit für das uns vorliegende Material[14].

In Wetzer und Weltes Kirchenlexikon finden wir eine Unterscheidung, die auf
das eben angesprochene Problem eingeht: «Evangelienharmonie, ein exegetischer
Terminus, der bald in objektivem, bald in subjektivem Sinne angewendet wird. In
ersterem Sinne bedeutet er das zwischen den vier Evangelien bestehende Verhältnis
wesentlicher Übereinstimmung, im anderen Sinne aber den Versuch, diese Übereinstimmung nachzuweisen.»[15] Eine ‹objektive Evangelienharmonie› ist demnach
Voraussetzung für alle kirchlichen Darstellungen des Lebens Jesu in der Zeit vor

---

[12] In älteren Zusammenstellungen von ‹Evangelienharmonien› findet man tatsächlich oft sehr
unterschiedliches Material. Z.B. zählt Dankó, Historia, S. XVff. unter den Verfassern
einer Evangelienharmonie unter anderen auf: Juvencus (4. Jh.; er schrieb ein Werk in lateinischen Hexametern, das sich an Mt anlehnt), Otfried von Weißenburg mit seinem
‹Krist›, den Schöpfer des ‹Heliand›, Petrus Comestor mit seiner ‹Historia scholastica›, die
‹Meditationes vitae Christi› des (Pseudo-)Bonaventura, Ludolf von Sachsen, Simon de
Cassias ‹Gesta Salvatoris›. Und Michelsen nennt in RE² gar den ‹Heliand› «die einzig ware
[sic!] Evangelienharmonie, die es überhaupt gibt» (RE² 4, S. 429).

[13] Man würde sonst den Unterschied zwischen den ‹eigentlichen› Evangelienharmonien (in
dem Sinne, wie sie weiter unten bestimmt werden) und den anderen Leben-Jesu-Darstellungen verwischen. Die Evangelienharmonien sind aber innerhalb der Leben-Jesu-Darstellungen nicht nur eine eigene Gattung, sondern sie haben auch eine eigene Geschichte.

[14] Es muß darauf hingewiesen werden, daß unsere Arbeit das 16. Jh. als Forschungsfeld hat.
Nur für diesen Zeitraum gelten die im folgenden angestellten Bemühungen, die Gattung
‹Evangelienharmonie› in den Griff zu bekommen.

[15] WWKL 4, Sp. 1035 (Vf.: Kaulen).

dem Einsetzen der historisch-kritischen Forschung. Die ‹subjektiven Evangelienharmonien› gliedert der Verfasser dieses Artikels im Kirchenlexikon in ‹theoretische›, die durch «bloße Untersuchung» die Übereinstimmung nachweisen wollen[16] und in ‹praktische›, die durch Zusammenstellung der Texte die Übereinstimmung augenscheinlich machen[17].

Auch diese Unterscheidung ist sinnvoll und der Sache angemessen; doch sollte
man in der Begrifflichkeit die ‹theoretischen subjektiven Evangelienharmonien›
nicht als Evangelienharmonien, sondern als Abhandlung über die Evangelienharmonie führen. Kaulen treibt die Differenzierung weiter: Eine Zusammenstellung
der Evangelientexte kann man entweder nebeneinander, also in Kolumnen,
anordnen, «so daß der bald größere, bald geringere, bald zwischen zweien, bald
zwischen dreien und vieren stattfindende Parallelismus formell erkennbar wird;
oder man kann einem einzigen Evangelientext die nicht parallelen Abschnitte der
übrigen so einordnen, daß die historische Einheit der vier Berichte tatsächlich in die
Augen springt.»[18] Der gegenwärtige Sprachgebrauch, so resümiert Kaulen, ist so
festgelegt, daß man die erstgenannte Methode ‹Synopse› nennt, während man unter
‹Evangelienharmonie› «die Herstellung einer einzigen Geschichte Jesu aus den vier
Evangelientexten» versteht[19].

Die Gegenüberstellung von ‹Evangelienharmonie› und ‹Synopse› ist allgemein
geläufig[20]. Neben der unterschiedlichen äußeren Gestaltung verweist man auch
immer wieder auf eine nach verschiedenen Seiten ausgerichtete Zwecksetzung. Paul
Feine beispielsweise sieht es als Kennzeichen einer Evangelienharmonie an, daß
«diese es auf eine Zusammenstellung des gesamten Stoffes der Evangelien zum
Zweck einer womöglich chronologischen Geschichtsdarstellung des Lebens Jesu»
absieht, während die Synopse «die übersichtliche Zusammenordnung des vielfach
gleichartigen — zusammenschaubaren — Stoffes der Evangelien» erstrebt und
«entweder exegetische Zwecke» verfolgt oder «im Dienste der Erforschung des
Problems des Verwandtschaftsverhältnisses der Evangelien untereinander» steht[21].
Meist bezeichnet man J. J. Griesbach als den Verfasser der ersten Synopse[22].

---

[16] Als solche ‹theoretische subjektive Evangelienharmonie› könnte man Augustins ‹De consensu evangelistarum› bezeichnen.
[17] WWKL 4, Sp. 1035.
[18] ebd.
[19] WWKL 4, Sp. 1035.
[20] Vgl. z.B. außer WWKL: Hase, Geschichte Jesu, S. 111 ff.; RE² 4, S. 423 ff. (Michelsen);
RE³ 5, S. 653 (s.v. ‹Evangelienharmonie› — Th. Zahn); RE³ 19, S. 277 (s.v. ‹Synopse› —
P. Feine); LThK² 3, Sp. 1233 (s.v. ‹Evangelienharmonie› — K. Th. Schäfer); LThK² 9,
Sp. 1239 f. (s.v. ‹Synopse› — J. Schmid); BL, Sp. 449 f. (A. van Schaik).
[21] RE³ 19, S. 277; vgl. auch RE², aaO.
[22] Z.B. RE³ 19, S. 279; RE³ 5, S. 653; LThK² 9, Sp. 1239; Kümmel, Einleitung, S. 12.

Abgesehen davon, daß sich diese letzte Information als falsch erweist[23], muß man die Gegenüberstellung von Synopse und Evangelienharmonie in ihrer Gültigkeit relativieren. Sie hat für unsere heutige Zeit gewiß ihr Recht; denn die neueren Synopsen, etwa die Lietzmannsche oder die Alandsche, verstehen sich als exegetisches Hilfsmittel und nicht als Darstellung des Lebens Jesu. Doch für das 16. Jahrhundert kann man eine solche Unterscheidung nicht exerzieren, ohne den Autoren Gewalt anzutun[24]. An wenigen Beispielen soll das verdeutlicht werden: Andreas Osiander, dessen ‹harmonia evangelica› im Mittelpunkt des Interesses dieser Arbeit steht[25], der das Wort ‹Evangelienharmonie› in Umlauf gebracht hat, hat dadurch, daß er in dieser Harmonie die parallelen Lesearten der Evangelien sämtlich verzeichnet hat — teils eingefügt in die fortlaufende Harmonie, teils am Rand vermerkt — bereits Schritte auf dem Weg zu einer Synopse getan, und sein ‹Elenchus›, den er dem Text der Harmonie voranstellt, ist auch in der äußeren Form die Skizze einer Synopse. Karl Molinäus, der in seiner ‹collatio et unio quatuor evangelistarum›[26] schweres theologisches Geschütz zugunsten einer synoptischen Gestaltung auffährt, sieht seine Arbeit doch in der Traditionslinie der Werke von Ammonius und Euseb, Augustinus und Gerson und vor allem von Osiander, die er natürlich alle zu übertreffen vorgibt[27]. Er verfolgt den gleichen Zweck wie diese seine Vorgänger, nur meint er, den richtigen Weg zum Ziel gefunden und beschritten zu haben. Die Harmonie des Cornelius Jansen[28] erfuhr durch den Engländer Alanus Copus eine Umgestaltung zu einer vierkolumnigen Synopse[29]. Der Zweck dieser Transformation war nicht etwa, dem Werk den Charakter von höherer Wissenschaftlichkeit zu verleihen, sondern dem Leser bei gleichbleibendem Nutzen weniger Mühe zu bereiten[30]. Und Paul Krell, der Schüler Bugenhagens, gab 1566 eine Evangelienharmonie in synoptischer Form heraus, die er ‹Monotessaron historiae evangelicae› betitelte[31], also mit dem terminus technicus, der seit Gerson eingeführt und von diesem für eine Harmonie mit ein em fortlaufenden Text verwendet worden war[32]. Auch Krell verstand also seine ‹Synopse› nicht als ein Werk mit neuer

---

[23] Vgl. auch Schellong, Calvin, S. 58 Anm. 72. Über einige der Vorgänge Griesbachs als Verfasser einer Synopse vgl. in unserer Arbeit S. 180 ff., 246 ff., 250 f., 251 ff. u. ö.

[24] Auch Zahn bezeichnet die «Grenze zwischen den beiden Gattungen als eine fließende» (RE³ 5, S. 653) und Feine weiß, daß sich der Begriff der Synopse aus dem der Evangelienharmonie «abgezweigt» hat (RE³ 19, S. 277.

[25] Dazu vgl. u. S. 84 ff.

[26] Dazu im einzelnen vgl. u. S. 180 ff.

[27] Vgl. Molinäus, Collatio, Bl. +3 a — +4 b.

[28] Dazu im einzelnen vgl. u. S. 209 ff.

[29] Dazu im einzelnen vgl. u. S. 225 f.

[30] Vgl. Copus, Syntaxis, Bl. a 3 b.

[31] Dazu im einzelnen vgl. u. S. 246 ff.

[32] Vgl. dazu u. S. 15 ff.

Zielsetzung, sondern er zählte es zu den vielfältigen Bemühungen um die Harmonisierung der evangelischen Berichte.

Diese Beispiele mögen genügen, um zu zeigen, daß es für das 16. Jahrhundert nicht zeitgemäß ist, ‹Harmonie› und ‹Synopse› gegenüberzustellen; man muß vielmehr die Synopsen, d. h. die in Kolumnen parallel angeordneten Texte der Evangelien als eine Unterabteilung der Evangelienharmonien ansehen. Im Bewußtsein der Theologen des Reformationsjahrhunderts – und wohl auch noch einiger Zeit danach – waren die Synopsen nichts anderes als die Harmonien, Konkordien oder Monotessera, sondern nur eine Möglichkeit, diese zu gestalten[33].

Es hat sich also ergeben, daß die herkömmliche Unterscheidung von Evangelienharmonie und Synopse bei dem Versuch einer Definition von Evangelienharmonie nicht weiterhilft. Sie wird uns jedoch gute Dienste leisten, wenn es darum geht, die verschiedenen Methoden bei der Abfassung einer Evangelienharmonie zu erheben. Im Haagschen Bibellexikon wird versucht, die Evangelienharmonien von den übrigen Darstellungen des Lebens Jesu abzuheben: Evangelienharmonie sei eine Verarbeitung der Evangelien zu einer fortlaufenden Erzählung, die im Unterschied zur Leben-Jesu-Darstellung nur die Worte der Evangelisten verwende[34]. Eine ähnliche Bestimmung unternimmt Zahn; «Unter diesem Titel . . . [d. i. ‹Evangelienharmonie›] versteht man eine aus den Worten der kanonischen Evangelien zusammengestellte und diese mehr oder weniger vollständig enthaltende Geschichte Jesu.»[35] Auf viele und vor allem auf die wichtigsten Harmonien des 16. Jahrhunderts trifft diese Beschreibung fraglos zu[36]. Doch für eine gültige Definition ist sie zu eng gefaßt. Abgesehen davon, daß sie die Synopsen nicht miteinbezieht, sind viele Harmonien nicht oder nicht ausschließlich aus den Worten der kanonischen Evangelien zusammengestellt. Osiander selbst hat dieses Prinzip an einigen Stellen durchbrochen, wenn er nämlich den Beginn der Apostelgeschichte und die Erscheinungsberichte von I Kor 15 in seine Harmonie miteinflicht. Wenn man die Gestaltung einer Evangelienharmonie nicht als eine ausschließlich schriftgelehrte Arbeit, sondern auch als Darstellung des Lebens Jesu betrachtet[37], dann legt es sich nahe – selbst wenn man die kanonischen Evangelien eindeutig als Grundlage betrachtet – gelegentlich zur Ergänzung auch außerevangelische Nachrichten heranzuziehen, seien es biblische, wie im Falle Osianders, seien es apokryphe oder gar profane. Solche ‹Fremdkörper› genügen noch nicht, einem Werk den Charakter einer Evan-

---

[33] In der ‹Harmonia evangelica› von Martin Chemnitz (1593; fortgeführt von P. Leyser und J. Gerhard) wird beides nebeneinander geboten: eine Synopse der einzelnen Evv und ein neugestalteter harmonistischer Text.

[34] BL S. 449.

[35] RE[3] 5, S. 653; ähnlich auch WWKL 4, Sp. 1038; LThK[2] 3, Sp. 1232.

[36] Z. B. auf Osiander und Jansen; auch auf Gerson und Chemnitz.

[37] Und das war im 16. Jahrhundert durchweg der Fall.

gelienharmonie abzusprechen, wenn genügend andere Gesichtspunkte dafür in Rechnung gestellt werden können. Neben einem solchen Zuviel – gemessen am Wortlaut der Evangelien – kann es aber auch ein Zuwenig geben: So gibt es Harmonien, die die jeweilige evangelische Perikope nur mit Stichworten anreißen und mit Hilfe von Kapitelangaben den ‹ordo› der Geschehnisse festhalten[38]. Oder es gibt die Möglichkeit – und sie ist wahrgenommen worden – mit eigenen Worten die evangelischen Geschichten nachzuerzählen oder zusammenzufassen[39]. Warum sollte man solchen Werken nicht das Prädikat einer ‹Harmonie› erteilen, verstehen sie sich doch selbst als solche! Meines Erachtens kann die Entscheidung darüber, was eine Evangelienharmonie ist und was nicht, nicht am formalen Befund gefällt werden, wenn auch selbstverständlich all die Merkmale, die bisher genannt worden sind, dabei eine Rolle spielen und spätestens dann hilfreich sind, wenn es gilt, den Komplex ‹Evangelienharmonien› weiter aufzugliedern. Erfolgversprechender als die Suche nach äußeren Kriterien dürfte das Bemühen sein, den ‹gemeinsamen Nenner› all der infragekommenden Arbeiten zu bestimmen. Ausschlaggebend ist der erkennbare Ansatzpunkt einer Schrift, ihr Selbstverständnis. Einer Evangelienharmonie muß ein bestimmtes Problembewußtsein und eine bestimmte Aufgabenstellung zugrundeliegen. Die Vierzahl der Evangelien mitsamt ihren Unterschieden muß den Verfassern zum Problem geworden sein, und sie müssen ihre Arbeit als praktische Demonstration des – theoretisch allgemein anerkannten – Konsensus der Evangelien hinsichtlich der Schilderung des Lebens Jesu verstehen. Dazu ist es erforderlich, daß sie eine Art ‹Verteilungsplan› für den Stoff der Evangelien vorlegen. Wie sie das methodisch anstellen[40], ist von sekundärer Bedeutung. Primär wichtig ist, daß sie sich – ausgesprochen oder unausgesprochen – in die Traditionskette der Arbeiten einreihen, die vor ihnen den beschriebenen Versuch unternommen haben. Nur wenn wir dieses subjektive Kriterium ernstnehmen, ist es uns möglich, über Gelingen oder Scheitern eines solchen Versuches zu urteilen. Wenn wir von vornherein enge formale Maßstäbe anlegen, laufen wir Gefahr, die Vielfalt der vorgeschlagenen Möglichkeiten zu übersehen! Diese Vielfalt ist nicht nur ein Kuriosum, sondern auch ein Indiz dafür, für wie wesentlich man im Reformationsjahrhundert derlei Unternehmungen gehalten hat und wie weit man davon entfernt war, das zugrundeliegende Problem ein für allemal für gelöst zu halten.

---

[38] Beispiel s. u. S. 21 ff.

[39] Beispiel s. u. S. 45 f., 236 ff.

[40] D. h. ob sie dem Wortlaut der Evangelien treubleiben, ihn mit eigenen Worten wiedergeben oder gar nur in Stichpunkten oder Kapitelangaben fixieren; ob sie sorgfältig den gesamten Stoff der Evangelien verarbeiten oder gelegentlich ihnen nebensächlich oder zu breit geratene Passagen überspringen; ob sie eine fortlaufende Erzählung oder parallele Kolumnen oder eine Mischung aus beiden Möglichkeiten bieten; ob sie in Latein, Griechisch oder ihrer Landessprache schreiben; ob sie Erläuterungen einschieben, als Anhang beigeben oder das Werk kommentarlos vorstellen usw.

2. Die wichtigsten Vorläufer der Evangelienharmonien des 16. Jahrhunderts

Bevor wir auf die Evangelienharmonien des 16. Jahrhunderts zu sprechen kommen, müssen wir kurz noch zwei ältere Arbeiten charakterisieren, die für das Reformationsjahrhundert von Bedeutung geblieben sind.*

2.1. Das abendländische Diatessaron

Der erste Christ, von dem wir sichere Nachricht haben[1], daß er eine Evangelienharmonie verfaßt hat, ist Tatian[2]. Er konzipierte etwa um 170 n. Chr. sein ‹Diatessaron›[3], das sich in der syrischen Kirche jahrhundertelang großer Beliebtheit und sozusagen offiziellen Charakters erfreute, denn es wurde dort im Gottesdienst verwendet. Schließlich aber verfiel es der Ächtung maßgeblicher Männer der Kirche. Bischof Theodoret von Kyros[4] rühmt sich in seiner ‹Ketzergeschichte›, daß er mehr als zweihundert Exemplare in seiner Diözese habe einziehen lassen[5]. Der Erfolg solcher Aktionen war derartig, daß wir heute kein einziges Exemplar mehr kennen, ja daß wir nicht einmal sicher wissen, ob Griechisch oder Syrisch die Ursprache des Diatessaron war[6].

---

* Auf die Versuche von Evangelienharmonien, die es natürlich auch schon vor dem 16. Jh. gegeben hat, kann hier nicht näher eingegangen werden (Ausnahme: die in diesem Kapitel 2. vorgestellten Arbeiten). Einiges über diese Autoren findet man bei DB(V) 2.2, Sp. 2113 f.; Dankó, Historia, S. XVIII f.; Pesch, Evangelienharmonien, S. 239 ff. und Vogels, de consensu, S. 136 ff. Über etliche handschriftliche Harmonien in der Traditionslinie des abendländischen Diatessarons vgl. Vogels, Beiträge, S. 123–138 und unser folgendes Kapitel 2.1.

[1] Zu Vermutungen über die Existenz vortatianischer Evangelienharmonien vgl. Merkel, Widersprüche, S. 68, Anm. 92.

[2] Syrischer Theologe des 2. Jh.; über ihn vgl. Altaner, Patrologie, S. 71 ff. (Lit.).

[3] Euseb, h. e. IV 29,6 (Euseb, Kirchengeschichte, S. 229). Zum Diatessaron vgl. LThK² 3, Sp. 348 f. und Altaner, Patrologie, S. 72–74 (Lit.). Zur Harmonistik Tatians: Merkel, Widersprüche, S. 68–91.

[4] Gest. um 466; über ihn vgl. Altaner, Patrologie, S. 339–341 und 227 (Lit.).

[5] Theodoret, haereticarum fabularum compendium 1,20 (PG 83, Sp. 372).

[6] Eine kurze Zusammenstellung der für eine Rekonstruktion wichtigsten Quellen in LThK² 3, Sp. 349. Der Versuch einer Rekonstruktion bei Zahn, Forschungen 1, S. 112–219.

Das Diatessaron verschwand aber nicht spurlos und interessanterweise hat es
– obwohl im Osten entstanden – im Abendland eine reiche Nachgeschichte[7]. Da
diese auch noch ins 16. Jh. hineinreicht, soll hier das abendländische Diatessaron
kurz vorgestellt werden, ohne daß dabei auf die verwickelten Überlieferungs-
probleme näher eingegangen werden kann.

Das älteste Dokument, das wir für diese Traditionslinie kennen, ist die als ‹Codex
Fuldensis›[8] bekannte Vulgatahandschrift. Sie wurde um die Mitte des 6. Jh. im
Auftrag des Bischof Victor von Capua[9] geschrieben, und dieser ließ als ersten Teil
des Neuen Testaments – anstelle der vier kanonischen Evangelien – eine von ihm
gefundene Harmonie in den Codex aufnehmen. Der Verfasser derselben war ihm
nicht bekannt. Er entschied sich jedoch, nachdem er bei Euseb Hinweise auf
Ammonius von Alexandrien[10] und Tatian[11] als Autoren derartiger Werke gefunden
hatte, für letzteren. Und er sollte rechtbehalten: Eingehende Untersuchungen haben
gezeigt, daß die Harmonie des Codex Fuldensis in der Tat ein Abkömmling des
Diatessarons des Syrers ist[12]. Es ist weiterhin deutlich geworden, daß die Fuldaer
Harmonie nicht die älteste lateinische Form des Diatessarons darstellt. Gewisse
Differenzen zwischen der vorangestellten Inhaltsangabe[13] und dem Text[14] weisen
auf eine altlateinische Vorgängerin hin[15]. Und einige andere Codices mit Evangelienharmonien repräsentieren eine Überlieferungsstufe, die näher am Tatianschen
Diatessaron steht als der Codex Fuldensis[16].

Um diejenigen Arbeiten des 16. Jh., die in diese Traditionslinie gehören, identifizieren zu können, ist es vorteilhaft, auf einige auffällige Merkmale des abendländischen Diatessarons hinzuweisen. Es genügt für unsere Zwecke, zwei Quellen
zum Vergleich heranzuziehen, nämlich den Codex Fuldensis[17] und ergänzend die

---

[7] Dazu vgl. die beiden wichtigen älteren Arbeiten: Zahn, Geschichte und Vogels, Beiträge.
[8] Hg. v. Ernst Ranke (Ranke, Codex). Der Text der Harmonie ist auch wiedergegeben in PL
  68, S. 251–358. Sievers, Tatian, druckt den Text derselben Harmonie nach der Abschrift
  der Handschrift Nr. 56 der Stiftsbibliothek St. Gallen. Diese St. Gallener Handschrift enthält auch eine althochdeutsche Übersetzung der Harmonie, die von Sievers zusammen mit
  dem lateinischen Text ediert wurde.
[9] Über ihn LThK[2] 10, Sp. 770f. (Lit.).
[10] Euseb, Brief an Karpian, gedr. bei Nestle, NT graece, S. 32*.
[11] Euseb, h. e. IV 29, 6.
[12] Vgl. Zahn, Forschungen 1, S. 298ff.; Vogels, Beiträge, S. 1ff.
[13] Ranke, Codex, S. 21–28.
[14] Vgl. Zahn, Forschungen 1, S. 300–303.
[15] Vogels, Beiträge, S. 7.
[16] Z. B. die beiden Münchner Handschriften Cod. Mon. lat. 10025 (Pal. M. 25) und Lat.
  23977; vgl. Zahn, Geschichte, S. 87–107 und Vogels, Beiträge, S. 34–123.
[17] Im folgenden: CF. Von allen verwandten Evangelienharmonien war die des CF für das
  Mittelalter wohl von größter Bedeutung. Sie wurde oft abgeschrieben, etwa 820/830 ins
  Deutsche übersetzt, wobei diese Übersetzung dann vom Dichter des ‹Heliand› benutzt

durch die Münchner Handschrift Cod. Mon. lat. 10025 (Pal. M. 25)[18] repräsentierte Überlieferungsstufe. Wir konzentrieren uns dabei auf wenige markante Punkte:

a) Gemeinsamkeiten von CF und M (also gemeinsame Merkmale des abendländischen Diatessarons):

1. Der Zusammenhang von Joh 2−4 ist mehrfach zersprengt[19].
2. Die Berufung des Matthäus/Levi (Mt 9,9ff. par.) wird im Anschluß an die Berufung der Jünger (Mt 4,18−22 par.) und den Fischzug des Petrus (Lk 5,1−11) erzählt[20].
3. Die Perikope Lk 4,16−30 (Jesu Predigt in Nazareth) wird aufgeteilt: Der erste Teil wird an den Anfang der Wirksamkeit Jesu verlegt[21], der zweite Teil nach den Gleichnisreden von Mt 13 par. (parallel zu Mt 13,53ff.)[22].
4. ‹Bergpredigt› (Mt 5−7) und ‹Feldrede› (Lk 6,17ff.) werden zusammenkomponiert[23].
5. Die Aussendung der Jünger (Mt 10,1ff. par.) wird an die Bergpredigt angeschlossen[24].
6. Die Heilung des ‹Gichtbrüchigen› (Mk 2,1−12 par.) wird erst nach der Heilung der Besessenen (Mk 5,1−17 par.) erzählt[25].
7. Die ‹Aussendung der Siebzig› (Lk 10,1ff.) kommt vor die Perikope von den Sabbatkonflikten (Lk 6,1−11 par.) zu stehen[26].
8. Das ‹Gleichnis von den Minen› (Lk 19,11ff.) und das ‹Gleichnis von den Talenten› (Mt 25,14ff.) werden zwar nicht identifiziert, aber nacheinander erzählt[27].
9. Das Gleichniskapitel Lk 15 (‹Vom Verlorenen›) wird zwischen Mt 18,11 und Mt 18,15 eingeschoben[28].
10. Das ‹Gleichnis vom barmherzigen Samariter› (Lk 10,15−37) wird an Mt 22,34−40 par. (Frage nach dem vornehmsten Gebot) angehängt und somit ans Ende der Wirksamkeit Jesu verlegt[29].

---

wurde. Im 12. Jh. wurde die Harmonie des CF durch Zacharias Chrysopolitanus (über ihn vgl. LThK² 10, Sp. 1301 − Lit.) kommentiert und dieser Kommentar fand seinerseits erhebliche Verbreitung (gedr. in PL 168, 11−620). 1524 erschien die Harmonie des CF erstmals im Druck und zwar unter dem Namen des Ammonius: Quatuor evangeliorum consonantia ab Ammonio Alexandrino congesta ac a Victore Capuano episcopo translata (Michaele Memlerio edente), Moguntiae, in aedibus J. Schoeffer, 1524. 8°; Nachdruck: Köln, E. Cervicornus, 1532. 8°. Vgl. Riederer, Nachrichten 2, S. 194ff.; GK 4, Sp. 69; BNP 2. Sp. 1023.

[18] Im folgenden: M. Die Abfolge dieser Harmonie ist bei Vogels, Beiträge, S. 90−123 festgehalten (dort unter dem Siglum D).
[19] Vgl. u. unter den Eigenheiten von CF die Punkte 1−5.
[20] Ranke, Codex, S. 43f. und Vogels, Beiträge, S. 93.
[21] Ranke, a.a.O., S. 42 und Vogels, a.a.O., S. 93.
[22] Ranke, a.a.O., S. 72 und Vogels, a.a.O., S. 101.
[23] Ranke, a.a.O., S. 45−52 und Vogels, a.a.O., S. 94−96; ein Vergleich der Bergpredigtkomposition in CF und M bei Zahn, Geschichte, S. 89ff.
[24] Ranke, a.a.O., S. 52f. und Vogels, a.a.O., S. 96.
[25] entsprechend der Mt-Reihenfolge. Ranke, a.a.O., S. 58f. und Vogels, a.a.O., S. 97.
[26] Ranke, a.a.O., S. 66f. und Vogels, a.a.O., S. 99f.
[27] Ranke, a.a.O., S. 133f. und Vogels, a.a.O., S. 113.
[28] in Verbindung mit Mt 18,12−14. Ranke, a.a.O., S. 89f. und Vogels, a.a.O., S. 104.
[29] Ranke, a.a.O., S. 112 und Vogels, a.a.O., S. 110.

11. Die Perikope Lk 9,51−56 (Jesus auf dem Weg nach Jerusalem) findet Platz nach der Auferweckung des Lazarus und Jesu Weggang nach Ephrem (Joh 11)[30].

b) Eigenheiten von CF

1. Die Hochzeit zu Kana (Joh 2,1−11) kommt zwischen die Aussendung der Jünger (Mt 10,1 ff. par.) und die Heilung des Aussätzigen (Mt 8,1−4) zu stehen, wobei letztere Perikope an das Weinwunder denkbar ungeschickt angeschlossen wird: «Cum autem descendisset de monte . . .»[31].

2. Die Tempelreinigung nach Joh 2,13 ff. und die der Synoptiker (Mt 21,12 ff. par.) werden identifiziert und nach dem Einzug Jesu in Jerusalem angesetzt[32].

3. Der Besuch des Nikodemus bei Jesu (Joh 3,1−21) und Jesu Begegnung mit der Ehebrecherin (Joh 8,1 ff.), ebenso die Blindenheilung am Sabbat (Joh 9,1 ff.), die Hirtenrede (Joh. 10,1−21), Jesu Besuch auf dem Tempelweihfest und seine Flucht an einen Ort jenseits des Jordans (Joh 10,22.42), die Auferweckung des Lazarus und Jesu Weggang nach Ephrem (Joh 11,1−57) ereignen sich erst nach dem Einzug Jesu in Jerusalem[33]. Das hat die merkwürdige Folge, daß Jesus nach seinem feierlichen Einzug in die Stadt (Mt 21,1 ff. par.) noch mehrere Reisen unternimmt (u. a. auch die von Lk 9,51 ff.) und daß sein letzter Einzug in Jerusalem am Sonntag vor dem Todespassa ganz ohne Feierlichkeiten verläuft und daß «das winterliche Enkänienfest . . . mitten in die Passazeit hineingeschneit» kommt[34].

4. Jesu Gespräch mit der Samaritanerin (Joh 4,4 ff.) und die Erzählung von Joh 5 werden zwischen Mt 15,31 und Mt 15,32 ff. par. lokalisiert, so daß die Reise durch Samarien von Joh 4 von Norden her unternommen wird und nicht wie im Johannesevangelium von Jerusalem aus[35].

5. Die Perikope vom ‹Sohn des Königischen› (Joh 4,46 ff.) steht ziemlich heimatlos zwischen der ‹Heilung des Gichtbrüchigen› (Mk 2,1−12 par.) und dem Zöllnermahl (Mk 2,15 ff.)[36].

6. Die Perikopen Lk 12,13−21 (‹Gleichnis vom reichen Toren›), Lk 18,18 ff. par. (‹Reicher Jüngling›), Lk 16,19−31 (‹Gleichnis vom reichen Mann und armen Lazarus›) und Lk 16,1−13 (‹Gleichnis vom ungerechten Haushalter›) folgen aufeinander (gemeinsames Thema: Reichtum)[37].

Es wäre ein überaus mühsames, vielleicht hoffnungsloses, im Falle des Gelingens aber ausgesprochen lohnendes Bemühen, durch eine Analyse der verschiedenen Quellen, die eine Form des abendländischen Diatessarons repräsentieren, die lateinische Urform des Diatessarons zu eruieren. Man könnte dabei neue Erkenntnisse über die Gestalt der ursprünglichen Arbeit Tatians gewinnen − von welcher Bedeutung dies für die Geschichte der alten Kirche und speziell des evangelischen Bibeltextes wäre, braucht nicht eigens gesagt zu werden[38]. Wir können im Zusammenhang des Themas unserer Arbeit unbedenklich auf eine eingehendere Unter-

---

[30] Ranke, a. a. O., S. 123 und Vogels, a. a. O., S. 108.

[31] Ranke, a. a. O., S. 55 f.　　　　[32] Ranke, a. a. O., S. 104.

[33] Ranke, a. a. O., S. 105−107, 116−123.

[34] Zahn, Forschungen 1, S. 307 f.　　　　[35] Ranke, a. a. O., S. 80−84.

[36] Ranke, a. a. O., S. 59 f.　　　　[37] Ranke, a. a. O., S. 95−99.

[38] Vgl. zusammenfassend: Merkel, Widersprüche, S. 91−93.

suchung verzichten, denn genausowenig wie uns heute war den Gelehrten des 16. Jh. das lateinische ‹Urdiatessaron› bekannt und konnte von ihnen deshalb auch nicht benutzt werden, während Weiterentwicklungen[39] dieser Urform auf verschiedenen Kanälen das Reformationsjahrhundert erreichten. Die oben aufgezählten wichtigsten Besonderheiten der Zeugen CF und M sollen uns ein Instrumentarium in die Hand geben, mit dessen Hilfe wir die Lage der einen oder anderen Evangelienharmonie in der Tradition orten können. Man wird davon ausgehen können, daß da, wo mehrere der genannten Eigentümlichkeiten zusammentreffen, eine Verwandtschaft zur Familie des abendländischen Diatessarons vorliegt. Über den Grad dieser Abhängigkeit wird dann von Fall zu Fall zu entscheiden sein.

2.2. Gersons Monotessaron

So verzweigt die Evangelienharmonien am Stamm der abendländischen Diatessaronüberlieferung auch waren, sie beweisen doch auch den Stillstand der Arbeit auf diesem Feld. Man hatte eben eine Harmonie, mit der man zufrieden sein konnte, warum sollte man sich um eine neue bemühen? Vereinzelte Versuche, die es in dieser Richtung gegeben haben mag, wurden jedenfalls nicht populär. Doch der berühmte Kirchenreformer Jean Charlier Gerson[1] wollte auch auf diesem Gebiete Neues in Gang setzen. Er machte sich in bisher nicht gekannter Sorgfalt daran, Wort für Wort der einzelnen Evangelien unter die Lupe zu nehmen und sie zu einem fortlaufenden Kontext zusammenzufügen. Er nannte seine Komposition «Monotessaron» und variierte damit den Titel, der für Tatians Arbeit von Euseb überliefert war[2]. Sein Werk fand eine erstaunliche Verbreitung[3], wurde mehrfach gedruckt[4] und galt bis in das 16. Jahrhundert hinein als das gewichtigste Wort in Sachen Evangelienharmonie. Der Rang, der diesem Opus zugesprochen wurde, macht es uns unerläßlich, es näher kennenzulernen, damit wir die Arbeiten des Reformationsjahrhunderts an ihm messen können.

---

[39] Dabei ist das Wort ‹Weiterentwicklung› qualitativ neutral gemeint; die Weiterentwicklungen können auch Rückschritte in der Qualität der Harmonistik bedeuten.

[1] 1363–1429; Lehrer und Kanzler an der Pariser Universität, Vorkämpfer des Konzilgedankens; über ihn vgl. LThK[2] 5, Sp. 1036f. (Lit.).

[2] Euseb, h. e. IV 29, 6.

[3] Osiander bezeugt in der Vorrede zu seiner Harmonie, daß es «omnium fere manibus iam teritur» (Osiander, Harmonia, Bl. α3a).

[4] Z.B. 1471 von Arnold Therhoernen (Aigran, Vies de Jésus, S. 1121). Zuletzt ediert in Gerson, Opera, Bd. 4, Sp. 83–202. Auf diese Ausgabe beziehen sich im folgenden die Zitate aus dem Monotessaron (ein Exemplar in Erlangen UB, Thl. IV, 14).

Ausdrücklich erklärt Gerson in seiner Vorrede, daß er sich als Fortsetzer der Arbeit des von ihm hochverehrten[5] Augustinus versteht. Augustin hatte im Rahmen seines Buches ‹de consensu evangelistarum› den ersten Abschnitt einer Harmonie vorgelegt, nämlich für die Geburts- und Kindheitsgeschichten Jesu bis zum ersten Auftreten des Täufers[6]. Auf diesem Fundament, das der Bischof von Hippo gelegt hat, will der Pariser Kanzler weiterbauen. Die Reverenz, die dem alten Kirchenvater erwiesen wird, beschränkt sich nicht auf unverbindliche Worte. Immer wieder wird es bei der Lektüre des Monotessarons deutlich, wieviel Gerson diesem seinen Vorgänger verdankt.

Die Schwierigkeiten, die sich seinem Unternehmen entgegenstellten, schienen unüberwindlich zu sein – so blickt Gerson im Vorwort auf die Arbeit an seinem Monotessaron zurück. Hauptproblem war die Ungewißheit hinsichtlich des «ordo rerum gestarum»[7]: Nicht nur, daß die einzelnen Evangelisten mit unterschiedlicher Intention ans Werk gingen – so will Markus beispielsweise nicht den tatsächlichen Ablauf der Geschehnisse schildern, sondern er legt seiner Erzählung den «ordo Leviticae electionis» zugrunde[8], und Johannes hat offenbar das Anliegen, möglichst wenig von dem zu wiederholen, was die anderen drei vor ihm schon berichtet haben – sie wechseln auch immer wieder den «ordo narrationis literalis», d. h. einmal erzählen sie im Einklang mit der Abfolge des Geschehens, dann wieder bedienen sie sich der «anticipatio» oder der «rememoratio», freilich nicht willkürlich, sondern «prout Spiritus sanctus voluit». Deshalb kann man nur – mit Augustin – zur Einsicht kommen, daß der Wortlaut und die Abfolge der Erzählung von untergeordneter Bedeutung sind gemessen am Sinn und an der Wahrheit einer Perikope. Folgerichtig ist das Monotessaron, wie es Gerson vorlegt, eine «probabilis collocatio», die dem Urteil anderer nicht vorgreifen will. Seine Überzeugung von der Einheit in der Vierzahl der Evangelien[9] bringt Gerson auf die Formel: «concordissima dissonantia»[10]. So hätte das auch Augustin sagen können![11] In der äußeren Gestaltung wie auch in der Anordnung seines Monotessarons mußte Gerson eigene Wege gehen. Seine Aufgabenstellung war: die Worte der Evangelisten zu einer fortlaufenden Erzählung zusammenzustellen. Die Herkunft der einzelnen

---

[5] Augustin wird mit den lobendsten Worten überhäuft: Der «egregius doctor Augustinus», ja der «divinus Augustinus» habe ein «librum praeclarissimum de consensu Evangelistarum» veröffentlicht, «subtilissimo quidem et operosissimo» (Gerson, Monotessaron, Sp. 89 f.).

[6] Augustin, de consensu evangelistarum II 5, 17 (CSEL 43, S. 99–113), vgl. S. 5.

[7] Gerson, Monotessaron, Sp. 89 f.

[8] Diese Meinung übernimmt Gerson vermutlich aus dem in viele Vg.-Handschriften aufgenommenen monarchianischen Prolog zum Mk (vgl. Schild, Bibelvorreden, S. 93).

[9] Gerson kann auch vom «sacramentum quadruplicis Evangelistae narrationis» sprechen (Gerson, Monotessaron, Sp. 89 f.).

[10] Gerson, Monotessaron, Sp. 89 f.

[11] Vgl. z. B. Augustin, de consensu evangelistarum II 66, 128 (CSEL 43, S. 230): «concors diversitas».

Worte und Passagen sollte aber erkennbar bleiben. Grundprinzip bei der Arbeit war eine größtmögliche Treue gegenüber dem biblischen Wortlaut[12], die — eingestandenermaßen — auf Kosten der «sonoritas» der Evangelien gehen mußte[13]. Gerson übernahm also möglichst alle Worte der Evangelien in den fortlaufenden Text — nur wo wörtliche Parallelen vorliegen, glaubte er auf eine Addierung verzichten zu können. Verständlicherweise ergibt sich daraus eine Erzählung, die mit Pleonasmen angefüllt ist und die an vielen Stellen kaum mehr als lesbar gelten kann. Um die Herkunft der einzelnen Bausteine seiner Harmonie bezeichnen zu können, bediente sich Gerson der Sigla M (= Matthäus), R (= Markus), L (= Lukas) und J (= Johannes). Das in der Anmerkung[14] wiedergegebene Textbeispiel erläutert

[12] Grundlage für Gersons Monotessaron ist der Vg.-Text der Evangelien.
[13] Gerson, Monotessaron, Sp. 91 f.
[14] Wir stellen zu diesem Zweck den Anfang der Versuchungsgeschichte Jesu, wie sie im Monotessaron wiedergegeben wird (Gerson, Monotessaron, Sp. 109, Kap. 14), neben die Worte der drei Synoptiker nach Vg.:

Mt	Mk	Lk	Gerson
Tunc Iesus		Iesus autem plenus Spiritu sancto regressus est a Iordane	M 4. R 1. L 4. Iesus autem plenus Spiritu Sancto, regressus est a Iordane: et statim R. Spiritus expulit eum in desertum: ductus M. a Spiritu in desertum, ut tentaretur a diabolo. Et agebatur L. a Spiritu in desertum. Et erat R. in deserto quadraginta diebus et quadraginta noctibus, et tentabatur a sathana: et L. nihil manducavit in illis diebus. Eratque R. cum bestiis. Et M. cum ieiunasset quadraginta diebus et quadraginta noctibus, consummatis illis postea M. esuriit. L. Et accedens M. tentator diabolus L. dixit M. illi: Si Filius Dei es, dic M. ut lapides isti panes fiant. Dic L. lapidi huic ut panis fiat: Et M. respondit ad illum Iesus. Scriptum est enim, quia non in solo pane vivit homo, sed in omni verbo Dei L. quod procedit M. de ore Dei.
ductus est in desertum a Spiritu, ut tentaretur a diabolo.	et statim Spiritus expulit eum in desertum.		
	Et erat in deserto 40 diebus et 40 noctibus, et tentabatur a satana. Eratque cum bestiis	et agebatur a Spiritu in desertum diebus 40 et tentabatur a diabolo et nihil manducavit in diebus illis	
Et cum ieiunasset 40 diebus et 40 noctibus postea esuriit. Et accedens tentator dixit ei: Si filius Dei es, dic ut lapides isti panes fiant. Qui respondens dixit: Scriptum est: non in solo pane vivit homo, sed in omni verbo, quod procedit de ore Dei.		et consummatis illis esuriit. Dixit autem illi diabolus: Si filius Dei es, dic lapidi huic ut panis fiat. Et respondit ad illum Iesus: Scriptum est: quia non in solo pane vivit homo, sed in omni verbo Dei.	

das Verfahren Gersons und zeigt deutlich, daß er tatsächlich gründlich gearbeitet und kein biblisches Wort leichtfertig übergangen hat. Eher schon unterliegt er der Gefahr, zuviel des Guten zu tun. Das Ergebnis der Harmonisierung wird unförmig[15], ein unanschauliches literarisches Gebilde. Und es zeigt sich auch, daß die Anwendung der Siglen unbefriedigend bleibt. Sie verwirren den Leser mehr, als daß sie ihn orientieren. Genauen Aufschluß, welche Worte welchem Evangelium entstammen, erhält er erst, wenn er das Monotessaron mit den Evangelientexten vergleicht. In beschränkter Zahl und in der ihm geboten erscheinenden Kürze gibt Gerson seiner Harmonie Erläuterungen in Form von Randglossen bzw. (im Druck) Fußnoten bei[16]. In diesen Anmerkungen und in den Kapitelüberschriften schlagen sich gelegentlich traditionelle, nicht durch die Bibel belegte Vorstellungen nieder[17].

Gerson gliedert seine Harmonie in drei Teile mit insgesamt 150[18] Kapiteln (= «rubricae»): Der erste Teil (Kap. 1–11) enthält die Geburts- und Kindheitsgeschichten Jesu, also den Abschnitt, für den Augustin eine Harmonie vorgelegt hatte. Der zweite Teil (Kap. 12–136) ist überschrieben: «De praedicatione Joannis. De progressu praedicationis Christi». Er umfaßt die gesamte öffentliche Wirksamkeit Jesu von seiner Taufe bis zu den Ereignissen am Tage vor dem Todespassa. Und der dritte Teil (Kap. 137–150) beinhaltet die Passions- und Ostererzählungen[19]. Das Gerüst, das den gesamten evangelischen Stoff trägt, ist das Johannesevangelium – es erfährt in seiner Abfolge keine Veränderungen. Keine einzige Perikope des 4. Evangeliums wird umgestellt. Natürlich reißen die Einfügungen

---

[15] In dem als Beispiel wiedergegebenen Abschnitt benötigen Mt 57, Mk 24, Lk 64, Gerson aber 112 Wörter!

[16] Vgl. im Vorwort: «dabunt illustrationem glossae doctorum, praesertim Augustini, libro praetacto, quamvis pauculas annotare, quasi marginales glossulas, studium fuit» (Gerson, Monotessaron, Sp. 91 f.).

[17] Z. B. wird der Tabor als Ort der Bergpredigt angegeben (Sp. 117, Kap. 30), die Sünderin von Lk 7,36–50 wird mit Maria Magdalena identifiziert (Sp. 129, Kap. 45). Wenn Zahn in RE³ 5, S. 659 schreibt: «Auch apokryphe Zutaten . . . vermeidet er nicht», dann könnte daraus der falsche Eindruck entstehen, als habe Gerson apokryphe Einsprengsel in den Text der Harmonie eingehen lassen. Das ist aber nicht der Fall.

[18] so im Text; im Inhaltsverzeichnis von Gerson, Monotessaron, Sp. 93–100, erscheinen 151 Rubriken. Kapitel 136 des Inhaltsverzeichnisses wird im Text unter Kapitel 135 miteingereiht.

[19] Im einzelnen ergibt sich für den Ablauf der evangelischen Geschichte bei Gerson das Schema, wie es in Grafik I wiedergegeben ist.
Von 112 (= Einzug in Jerusalem; Gerson, Monotessaron, Sp. 169, Kap. 115) an gehören alle folgenden Ereignisse nach Jerusalem und Umgebung (mit Ausnahme der nach Galiläa zu lokalisierenden Ostergeschichten 166+167). Die Abfolge ist hierbei folgende: 112–114. 126. 115. 89–90. 116–125. 127. 129–131. 133. 134/132. 135–138. 140a. 139. 140b–162. 163/165. 164. 167. 166. 168.

des synoptischen Materials die einzelnen Kapitel des Johannesevangeliums zum Teil weit auseinander. Neben Johannes ist das Matthäusevangelium maßgebend für die Anordnung des Stoffes. Seine Reihenfolge bleibt zwar nicht ganz unverändert, aber die Änderungen sind alle aus deutlich ersichtlichen Gründen vorgenommen worden[20].

Was den zeitlichen Ablauf des Lebens Jesu betrifft, so nimmt Gerson an, daß Jesus nach seiner Taufe mindestens drei Passafeste erlebt hat — entsprechend den Mitteilungen des Johannesevangeliums (Joh 2,13; 6,4; 13,1); das ergibt eine Dauer der öffentlichen Wirksamkeit Jesu von etwa 2½ Jahren. Bei der Identifizierung der einzelnen Geschehnisse geht Gerson meist den von Augustin vorgeschlagenen Weg: Die Bergpredigt des Matthäus und die lukanische Feldrede sind gleichzusetzen[21], ebenso die Besessenenheilung von Mt 8,28—34 mit der von Mk 5,1—17/ Lk 8,26—37[22], die Blindenheilung von Mt 20,29—34 und Mk 10,46—52[23], die Salbungsgeschichten von Mt 26,6—13/Mk 14,3—9 und Joh 12,1—8[24], nicht aber Lk 7,36—50[25]. Unterschieden werden die synoptische und die johanneische Tempelreinigung[26], die Heilung des ‹Sohnes des Königischen› (Joh 4, 47—53) von der des Knechtes des Hauptmanns zu Kapernaum (Mt. 8,5—13/Lk 7,1—10)[27], das ‹Gleichnis vom großen Abendmahl› (Lk 14,16—24) und das von der ‹königlichen Hochzeit› (Mt 22,1—14)[28], das ‹Gleichnis von den anvertrauten Zentnern› (Mt 25,14—30) und das ähnliche in Lk 19,11—27[29].

Die Arbeit Gersons bedeutete für die Versuche der Evangelienharmonisierung einen Meilenstein, der aber auch zum Stolperstein werden konnte. Meilenstein deshalb, weil unseres Wissens zum ersten Mal mit wissenschaftlicher[30] Gründlichkeit die von Augustin bereitgestellten Prinzipien für den gesamten Stoff der Evangelien durchexerziert wurden. Stolperstein aber, weil es zu sehr literarisches

---

[20] Vgl. die Anmerkung zu Kap. 31 (Mt 8,1—4 par.): «Colligitur ex hoc loco et aliis pluribus, quod Evangelistae non semper secuti sunt ordinem rei gestae, sed usi sunt regula de praeoccupatione et rememoratione. Videtur autem Matthaeus saepius sequi ordinem rei gestae» (Gerson, Monotessaron, Sp. 121).

[21] Freilich gesteht Gerson in einer Anmerkung zu, daß es sich möglicherweise auch um verschiedene Ereignisse gehandelt haben könnte (Gerson, Monotessaron, Sp. 117; vgl. Augustin, de consensu evangelistarum II 19,43—47 = CSEL 43, S. 143—148).

[22] Kap. 36; vgl. Augustin, a.a.O. II 24, 56 (CSEL 43, S. 158f.).

[23] Kap. 111; vgl. Augustin, a.a.O. II 65, 125 (CSEL 43, S. 227f.).

[24] Kap. 114; vgl. Augustin, a.a.O. II 79, 154—156 (CSEL 43, S. 260—263).

[25] Kap. 45.

[26] Kap. 116 bzw. 18; vgl. Augustin, a.a.O. II 67, 129 (CSEL 43, S. 231).

[27] Kap. 23 bzw. 32.

[28] Kap. 100 bzw. 123; vgl. Augustin, a.a.O. II 71, 139 (CSEL 43, S. 242f.).

[29] Kap. 134 bzw. 112.

Kunstprodukt war, zu sehr dem Wortlaut der Evangelien verpflichtet — auf Kosten der Klarheit und der Anschaulichkeit. Seit Gerson — so wird man sagen dürfen — gab es zweierlei Arten von Evangelienharmonien: Eine, die man im Zusammenhang lesen konnte, die andere, die man im Detail studieren mußte.

---

[30] Gersons Opus kann man deshalb ‹wissenschaftlich› nennen, weil es am ‹Schreibtisch› für den ‹Schreibtischgebrauch›, d. h. für die gelehrte Beschäftigung mit dem Neuen Testament geschaffen wurde — im Unterschied etwa zu Tatians Diatessaron, das für Gottesdienst und Gemeinde bestimmt war.

3. Evangelienharmonien des 16. Jahrhunderts* vor Osiander

3.1. Bearbeitungen des abendländischen Diatessarons

3.1.1. Gesta Christi[1]

Die erste Evangelienharmonie, die im 16. Jahrhundert gedruckt vorgelegt wurde, dürfte ein Büchlein unter dem Titel «Christi gesta»[2] sein, das der in Nürnberg tätige, später in Landshut ansässige Drucker Johann Weissenburger[3] im Jahr 1507 erscheinen ließ. Wie das «revisa atque correcta» auf der Titelseite anzeigt, handelt es sich bei dieser Schrift, für die der Drucker keinen Verfasser nennt, um die Überarbeitung einer Vorlage. Diese Vorlage hatte bereits in der zweiten Hälfte. des 15. Jahrhunderts mindestens drei Auflagen erlebt, die bei Hain verzeichnet sind[4]. Weissenburgers Druck weicht von diesen drei Frühdrucken nur in unwesentlichen

---

* Hinweise auf die Harmonien des 16. Jh. finden sich u. a. in folgenden Schriften (in zeitlicher folge): Draud, Bibliotheca classica; Calov, Biblio illustrata 1, S. 10–13; Lipenius, Bibliotheca 1, Bl. 632ff.; Freher, Theatrum; Lamy, Commentarius, S. I–VI; Clericus, Harmonia, Bl.)o(2a –)o()o()o()o()o()o()o(4b, hierin die §§ 8–17 (der Verfasser dieser ‹dissertatio historico-theologica de potioribus scriptoribus harmoniarum evangelicarum›, die der Auflage der Harmonie des Clericus von 1700 als Einleitung beigegeben ist, ist Johann Michael Lang); Fabricius, Bibliotheca, S. 215ff.; Le Long, Bibliotheca sacra 2, S. 376–396; Serpilius, Harmonia evangelica; Solbrig, Harmonia, Bl. (A)3a–(C)1b (‹Dissertatiuncula› über die osiandrische Methode der Evangelienharmonisierung); Alard, Bibliotheca, S. 71–124; Schwindel, Bibliotheca, S. 418–431; Hauber, Harmonie, S. 5ff.; Walch, Bibliotheca 4, S. 867ff.; Dankó, Historia, S. XIX–XXVI; Pesch, Evangelienharmonien, S. 454ff.; DB 2. 2, Sp. 2114; Aigran, Vies de Jésus, S. 1124–1126.

[1] Im folgenden abgekürzt: GC.
[2] Christi Ab incarnationis vsque // ascensionis Gesta succinctim // posita omni sacerdoti ha // benda bene reuisa atqve // correcta. 10 Bll., 4°, NürnbergStB, Theol. 85. 4° Beiband 5.
   In Landshut druckte Weissenburger 1514 eine weitere Auflage des gleichen Büchleins, vgl. Schottenloher, Landshuter Buchdrucker und Panzer, Annales typographici 7, 131. 1. Wenn wir in dieser Arbeit aus den GC Stellenangaben bringen, beziehen sie sich auf diese Ausgabe von 1514 (Nürnberg StB, Theol. 142. 4°).
[3] Über ihn vgl. Schottenloher, Landshuter Buchdrucker; Kist, Matrikel. S. 427, Nr. 6504 (Lit.); ADB 42, S. 290f.; Benzing, Buchdrucker, S. 256, 332 und 356.
[4] Hain, Repertorium 2, S. 116, Nr. 9057–9059 = Proctor, Index 1, Nr. 2323 und 2817. Diese drei Frühdrucke, die Hain dem Johann Hus zuschreibt, tragen ebenfalls keinen Verfassernamen.

Einzelheiten ab. Wenn wir im folgenden den Inhalt der ‹Gesta Christi› untersuchen, halten wir uns an die Ausgabe Weissenburgers; was hierzu zu sagen ist, gilt aber auch für die bei Hain und Proctor genannten früheren Drucke und ist − so wird sich zeigen − eine Abhandlung über eine Spätform der abendländischen Tatianüberlieferung.

Die Gesta Christi sind eine lateinische Evangelienharmonie. Die Konzentration auf nur wenige Textseiten[5] wird dadurch erreicht, daß der Text der einzelnen evangelischen Perikopen nicht vollständig zitiert wird, sondern in wenige Worte oder knappe Sätze zusammengefaßt[6] und mit den Zahlen der Evangelienkapitel, in denen die jeweilige Geschichte verzeichnet ist, versehen wird. An vielen Beispielen, am offensichtlichsten bei der Verwendung von «etc»[7], wird deutlich, daß der neutestamentliche Evangelientext nicht ersetzt werden soll[8], sondern daß dieser beim Leser vorausgesetzt wird. Es handelt sich also um die Epitome einer Evangelienharmonie[9]. Die Anordnung des Stoffes setzt eine bestimmte Vorstellung vom Ablauf des Lebens Jesu voraus, denn die Gliederung erfolgt nach den Jahren der Wirksamkeit Jesu und in der Passionszeit nach den Tagen der Karwoche[10].

Einige ins Auge fallende Auffälligkeiten, z. B. die Einordnung der Nikodemusgeschichte (Joh 3,1−21) und der Perikope von der Ehebrecherin (Joh 8,1−11), führen zu der Vermutung, daß die GC mit der abendländischen Diatessaronüberlieferung in Verwandtschaft stehen. Diese Vermutung wird zur Gewißheit, wenn man den Aufbau der Epitome mit den schon oben festgehaltenen Eigenheiten dieser Überlieferung[11] vergleicht. Von den dort als markante Gemeinsamkeiten von CF und M angeführten Merkmalen finden sich die Punkte 1 und 3−11 auch in GC wieder. Es läßt sich auch die noch weitergehende Behauptung begründen, daß GC eine Weiterbildung der in CF enthaltenen Harmonie darstellt. Auf den ersten Blick scheinen zwar die Unterschiede in der Abfolge beider Harmonien beträchtlich zu sein, doch eine nähere Untersuchung wird zeigen, daß die Differenzen in GC gegenüber CF in der überwiegenden Mehrzahl auf planvollen Änderungen beruhen und die CF-Anordnung voraussetzen.

---

[5] In der Nürnberger Ausgabe von 1507 umfaßt der Text 17 Seiten.

[6] So kann z. B. die ganze Bergpredigt so zusammengefaßt werden: «Ibidem fecit magnum sermonem» GC, Bl. A 3 a.

[7] Ein Beispiel: «Missus est angelus Gabriel a Deo ad virginem desponsatam dicens: Ecce concipies. Quae respondens ait: Ecce ancilla Domini etc.» GC, Bl. A 2 a.

[8] wie es ja beispielsweise bei CF der Fall ist und wie es auch viele der Passionsharmonien wollten.

[9] Vgl. im Titel das «succinctim posita» (s. o. Anm. 2).

[10] Die Einzelheiten sind aus der Grafik II zu ersehen.

[11] Vgl. o. S. 13 f.

Die Transformationen gliedern sich in drei Gruppen:

1. Auslassungen

Die Epitome versucht, den Gesamtstoff der Evangelien in das Gewand eines Aufrisses des Lebens Jesu zu kleiden. Diesem Anliegen fallen der Lk-Prolog, die Geschichten, die sich um die Geburt des Täufers ranken, aber auch die beiden Stammbäume zum Opfer.

Der Charakter der Epitome bringt es mit sich, daß etliches — vor allem aus den Reden Jesu — keine ausdrückliche Erwähnung findet, so z. B. die Weherufe über die Städte Galiläas (Mt 11,20–24) und auch die ‹Hirtenrede› (Joh 10,1–21)[12].

2. Hinzufügungen

Die Besessenenheilung von Mk 1,21–28 wird in CF vermißt und demzufolge in GC vor der Heilung der Schwiegermutter des Petrus — analog Mk und Lk — eingefügt[13].

Die Salbung Jesu durch die Sünderin (Lk 7,36–50) ist bei CF keine selbständige Erzählung, sondern ist dort mit den Salbungsgeschichten von Joh 12 und Mt 26/Mk 14 zusammenkombiniert[14]. Bei GC wird sie entsprechend einer verbreiteten Tradition verselbständigt und bekommt einen Platz nach der Auferweckung des Jünglings von Nain zugewiesen[15], die ihr ja auch bei Lk vorangeht, wenn man die Täuferanfrage mit GC und CF an anderer Stelle lokalisiert[16].

3. Umstellungen

Die Umstellungen bilden die größte Gruppe der Änderungen. Sie lassen sich noch weiter klassifizieren:

a) Umstellungen von Joh-Perikopen

Besonders unbefriedigend in CF ist die Stellung einiger Joh-Perikopen, z. B. daß die Hochzeit von Kana, die doch ausdrücklich als das erste Wunder Jesu bezeichnet wird (Joh 2,11), erst nach der Bergpredigt und der Aussendung der Jünger erzählt wird[17], daß die johanneische Tempelreinigung (Joh 2,13–25) einfach mit der synoptischen gleichgesetzt wird[18], obwohl doch die eine offenbar als am Anfang der Wirksamkeit Jesu, die andere als am Ende geschehen gedacht ist, daß die Reise Jesu durch Samarien (Joh 4,1–42) von Norden her unternommen wird (trotz Joh 4,3f.!)[19]. Ungeschickt ist auch die Stellung von Joh 8,12–11,57 nach dem Einzug in Jerusalem, woraus sich die merkwürdigen, oben genannten Folgen[20] ergeben.

---

[12] Die Versuchungsgeschichte fehlt in GC zwar in der Ausgabe Weissenburgers und auch in den von Hain genannten Drucken, erscheint aber in dem von Hus, Historia repräsentierten Stadium der GC-Überlieferung an der erwarteten Stelle: nach der Taufe Jesu.

[13] GC, Bl. A 3a.

[14] Ranke, Codex, S. 123f.

[15] GC, Bl. A 3a.

[16] Nämlich zwischen der Szene mit Maria und Martha (Lk 10,38–42) und der Aussendung der Siebzig (Lk 10,1ff.), vgl. Ranke, Codex, S. 64–66 und GC, Bl. A 3b.

[17] Vgl. Pkt. 1 unter den Eigenheiten von CF, o. S. 14.

[18] Vgl. Pkt. 2 unter den Eigenheiten von CF, o. S. 14.

[19] Vgl. Pkt. 4 unter den Eigenheiten von CF, o. S. 14.

[20] Vgl. Pkt. 3 unter den Eigenheiten von CF, o. S. 14.

In GC ist dadurch Abhilfe geschaffen, daß Joh 2,1–25 nach Joh 1 gestellt wird[21] und daß weiterhin Jesu Gespräch mit der Samaritanerin (Joh 4,3–42) vor die Heilung des ‹Sohnes des Königischen› gerückt wird[22]. Überdies wird Joh 8,12–9,41 zwischen das ‹Gleichnis vom reichen Toren› und die Erzählung vom ‹reichen Jüngling› eingeschoben, woraus sich eine ähnliche Aufsplitterung der vier Perikopen vom Reichtum wie in M ergibt[23]. Der Grund für diese zunächst nicht einleuchtende Anordnung wird in Mk 10,17a liegen: Das ‹Hinausgehen› bezieht sich dann noch auf Joh 8,59, so daß Jesus auf seinem Weg, der ihn vom Tempel weg-führt, zuerst den Blindgeborenen heilt (Joh 9,1ff.) und dann dem reichen Jüngling begegnet. Diese Vermutung wird dadurch gestützt, daß in GC beim ‹reichen Jüngling› ausdrücklich Mk 10,1 erwähnt wird: «Tunc occurrit ei adolescens in via ...»[24].

Joh 10,22–11,57 wird vor die Heilung der zehn Aussätzigen (Lk 17,11–19) gestellt[25]. Dadurch ist gewährleistet, daß das Tempelweihfest im Winter (Joh 10,22) vor den Einzug Jesu in Jerusalem zu stehen und nicht «mitten in die Passazeit hineingeschneit» kommt[26] und daß der Aufenthalt Jesu in Jerusalem von Joh 10 deutlich von dem nach seinem Einzug unterschieden und durch die Reise Jesu zuerst an einen Ort jenseits des Jordan (Joh 10,40), dann nach Bethanien (Joh 11,1–45), nach Ephrem (Joh 11,54) und schließlich durch Sama-rien und Galiläa (Lk 17,11) getrennt wird, bis Jesus endlich von Galiläa her über Samarien (Lk 9,51) und Jericho (Lk 19,1) nach Bethanien (Joh 12,1) zum feierlichen Einzug nach Jeru-salem am Sonntag vor dem Passafest reist[27].

b) Umstellungen, die die CF-Reihenfolge aufgrund der evangelischen Berichte korrigieren

Ein Vergleich der Harmonie in CF mit den Evangelien mußte erbringen, daß an manchen Stellen dem Zeugnis der Evangelien stärkeres Gewicht eingeräumt werden sollte. So wird in GC die Berufung des Levi gemäß dem einhelligen Befund bei den drei Synoptikern nach der ‹Heilung des Gichtbrüchigen› (Mk 2,1–12) plaziert[28], wobei die bei CF bestimmende thematische Anordnung[29] zugunsten einer zeitlichen Anordnung aufgegeben wird.

c) Umstellungen aufgrund einer bestimmten Vorstellung über den zeitlichen Ablauf des Le-bens Jesu

Mehr als in CF ist in GC daran gedacht, die zeitliche Abfolge des Lebens Jesu transparent zu machen. Dem Bearbeiter der Harmonie von GC lagen ganz bestimmte Vorstellungen über den zeitlichen und geographischen Verlauf des Lebens Jesu vor, die ihn gelegentlich nötigten, in seine Vorlage einzugreifen. Am wichtigsten sind folgende Änderungen:

1. Der Besuch der Magier muß vor der Darstellung im Tempel erfolgen, denn nach der kirchlichen Tradition fällt Epiphanias auf den 5. Tag nach der Beschneidung[30], während ja die

---

[21] GC, Bl. A 2 b.
[22] GC, Bl. A 3 a.
[23] GC, Bl. A 5 a.
[24] GC, Bl. A 5 a.
[25] GC, Bl. A 5 b.
[26] Zahn, Forschungen 1, S. 307 f.; vgl. o. S. 14.
[27] GC, Bl. A 5 b–A 6 a.
[28] Auf dem Wege nach Judäa! GC, Bl. A 3 a.
[29] Aufeinanderfolge der Berufungserzählungen von Mt 4,18–22/Mk 1,16–20; Lk 5,1–11 und Mk 2,13 f. par., vgl. Ranke, Codex, S. 43 f.
[30] Vgl. z. B. in der Historia scholastica: «Tertia decima vero die ecce magi venerunt ab oriente Ierosolymam ...», PL 198, Sp. 1541, und vorher: «Octavo die circumciderunt puerum», ebd.

Darstellung im Tempel nach Lev 12, 2−4 erst am 40. Tag nach der Geburt datiert werden kann[31].

2. Die Gefangennahme des Täufers wird vor Mt 4, 12 ff. erzählt[32], weil Mt 4, 12 sie voraussetzt. Diese Umstellung fällt umso leichter, weil in Mt 14 und Mk 6 die Inhaftierung des Johannes ja deutlich rückblickend berichtet wird.

3. Die Stellung von Lk 9, 51−56 nach Lk 17, 11−19 wurde schon erwähnt[33].

4. Die Passionssalbung wird nach der Johanneschronologie (Joh 12, 1) am Tag vor dem Einzug in Jerusalem angesetzt[34]. Die Zeitangabe von Mt 26, 2 und Mk 14, 1 wird nur auf die Leidensverkündigung und den Anschlag der jüdischen Oberen, nicht auf die Salbung Mt 26, 6−13/Mk 14, 3−9 bezogen.

5. In CF folgt auf die Szene ‹Jesus und die Ehebrecherin› (Joh 8, 1−11) die Verfluchung des Feigenbaums (Mt 21, 18 ff. par.). In GC wechseln die beiden Ereignisse ihren Platz, so daß sich die Vorstellung ergibt, daß Jesus am Morgen nach dem Gespräch mit Nikodemus wieder auf dem Weg von Bethanien nach Jerusalem ist (Mk 11, 11 f.), unterwegs den Feigenbaum verflucht und in Jerusalem (Joh 8, 1 f.) die Ehebrecherin vorgeführt bekommt[35].

6. Die Bitte der Griechen, Jesus zu sehen (Joh 12, 20 ff.), würde − nach Vornahme der bisher genannten Änderungen − in CF zwischen Mt 22, 46 und Mt 23, 1 ff. stehenbleiben. Aus dieser Isolation wird die Geschichte herausgenommen und im Anschluß an Joh 8, 11, also am zweiten Tag nach dem Einzug in Jerusalem erzählt[36].

7. In CF steht die Fußwaschung Jesu (Joh 13, 1−20) vor dem Auftrag an die Jünger, das Passamahl vorzubereiten (Mt 26, 17 ff. par.), so daß Passamahl und Fußwaschung − entgegen aller Tradition[37] − an verschiedenen Tagen stattgefunden hätten[38]. GC stellt die traditionelle Reihenfolge wieder her[39].

d) Weitere Umstellungen

Anders als bei den bisher aufgeführten ist das Motiv bei den verbleibenden Umstellungen nicht eindeutig zu erkennen. Es handelt sich dabei um die Gruppierung der Ereignisse im Zusammenhang mit der Berufung der Jünger. In CF war die Reihenfolge: Berufung der ersten Jünger (laut Joh 1, 35−42), Philippus und Nathanael (Joh 1, 43−51), Auftreten Jesu in Nazareth (Lk 4, 14−21), Berufung von Simon und Andreas, Jakobus und Johannes (Mt 4, 18−22/ Mk 1, 16−20), Fischzug des Petrus (Lk 5, 1−11) und Berufung des Levi (Mt 9, 9 par.).

Die erste Umgestaltung dieser Reihenfolge in GC liegt darin, daß nun die Berufungsgeschichte von Mt 4/Mk 1 zwischen Joh 1, 42 und Joh 1, 43 ff. eingeschoben wird[41]. An Joh 1

[31] GC, Bl. A 2 a.
[32] GC, Bl. A 2 b.
[33] Vgl. o. vor Anm. 27. GC, Bl. A 5 b.
[34] GC, Bl. A 6 a.
[35] GC, Bl. A 6 a.
[36] GC, Bl. A 6 a.
[37] Vgl. z. B. die Historia scholastica, PL 198, Sp. 1615 f.
[38] Ranke, Codex, S. 136 f.; die beiden Zeitangaben von Joh 13, 1 («ante diem autem festum paschae») und Mt 26, 17 («prima autem die azimorum») werden hier offenbar auf zwei aufeinanderfolgende Tage gedeutet.
[39] GC, Bl. B 1 a.
[40] Ranke, Codex, S. 41−44.
[41] GC, Bl. A 2 b.

wird — wie schon erwähnt[42] — Joh 2, 1–25 angeschlossen. Aus unersichtlich scheinenden Gründen wird Jesu Predigt in Nazareth dem Fischzug des Petrus nachgeordnet[43] — gegen die Lukasreihenfolge! Eine Erklärung hierfür könnte man bei der Annahme einer stufenweisen Bearbeitung finden. Ein erster Redaktor hat möglicherweise — mit dem Anliegen, die verschiedenen Berufungsgeschichten zusammenzustellen — bei der in CF vorliegenden Reihenfolge die Predigt Jesu in Nazareth hinter den Fischzug gestellt und auf diese Weise die Berufung der Jünger beim Beginn der öffentlichen Wirksamkeit Jesu, der durch die Predigt Jesu in seiner Heimatstadt markiert ist, abgeschlossen sein lassen. Ein zweiter Bearbeiter hat diesen Block durch die Einfügung von Joh 2 und durch die Korrektur der Stellung der Leviberufung wieder gesprengt.

Alle aufgezählten Änderungen sprechen nicht gegen eine Ableitung von GC aus CF, sie sind vielmehr geradezu ein Indiz dafür. In die gleiche Richtung weisen die umfangreichen Passagen, in denen CF und GC völlig gleichlaufen, darunter so auffällige Positionen wie die von Joh 5 zwischen Mk 7, 37 und Mk 8, 1 ff.[44] und die von dem nächtlichen Besuch des Nikodemus und von der Begegnung Jesu mit der Ehebrecherin nach dem Einzug in Jerusalem[45].

Noch ein besonders bezeichnender Hinweis findet sich darauf, daß GC letzten Endes auf CF fußt: Bekanntlich gibt es in CF nur eine Tempelreinigung, eine Kombination aus Joh und den Synoptikern, und zwar am Tage des Einzugs Jesu in Jerusalem[46]. Daß GC der Joh-Perikope einen eigenen Platz am Beginn der Wirksamkeit Jesu verschafft hat, wurde schon gesagt[47]. Doch auffällig ist, wie in GC die Tempelreinigung in der Karwoche beschrieben wird: «Et ingressus in templum facto flagello de funiculis eiecit vendentes et sanavit in eo cecos et claudos. Math 21. Mar 11. Lu 19. Iudeis vero signa petentibus ait: Solute templum hoc et in tribus diebus excitabo illud. Ioannes 2.»[48] Nicht nur das Tempelwort, das hier stehengeblieben ist, sondern auch die Notiz, daß Jesus sich eine Geißel aus Stricken machte, sind Relikte eines aus Johannes und den Synoptikern kombinierten Textes, wie er in CF an dieser Stelle steht. Wenn ich meine, die Abhängigkeit der ‹Gesta Christi› von der im Codex Fuldensis vorliegenden Harmonie nachgewiesen zu haben, so rechne ich natürlich mit einem längeren Prozeß, in dessen Verlauf die Anordnung der Harmonie, wie sie Victor von Capua vorgelegen hat, umgestaltet worden ist zu der Abfolge, die dem Druck von 1507 zu entnehmen ist. Man muß annehmen, daß es mehrere Zwischenstufen zwischen beiden Formen gegeben hat[49]. Zur Metamor-

---

[42] Vgl. o. S. 24 bei Anm. 21.
[43] GC, Bl. A 2 b.
[44] Vgl. Ranke, Codex, S. 80–84 mit GC, Bl. A 4 b.
[45] Vgl. Ranke, Codex, S. 105–107 mit GC, Bl. A 6 a.
[46] Vgl. Pkt. 2 unter den Eigenheiten von CF, o. S. 14.
[47] Vgl. o. S. 24 bei Anm. 21.
[48] GC, Bl. A 6 a.
[49] Vgl. o. nach Anm. 43.

phose von CF in GC gehört auch ein Arbeitsgang, der bisher noch nicht dargestellt worden ist: die Stilisierung zu einem Aufriß des Lebens Jesu:

Der Gesamtstoff wird in einen deutlich gegliederten zeitlichen Rahmen gefaßt,
wie er aus der Grafik II ersichtlich ist. Die Dauer der öffentlichen Wirksamkeit Jesu
wird auf drei Jahre verteilt. Es ist in der Ausgabe Weissenburgers (s. Anm. 2) nicht
ganz eindeutig, mit welchem Ereignis das erste Jahr der Tätigkeit Jesu beginnen soll;
denn während der Übergang vom ersten zum zweiten und vom zweiten zum dritten
Jahr deutlich im Text markiert sind[50], bleibt der Beginn des ersten Jahres unscharf. Es
spricht aber alles dafür, daß die Taufe Jesu als Markierung des Beginns der öffentlichen Wirksamkeit Jesu und somit als der Punkt, von dem an die Jahre des Wirkens
Jesu gezählt werden, gedacht ist[51]. Trifft diese Annahme zu[52], dann hat Jesus nach
GC von seiner Taufe bis zu seinem Tod zweieinviertel bis zweieinhalb Jahre ge-
wirkt[53]. In diese Zeit fallen vier Aufenthalte in Jerusalem: das Passafest im ersten
Jahr (Joh 2,13), das Pfingstfest im zweiten Jahr (Joh 5)[54], das Laubhüttenfest des
gleichen Jahres (Joh 7), wobei Jesus diesmal erst nach dem Kirchweihfest (im dritten
Jahr) die Stadt wieder verläßt (Joh 10, 40)[55], und schließlich das Passafest im dritten
Jahr.

[50] Vgl. z. B. GC, Bl. A 4 a: «Haec fecit Iesus anno praedicationis primo. Anno vero secundo
. . .», entsprechend auf Bl. A 5 b.

[51] Nach Mt 4, 12 – 17 par. Mk 1, 14 f. steht in GC der Satz: «Et hic fuit annus praedicationis
suae primus, in quo, cum sequerentur eum turbae multae, ascendit in montem et advocans
discipulos docuit eos dicens: Beati pauperes . . .», Bl. A 3 a. Daraus könnte man entnehmen, daß der Gestalter von GC die öffentliche Wirksamkeit Jesu nach der Gefangennahme
des Täufers mit der Bergpredigt beginnen lassen will. Dagegen spricht aber aber einmal, daß dann im Verlauf des ersten Jahres kein Passafest verzeichnet wäre, da dann ja der
Besuch Jesu in Jerusalem während des Passafestes (Joh 2, 13) noch in die Vorgeschichte der
Wirksamkeit Jesu gehören würde, und zum anderen, daß das dritte Jahr des Wirkens Jesu
in GC eindeutig im Winter beginnt (mit Joh 10, 22; GC, Bl. A 5 b) und daß man auch beim
zweiten Jahr mit einem Beginn im Winter zu rechnen hat, da dieser einige Zeit vor der
‹Speisung der 5000› liegt (GC, Bl. A 4 a) und diese ja nach Joh 6, 4 in die Nähe des
Passafestes zu datieren ist. Analog muß man auch das erste Jahr der Predigt Jesu vor dem
Passafest und möglichst im Winter beginnen lassen, und da legt sich natürlich als Ausgangspunkt die Taufe Jesu nahe, zumal an dieser Stelle in GC Lk 3,23 a zitiert wird: ‹Tunc Iesus
i n c i p i e n s quasi annorum triginta . . .» (GC, Bl. A 2 b). Der oben zitierte, vor die Bergpredigt gestellte Satz, würde dann die vorher angeführten Ereignisse von der Taufe an mit-
einschließen.

[52] Die Richtigkeit dieser Vermutung wird durch andere Zeugen in der GC-Tradition bestätigt, vgl. u. S. 33.

[53] Vom dritten Jahr erlebte Jesus ja nur noch die Zeit vom Tempelweihfest bis zum Todespassa.

[54] Das ‹Fest der Juden› von Joh 5, 1 wird mit dem Pfingstfest gleichgesetzt, GC, Bl. A 4 b.

[55] GC, Bll. A 5 a – A 5 b.

Für die Kindheits- und Passionsgeschichten wird noch eine detailliertere Zeiteinteilung geboten: Es wird mit Lk 2,21 erwähnt, daß die Beschneidung acht Tage nach der Geburt stattfand. Die beiden anderen in GC genannten Zahlen, daß nämlich die Magier am fünften Tage nach der Beschneidung das Kind besuchten und daß sich die Heilige Familie sieben Jahre in Ägypten aufhielt, entstammen nicht dem Neuen Testament, sondern der Tradition[56]. In der Karwoche werden die Ereignisse auf die einzelnen Tage verteilt. Dieser ‹Passionskalender› beginnt mit der Salbung in Bethanien «in sabatho ante palmarum»[57] und reicht bis zum Ostersonntag[58].

Es sind nicht nur die Zeitangaben, die in GC eingetragen worden sind, um daraus ein ‹Leben-Jesu› zu machen, sondern dem gleichen Zweck dienen noch einige andere Ausgestaltungen: Die Tätigkeit des Täufers gibt Anlaß, mehrere Zeilen über die ‹Sekten› der Juden einzuschieben[59]. Inhalt und Formulierung dieser Sätze lassen vermuten, daß sie aus dem entsprechenden Kapitel der Historia scholastica entnommen sind[60]. Die gleiche Quelle dürfte auch für eine andere Stelle infragekommen, wo GC ebenfalls mehr berichtet, als im Neuen Testament erzählt wird, nämlich bei Lk 13,1: «In illo tempore quidam asserens se filium dei quosdam Galileos seduxerat, quos cum duxisset in montem volens ascendere in celum, dum sacrificaret et Pilatus superveniens occidit eum cum sacerdotibus.»[61]

Daß die Verklärung auf dem Tabor stattfand[62] ist ebenso uralte Tradition[63] wie der Name der Frau des Pilatus, Procula, der in GC nicht zu erwähnen vergessen wird[64].

Der Charakter der Epitome erspart viel Kleinarbeit bei der Harmonisierung, denn die Notwendigkeit, einzelne Worte und Formulierungen und diverse Detailangaben miteinander in Einklang zu bringen, entfällt weithin. Dennoch läßt sich an vielen Stellen erkennen, daß der Bearbeiter von GC nicht ängstlich an ‹Kleinigkeiten› hängengeblieben ist. Weil er sich nicht an den Wortlaut der Evangelien gebunden fühlt, läßt er gelegentlich einfließen, wie er sich die Harmonisierung vorstellt:

---

[56] GC, Bl. A 2a. Vgl. z. B. die Historia scholastica Kap. 6 (PL 198, Sp. 1541) und die glossa ordinaria zu Mt 2,13ff.

[57] GC, Bl. A 6a.

[58] Vgl. dazu die Grafik II. In der Passionsgeschichte wird GC sehr viel ausführlicher als in den vorangegangenen Abschnitten: Von den 15½ Druckseiten der ‹Gesta Christi› im Druck Weissenburgers von 1514 entfallen ca. 1 Seite auf die Vorgeschichte, ca. 3 Seiten auf das 1. Jahr der Predigt Jesu, ca. 3½ Seiten auf das 2. Jahr, ca. ½ Seite auf das 3. Jahr bis zum Beginn der Passionswoche, aber ca. 7½ Seiten, d. h. ungefähr die Hälfte der ganzen Schrift, auf die Zeit vom Einzug in Jerusalem bis zur Himmelfahrt.

[59] GC, Bl. A 2b.

[60] Vgl. Historia scholastica Kap. 31 (PL 198, Sp. 1552–1554).

[61] GC, Bl. A 5a; vgl. damit Historia scholastica Kap. 94 (PL 198, Sp. 1585f.).

[62] GC, Bl. A 4b.

[63] Bauer, Leben Jesu, S. 149 und 517.

[64] GC, Bl. B 2a.

Nach Matthäus und Markus wird der Gekreuzigte von den beiden mit ihm zum Tode Verurteilten gelästert[65]. Lukas aber unterscheidet in seinem Sondergut das Verhalten der beiden ‹Schächer›[66]. Da es widerspruchsvoll wäre, die beiden Berichte unverbunden und kommentarlos nebeneinander stehen zu lassen, erwähnt CF nur das Verhalten der beiden Übeltäter, wie es bei Lukas geschildert ist[67]. GC aber vermutet ein Bekehrungserlebnis des einen Verbrechers: «Latrones blasphemabant eum, quos eo crucifixerant. Matthei 27. Mar 15. Unus vero ex eis, qui prius blasphemabat eum, post hoc ad se revertens dixit: Memento mei domine. L 23»[68] Der scheinbare Widerspruch zwischen dem entsetzten Schweigen der Frauen von Mk 16,8 und dem Johannesbericht, wonach Maria Magdalena dem Petrus vom leeren Grab erzählt (Joh 20,2), wird durch ein «sola vero» aus der Welt geschafft[69].

Der Redaktor von GC fühlt sich jedoch durchaus nicht verpflichtet, alles tatsächlich oder vermeintlich Kontradiktorische aufzulösen. Zum Zeitpunkt der Verklärung heißt es: «Et post dies 6 vel secundum Lu. post dies octo . . .»[70]. Oder zu Mt 27,34/Mk 15,23: «Et cum crucifigeretur, dabant ei vinum bibere cum felle mixtum. Math 27. Vel secundum Mar. dabant ei vinum mirratum. Mar 15.»[71] Der Centurio unter dem Kreuz sagt: «Vere filius dei erat iste. Math 27. Mar 15. Vel ut Lucas: Hic homo iustus erat. Lu 23.»[72]

Die Frage, in wieviel Arbeitsgängen und durch welche Personen die Harmonie, die Victor von Capua vorgefunden hatte, in die Form gebracht worden ist, die der Druck von Weissenburger bietet, ist nicht mehr zu beantworten. Die ‹Gesta Christi› sind nicht das Werk einer Person, sondern das Ergebnis einer Tradition. Das heißt nicht, daß die Veränderungen zufällig oder unkontrollierbar erfolgten, sondern sie wurden planvoll und zielstrebig vorgenommen.

Auch wenn es sich bei GC nicht um ein Werk des 16. Jahrhunderts handelt, meinten wir, es in unsere Untersuchung miteinbeziehen zu müssen. Denn zur Geschichte der Evangelienharmonien in einer bestimmten Zeit gehören ja nicht nur die Neuschöpfungen, sondern auch die Rezeption von Vorgefundenem oder Aufgespürtem. Das führt uns zur Frage, welche Motive Weissenburger bewogen haben könnten, diesen Aufriß einer Harmonie neu im Druck herauszugeben. Im Unterschied zu vielen ähnlichen Büchern fehlt bei GC ein Vorwort, in dem der Verfasser oder Herausgeber über eben diese Fragen Auskunft gibt. Es soll sich jedenfalls nicht

---

[65] Mt 27,44 und Mk 15,32b.
[66] Lk 23,29—43.
[67] Ranke, Codex, S. 155.
[68] GC, Bl. B 2a.
[69] GC, Bl. B 2b: «At illi fugerunt, invaserat enim eas timor et pavor, et nemini quicquam dixerunt. Mar 16. Sola vero Maria Magdalena cucurrit nuncians hec Petro et Ioanni . . .».
[70] GC, Bl. A 4b; vgl. Mt 17,1/Mk 9,2 mit Lk 9,28. CF hat nur die Mt-Zeitangabe.
[71] GC, Bl. B 2a.
[72] GC, Bl. B 2a.

um einen Beitrag zu einer wissenschaftlichen Diskussion und auch nicht um eine erbauliche Schrift handeln. Weder auf Thesen anderer Autoren, noch auf den Leser
wird geblickt, um ihn etwa zu frommer Betrachtung und zur praxis pietatis anzu-
leiten. Schon die lateinische Sprache verbietet es, breite Bevölkerungskreise als die
vom Herausgeber gewünschte Leserschaft anzunehmen.

Auf der Titelseite ist festgehalten, von welcher ‹Zielgruppe› dieses Büchlein gelesen und natürlich auch gekauft werden sollte: «Omni sacerdoti habenda bene».
Die ‹Gesta Christi› sind als eine Art Handbuch für den Klerus gedacht, das dem
Priester helfen soll, in der Fülle des evangelischen Stoffes den roten Faden des Le-
bensablaufes Jesu zu erkennen. Es will Orientierungshilfe sein, um den «ordo» der
Taten Christi aus den vier Evangelien herauszuprofilieren. Da Johann Weissenburger selbst Priester war, ist es möglich, daß er in seiner eigenen priesterlichen Praxis
den Nutzen eines solchen Abrisses kennengelernt hat und aufgrund dieser persönlichen Erfahrung Herausgeber und Drucker der Harmonie geworden ist.

Exkurs: Johann Hus und die «Gesta Christi»

Wenn auch die Frage nach dem Verfasser, oder besser: nach dem Redaktor bzw.
‹Epitimator› der GC von uns nicht geklärt werden kann, so ist es doch interessant,
daß es eine Tradition gibt, die dem Johann Hus eine wichtige Rolle in der Überlieferungsgeschichte dieser Harmonie zuschreibt.

Nachdem Zahn in seinem Lexikonartikel über Evangelienharmonien auch den
Namen Hus nennt[1] und als Beleg eine Handschrift aus Linköping anführt, die Hermann Lundström 1898 ediert und analysiert hat[2], möchte auch ich bei diesem Auf-
satz Lundströms einsetzen und mich mit seinen Thesen auseinandersetzen. Dieser
Auseinandersetzung muß ich allerdings die Bemerkung voranschicken, daß Lundström und mit ihm Zahn an einem wesentlichen Punkt irren, nämlich wenn sie
meinen, daß bisher in der Forschung nichts von einer Beschäftigung des Johann Hus
mit einer Evangelienharmonie bekanntgeworden sei. Es gab zu Lundströms und
Zahns Zeiten eine eigentlich unübersehbare Tradition, die den Namen Hus als Verfasser einer Evangelienharmonie nennt[3]. Die Handschrift, die Lundström untersucht hat, ist − das sei vorweg gesagt − nicht anderes als eine unvollständige Abschrift aus den 1558 gedruckten Opera des Johann Hus[4]. So ist die folgende Auseinandersetzung mit Lundström weniger als eine Analyse der von ihm edierten
Handschrift zu sehen, als vielmehr als eine Untersuchung der seit alters dem Johann

[1] RE³ 5, S. 659.
[2] Lundström, Hussinetz.
[3] Vgl. u. S. 35 f.
[4] Hus, Historia.

Hus zugeschriebenen ‹Historia Christi›. Und diese ‹Historia Christi› steht — auch das sei vorweggenommen — in allernächster Verwandtschaft zu den von uns bereits besprochenen GC.

Nach Lundströms Mitteilungen gehört die Handschrift, auf die er aufmerksam macht, dem Archiv der Stiftsbibliothek von Linköping an und befindet sich dort in einem Sammelband, der mehrere schwedische Reformationsschriften des 16. Jahrhunderts beinhaltet[5]. Der Titel der Harmonie, die diese Handschrift bietet, lautet: «Historia gestorum Christi ex quatuor evangelistis in unum collecta atque secundum tres annos praedicationis eius distincta per magistrum de Hussinetz.»[6]

Schon der erste Augenschein lehrt uns, daß es sich dabei im wesentlichen um die gleiche Epitome wie GC handelt, allerdings in einer anderen Bearbeitungsstufe. Als wichtigster und sofort bemerkbarer Unterschied zwischen GC und HL[7] zeigt sich das Fehlen der Passionsgeschichte in HL, d. h. daß HL nach Mt 25, 46 abbricht.

Da Lundström offenbar genau wie Zahn weder einen der Drucke von GC noch eine handschriftliche Bearbeitung dieser Epitome (ausgenommen HL) gekannt hat, richtet sich sein Interesse auf eine Untersuchung des Verhältnisses von HL zur lateinischen Harmonie des Luscinius[8], zur Harmonie des Codex Fuldensis und zum ursprünglichen Diatessaron Tatians. Wir fassen die für uns wichtigen Ergebnisse seiner Analyse in drei Punkten zusammen:

1. Es besteht eine enge Verwandtschaft zwischen HL und L, wobei aber auch die Unterschiede zwischen beiden Arbeiten nicht zu übersehen sind. Keines der beiden Werke kann die Vorlage des anderen abgegeben haben. Gegenüber der Behauptung des Luscinius, er habe eine griechische Handschrift übersetzt und bearbeitet[9], ist starkes Mißtrauen angebracht[10].

2. HL geht wie auch L auf Tatians Diatessaron zurück und zwar ohne die Vermittlung von CF[11].

3. Deshalb ist HL ein weiterer und neuer Beweis für Zahns These, daß es im Mittelalter eine lateinische Rezension des Diatessarons Tatians gegeben hat, die in einem nicht durch CF vermittelten Zusammenhang mit Tatians Werk steht[12].

Bevor wir auf Lundströms Thesen eingehen, müssen wir unsererseits das Verhältnis von HL und GC näher darstellen, denn davon hängt die Beurteilung der von dem schwedischen Forscher vertretenen Ansichten ab.

---

[5] Fol. T. 131; Lundström, Hussinetz, S. 24.
[6] Den gleichen Titel hat Hus, Historia.
[7] Mit HL kürzen wir im folgenden die von Lundström nach der Linköpinger Handschrift edierte Harmonie ab.
[8] Evangelicae historiae narratio, Augsburg 1523, s. u. S. 36 ff.; in diesem Exkurs im folgenden mit L abgekürzt.
[9] Vgl. u. S. 37.
[10] Lundström, Hussinetz, S. 15—19.
[11] Lundström, Hussinetz, S. 19—22.
[12] Lundström, Hussinetz, S. 22; vgl. Zahn, Geschichte, S. 93 f.

Eine Kollation beider Texte zeigt, daß es sich bei ihnen zweifelsfrei um zwei verschiedene Repräsentanten ein und desselben Werkes handelt. Die Varianten zwischen beiden bewegen sich weithin im Rahmen dessen, was bei verschiedenen Textzeugen eines Stückes als normal gelten kann[13]. An einigen Stellen zeigen sich aber doch bei HL auch gewichtigere Abweichungen gegenüber GC, die beweisen, daß HL[14] eine andere Bearbeitungsstufe vertritt als GC. Das gilt noch nicht für das Fehlen der Passionsgeschichte in HL, denn hier hat der Abschreiber seine vollständige Vorlage einfach um das letzte Drittel gekürzt[15] — wohl deshalb, weil er auf eine Passionsharmonie verzichten zu können glaubte; denn dafür gab es ja ein reichhaltiges Angebot. Beachtenswert ist aber, daß in HL die Heilung der Schwiegermutter des Petrus nicht erwähnt wird. Dafür ist bei HL nicht der Abschreiber verantwortlich zu machen, denn die gleiche Geschichte vermissen wir nicht nur in der gedruckten Vorlage von HL[16], sondern auch bei Luscinius[17]. Ähnlich liegt der Fall bei der in GC entfallenen Versuchungsgeschichte[18], die in HL und bei L auf die Taufe Jesu folgt, und bei der Jüngerberufung nach Mt 4/Mk 1, die in HL und bei L nicht eigens neben den johanneischen und lukanischen Berufungsgeschichten genannt wird[19]. Besonders wichtig sind aber zwei Abweichungen von HL gegenüber GC:

a) Wir haben für GC auf den auffälligen Befund hingewiesen, daß dort zwar zwei Tempelreinigungen erwähnt werden, daß aber das ‹Tempelwort› aus Joh 2, 18ff. von der johanneischen Tempelreinigung (2, 14ff.) getrennt und zur synoptischen geschlagen wird[20]. Wir haben dies als CF-Relikt in GC gewertet. Dieser Hinweis auf den Zusammenhang von GC mit CF ist in HL getilgt. Das Tempelwort ist wieder an seinen ursprünglichen Standort bei der johanneischen Tempelreinigung zu Beginn der Wirksamkeit Jesu versetzt worden. Am Wortlaut dieses Satzes hat sich dabei nichts geändert. Dieser Eingriff erscheint als eindeutige Korrektur der GC-Textform aufgrund des biblischen Befundes und spricht dafür, daß HL eine spätere Bearbeitungsstufe als GC repräsentiert. Er trägt gleichzeitig dazu bei, die Abstammung HL's von CF zu verschleiern.

b) Ein weiterer unübersehbarer Hinweis in GC auf die Verwandtschaft mit CF ist dort die Stellung der Nikodemusperikope (Joh 3, 1−21): Das Gespräch zwischen

---

[13] Z. B. Unterschiede in der Orthographie, Änderungen von Bezugnahmen auf die Evangelien anhand des Bibeltextes — so sind etwa Bibelzitate in der einen Schrift früher, in der anderen später durch ein «etc» abgebrochen.
[14] Und auch schon seine Vorlage: Hus, Historia.
[15] Das zeigt der Vergleich mit Hus, Historia.
[16] Also in Hus, Historia.
[17] Vgl. u. S. 39.
[18] Vgl. o. S. 23, Anm. 12.
[19] Vgl. u. S. 39.
[20] Vgl. o. S. 26.

Jesus und Nikodemus findet bei GC und CF in der ersten Nacht nach dem Einzug Jesu in Jerusalem statt[21]. Auch an dieser Stelle hat ein Bearbeiter eingegriffen mit dem Ergebnis, daß in HL diese Perikope nunmehr an ihren johanneischen Kontext angeschlossen wird, d. h. daß sie zusammen mit dem ebenfalls verpflanzten Tempelwort nach der johanneischen Tempelreinigung zu stehen kommt. Die Beurteilung dieses Eingriffes ist dieselbe wie oben: Korrektur aufgrund des biblischen Befundes und somit sekundär im Vergleich zu GC.

Eine willkommene Bestätigung unserer Vermutung hinsichtlich des Beginns des ersten Jahres der Predigt Jesu in GC[22] liefert uns HL. Hier sind nämlich die einzelnen Jahre der Wirksamkeit Jesu zusätzlich durch Zwischenüberschriften voneinander abgehoben und die erste dieser Überschriften steht unmittelbar vor der Taufe Jesu[23].

Wir fassen das Ergebnis unserer Untersuchung zusammen: HL repräsentiert die gleiche Harmonien-Epitome wie GC und hat somit ebenfalls die im Codex Fuldensis vorliegende Harmonie in der Ahnenkette. HL zeigt aber ein späteres Stadium der redaktionellen Bearbeitung als GC.

Und nun zu Lundströms Thesen:

ad 1: Der Konstatierung der Verwandtschaft zwischen HL und L entspricht unser Aufweis der Verwandtschaft zwischen GC und L[24]. Lundströms Zweifel an der Existenz der von Luscinius ins Spiel gebrachten griechischen Handschrift wird von uns geteilt[25].

ad 2 und 3: Da HL auf GC zurückgeht, ist HL auch von CF abhängig, ebenso wie L[26]. Daß Lundström die Stellung von CF in der ‹Ahnenreihe› von HL bestreitet, hat mehrere Gründe: Einmal kannte er GC nicht. Zum anderen ist die Abhängigkeit der Epitome von CF durch die in HL gegenüber GC vorgenommenen Änderungen noch zusätzlich verschleiert. Das Hauptargument liegt jedoch für Lundström in der Wiedergabe von Mt 11,25 durch HL. Diese Stelle lautet hier (wie in GC): «Confiteor tibi, Domine, pater coeli etc., Math. 11, Luc 10.»[27] Entscheidend ist dabei für Lundström die Verbindung «pater coeli». Denn CF gibt diese Stelle im Vulgatawortlaut wieder: «Confiteor tibi pater, domine caeli et terrae.»[28] Nach Zahn ist die Zusammenstellung «pater coeli», die sich etwa auch in M findet, ein Relikt aus Tatians Diatessaron, das nach dem

---

[21] Ranke, Codex, S. 105 f.; GC, Bl. A 6 a.
[22] Vgl. o. S. 27 bei Anm. 51.
[23] In Hus, Historia findet sich die gleiche Überschrift als Marginale.
[24] Vgl. u. S. 39 f.
[25] Vgl. u. S. 40 f.
[26] Vgl. u. S. 40.
[27] Lundström, Hussinetz, S. 36 f.; GC, Bl. A 3 b.
[28] Ranke, Codex, S. 66.

ausdrücklichen Zeugnis Ephraems die gleiche Konstellation der beiden Wörter hatte[29]. Folglich sind – so schließen Zahn für M und Lundström für HL[30] – M bzw. HL Beweise dafür, «daß im Abendland während des Mittelalters eine Rezension des lateinischen Tatian einigermaßen verbreitet war, welche in einem nicht durch F [= CF] vermittelten Zusammenhang mit T [= Tatians Diatessaron] stand» (so Zahn).

Dagegen ist zu sagen:

a) Die Beweisführung Lundströms leidet von vornherein darunter, daß sie sich auf den – zugegebenermaßen auffälligen – Wortlaut eines einzigen Satzes stützt und nicht die Gesamtkomposition würdigt. Dieses Verfahren ist bei einem Werk, wie es die Epitome einer Evangelienharmonie darstellt, besonders fragwürdig, denn die Abhängigkeit von einer Vorlage erweist sich bei einer solchen Schrift im Aufbau, d. h. in der Anordnung der biblischen Perikopen. Der Wortlaut ist demgegenüber von untergeordneter Bedeutung; er ist auch besonders anfällig für Veränderungen[31].

b) Man kann sich nicht recht vorstellen, wie sich Lundström die Arbeit seines Redaktors gedacht hat. Zwischen dem ‹lateinischen Urtatian› und der Epitome müßte ja irgendeinmal die Übertragung ins Vulgatalatein stattgefunden haben, denn soweit die Epitome Evangelientext wiedergibt, handelt es sich um Vulgatatext. Diese Übertragung könnte nur so vor sich gegangen sein, daß der Bearbeiter den Vulgatatext neben dem altlateinischen Text vor sich liegen hatte, jeweils aus der Vulgata die seiner Vorlage entsprechenden Passagen herausgesucht und daraus die neue Harmonie zusammengesetzt hat. Dieses Verfahren müßte er dann aus unerfindlichen Gründen an einer Stelle, eben bei Mt 11,25 unterbrochen und hier die altlateinische Fassung des Urtatian stehengelassen haben. Sehr wahrscheinlich kann man ein solches Vorgehen nicht finden!

c) Nach unserer Theorie, nach der HL auf CF zurückgeht, muß ebenfalls einmal der Text der von CF repräsentierten Harmonie aufgrund des Textes der einzelnen vollständigen Evangelien überarbeitet worden sein, denn HL und GC bieten ja an einigen Stellen einen Stoffüberschuß gegenüber CF[32]. Ob dieser Arbeitsgang noch an der ‹Vollharmonie› durchgeführt wurde, ob er gleichzeitig mit der Umgestaltung zur Epitome oder erst an der Epitome vorgenommen wurde, mag dahingestellt bleiben. Jedenfalls kann dabei auch die Änderung des von CF gelesenen «pater, domine caeli et terrae» in das «domine, pater coeli et terrae» der Epitome erfolgt sein. Man kann nämlich ruhig annehmen, daß der Bearbeiter die angeblich genuin

---

[29] Zahn, Geschichte, S. 92 ff.
[30] Zahn, Geschichte, S. 93 f. und Lundström, Hussinetz, S. 22.
[31] Es kann z. B. der Umfang eines biblischen Zitates verändert werden – viele derartige Beispiele finden sich in GC und HL.
[32] Vgl. o. S. 23.

tatianische Wortfolge in seiner Vulgata vorgefunden hat[33]. Freilich wird Mt 11,25 in den Vulgatazeugen einhellig in der Gestalt wiedergegeben, die auch CF bietet. Anders aber ist es bei der Parallele in Lk 10,21. Daß der Redaktor den fraglichen Vers von Lukas, nicht von Matthäus abgeschrieben hat, ist schon deshalb wahrscheinlich, weil auch das in der Epitome vorhergehende Stück aus Lk 10 stammt (Lk 10,1–20). Es wird vollends gesichert durch die Einleitung zu diesem Satz, die in HL und GC lautet: «Tunc exultavit Dominus dicens . . .». «Exultavit» heißt es nur bei Lk, bei Mt steht: «. . . respondens Iesus dixit . . .». Zu Lk 10,21 führen Wordsworth-White eine Reihe von Zeugen für die in HL vertretene Lesart an[34]. Damit ist belegt, daß es in der Vulgata für Lk 10,21 die Lesart «domine, pater coeli et terrae» gab und daß diese offenbar gar nicht so selten war[35]. Somit entfällt die Notwendigkeit, aufgrund der Wiedergabe von Lk 10,21 in HL und GC für diese beiden Epitomen eine Verbindung zu einem lateinischen Urtatian, die nicht durch CF vermittelt ist, anzunehmen, und im Zusammenhang mit unseren Untersuchungen zu GC verbietet sie sich geradezu[36].

Lundström versucht einigermaßen umständlich seine Vermutung zu begründen, daß mit dem auf der Linköpinger Handschrift als Schöpfer der Epitome genannten Magister de Hussinetz nur der berühmte Vorreformator Johann Hus gemeint sein kann[37]. Von seiner Identifizierung läßt sich Zahn überzeugen[38]. Lundström hätte sich jedoch gar nicht auf dem Felde der Vermutungen zu bewegen brauchen. Er sagt zwar, bisher sei in der Hus-Forschung noch nichts über eine Beschäftigung dieses Mannes mit einer Evangelienharmonie bekanntgeworden. Dem steht gewichtig entgegen: In der Gesamtausgabe der Werke Hussens von 1558 ist in Band 2 genau die Harmonie wiedergegeben, die die Linköpinger Handschrift bietet[39], mit der glei-

---

[33] Übrigens hatte ja Tatian laut Ephraem in seinem Diatessaron nur «pater coeli», ein «domine» und ein «et terrae» hätten also in jedem Fall ergänzt werden müssen, vgl. Zahn, Geschichte, S. 93f.

[34] Wordsworth-White, Evangelien, S. 379. Es handelt sich dabei neben einigen altlateinischen Codices (c, e, f, ff₂, i – zu diesen Codices, vor allem zu i, dem «Codex Brixianus», vgl. Kenyon-Adams, Text, S. 109) um die Vulgatahandschriften D, J und K (zu diesen Codices vgl. Wordsworth-White, Evangelien, S. XIf. und Kenyon-Adams, Text, S. 115).

[35] In der Ausgabe von Wordsworth-White ist ja die Vielzahl der jüngeren Bibelhandschriften gar nicht berücksichtigt. Man muß also mit einer bedeutend größeren Verbreitung dieser Variante rechnen. Daß bis ins 16. Jh. hinein der Text an dieser Stelle variierte, zeigt z. B. auch Osianders Bibelausgabe von 1522 (Seebaß, Bibliographie, S. 3, Nr. 1. 1), die bei Lk 10,21 einen Mischtext bietet: «Confiteor tibi domine pater domine caeli et terrae» (Osiander, Biblia Sacra, Bl. 417b). Auch die Wittenberger Vulgatarezension von 1529 liest: «tibi domine, pater coeli et terrae», WADB 5, S. 563,23f.

[36] Vgl. o. S. 22ff.

[37] Lundström, Hussinetz, S. 22–24.

[38] RE³ 5, S. 659.

[39] Hus, Historia in Hus, Monumenta.

chen Überschrift, freilich inklusive der Passionsgeschichte. Die Linköpinger Handschrift ist nichts anderes als eine unvollständige Abschrift dieses Druckes. Schon bei Hain und Proctor werden — wohl motiviert durch die Ausgabe von 1558 — auch die Frühdrucke der Gesta Christi, die ja anonym erschienen sind, dem Johann Hus zugeschrieben[40]. Lundström wie Zahn hätten also von dieser Verbindung zwischen Hus und der Evangelienharmonie wissen können.

Als Ergebnis dieses Exkurses ist festzuhalten:

1. Es gab im 15. und 16. Jahrhundert eine ziemlich verbreitete Bearbeitung des abendländischen Diatessarons, basierend auf einer Textform, die von CF ausgeht. Das Besondere an dieser Bearbeitung ist die Gestaltung als Epitome und als Aufriß des Lebens Jesu.

2. Diese Epitome begegnet uns in Drucken und Handschriften ihrerseits in verschiedenen Bearbeitungsstadien, wobei das von GC repräsentierte Stadium eine frühere Form darstellt als das von HL repräsentierte Stadium.

3. Diese Epitome erschien entweder anonym[41] oder unter dem Namen des Johann Hus[42]. Die Rolle von Hus in der Überlieferungsgeschichte der Epitome ist bisher noch nicht beantwortet worden[43].

4. Einen interessanten Aspekt in die Überlieferungsgeschichte der Epitome bringt Luscinius. Davon ist im nächsten Kapitel die Rede.

3.1.2. Die Harmonien des Luscinius

3.1.2.1. Evangelicae historiae narratio, Augsburg 1523

1522 oder 1523 erhielt das Benediktinerkloster St. Ulrich und Afra in Augsburg als Lektor der griechischen Sprache einen gelehrten und weitgereisten Herrn, nämlich den gebürtigen Elsässer Othmar Nachtgall, der sich den lateinischen Namen Luscinius zugelegt und der in Frankreich, Flandern und Italien studiert und auf seinen ausgedehnten Reisen sogar den Orient kennengelernt hatte[1]. Schon im

---

[40] Vgl. o. S. 21, Anm. 4.
[41] So die bei Hain genannten Frühdrucke und die Ausgaben Weissenburgers.
[42] So Hus, Historia und HL.
[43] Hat er das Werk seinerseits nur abgeschrieben, hat er in die Textgestalt eingegriffen, hat er überhaupt etwas mit dieser Epitome zu schaffen? Nach Flacius, Catalogus, S. 1014f. war im Nachlaß des Hussiten Nicolaus Rutze eine handschriftliche Evangelienharmonie, vgl. Hoyer, Rutze, S. 158.

[1] Othmar Luscinius, geboren um 1480 in Straßburg, gest. 1537 in Freiburg i. Br.; über ihn vgl. LThK[2] 6, Sp. 1221 (Lit.), ADB 19, S. 655, Schmidt, Histoire 2, S. 174—208 und — immer noch: Strobel, Versuch. Über seine Tätigkeit in Augsburg auch Roth, Augsburg 1, passim.

Herbst des Jahres 1523 verließ bei dem Augsburger Drucker Simprecht Ruf ein für unser Thema recht interessantes Buch die Presse, das von jenem Luscinius in Auftrag gegeben worden war, eine «Evangelicae historiae ex quatuor evangelistis perpetuo tenore continuata narratio, ex Ammonii Alexandrini fragmentis quibusdam, e Graeco per Ottomarum Luscinium versa»[2]. Luscinius will also glauben machen, er habe griechische Fragmente einer fortlaufenden Erzählung der evangelischen Geschichte gefunden und er habe diese ins Lateinische übertragen. Als Verfasser dieser Fragmente nennt er den Ammonius, vom dem Euseb knappe Kunde gibt[3], wobei er nicht deutlich macht, ob er diese Autorenangabe aus seiner Quelle selbst oder aus eigener Vermutung hat. In der Vorrede[4] erfahren wir nicht viel mehr über den Fund des Doktor Nachtgall, schon gar nicht, wo ihm diese Fragmente in die Hand gefallen sind, nur daß schon etliche Zeit seither verstrichen sei[5]. Luscinius läßt uns auch im Unklaren über das Ausmaß seiner Bearbeitung: Ausdrücklich nennt er die Übertragung aus dem Griechischen und die Ersetzung der bei den Griechen üblichen Kapiteleinteilung durch die im Abendland gebräuchliche Zählung. Da aber – wie Zahn richtig bemerkt[6] – die Harmonie, die er herausgibt, keine Sammlung von Fragmenten, sondern «ein lückenloses Ganzes» darstellt, müßte er noch wesentlich mehr geleistet haben als reine Übersetzungsarbeit. Und diesem Eindruck, daß er mehr ist als bloßer Editor, will er keineswegs entgegenwirken. Mit einigen Formulierungen seiner Vorrede fördert er bewußt den Anschein, als sei die Gesamtkomposition seine eigene Arbeit und noch dazu eine höchst kühne[7]. Wir werden noch darauf zurückkommen, mit welchem Recht Luscinius sich dieses ‹Image› verleiht.

Wir sind in der angenehmen Lage, die von Nachtgall edierte Harmonie nicht mit der bei derartiger Materie sonst erforderlichen ausführlichen Umständlichkeit vor-

---

[2] Der vollständige Titel findet sich bei Zahn, Forschungen 1, S. 313f., Anm. 5. Vgl. auch Panzer, Augsburger Bibel, S. 66–69, Nr. 25; Riederer, Nachrichten 3, S. 109–113. Neu aufgelegt wurde diese Harmonie 1544 in Erfurt (Wolfgang Sturm) durch Kaspar Brusch, vgl. von Hase, Erfurter Drucke, Nr. 222 und GK 4, Sp. 70. Sie wurde in verschiedene Sammlungen aufgenommen, z. B. in die MPO, S. 747–762.

[3] Vgl. o. S. 12, Anm. 10.

[4] Auszüge aus der Vorrede bei Riederer, a.a.O. und bei Zahn, Forschungen 1, S. 315, Anm. 1.

[5] «. . . Ammonius Alexandrinus, in cuius fragmenta iam pridem incidimus», zitiert nach Zahn, a.a.O., S. 315, Anm. 1.

[6] Zahn, a.a.O., S. 315.

[7] Aus der Vorrede: «. . . visus sum mihi operae pretium facturus, si ex quatuor simplicem unam atque eam perpetuam narrationem contexerem . . . Sed hic inclamabit quispiam nostram opellam. Ohe tu qui manus admoliris rei sacrae, atque invertis omnia. Num tuam malis quam evangelistarum legi editionem?» Zur Entkräftigung solcher möglichen Vorwürfe verweist Luscinius auf die Exempel seiner Vorgänger: Juvencus, Augustin, Euseb und eben Ammonius (vgl. Zahn, a.a.O., S. 315, Anm. 1).

stellen zu müssen, denn diese Arbeit ist uns von Th. Zahn abgenommen worden[8].
Wir können uns darauf beschränken, die Ergebnisse seiner Untersuchung zu referieren und die von ihm gezogenen Schlüsse zu diskutieren.

Die Methode der Darstellung des evangelischen Stoffes, die Luscinius anwendet,
ist uns schon vertraut; sie deckt sich nämlich mit der in den ‹Gesta Christi›[9] kennengelernten Technik, d. h. daß die Evangelisten nicht selbst und vor allem nicht in der
ihnen eigenen Ausführlichkeit zu Worte kommen, sondern daß Nachtgall mehr
oder weniger kurz gefaßte Inhaltsangaben formuliert. Zahn urteilt: «Die stilistische
Form . . . ist im ganzen rhetorisch und elegant, aber darin sehr ungleich, daß Anfangs das Ganze nur ein mageres Argumentum werden zu wollen scheint, im weiteren Verlauf dagegen die Inhaltsangabe teilweise zu zehnmal größerer Ausführlichkeit anschwillt und streckenweise die Gestalt einer kurzen Erzählung der evangelischen Geschichte annimmt.»[10] Der gleiche Gelehrte nimmt den Inhalt der
Harmonie gründlich unter die Lupe und kommt zu dem Befund, daß die Augsburger Schrift vom alten Diatessaron Tatians abhängig ist. «Damit ist dann aber
auch bewiesen, dass Luscinius, der von Tatian's Diatessaron nichts gesehn hat,
wirklich eine griechische Handschrift gefunden hatte, welche einen auf dem Diatessaron beruhenden Abriss der evangelischen Geschichte enthielt.»[11] Ausdrücklich
betont Zahn, daß es keines Beweises bedürfe, «dass die Harmonie des Luscinius in
keinerlei Zusammenhang mit derjenigen Victor's[12] steht, dass vielmehr die vorhandenen Aehnlichkeiten aus der gleichen Abhängigkeit von Tatian's Diatessaron zu
erklären sind»[13]. Für den Erlanger Theologen ist die Arbeit des Luscinius der Beweis dafür, daß «von einem Griechen unbekannter Zeit Aehnliches versucht worden
[ist] wie von jenem Lateiner um 500»[14], der nämlich die von Victor von Capua auf-
gefundene Harmonie gestaltet hat. Zahn bestätigt also im wesentlichen die Behauptung des Luscinius bezüglich der griechischen Quelle, die dieser bearbeitet haben
will. Über das Ausmaß der Bearbeitung Nachtgalls ist er sich freilich nicht schlüssig;
er rechnet aber damit, daß der Humanist «ziemlich frei» mit seiner Quelle verfahren
ist, daß er sie umgearbeitet hat und daß zumindest die «stilistische Form . . . sicherlich ganz das Werk des Luscinius» ist[15]. Es verwundert etwas, daß Zahn so schnell
mit der ‹keines Beweises bedürftigen› Behauptung von der Unabhängigkeit der

---

[8] Zahn, a. a. O., S. 313–328. Auf S. 317–324 der Aufbau der Harmonie.
[9] S. o. S. 22.
[10] Zahn, a. a. O., S. 316; vgl. o. S. 28, Anm. 58.
[11] Zahn, a. a. O., S. 326.
[12] Gemeint ist die durch Victor von Capua in den Codex Fuldensis aufgenommene Harmonie,
vgl. o. S. 12 ff.
[13] Zahn, a. a. O., S. 327 f.
[14] Zahn, a. a. O., S. 328.
[15] Zahn, a. a. O., S. 315 f. und 328.

Augsburger von der Fuldaer Harmonie bei der Hand ist. Er hätte wahrscheinlich anders geurteilt, wenn er die ‹Gesta Christi› gekannt hätte. Es zeigt sich nämlich, daß Luscinius nicht nur die Methode der Darstellung mit GC gemein hat, sondern auch die Anordnung des Stoffes, die Abfolge der Harmonie, und zwar bis in viele Details[16].

Die notwendige Schlußfolgerung hieraus kann nur heißen, daß Luscinius als Quelle für seine Ausgabe GC benützt hat. Freilich zeigte diese Quelle wohl nicht die Textgestalt, wie wir sie oben aufgrund des Drucks Weissenburgers kennengelernt haben[17]; denn an einigen Stellen unterscheidet sich der Aufriß, den Nachtgall bietet, von dem dort kennengelernten. Und es besteht begründeter Anlaß zu der Vermutung, daß zumindest die meisten dieser Differenzen zu GC schon auf das Konto der Quellenschrift gehen, die der Humanist bearbeitet hat[18].

Die Arbeitsgrundlage des Luscinius waren also die ‹Gesta Christi› in einer gegenüber der bisher kennengelernten etwas abweichenden Überlieferungsform[19].

Die Unterschiede im Aufbau zwischen GC und der ‹Evangelicae historiae narratio› sind schnell aufgezählt:

1. Der Exkurs über die jüdischen ‹Sekten› sowie der über die Bluttat des Pilatus an dem galiläischen Messiasaspiranten[20] entfallen bei Luscinius.
2. Die in GC vermißte Versuchungsgeschichte[21] steht bei Luscinius an der zu erwartenden Stelle: im Anschluß an die Taufe Jesu[22].
3. Bei Luscinius fehlt die Geschichte von der Heilung der Schwiegermutter des Petrus[23].
4. Bei Luscinius werden die Täufergeschichten[24] vor Beginn der Predigt Jesu in seiner Vaterstadt angeschlossen: Nach der Erzählung vom ‹Fischzug des Petrus› wird zuerst die Perikope vom Zeugnis des Johannes über Christus vor seinen Jüngern (Joh 3, 22–36) berichtet, daran anschließend die Gefangennahme des Täufers und gleich auch seine Hinrichtung, und dann der Abschnitt Mt 4, 12–17, der jetzt als Reaktion auf den Tod des Täufers und nicht nur (wie in Mt 4, 12) auf dessen Inhaftierung erscheint. Von hier ab deckt sich der Verlauf der Geschehnisse bei Luscinius genau mit dem in GC bis hin zur Passionsgeschichte, mit einer Aus-

---

[16] Vgl. unsere Skizze der Abfolge von GC (Grafik II) mit der Abfolge der Lusciniusharmonie, wie sie Zahn, a. a. O., S. 317–324 mitteilt. Wegen der geringen Zahl der Abweichungen können wir darauf verzichten, für Luscinius eine eigene grafische Darstellung zu bringen.

[17] Vgl. o. S. 21 ff.

[18] Wenn die Änderungen von Luscinius selbst vorgenommen worden wären, sollte man annehmen, daß sie sich auch in der von ihm selbst gestalteten Harmonie von 1525 (s. u. S. 44 ff.) wiederfinden. Das ist aber nicht der Fall.

[19] Vgl. dazu, was oben im Exkurs S. 30 ff. über das Verhältnis von HL und L ausgeführt ist, v. a. S. 31.

[20] Vgl. o. S. 28 bei Anm. 59–61.

[21] Vgl. o. S. 23, Anm. 12.

[22] Vgl. dazu bei HL, o. S. 32 bei Anm. 18.

[23] Vgl. dazu bei HL, o. S. 32 bei Anm. 16f.

[24] Die Täufergeschichten aus Lk 1 fehlen in GC (vgl. o. S. 23) und bei Luscinius.

nahme: Die Täuferanfrage (Mt 11, 1 ff. par.) muß, weil ja der Tod des Johannes schon längst berichtet ist, entfallen.

5. Relativ eigenständig gegenüber GC ist bei Luscinius die Passionsgeschichte, genauer gesagt: die Geschichte des Karfreitags. Vor allem ist die Szene des Verhörs vor Pilatus, das bei GC knapp abgehandelt wird, in viel mehr Einzelheiten dargestellt. Auch die Ereignisse auf Golgatha sind ausführlicher geschildert und zum Teil etwas anders angeordnet, als wir es von GC her kennen. Zahn hat darauf hingewiesen, daß von Gethsemane an bis zur Grablegung die ‹Quellennachweise›, d. h. die Hinweise auf die Bibelstellen, bei Luscinius auffallend spärlich werden. Von der Vorführung Jesu vor Pilatus bis zur Grablegung finden sich nur am Ende des ganzen Komplexes solche Angaben[25]. Ob das ein Hinweis darauf ist, daß sich in diesem Abschnitt Luscinius weitgehend von seiner Vorlage gelöst — weil sie ihm gemessen an der Bedeutung der Sache zu wenig ausführlich schien — und eine selbständige Komposition vorgelegt hat?

6. Einige Änderungen sind auch in den Ostergeschichten vorgenommen, z. B. werden die Umstände, die mit der Auferstehung selbst zu tun haben (das Erdbeben, der Engel, der vom Himmel kommt und den Stein von der Grabestür wälzt, die erschrockenen Wächter, die in die Stadt laufen und sich von den jüdischen Autoritäten bestechen lassen), dem ersten Erscheinen der Frauen am Grab vorangestellt.

Diese wenigen Unterschiede fallen angesichts der sonstigen totalen Übereinstimmung mit der Abfolge in GC kaum ins Gewicht. Neben der Methode der Stoffwiedergabe und der Anordnung ist auch noch der zugrundegelegte zeitliche Rahmen mit GC identisch. Es bleibt kein anderer Schluß übrig als der bereits formulierte, daß die Quelle des Luscinius für seine Edition der Harmonie des «Ammonius» nichts anderes war als GC in einer im Vergleich zu der uns bekannten leicht veränderten Form. Da aber GC aus der Harmonie des Codex Fuldensis hervorgewachsen ist[26], kann die Zahnsche Vermutung als widerlegt gelten, daß die Schrift Nachtgalls auf einer von CF unabhängigen griechischen Bearbeitung des Tatianschen Diatessarons beruht. Hinfällig ist auch die Behauptung des Luscinius im Titel und der Vorrede des von ihm herausgegebenen Werkes, er habe Fragmente einer Harmonie gefunden, übersetzt und bearbeitet. Was der Augsburger Griechischlehrer vorgefunden hat, waren keine Fragmente, sondern eine vollständige Harmonie, wenn auch in Gestalt einer Epitome, die er ja beibehalten hat. Die weitere, von Zahn approbierte Behauptung Doktor Othmars, daß seine Quelle in griechischer Sprache geschrieben war, ist ebenfalls kaum zu halten. Natürlich wäre es denkbar, daß die ‹Gesta Christi› von einem Unbekannten ins Griechische übersetzt wurden, daß diese griechische Version Luscinius in die Hände gefallen und von ihm ins Lateinische zurückübertragen worden ist. Nur: Irgendeinen Anhaltspunkt für die Existenz einer griechischen Version — abgesehen von der Behauptung Nachtgalls — gibt es nicht. Und so ist zu vermuten, daß wir hier ein weiteres Bei-

---

[25] Zahn, a. a. O. S. 322, Anm. 8 und S. 323, Anm. 8.
[26] Vgl. den oben, S. 22—26 geführten Nachweis.

spiel der nicht gerade seltenen humanistischen Fälschungen und Irreführungen vor uns haben[27].

Was bleibt nun noch, was man bei der Augsburger Harmonie als Werk des Luscinius verbuchen kann?

Da ist zunächst einmal das sprachliche Gewand. Während das Latein in GC sich sehr stark an die Vulgata anlehnt, fühlt sich Luscinius an diesem Punkt ungebunden und nur seinem Sprachgefühl verantwortlich. Er ist bestrebt, die schlichte biblische Sprache durch ein eleganteres Humanistenlatein zu ersetzen[28], das durch gelegentliche Lehnworte aus dem Griechischen angereichert wird[29].

Auf das Konto des Luscinius geht weiterhin eine ganze Reihe von erläuternden und verdeutlichenden Zusätzen sowie die Gestaltung der Verbindung der Referate der einzelnen Perikopen. Genauer als bei Weissenburger erfahren wir bei ihm auch, inwiefern er seinen Lesern mit dem Büchlein dienen will. Zwei wesentliche Vorteile verspricht er denen, die diese Harmonie zur Hand nehmen: Allen, die der separaten Lektüre der einzelnen, ungekürzten Evangelien − sei es aus Zeitmangel, sei es aus anderen Gründen − überdrüssig sind[30], wolle er eine «simplex una atque ea perpetua narratio» anbieten; denn Vertrautheit mit dem Evangelium sei gerade in den gegenwärtigen unruhigen Zeiten Gebot der Stunde. Und außerdem könne sein Werk die Rolle einer Gedächtnisstütze übernehmen, denn: «Videas . . . in evangelica lectione nonnulla esse hiulca, quaedam praepostera, et intempestiva non pauca.» Wenn man eine klare Ordnung in die evangelischen Geschichten bringe, dann schaffe man die besten Voraussetzungen, um sie sich dem Gedächtnis einzuprägen[31].

[27] An dieser Stelle ein Hinweis auf ein Desiderat, das Goez anzeigt: «Eine gründlichere Geschichte der humanistischen Geschichtsfälschungen steht m. W. noch aus. Sie würde manche Überraschungen bringen», Goez, Anfänge, S. 16, Anm. 60.

[28] Zur Verdeutlichung mögen die ersten Sätze der Harmonie dienen. In GC lauten sie: «In principio erat verbum, et verbum erat apud deum, et deus erat verbum. Cum autem per verbum omnia facta essent in creatione, factum est verbum caro, ut omnia per ipsum fierint in recreatione. Ioannis 1. Cum autem esset desponsata virgo Maria Ioseph Matthe 1. missus est angelus Gabriel a deo ad virginem desponsatam, dicens: Ecce concipies. Quae respondens ait: Ecce ancilla domini etc. Concepit de spiritu sancto. Luce 1.» (GC, Bl. A 2a, Zeile 1−7).
Bei Luscinius bekommt diese Passage folgende Gestalt: «In principio erat verbum, per quod condita sunt omnia, in fine tandem temporum caro factum Ioan. 1. Idque novo nascendi modo, ex virgine Maria, Ioseph quidem nuptui tradita. Math. 1. Sed Gabrielis paranymphi coelestis nuntio gravida. Luc 1», MPO, S. 747.

[29] Solche Entlehnungen, z. B. «paranymphus» im obigen Zitat oder «cacodaemon» anstelle des «spiritus immundus» der Vulgata (vgl. MPO, S. 748) können nicht als Beweis für eine griechische Vorlage des Luscinius geltend gemacht werden.

[30] Luscinius verwendet die Wörter «fastidium» und «taedium».

[31] Vgl. auf dem Titelblatt des Augsburger Druckes: «. . . qua et tedio sacrae lectionis studiosorum succurritur, et ordine pulcherrimo mire iuvatur memoria.» Ausführlicher, aber dem

3.1.2.2. Die evangelisch histori, Augsburg 1524

Es hat durchaus den Anschein, als hätte die Edition des Luscinius beim Publikum das erhoffte Interesse gefunden; denn nur wenige Monate, nachdem sie die Presse verlassen hatte, war der gleiche Drucker damit beschäftigt, eine deutsche Bearbeitung dieser Harmonie – ebenfalls von Doktor Nachtgall in Auftrag gegeben – fertigzustellen[1]. Vielleicht hat aber auch Luscinius schon gleich nach Abschluß der Arbeit am lateinischen Text mit der deutschen Version begonnen, ohne den Erfolg des ersten Buches abzuwarten. Was den Inhalt und seine Anordnung betrifft, so handelt es sich um die gleiche Epitome wie die vom Jahr vorher. Freilich ist die deutsche Ausführung nicht eine Übersetzung der lateinischen, sondern eher eine freie Variation. Nicht der Wortlaut wird vom Lateinischen ins Deutsche übertragen, sondern die gleichen Sachverhalte und Gedanken werden einmal in dieser, einmal in jener Sprache ausgedrückt. Hin und wieder ergibt sich dabei die Gelegenheit, über den lateinischen Text hinaus zusätzliche Erklärungen einzufügen[2]. Die deutsche Ausgabe ist für uns natürlich vor allem im Blick auf ihre sprachliche Gewandung interessant. Wenn Luscinius die deutsche Sprache verwendet, dann ist deutlich, daß er sich einen erweiterten Leserkreis erhofft[3]. Auf dem Titelblatt spricht er es aus: Seine Harmonie ist «allen christlichen gemyeten nutzlich zů betrachten und zů ayner gedåchtnijß der gŏtlichen gůttat zů machen dienstlich»[4]. Im Grunde soll die

Sinn nach dasselbe in der Praefatio, der die beiden obigen Zitate entnommen sind (nach Zahn, a.a.O., S. 315, Anm. 1).

[1] Dye Euangelisch hystori // nach aller ordnůg wie sie ergangē / // jn ain red gestelt / Allen christlichē gemye // ten nutzlich zů betrachten / vnd zů ay= // ner gedåchtnijß der gŏtlichen gůt= // tat zů machen dienstlich. Von // Amonio Alexandrino Kriech // isch beschriben / vñ durch // Othmarů nachtgal // Doctorem zů la= // tein und teut // schen ge= // bracht. 56 Bll., 8°. Am Ende: Gedruckt zů Augspurg durch Simprecht růff D. M. XXiiij.
Vgl. zu diesem Druck: Riederer, Nachrichten 2, S. 479–484; Schelhorn, Amoenitates 6, S. 487; Panzer, Augsburger Bibel, S. 83, Nr. 33.
Mir lag das Exemplar München SB, Dogm. 823 vor.

[2] Zwei Beispiele: Mt 4,17 wird in der lateinischen Ausgabe wiedergegeben: «Ubi primum poenitentiam regnique coelestis confinitatem praedicavit», MPO, S. 748. Im Deutschen: «. . . da er dann anfångklich penitentz, das ist abwendung und vermeydung der sünd oder besserung des lebens, hat gepredigt und dabey die zunåhung des himelreichs.» Oder: «Ioannes aliquanto post, Zacharias filius, Christi anteambulo, praedicationis munere clarus fuit», MPO, S. 747 – «Nit lang darnach in dem fünfzehenden jar des kayserthums Tyberii, ist Joannes, der son Zacharie und vorbot Christi, in seynem predigen von menigklich in grossen wirden gehalten worden.»

[3] Gerade in den Städten wie Augsburg und Nürnberg gab es einen breiten Bevölkerungskreis, der zwar Lesen und Schreiben, nicht aber die lateinische Sprache beherrschte.

[4] Vgl. Anm. 1. Auf dem Titelblatt der lateinischen Harmonie war von den «studiosi sacrae lectionis» die Rede, vgl. o. S. 41, Anm. 31.

Harmonie die gleiche Aufgabe erfüllen wie die Evangelien selbst: Sie soll die göttlichen Heilstaten ins Gedächtnis rufen. Die Evangelisten erschweren ihren Lesern die Lektüre, weil in ihnen «wenig ordnung gehalten würt, in ainem außgelassen, was zů der sach gehörig, das ain ander beschreibt, etwas hernach gemelt, dz vor beschehen, und dergleichen vil irrungen erwachsen mügen, davon ainer abgetriben möcht werden, das evangeli zu lesen»[5].

Es wird deutlich, daß Luscinius die Evangelien nicht unbedingt für die geeignete Lektüre hält, durch die das Kirchenvolk die biblische Botschaft kennenlernen kann. Seine deutsche Harmonie bietet hier Hilfe und einen − überspitzt gesagt − Evangelienersatz. Es ist demzufolge ganz konsequent, daß Nachtgall sich nicht wie die ‹Gesta Christi›, die deutlich den Charakter eines Hilfsbuches zum Studium eben der Evangelien tragen[6], mit einer möglichst knappen Inhaltsangabe der einzelnen Perikopen begnügt, sondern daß er gerne Erläuterungen und Auslegungen einschiebt, die schon fast als ‹Miniaturpredigten› zu bezeichnen sind[7]. Wenn man, was mit einigen Vorbehalten möglich ist, das Unternehmen Nachtgalls mit Luthers Übersetzung des Neuen Testaments vergleicht, die in Gestalt der ‹Septemberbibel› nicht viel mehr als ein Jahr vorher erschienen war, dann liegt ein wesentlicher und grundsätzlicher Unterschied zwischen beiden Arbeiten darin, daß Luther davon ausgeht, daß das ganze Neue Testament, also auch die vollständigen Evangelien, in die Hand der Christen gehört, und daß er der Begegnung mit der Heiligen Schrift eine heilvolle Wirkung zutraut, während Luscinius offenbar der Meinung ist, die Evangelien bedürften der Vermittlung, da unmittelbare Begegnung mit ihnen für den Ungeschulten eher negative Folgen habe[8].

Die Vorlage der beiden Harmonien des Luscinius, die wir in Gestalt der ‹Gesta Christi› kennengelernt haben, war noch deutlich ‹Sekundärliteratur› in dem Sinne, als sie helfen wollte, aus den primären Quellen, nämlich den Evangelien, den Ablauf des Lebens Jesu, den «ordo» der gesta Christi, zu erkennen. In den Arbeiten des Luscinius ist diese Funktion nur noch eine willkommene Beigabe. Der Abriß einer Harmonie ist selbst zur ‹Primärliteratur› geworden. Selbstverständlich bleiben die Evangelien prinzipiell in ungleich höherem Rang als die Harmonie. Doch aus pädagogisch-praktischen Gründen sollen sie − zumindest im Gebrauch des Kirchen-

---

[5] Aus der Praefatio; vgl. die Vorrede der lateinischen Harmonie, o. S. 41 bei Anm. 31.

[6] Vgl. o. S. 22 bei Anm. 8.

[7] Als Beispiel die Verbindung von Lk 15 (Gleichnis vom verlorenen Sohn) mit Mt 18,15ff. (‹Gemeinderede›): «Aber sölich genad und miltigkait gegen uns des hymlischen vatters hat Jesus der herr dermassen angezogen, das wir darauß ain form nemen, wie wir uns sollen halten gegen den briedern, die etwa strauchen, damit wir ire selen gewinnen und erhalten», Luscinius, evangelisch histori, S. 32.

[8] Zu Luthers Hermeneutik vgl. in erster Linie Ebeling, Evangelienauslegung; für unseren Zusammenhang besonders S. 405−408.

volkes — durch solche Schriften, wie sie Luscinius vorlegt, ersetzt werden. Die von
Luscinius edierten Harmonien müssen also viel mehr Aufgaben erfüllen, als eine
Skizze des Lebens Jesu zu geben. Sie müssen in der Lage sein, den Christen die
Grundsätze ihres Glaubens zu vermitteln. Sie sollen die Rolle eines ‹Handbuches›
für die kirchliche Lehre und das christliche Leben übernehmen. Folgerichtig gibt
der Redaktor seinem Büchlein zwei Register bei. Mit Hilfe des ersteren kann der
Stoff der evangelischen Historie nach verschiedenen ‹Materien› aufgeschlüsselt werden, die «zů ainem christlichen leben dienstlich seynd»[9]. Ob der Benutzer Auskunft
will über die Gottessohnschaft Christi, über die Sündenvergebung, über die brüder-
liche Liebe, über Zorn und Rache, über Gottvertrauen und Selbstüberheblichkeit[10]
— immer wird er mit Hilfe dieser Tafel zu den Stellen in der Harmonie geführt, die
auf diese Themen Bezug nehmen. Das zweite Register dient der Kontinuität zwischen der individuellen Lektüre und der Verkündigung der Kirche. Es ist «ayn tafel
über die evangeli, so man durch das gantz jar in der kirchen braucht, in was ordnung
sie stend in disem bůchlein, zů erlernen, was darvor und nachmalen beschehen».

Im Sinne des Autors angewendet, kann also die Harmonie — unter Zuhilfenahme
der Register — dazu beitragen, die punktuelle Kenntnis der evangelischen Geschichte, wie sie durch die kirchlichen Lesungen und Predigten vermittelt wird,
weiterzuführen zu einer Einsicht in die Zusammenhänge der historia evangelica.
Daß Luscinius sich für dieses Ziel eingesetzt hat, sollte man ihm — bei allen Vorbehalten, die gegenüber seiner Arbeit angebracht sind — honorieren.

3.1.2.3. Die ganz evangelisch histori, Augsburg 1525

Luscinius hat es mit seinen bisherigen Arbeiten auf dem Felde der Evangelienharmonistik nicht genug sein lassen. Es war ihm bei seiner Beschäftigung mit dieser
Materie nicht verborgen geblieben, daß die vorliegenden Versuche, die ihm bekannt
waren, noch viele Ungereimtheiten in sich bargen. Diese Unzulänglichkeiten gaben
das Motiv ab, das ihn bestimmte, erneut eine Harmonie in Druck zu geben, für die
er diesmal nicht nur als Editor, sondern als Autor verantwortlich zeichnete. Es war
wieder Simprecht Ruf, aus dessen Offizin diese Ausgabe im Jahr 1525 hervorging.
Das Werk bekam den Titel: ‹Die ganz evangelisch histori›[1].

---

[9] Luscinius, evangelisch histori, Bl. G 1 a ff.

[10] Insgesamt sind es 16 Themen, über die dieses Register verfügt.

[1] Die gantz Euange= // lisch hystori wie sie durch die vier // Euangelisten / yeden sonderlich / // in kriechischer sprach beschribē / in // ain gleychhellige vnzertaylte red //
ordenlich verfaßt / sambt ainer er= // leüterung der schweren örter / vñ // gůtem bericht
wa alle ding hin // dienēd / Durch Othma // ren Nachtgall / :Doct: // Ain vorred dessel-

Das ‹ganz› auf der ersten Zeile des Titelblattes zeigt schon an, daß es sich bei diesem Büchlein nicht wie bei den Editionen der Jahre 1523 und 1524 um eine Epitome handelt, sondern um eine ‹Vollharmonie›. Über weitere Einzelheiten der Einrichtung sowie über Beweggründe und Zielsetzungen des Verfassers klärt die Vorrede auf, die «allen liebhabern der evangelischen warhait in Christo Jesu» zugeeignet ist:

«Dem gemaynen Christenmenschen zu nutz» sei Luscinius an seine Arbeit gegangen[2]. Deshalb habe er sich nicht nur bemüht, auf eine klare und einleuchtende Ordnung zu achten, sondern es sei sein hauptsächliches Anliegen gewesen, den Sinn der neutestamentlichen Texte deutlich hervortreten zu lassen. Ausgesprochen hilfreich bei diesem Unterfangen sei ihm seine Kenntnis der griechischen Sprache geworden, die ihn dazu befähigt habe, «vil maynungen . . . fůglicher und klarer an tag zu bringen dann die, so auß dem latein die wort verdolmetscht haben.»[3] Es liege ihm aber fern, diejenigen zu verunglimpfen, die den Bibeltext aus dem Lateinischen ins Deutsche übersetzt haben. Denn wenn auch jede dieser deutschen Übersetzungen einen anderen Wortlaut aufweise, so bringe das doch «nit allain kain irrung . . ., sondern wirt der maynung hierinnen treffenlich geholfen, die etwa auß vilen worten leichter ist zu bringen dann auß wenigen.»[4] Bei seinen eigenen Bemühungen um die Textgestaltung der Harmonie habe er sich befleißigt, den Sinn der einzelnen Stellen durch sorgfältige Analyse des jeweiligen Kontextes zu erschließen[5]. Bei eindeutigen und leicht verständlichen Abschnitten habe er sich eng dem biblischen Text angeschlossen; in den anders gelagerten Fällen jedoch habe er «dem sin und klaren verstand mer dann den worten angehangen, wie auch die sibentzig in der außlegung des alten gesatz gethon haben»[6]. Zum Beispiel habe er öfters ein griechisches Wort durch mehrere deutsche Wörter wiedergegeben und sei an manchen Stellen bewußt vom herkömmlich-vertrauten Wortlaut abgewichen[7]. Auch habe er sich

---

ben / darinnen γ hŏchst // werd Euangelischer leer angezaygt / vn̄ // wie die mit frucht gepredigt vnd ange= // nomen werden soll. 1525. 288 Bll.
Vgl. zu diesem Druck: Riederer, Nachrichten 2, S. 199—210; Panzer, Augsburger Bibel, S. 96—98, Nr. 2; Walther, Konkurrenten, S. 26—30.
Mir lag das Exemplar Regensburg SB, Script. 718 vor.

[2] Luscinius, evangelisch histori dtsch., Bl. A 3 a (Vorrede).

[3] ebd.

[4] Luscinius, a. a. O., Bl. a 3 b (Vorrede).

[5] ebd.: «Darzů hab ich nun lang ain jeden sin der evangelisten auß der red, so demselben vorgeet und hernach volgt, mit hohem fleyß ermessen, welches dann der nåchst weg ist, gruntlich auff die mainung zu kommen.»

[6] Luscinius, evangelisch histori dtsch., Bl. c 7 b (Vorrede).

[7] Als ausdrückliche Beispiele nennt Luscinius in der Vorrede:
a) Seine Übersetzung des κεχαριτωμένη vom ‹Englischen Gruß› (Lk 1,28) nicht mit «vol genaden» — wie herkömmlich, denn ‹Gnade› bedeute Vergebung der Schuld und

nicht gescheut, den Text durch Erläuterungen und Ermahnungen zu ergänzen[8]. Er habe sich bemüht, den Ablauf der Harmonie der zeitlichen Ordnung der Ereignisse entsprechend zu gestalten[9]. Weil es ihm darauf angekommen sei, die ‹evangelische Historie› übersichtlich darzustellen, habe er überflüssige Wiederholungen vermieden, denn «warzů bedarf man des fünften rads am wagen?»[10].

Luscinius äußert sich zuversichtlich, daß es ihm gelungen sei, die Arbeiten seiner Vorgänger − Lateiner und Griechen −, die an vielen Stellen die evangelische Geschichte nicht sorgfältig genug konzipiert hätten, zu übertreffen. Er zählt die Punkte auf, die er für korrekturbedürftig hält:

1. Nach der ersten Aussendung der Apostel (Mk 6,7ff.par.) werden diese bei der Auferweckung des Töchterleins des Jairus erwähnt, ehe ihre Rückkehr (Mk 6,30par.) erzählt wird.
2. Matthäus wird erst zum Apostolat berufen (Mk 3,18par.) und nachher erst vom Zoll weg (Mk 2,13ff.par.).
3. Lazarus wird erst nach dem Einzug in Jerusalem auferweckt.
4. Zwischen den Frauen von Joh 12, nämlich Maria Magdalena, und Lk 7,36−50 wird nicht unterschieden.
5. «Unordenliche beschreybung der fůßwaschung des Herren».
6. «Ungleyche stund der kreützigung und besichtigung des grabs von den frawen und jungern beschåhen».

Um welche Werke, die Luscinius für verbesserungsbedürftig erklärt, handelt es sich dabei? Er selbst gibt darüber keine Auskunft, spricht aber durchaus so, als hätte er das gesamte verfügbare Material gesichtet. Hätte er wirklich so gründlich gearbeitet, wie er sich selbst das Zeugnis ausstellt, dann müßte man voraussetzen, daß er mindestens folgende Schriften zurategezogen hat: Die Harmonie des Victor von Capua[11], die ‹Vita Christi› des Ludolph von Sachsen[12], die ‹Historia Scholastica›[13], das Monotessaron Gersons[14], Augustins ‹libri quatuor de consensu evan-

---

nicht so sehr «ainen besondern gunst und genaygten willen, wie das kriechisch wort kecharitomeni vermag» (Luscinius, a.a.O., Bl. c 8a).
b) Seine Übersetzung des λόγος im Johannesprolog mit «Rede» und nicht mit «Wort». Johannes meine, daß der Sohn Gottes Wille sei, und den Willen finde man eher in einer Rede als in einem Wort (Luscinius, a.a.O., Bl. c 8b).
[8] Luscinius, a.a.O., Bl. c 8bf. (Vorrede).
Solche Zusätze pflegt Luscinius mit einem } am Rand zu kennzeichnen.
[9] Luscinius, a.a.O., Bl. c 7b (Vorrede).
[10] Luscinius, a.a.O., Bl. d 2a (Vorrede).
[11] Vgl. o. S. 12ff. (CF).
[12] Eines der einflußreichsten Werke der deutschen Mystik im 14. und 15. Jh.; erster Druck: Köln, 1472; Ed.: Ludolph, Vita. Vgl. zu diesem Werk: Bodenstedt, Ludolphus.
[13] des Petrus Comestor, gest. um 1179; abgedr. in: PL 198, Sp. 1053−1722.
[14] Vgl. o. S. 15ff.

gelistarum›[15] und natürlich auch die Epitome, die er selbst lateinisch und deutsch ediert hat.

Gehen wir nun die einzelnen von Luscinius monierten Punkte durch und prüfen, auf welche dieser Werke sie zutreffen:

ad 1: In keiner der genannten Schriften ist es so, daß etwa die Auferweckung des Töchterleins des Jairus unmittelbar nach der Aussendung der Jünger erzählt würde. Bei Ludolph und Gerson wird die Totenauferweckung v o r der Aussendung eingeordnet[16]. Auch Augustin setzt diese Reihenfolge, wie sie ja in den drei Synoptikern vorgegeben ist, voraus[17]. In den verschiedenen Epitomen ist die Aussendung der Jünger nur andeutungsweise mitgeteilt und ihre Rückkehr wird nicht ausdrücklich erwähnt, so daß von hier aus keine Stellung zu dem Vorwurf des Luscinius genommen werden kann. In der Harmonie des CF sowie in der Historia Scholastica ist der beanstandete Tatbestand insofern gegeben, als tatsächlich die Auferweckung des Mädchens zwischen der Aussendung der Jünger und der Notiz über deren Rückkehr plaziert wird. Doch zwischen den beiden Ereignissen wird in den genannten Büchern nicht nur die Totenauferweckung erzählt, sondern eine ganze Reihe anderer Geschichten, bei denen die Anwesenheit der Jünger ebenfalls vorausgesetzt wird[18].

ad 2: In all den infragekommenden Schriften steht die Berufung des Matthäus-Levi vom Zoll weg vor seiner Berufung zusammen mit den anderen Jüngern zum Apostolat[19], – mit einer Ausnahme: In den ‹Gesta Christi› und demzufolge auch in den beiden von Luscinius edierten Harmonien wird die Berufung der 12 Apostel vor der Begegnung Jesu mit dem Zöllner Matthäus angesetzt[20].

ad 3: Lediglich in CF wird Lazarus erst nach dem Einzug Jesu in Jerusalem auferweckt[21].

ad 4: Auch hier spielt Luscinius wohl auf die Harmonie des Codex Fuldensis an, in der die drei Salbungsgeschichten von Mt/Mk, von Lk und von Joh zu einer einzigen Erzählung verwoben worden sind[22]. In den anderen Schriften wird jeweils mit zwei Salbungen gerechnet, mit der von Lk 7 einerseits und mit einer aus Mt/Mk/Joh kombinierten andererseits. Freilich schien man allgemein vorauszusetzen, daß beide Handlungen an Jesus von der gleichen Frau, nämlich von Maria Magdalena vollzogen worden sind[23].

[15] Vgl. o. S. 5.

[16] Bei Ludolph die Auferweckung in Teil 1, Kap. 49, die Aussendung in Teil 1, Kap. 51; bei Gerson das ‹Töchterlein des Jairus› in Kap. 39, die Aussendung in Kap. 53.

[17] Vgl. Augustin, de consensu evangelistarum II 28–30 (CSEL 43, S. 128ff.).

[18] Ranke, Codex, S. 52–66; Historia Scholastica Kap. 50–66.

[19] Ranke, Codex, S. 43+45; Historia Scholastica Kap. 45+47; Gerson Kap. 29+30; Ludolph, Teil 1, Kap. 31+32; Augustin, de consensu evangelistarum II 26.

[20] Vgl. GC, Bl. A 3a.

[21] Vgl. o. S. 14.

[22] Ranke, Codex, S. 123f.

[23] Vgl. in der Historia Scholastica Kap. 64+11; Gerson Kap. 45+114; GC, Bl. A 3a+A 6a; Augustin, de consensu evangelistarum II 78; Ludolph Teil 1, Kap. 60 und Teil 2, Kap. 25. Auch die glossa ordinaria identifiziert die Frauen der verschiedenen Salbungsgeschichten jeweils mit Maria Magdalena, vgl. glossa ordinaria zu Mt. 26,7, zu Lk 7,38 und zu Lk 8,2 (PL 114, Sp. 167+271f.).

ad 5: Es ist wahrscheinlich, daß auch der Vorwurf der ‹unordentlichen Beschreibung der Fußwaschung des Herrn› in erster Linie an die Adresse der Harmonie des Victor von Capua
gerichtet ist, die die Perikope Joh 13,1–20 noch vor der Zurüstung zum Passamahl
(Mt 26,17–19par.) datiert[24]. Üblich war es, die Fußwaschung vor der Einsetzung des
Abendmahls und der Bezeichnung des Verräters einzuordnen[25]. Luscinius plaziert in
seiner Harmonie die Fußwaschung zwischen das Abendmahl und die Bezeichnung des
Verräters, wie es auch Augustin getan hatte[26].

ad 6: Es würde zu weit führen, an dieser Stelle die verschiedenen Erklärungen zur Chronologie der Passions- und Ostergeschichten, wie sie bei Augustin, in der Historia Scholastica und bei Gerson vorgetragen werden, zu referieren[27]. Es genügt zu sagen, daß
Luscinius keine der dort angebotenen Lösungen sich zu eigen macht[28].

Als Ergebnis läßt sich formulieren: Es ist vorwiegend die vom Codex Fuldensis
repräsentierte Harmonie, von der sich Othmar Nachtgall in den erwähnten Punkten
distanziert. Nur einmal – in Punkt 2 – bezieht er sich auf den Abriß, den er selbst
in zweifacher Ausfertigung ediert hat. Ob er auch die anderen von uns verglichenen
Arbeiten gekannt hat, läßt sich weder beweisen noch widerlegen. Verpflichtet zeigt
er sich ihnen jedenfalls nicht – weder im positiven noch im negativen Sinn. Ganz
anders ist es mit CF: Dieses Werk ist nicht nur Ziel seiner Kritik, sondern in noch
weit stärkerem Maße die Vorlage seiner eigenen Harmonie. Es zeigt sich, daß der
Aufbau der von Luscinius gestalteten Harmonie nur eine recht zurückhaltende
Variation jenes alten lateinischen Vorbildes ist[29]. Gegenüber CF haben sich nur
wenige Veränderungen ergeben, die wir in zwei Gruppen einteilen wollen, in diejenigen, auf die Luscinius in seiner Vorrede anspielt, und die anderen, die er stillschweigend vorgenommen hat:

1. Veränderungen an den von Luscinius genannten Punkten

a) CF hatte nach der Aussendung der Jünger (Mt 10,5ff.par.) eine ganze Reihe von Erzählungen folgen lassen[30], in denen die Anwesenheit der Jünger vorausgesetzt wird[31], bevor
noch deren Rückkehr (Mk 6,30par.) erwähnt wird. Luscinius hat diese Ungeschicklichkeit
bemerkt und dadurch ausgeräumt, daß er nach der Aussendung gleich einen Komplex,
den CF erst viel später bringt, einführt, nämlich die Rückkehr der Apostel (Mk 6,30f.), die
Aussendung und die Rückkehr der 70 Jünger (Lk 10,1–20), den Abschnitt Lk 14,26–33

---

[24] Vgl. Ranke, Codex, S. 136f. und o. S. 25 bei Anm. 37–39.

[25] Die Reihenfolge Fußwaschung – Bezeichnung des Verräters – Abendmahl in: Historia
Scholastica Kap. 150–152; GC, Bl. B 1a; Ludolph, Teil 2, Kap. 54–56. Die Reihenfolge
Fußwaschung – Abendmahl – Bezeichnung des Verräters bei Gerson Kap. 139f.

[26] Vgl. Augustin, de consensu evangelistarum III 1 (CSEL 43, S. 268f.).

[27] Vgl. Augustin, a.a.O. III 13 und III 24 (CSEL 43, S. 323–338 und S. 354–358); Historia
Scholastica Kap. 166+184f.; Gerson Kap. 146.

[28] Die übrigen Schriften, die keine ausdrückliche Erörterung dieser Fragen bieten, trifft der
Tadel Nachtgalls natürlich in besonderer Weise.

[29] Für die Abfolge der ‹ganzen evangelischen Historie› ergibt sich Grafik III.

[30] Vgl. Ranke, Codex, S. 52–66.

[31] Vgl. z.B. Joh 2,2; Lk 7,11; Mt 8,23; 12,49; 9,19.

(‹Ernst der Nachfolge›) und den ‹Heilandsruf› (Mt 11,15−30 par.). Außerdem erscheint vor der Heilung des Aussätzigen (Mt 8,2−4) noch eine Notiz, daß Jesus, nachdem er vom Berg herabgegangen sei (Mt 8,1) die Feldrede (Lk 6,17 ff.) gehalten habe, mit gleichem Inhalt wie die Bergpredigt, aber nicht an die Jünger, sondern an das ganze versammelte Volk (Lk 6,17)[32].

b) Die merkwürdige Konstellation bei CF, daß sich eine Reihe von johanneischen Erzählungen, vor allem die Auferweckung des Lazarus, erst nach dem Einzug Jesu in Jerusalem ereignen, hat das Befremden des Luscinius hervorgerufen. Er versucht, es besser zu machen, indem er aus CF den Block Joh 9,1−11,57 und Lk 9,51−56 vor Lk 17,11−19 einschiebt. Jesus reist also nach seiner Flucht nach Ephraim (Joh 11,54) im großen Bogen über Galiläa und Samarien (Lk 9,51 f.; 17,11) wieder nach Jerusalem[33].

c) In CF sind die Salbungen von Mt 26,6−13 par. Mk 14,3−9, Lk 7,36−50 und Joh 12,1−8 zu einer einzigen Geschichte verwoben und auf den 6. Tag vor dem Passafest (Joh 12,1) datiert. Luscinius distanziert sich von dieser Gleichsetzung. Aber anders, als es in der Tradition üblich geworden war, unterscheidet er nicht zwischen Lk einerseits und Mt/Mk/Joh andererseits, sondern er differenziert zwischen der Salbung von Joh 12, die am Tag vor dem Einzug in Jerusalem in Bethanien durch Maria Magdalena an Jesus vollzogen worden ist[34], und zwischen der anderen Salbung, die am Dienstag in der Karwoche im Haus des Pharisäers (Lk 7,36) Simon des Aussätzigen (Mt 26,6), ebenfalls in Bethanien (Mt 26,6), aber von einer anonymen Sünderin (Lk 7,37) praktiziert worden ist[35].

d) Die Fußwaschung (Joh 13,3−20), ebenfalls eine Perikope, mit deren Plazierung in CF Luscinius nicht einverstanden war, ordnet er in folgenden Zusammenhang ein: Vorbereitung des Passamahls (Mt 26,17−19 par.) − Passamahl (Lk 22,14−18 par.) − Einsetzung des Abendmahles (Mt 26,26−28 par.) − Fußwaschung − Bezeichnung des Verräters[36].

2. Stillschweigende Veränderungen des Luscinius

a) Luscinius beginnt seine Harmonie mit den Initien der vier Evangelien in der Reihenfolge Lk 1,1−4 − Joh 1,1−14 − Mt 1,1−17 − Mk 1,1−13.

b) Wie auch schon in der von Luscinius edierten Harmonie wird Lk 2,39 f. so zwischen Mt 2,13−23 eingeschaltet[37], daß sich die Notiz über das Heranwachsen Jesu (Lk 2,40) auf den Aufenthalt in Ägypten bezieht.

---

[32] Auch Augustin hatte die ‹Feldrede› von der ‹Bergpredigt› in ähnlicher Weise unterschieden (Augustin, de consensu evangelistarum II 18 = CSEL 43, S. 143−147); doch bei ihm folgt die lukanische Rede unmittelbar auf die matthäische, während bei Luscinius zwischen beiden Reden die Aussendungen liegen. Bei CF folgt nach der Aussendung der Jünger − noch vor der Heilung des Aussätzigen − die Hochzeit zu Kana (vgl. o. S. 14 unter 1.). Diese Perikope ist von Luscinius natürlich auch von der unpassenden Stelle entfernt worden (vgl. u. S. 50 unter c).

[33] Ähnlich war der Ablauf schon in den ‹Gesta Christi› (vgl. o. S. 24) und somit auch in den von Luscinius edierten Epitomeen dargestellt worden (vgl. Zahn, Forschungen 1, S. 320); ähnlich auch in der Historia Scholastica (Kap. 107−112 = PL 198, Sp. 1592−1595).

[34] Luscinius, evangelisch histori dtsch., S. 275 f., Kap. 15.

[35] Luscinius, a. a. O., Kap. 19.

[36] Vgl. o. S. 48 bei Anm. 26.

[37] Vgl. Zahn, Forschungen 1, S. 317.

c) Die Hochzeit zu Kana – in CF im Anschluß an die Bergpredigt berichtet – wird der Bergpredigt vorangestellt, soll aber erst nach der Gefangennahme des Täufers (Mt 4, 12–16) stattgefunden haben[38].

d) Das Zöllnergastmahl (Mt 9, 10–17 par.) wird nicht wie in CF von der Berufung des Matthäus-Levi (Mt 9, 9 par.) getrennt[39], sondern in unmittelbarem Zusammenhang mit ihr erzählt[40].

e) Wie die Kapitel Joh 9–11, so müssen auch die Kapitel Joh 7+8 eine Umstellung über sich ergehen lassen: Auch sie kommen noch vor den Einzug in Jerusalem zu stehen. Die Johannesabfolge kommt so bei Luscinius stärker zur Geltung als in CF. Im einzelnen wird Joh 7, 2–53 + 8, 1–11 nach Lk 13, 1–17 eingereiht[33] und Joh 8, 12–59 nach Mt 20, 1–16. Der Grund für die Anordnung von Joh 7, 2 ff. wird darin liegen, daß Luscinius die Reise nach Jerusalem von Joh 7, 10 mit der von Lk 13, 22 gleichsetzt. Dagegen bleibt das Motiv für die Stellung von Joh 8, 12 ff. im Dunkeln.

f) In CF bestimmt die Matthäusabfolge die Position des Gleichnisses von der ‹königlichen Hochzeit› (Mt 22, 1–14). Es steht als eine Kombination mit der Lk-Variante (Lk 14, 16–24) zwischen dem ‹Gleichnis von den bösen Weingärtnern› (Mt 21,33–46 par.) und der Perikope vom Zinsgroschen (Mt 22, 15–22 par.). Luscinius gibt der Lk-Abfolge den Vorzug. Folglich bringt er nach Lk 14, 1–15 zuerst das ‹Gleichnis vom Abendmahl› (Lk 14, 16–24) und dann die entsprechende Matthäusperikope (Mt 22, 1–14), die er nicht mit den Lk-Versen zusammenflicht, sondern neu erzählt. Daß sich Nachtgall hier an Lk anschließt, ist keine Willkür. Er hat gemerkt, daß Lk 14, 15 f. mit den vorhergehenden Versen eng verbunden ist, während bei Mt 22, 1–14 der Zusammenhang nach vorne und hinten nur sehr locker ist.

g) Mehrere Änderungen finden sich in der Karfreitags- und Ostergeschichte. Woher Luscinius die Darstellung der Geschichte dieser Tage übernimmt, wird noch zu berichten sein[41]. Ein Vergleich mit CF würde uns hier zu sehr ins Detail führen. Es ist jedenfalls deutlich, daß Luscinius diesen Abschnitt von CF[42] für besonders verbesserungsbedürftig gehalten und deshalb hierfür aus einer anderen Quelle geschöpft hat.

Die Arbeitsweise des Luscinius beim Aufbau seiner Harmonie ist klar. Er hat sich an CF angeschlossen, soweit ihm nicht wichtige Gründe dies zu verbieten schienen. Aufs Ganze gesehen sind es nur wenige Stellen, an denen er eine Änderung für unumgänglich gehalten hat. Über weite Strecken geht Luscinius mit CF völlig konform[43].

Sein Verhältnis zu CF gibt uns auch Aufschluß über seine Einstellung zu den Evangelien als Geschichtsberichte. Offensichtlich faßt er die Evangelien zunächst

---

[38] Vgl. im einzelnen u. S. 51 bei Anm. 45 ff.

[39] Vgl. Ranke, Codex, S. 43 f. und 60.

[40] Luscinius, a. a. O., Kap. 3.

[41] Vgl. u. S. 53 f. bei Anm. 57 f.

[42] Ranke, Codex, S. 146–165.

[43] z. B. auch in den besonders auffälligen Passagen: Berufung des Matthäus nach dem Fischzug des Petrus; Aufteilung von Lk 4, 16–30; Aussendung der Jünger im Anschluß an die Bergpredigt; Identifizierung der synoptischen und der johanneischen Tempelreinigung; ‹Jesus und Nikodemus› nach ‹Pharisäer und Zöllner›; Joh 4, 3–5, 47 zwischen Mk 7, 37 und Mk 8, 1; Aufeinanderfolge der vier Perikopen vom Reichtum.

einmal als Ansammlung von einzelnen Erzählungseinheiten auf, die von den Evangelisten nicht nach Maßgabe der historischen Ordnung aneinandergereiht sind[44]. Deshalb ist es erlaubt, diese Bausteine aus ihrem vorgegebenen Zusammenhang herauszulösen und sie an anderen Stellen einzusetzen, um so die evangelische Geschichte, wie sie sich tatsächlich abgespielt hat, zu rekonstruieren. Ein bezeichnendes Beispiel für diese Art des Umgangs mit isolierten Einheiten ist die Eingliederung der Hochzeit zu Kana in die ‹evangelische Historie›.

In seiner Quelle CF fand Luscinius diese Geschichte an einer völlig unpassenden Stelle vor: nach der Aussendung der Jünger, aber noch vor der Nachricht, daß Jesus nach der Bergpredigt wieder vom Berg herabgestiegen ist (Mt 8, 1)[45]. Hier konnte sie natürlich nicht stehenbleiben. Doch Luscinius geht nun nicht den Weg, der eigentlich zu erwarten wäre, daß er nämlich die Geschichte vom Weinwunder wieder in den Zusammenhang eingliedert, aus dem sie gewaltsam herausgerissen worden ist und auf den sie sich mit der Zeitangabe in Joh 2, 1 sehr deutlich bezieht[46]; vielmehr bringt er sie nach Mt 4, 12–16. 23–25 und vor der Auswahl der zwölf Apostel (Mt 5, 1; 10, 2–4 par.) sowie der Bergpredigt, wobei zwischen Hochzeit und Apostelliste noch die Verse Mk 1, 27 f. par. Luk 4, 42 b. 43 eingefügt werden[47]. Gedankenlos ist diese Anordnung nicht erfolgt: Durch Mt 4, 23 (Jesus zieht in ganz Galiläa umher) ist erklärt, wie Jesus nach Kana kommen konnte; die Berufung der Jünger, die in Joh 2, 2. 11 vorausgesetzt werden, ist abgeschlossen[48]. Die Reaktion auf das überwältigende Wunder liest man in Mk 1, 37: Jedermann sucht Jesus. Die Jünger, die an Jesus glauben (Joh 2, 11), werden anschließend in der Bergpredigt belehrt und dann selbst zur Predigt ausgesandt, um Jesus in seiner Sendung (Mk 1, 38) zu unterstützen. Die Hochzeit bleibt wie bei Johannes in einer exponierten Stellung. Sie ist zwar nicht mehr das erste Wunder Jesu (Joh 2, 11a), denn der wunderbare Fischzug (Lk 5, 1–11) ist ja bereits vorausgegangen, aber sie ist das spektakuläre Ereignis am Beginn der öffentlichen Wirksamkeit Jesu.

So durchdacht diese Konstruktion auch ist, sie bietet eben doch einen ganz anderen Zusammenhang als den von Johannes vorausgesetzten. Wie großzügig Luscinius mit den Nahtstellen dieser Perikope zu ihrem ursprünglichen Kontext umgeht, zeigt seine ‹Bearbeitung› der Verse Joh 2, 1a und 11a. Der «dritte Tag» bezieht sich nicht mehr auf irgendwelche vorhergenannten Ereignisse, sondern ist die Bezeich-

---

[44] Vgl. dazu o. S. 43 bei Anm. 5.

[45] Ranke, Codex, S. 55 f.

[46] Vgl. Joh 1, 35. 43. Diese naheliegende Lösung findet sich in der Historia Scholastica Kap. 38 (die ansonsten sich auch von CF abhängig zeigt!) und auch sonst öfters in der Tradition, z. B. bei Ludolph Teil 1, Kap. 25; Gerson Kap. 17.

[47] Luscinius, evangelisch histori dtsch., Kap. 3.

[48] In der Historia Scholastica folgen auf die Hochzeit noch weitere Jüngerberufungen (Kap. 41+45), ebenso bei Gerson Kap. 25, 26 und 29.

nung eines Wochentages: «Und den dritten tag nach dem sabbath hat man hochzeyt gehalten zu Cana . . .».[49] Vers 11a wird formuliert: «Das ist ain anfang gewesen der zaichen . . .». Der unbestimmte Artikel hilft über die schon vorher erzählten Wunder Jesu (Lk 5,1−11; Mt 4,25) hinweg.

Ähnlich frei gegenüber dem biblischen Kontext zeigt sich Luscinius an vielen anderen Stellen − meist beeinflußt durch das in dieser Hinsicht besonders großzügige abendländische Diatessaron (CF)[50]. Diese Unbekümmertheit und die vorgegebene Anordnung der Evangelientexte ist aber nur der Ausgangspunkt für Luscinius: Es ist die Haltung, die er von seiner Hauptquelle übernommen hat und die letztlich auf Tatian zurückgeht[51]. Daneben zeigt sich aber bei unserem Humanisten noch eine andere, gegenläufige Tendenz, nämlich die, der Akoluthie der einzelnen Evangelien eine größere Aufmerksamkeit zu widmen, d. h. unter den von den Evangelisten bereitgelegten Bausteinen solche aufzuspüren, die schon in einem festen Gefüge zueinander stehen, das man beibehalten kann. Viele der Eingriffe Nachtgalls in die CF-Struktur dienen dem Bemühen, ein ‹evangeliengerechteres› Ergebnis zu erzielen[52]. Natürlich kann man nicht sagen, daß Luscinius dabei Pionierarbeit geleistet habe. Schon Augustin und vor allem Gerson[53] sind viel kon-

---

[49] Luscinius, a. a. O., S. 53 (Kap. 3).
[50] z. B. Bezug von Lk 2,40 auf den Aufenthalt in Ägypten; Joh 7,1 als Reise von Judäa nach Galiläa; der meiste Stoff von Lk 9,57−17,11 vor Lk 9,51−56; die in Anm. 43 genannten Stücke. Nach Joh 4,40 bleibt Jesus im Anschluß an sein Gespräch mit der Samariterin zwei Tage bei den Samaritanern. Dann zieht er nach Galiläa (Joh 4,43), wo er den ‹Sohn des Königischen› heilt (Joh 4,47−54). Da bei Luscinius die Reise durch Samarien von Joh 4 von Galiläa nach Jerusalem geht (gegen Joh 4,3f.) und da Joh 5 an Joh 4,42 anschließt, findet eben die Heilung des Kranken am Teich zwei Tage nach der Begegnung mit der Samaritanerin statt: die Zeitangabe von Joh 4,40 wird einfach auf Joh 5 statt auf Joh 4, 43ff. bezogen. Joh 4,43−45.54 passen schlecht in den Aufbau des Luscinius; sie werden deshalb unterschlagen (wie schon in CF).
[51] Vgl. Merkel, Widersprüche, S. 91.
[52] Vgl. o. S. 49f.: Nr. 1b; 2d; 2e; 2f.
      In den folgenden längeren Passagen bleibt bei Luscinius der Zusammenhang der Evangelien erhalten:
      Mt 1,1−4,11; 4,23−7,27; 8,4−9,8; 13,1−20,16 (mit kleinen Umstellungen); 23,1− 25,36.
      Mk 6,32−9,32 (ohne 8,22−26, das bei Luscinius wie auch in CF fehlt); 9,43−11,10 (ohne 10,32−34).
      Lk 1,1−3,18; 22,1−24,53.
      Joh 7,1−12,16; 12,20−18,14; 18,25−21,25.
      Es zeigt sich, daß Mt für die Dauer der öffentlichen Wirksamkeit Jesu vor der Passion besonders beachtet wird, während Lk und Joh vor allem für die Passions- und Osterzeit maßgeblich sind. Die intakten Mk-Passagen ergeben sich aus seiner Parallelität zu Mt.
[53] Vgl. o. S. 15ff. Daß sich nirgends in der ‹ganzen evangelischen Historie› ein Hinweis darauf findet, daß der Verfasser Gersons Monotessaron gekannt hat, ist ein echter Vorwurf,

zentrierter ans Werk gegangen. Aber im Vergleich zu CF kann man dem Doktor Nachtgall doch ein größeres Verantwortungsbewußtsein gegenüber den biblischen Quellen bescheinigen.

Luscinius versteht seine Harmonie auch als Geschichtsschreibung. Natürlich handelt es sich um Geschichte von besonderer Qualität, aber sie hat sich in Raum und Zeit abgespielt, und dem trägt der Humanist Rechnung. Dem erwünschten Leserkreis und der Zielsetzung des Buches entsprechend wird man darin keine wissenschaftliche Diskussion über antike Chronologie und palästinensische Geographie erwarten. Doch der Leser bekommt in knapper Form einige Materialien mitgeteilt, die ihn zu besserer Einsicht in die irdische Seite des damaligen Geschehens führen sollen.

Da ist zunächst der zeitliche Rahmen, der dem Leben Jesu angelegt wird. Luscinius hat dabei auf das Schema zurückgegriffen, das die von ihm zweimal edierte Epitome bietet[54]: Die öffentliche Wirksamkeit Jesu erstreckt sich über ca. zweieinviertel Jahre. Der Beginn des ersten Jahres wird mit Mt 4,17 markiert. Das «ander jar der predig des Herren» beginnt in der Epitome und in der ‹ganzen evangelischen Historie› mit Mt 13,53—58 + Lk 4,22—30, also wieder mit einer Predigt in Nazareth — diesmal mit negativen Echo. In der Zeit des Wirkens Jesu kennt Luscinius nur drei Besuche Christi in Jerusalem: den zum Pfingstfest in seinem zweiten Jahr (Joh 5), den zum Laubhüttenfest im gleichen Jahr (Joh 7,10), der sich bis in den Winter und in das dritte Jahr hinein erstreckt (Joh 10,22. 40) und schließlich den zum Todespassa. Der weitere Jerusalemaufenthalt, den die Epitomeen mit Joh 2,13ff. bieten, fällt bei Luscinius der Gleichsetzung der johanneischen und synoptischen Tempelreinigung zum Opfer. Die Passionsgeschichten beginnen — eine Überschrift macht es deutlich[55] — mit der Gethsemaneszene. Das letzte Mahl Jesu, die Fußwaschung, die Bezeichnung des Verräters und die Abschiedsreden rechnen also nicht unmittelbar zur Leidensgeschichte[56]. Die Komposition der Ereignisse von Gethsemane bis Himmelfahrt scheint auf den ersten Blick ein selbständiger Beitrag des Luscinius zu seiner Harmonie zu sein; denn deutlich unterscheidet sich hier ‹die ganze evangelisch Historie› von der alten lateinischen Vorlage. Doch eine nähere Untersuchung macht offenbar, daß es auch für diesen Abschnitt eine Autorität gibt, der Luscinius getreu folgt, ohne sie jedoch namhaft zu machen: Es ist Johannes Bugenhagen mit seiner Passions- und Osterharmonie,

---

den man den großtönenden Worten des Luscinius über seinen Fleiß und über die Mängel der Arbeiten seiner Vorgänger, «Lateiner und Griechen», entgegenhalten muß.

[54] Vgl. o. S. 27 und S. 40.

[55] Vor Kap. 22: «Hie hebt sich an der passion, das leyden unsers Herren.»

[56] Eine Zäsur an gleicher Stelle auch bei Pseudo-Bonaventura, Meditationes, Kap. 63ff. und Ludolph, Teil 2, Kap. 58ff. Bei Pseudo-Bonaventura wird deutlich, daß diese Einteilung in Zusammenhang mit den Horen steht.

die 1524 zum ersten Mal lateinisch im Druck erschienen und schon sechs Jahre vorher verfaßt worden war[57]. Schritt für Schritt übernimmt Nachtgall die einzelnen Episoden der Leidensgeschichte Jesu aus dem Bugenhagenschen Werk[58].

Was er bei Bugenhagen nicht finden konnte, war eine Klärung der komplizierten Datierungsfragen von Karfreitag und Ostersonntag. Deshalb macht er sich selbst daran, seinen Lesern hier Klarheit zu verschaffen:

Da muß zunächst einmal der Vers Joh 18,28 besprochen werden: Jesus hat das Osterlamm zusammen mit seinen Jüngern am Donnerstagabend gegessen. Wieso wollten dann die Juden erst am Freitag das Passalamm essen, wo es doch darüber eine für alle verbindliche Vorschrift gab? Die Antwort ist einfach: Die Juden hatten vor lauter Geschäftigkeit bei ihrer Verschwörung gegen Jesus keine Gelegenheit gefunden, das feierliche Mahl zur gehörigen Zeit abzuhalten. Mit dieser Annahme verschwindet der scheinbare Widerspruch zwischen Johannes und den Synoptikern bezüglich des Todestages Jesu.

Der nächste zu beseitigende Widerspruch liegt zwischen Joh 19,14 (um die 6. Stunde wird Jesus von Pilatus verurteilt) und Mk 15,25 (um die 3. Stunde wird Jesus gekreuzigt). Luscinius führt die Verwirrung auf einen spezifischen Gebrauch des Begriffs ‹Stunde› zurück: Wenn Markus von der ‹dritten Stunde› redet, dann meint er damit das Viertel des Tages, das von 9 bis 12 Uhr dauert, also mit der

---

[57] Vgl. Geisenhof, Bibliotheca, S. 102 ff. Der Erstdruck erschien im Frühjahr 1524 in Nürnberg. 1526 erschien diese Passionsharmonie in Wittenberg zum erstenmal in Deutsch, vgl. Geisenhof, a. a. O., S. 113. Der deutsche Text ist (geglättet und um die auslegenden Sätze gekürzt) am bequemsten zugänglich in Mühlhaupt, Luthers Evangelienauslegung, S. 33*– 57*. Mühlhaupt schreibt (a. a. O., S. 5*), diese Harmonie sei 1526 von Bugenhagen «hergestellt». Das ist irreführend und gilt nur für die deutsche Version, die Bugenhagen zusammen mit Johannes Mantel besorgt hat (vgl. Geisenhof, Bibliotheca, S. 104). Vgl. zur Bugenhagenschen Harmonie auch u. S. 244 ff.

[58] Kurz skizziert die Abfolge der Passions- und Ostergeschichten bei Luscinius (und Bugenhagen): Gethsemane – Gefangennahme – Jesus vor Hannas – vor Kaiphas – 1. Verleugnung des Petrus – Verhör durch den Hohenpriester – weitere Verleugnungen – Verhör vor dem Hohenrat – Verspottung – Verhör am Morgen – Jesus wird vor Pilatus gebracht – Ende des Judas – Jesus wird von Pilatus befragt – Jesus oder Barrabas – Frau des Pilatus – Kreuzige ihn! – Geißelung und Verspottung – Ecce homo – Verurteilung – Kreuzesweg – Golgatha – man bietet Jesus Essig – Vater, vergib ihnen – Titulus – Teilung der Kleider – Maria und Johannes – Verspottung durch die Umstehenden – die beiden Schächer – Sonnenfinsternis – Tod Jesu – Zeichen bei seinem Tode – der Centurio – die Frauen unter dem Kreuz – Blut und Wasser aus Jesu Seite – Grablegung und Versiegelung des Grabes – die Frauen kommen zum Grab – Erdbeben – der Stein ist weggerückt – zwei Männer in weißen Kleidern – die Frauen verkünden es den Aposteln – Petrus und Johannes am Grab – Jesus und Maria Magdalena – die Frauen kommen wieder zum Grab – ein Jüngling in weißen Kleidern – Jesus erscheint den Frauen – Bestechung der Wächter – Emmausjünger – Jesus erscheint den Jüngern ohne Thomas – Jesus und Thomas – Erscheinungen am See Tiberias – Erscheinungen auf einem Berg in Galiläa an mehr als 500 Jünger – Verheißungen – Himmelfahrt.

3. Stunde beginnt und nach dieser benannt ist. Die ‹dritte Stunde› währt also drei Stunden lang. Entsprechend dauert die ‹sechste Stunde›, von der Johannes spricht, von 12 bis 15 Uhr. De facto ist Jesus kurz vor Mittag, d. h. kurz vor der 6. Stunde verurteilt und gekreuzigt worden. Daher läßt sich mit Recht sowohl sagen, er sei in der dritten, als auch, er sei um die sechste Stunde gekreuzigt worden[59].

Komplizierter noch – aber im Grunde auch ganz einfach – ist die Lösung des Rätsels, wieso man sagen kann, Jesu sei drei Tage im Grabe gelegen, wenn doch in den Evangelien nur von einem Tag der Grabesruhe, dem Sabbat zwischen Karfreitag und Ostersonntag, berichtet wird. Zur Erläuterung werden die jüdische Geschichte und das weltliche Recht herangezogen: Nach dem Wiederaufbau des Jerusalemer Tempels habe Esra das Passafest feiern lassen (Esra 6, 19–22). Weil die Juden in der Zeit ihrer Gefangenschaft dieses Fest nicht hätten halten können, habe Esra – um das Versäumte nachzuholen – geboten, daß in Zukunft stets jeweils zwei Tage für den ‹rechten Ostertag› zu gelten hätten. Diese zwei Tage wurden aber nur als einer gezählt. Ähnlich verfahre ja das weltliche Recht mit den Schalttagen: Der, der an einem Schalttag geboren wird, und der, der am Tag zuvor geboren worden ist, sollen das gleiche Geburtsdatum haben. «Wa das also beschehen ist zů der zeyt des leydens unsers Herren, ist nit schwer zů rechnen, welche drey tag der Herr im grab sey gelegen, . . . dann an des freytags letztem tayl ist er hineingekommen und die nachgenden zwen tag des sabbats, so fůr ainen gerechnet werden, bayd an den nächten nach jüdischem brauch angefangen, dablyben.»[60]

Die Verknüpfungen, die Luscinius von der evangelischen Historie zur Profangeschichte herstellt, sind äußerst spärlich. Er bietet keine einzige Jahreszahl und gibt die politische Situation in Palästina zur Zeit Jesu nur in wenigen Worten an, die sich an Lk 3,1f. orientieren.

Schon die Historia Scholastica enthielt wesentlich mehr Zeitgeschichte. Die Geschichte Jesu ist für Luscinius im Grunde autarke Geschichte, aus sich selbst heraus verständlich und nur lose eingefügt in die ‹Weltgeschichte›. Nachtgall repräsentiert hier nicht die Haltung eines Humanisten[61], wie er ja auch das Streben, alte Quellen auszuschöpfen, vermissen läßt – wenigstens in seiner Evangelienharmonie.

Die Geographie wird noch stiefmütterlicher behandelt. Lediglich über Emmaus wird dem Leser etwas mitgeteilt: Es heiße jetzt Nikopolis und liege ca. acht ‹welsche Meilen› von Jerusalem entfernt[62].

---

[59] Luscinius, evangelisch histori dtsch., S. 436.
[60] Luscinius, a.a.O., S. 458.
[61] Andere Humanisten, z.B. Melanchthon in der Chronik Carions oder Camerarius (Camerarius, Expositio) versuchen, die irdische Seite des Lebens Jesu in die Profangeschichte einzuordnen.
[62] Luscinius, a.a.O., S. 468. Seine Daten hat Luscinius – direkt oder indirekt – aus der Historia Scholastica entnommen (Kap. 191; PL 198, Sp. 1639).

Man darf zugunsten von Luscinius annehmen, daß seine Sparsamkeit in der Mitteilung von Realien beabsichtigt ist, daß sie ihren Grund in der Funktion hat, die er von seinem Buch erfüllt wissen will. Er schreibt ja nicht deshalb, um seinen Lesern äußerliches Wissen zu vermitteln, sondern um sie «liebe, gedult und ernidrung des gemůts» zu lehren[63]. Diesem Ziel, das Luscinius im Einklang sieht mit dem Anliegen der Evangelisten, dient der evangelische Text, den er in farbiger deutscher Sprache vorträgt, ihm dienen die dogmatischen und paränetischen Auslegungen, die immer wieder eingeschoben werden, und ihm dienen auch die Anordnung des Textes, die zeitliche Gliederung und die historischen Beigaben, weil sie helfen, «dyse hymlisch leer, davon wir gaistlich werden, . . . leychter . . . zů mercken und grundtlicher zů versteen»[64].

Historische Erläuterungen sind lediglich durch eine ‹Didaktik der evangelischen Lehre› bedingt; sie sind inhaltlich weniger bedeutsam als methodisch. Historie ist nicht ‹Hilfswissenschaft› der Theologie, sondern nur ‹Hilfsmittel›.

Die Heilige Schrift und Nachtgalls Harmonie zielen auf eine Veränderung des Menschen. Diese Veränderung erfolgt aber – so der Verfasser der ‹ganzen evangelisch Historie› – nicht zwangsläufig aus der Begegnung mit der Schrift. Voraussetzung ist der Geist Gottes, der allein davor bewahrt, die Bibel nach eigenem Nutz und Vorteil auszulegen. Luscinius hat offenbar seine Erfahrungen: «Dann wie ainem, der durch ain rot glaß sicht, alle ding rot erscheinen, durch ein blabs blaw, durch ein gelbs gelb und in andern farben desgleychen, also sicht ain geytziger in der hailigen geschrifft weg, dardurch er das zeytlich gůt mere, ain frässiger, wie er dem leyb wol außwardt, ain unkeuscher, wie er seynes flayschs begyrden statthů, ain lyebloser, der vol gyfft des neyds und unwillen ist gegen seynem nåchsten, wie er denselben schmåhe und lester, und mag dermassen zů alen lasteren ain gůter scheyn und deckmantel in der hayligen schrifft gefunden werden.»[65] Ist aber der Geist Gottes am Werk, dann wird es an der rechten Wirkung nicht fehlen; die von Christus und dem Täufer gepredigte Änderung des weltlichen Lebens wird die Folge sein. Dies ist die metanoia, die paenitentia; auf Deutsch könnte man «nachsinnung» oder «nachwytz» sagen, «da ain mensch ains besseren zů rat wijrt und das bôß, so in vor gůt hat bedunckt, fallen last»[66]. Leider – und nun schlägt Luscinius kritische Töne an – ist es gerade bei denen mit der metanoia nicht weit her, die darin den anderen ein Vorbild sein sollten: bei den Lehrern des Evangeliums. Ihnen fällt eine entscheidende Rolle zu, denn keiner wird bei anderen Gottesliebe entzünden, der nicht selbst ein Fünklein dieser Liebe hat[67].

---

[63] Luscinius, a.a.O., Bl. b7b (Vorrede).
[64] Luscinius, a.a.O., Bl. c7b (Vorrede).
[65] Luscinius, a.a.O., Bl. a5a (Vorrede).
[66] Luscinius, a.a.O., Bl. a6b (Vorrede).
[67] Luscinius, a.a.O., Bl. a8a (Vorrede).

Deshalb sollen die Lehrer den anderen ein würdiges Exempel in ‹evangelischer Zucht und ehrlichem Wandel› geben. Sie sollen die Heilige Schrift fest im Gedächtnis haben und können ohne ‹klaren Verstand der Sprachen› ihr Amt nicht erfüllen. Doch wie sieht es mit ihnen in Wirklichkeit aus! Viele leben zum Ärgernis der ‹einfältigen Christen› in aller Üppigkeit, prahlen mit ihrem apostolischen Amt und sind doch voller Bosheit[68]. Luscinius versäumt nicht, sich energisch von solch schlechter Gesellschaft zu distanzieren: «Ich hab in meyner kinthayt von doctor Kaysersberger in seinen predigen, zů Straßburg gethon, und sonst in seynem hauß ains tayln also vil haylsamer leer empfangen, die mir darzu geholfen, das man mich zeycht, ich sey kayn weltmensch. Got verleyhe mir, das diese nachred war sey.»[69] Nachtgalls Kritik an einigen seiner klerikalen Zeitgenossen scheint dafür verantwortlich zu sein, daß der eine oder andere ihn zu einem Sympathisanten der Reformation gemacht hat. So schreibt z. B. Wilhelm Walther über die Nachtgallsche Harmonie: «Fast alles, was er sagt, hätte − dem Inhalt nach − auch Luther sagen können.»[70] Hier hat der Forscher − um Luscinius' eigenes Bild zu gebrauchen − mit lutherischer Brille gelesen. In Wirklichkeit fehlt es in der ‹ganzen evangelisch Histori› nicht an Polemik gegen die Reformation. So wird etwa in der Kreuzigungsszene an die Verse von dem bußfertigen Schächer ein Exkurs über den Glauben und seine Früchte angeschlossen. Dieser endet mit den Sätzen: «Das alles hat die notturft erfordert, mit fleyß zu beschreiben um etlicher rohen Christen willen, deren man sich billich erbarmen soll, die auß dysen obgemelten vier stucken[71] nur die nemen, die inen gefallen un sůß sein, das ist: den glauben und das evangeli mit solichen worten: Ich darf nichts thůn dann glauben, so würd ich selig. Das ander aber, was saur ist und nit leycht zů thun, als den alten adam tödten, lassen sie steen.»[72] Hier spricht nicht ein heimlicher Anhänger, sondern ein Gegner der reformatorischen Bewegung[73].

Zur Abrundung unserer Bekanntschaft mit der Nachtgallschen Harmonie mag eine Textprobe dienen. Was sie aufzeigt, gilt für das ganze Opus: Luscinius bietet nicht eigentlich eine Übersetzung, sondern eine Paraphrase des biblischen Textes. Er wandelt beispielsweise direkte in indirekte Rede um, er kürzt und faßt zusammen, er erweitert und erläutert. Dabei geht er aber doch Schritt für Schritt den

---

[68] Luscinius, a.a.O., Bl. a7a (Vorrede).
[69] Luscinius, a.a.O., Bl. c3a (Vorrede).
[70] Walther, Konkurrenten, S. 30.
[71] Furcht Gottes wegen seines Gesetzes, Glaube an Christus, Liebe, Evangelium.
[72] Luscinius, a.a.O., S. 445−449.
[73] Vielleicht denkt Luscinius bei diesen Worten an seine reformatorischen Kollegen in Augsburg, z.B. an Urbanus Rhegius (die Daten über dessen Augsburger Tätigkeit bei Wiedemann, Augsburger Pfarrerbuch, S. 34) oder an den hitzigen Michael Keller (über dessen Agieren in Augsburg vgl. Roth, Augsburg 1, passim, vor allem S. 132−134).

Sätzen der Evangelisten entlang. Seine Sprache ist ungekünstelt und volkstümlich, offenbar unbeeinflußt von der Lutherischen Biblübersetzung und bleibt hinter dieser an Einprägsamkeit und Dynamik weit zurück[74].

Wir wählen für das Textbeispiel Lk 2, 1–19, die Weihnachtsgeschichte, um einen Vergleich mit der Lutherversion, in der diese Verse besonders vertraut geworden sind, zu erleichtern:

«Hat sich aber begeben, das kayser Octavius Augustus, der zů derselben zeyt regieret, nachdem und er das rŏmisch reych jetz vast gemeret und zů fryden und růw het bracht, all seyne underthonen schåtzet, dabey er seyn macht erkennen mŏcht, und ist das die erst schetzung gewesen, beschehen under dem kayserlichen vogt in dem land Syria, mit namen Quirino. Dieweyl nun in dem jüdischen land yederman an das ort gieng, davon er bürtig und seynen stammen nach gerechnet ward, gieng Joseph sambt seynem gemahel Maria von Nazareth, dem stetlin Galilee, gen Bethlehem, in Judea gelegen, dem stamm David zůgehŏrig, von dem sie bayd ir herkommen zelten. Innerhalb der zeyt aber, als sie da seind gewesen, ist Maria irer frucht nyderkommen und hat Christum den Herren geboren, denselben in tůchle gewunden und in ain kripp gelegt; dann in der herberg, darynnen das beschach, umb vile willen der gest sonst kain ander ort vorhanden was. Sŏllicher geburt haben sich am ersten die engel vom hymel erfreut und hat ainer dieselb bey der nacht den hirten, so in derselben gegend des vichs hůtend, mit grossem glast verkündet: Sie sollten nit erschrecken, sonder die frŏlich botschafft vernehmen, die zů freüden dienet allen menschen, dann inen zů gůt jetz geboren wer ir erlŏser, Christus der Herr zů Bethlehem in der stat David[75].

Wir fragen zum Abschluß: Worin sieht Luscinius die Bedeutung des irdischen Lebens Jesu? Er selbst gibt die Antwort gleich zu Beginn seiner Vorrede, wenn er seine Arbeit charakterisiert: Er habe sich daran gemacht, «alle handlung, thůn und lassen, treffliche exempel gůter sitten und aller tugent sampt der haylsamen leer, so Christus Jesus, der war sun Gottes, uns zů gůtem von hymel herabgebracht und hynder im gelassen hat, auß den vier evangelisten in ain hystori . . . zu bringen»[76]. Jesus ist Lehrer und Vorbild. Natürlich ist er auch «der war sun Gottes». Daß Luscinius die Sätze der kirchlichen Christologie als bekannt und gültig voraussetzt, ist selbstverständlich. Doch darauf legt er keinen Akzent, darüber macht er keine überflüssigen Worte. Was er in den Vordergrund rückt, ist nicht die Person Jesu,

---

[74] Dafür sind gerade die Sätze, in denen Luscinius indirekte Rede anstelle der direkten einführt, bezeichnend: Lk 2, 10 in der Lutherübersetzung ist einprägsam. Die sprachliche Gestaltung macht es leicht, diesen Satz, der ja von hohem kerygmatischen Gehalt ist, im Gedächtnis zu behalten. Die entsprechende Formulierung in indirekter Rede bei Luscinius hat man schnell wieder vergessen.

[75] Luscinius, a. a. O., S. 20–22 (Kap. 1).

[76] Luscinius, a. a. O., Bl. a2a (Vorrede).

nicht einmal sein Erlösungswerk, sondern sind seine Worte und Taten. Nicht das, was einmalig war an Jesus, wird betont, sondern das, wo er Ewiggültiges repräsentiert. In seinen Taten haben wir Exempel aller Tugenden, in seinen Worten ist die für uns verbindliche und ‹heilsame› christliche Lehre formuliert. Für uns ist es nicht mehr Jesus selbst, dem wir bei der Lektüre der Evangelien begegnen, sondern sein Reden und Handeln, das er ‹hinter sich gelassen hat›. Dieses Vermächtnis Jesu kann man sich freilich am besten aneignen, wenn man es geordnet und gegliedert vor sich hat. Deshalb ist es sinnvoll, die evangelische Lehre als evangelische Historie darzubieten[77].

Wir haben es mit einem Versuch der Aktualisierung des Lebens Jesu zu tun. Er bringt es mit sich, daß – im Unterschied etwa zur geistig-sinnlichen Vergegenwärtigung des damaligen Geschehens, die ihren Schwerpunkt in den Kindheits- und vor allem in den Passionsepisoden hat – die Zeit der öffentlichen Wirksamkeit Jesu stärker in den Vordergrund gerückt wird. Denn gepredigt und Wunder getan hat Jesus eben vorwiegend in der Zeit von seiner Taufe bis zu seiner Passion. So ergibt es sich, daß Luscinius, obwohl sein Interesse den Exempeln und Lehren Jesu gilt, doch einen wichtigen Beitrag zu einer Betrachtung des Lebens Jesu in seinem Gesamtablauf geleistet hat. Während Gersons Monotessaron der gelehrten Welt vorbehalten blieb, stand die vom wissenschaftlichen Standpunkt aus viel weniger eindrucksvolle Harmonie des Luscinius breiteren Bevölkerungskreisen zur Verfügung[78].

3.2. Bearbeitungen von Gersons Monotessaron

3.2.1. Das Monotessaron Erlingers, 1524

Das Städtchen Wertheim am Main hatte im Jahre 1524 eine Buchdruckerei in seinen Mauern: Der vorher einige Jahre in Bamberg tätige Georg Erlinger[1] war mitsamt dem Zubehör seiner Offizin mainabwärts gezogen. Vermutlich war ihm, der seine Presse der reformatorischen Bewegung zur Verfügung gestellt hatte, das Risiko in der Bischofsstadt zu groß geworden, so daß er es vorzog, unter dem Schutze des Grafen Georg II., der im Schloß oberhalb Wertheims residierte, seine

---

[77] Die zeitlich-biographische Anordnung wird durch ein ‹Materialregister› weiter aufgeschlüsselt, «damit man allzeyt berayt hab, was zů christlichem leben dienstlich in der evangelischen leer begryffen ist» (Luscinius, a. a. O., Bl. d 1 b; vgl. auch o. S. 44 bei Anm. 9). Auch ein Register über die evangelischen Lesungen des Kirchenjahres ist beigegeben.

[78] Das gilt natürlich nur für den deutschsprachigen Raum.

[1] Gest. 1541; über ihn vgl. Schottenloher, Erlinger (dort S. 57–195 Bibliographie der Erlingerdrucke) und Benzing, Buchdrucker, S. 25 + 449.

persönliche und berufliche Existenz zu sichern. Graf Georg galt als überzeugter Anhänger Martin Luthers. Längere Dauer war dem Aufenthalt Erlingers in Wertheim freilich nicht beschieden. Schon im nächsten Jahr wohnte und arbeitete er wieder in Bamberg. Doch die paar Monate im westlichen Franken reichten sowohl für die Fertigstellung einiger Drucke als auch für die Edition eines Werkes, das Erlinger unter seinem eigenen Namen herausgab[2]: «Euangelion Cristi. Die menschwerdung und das leben Christi, auch die leere, wunderwerck und verheyssung, durch die vier evangelisten beschriben, in ein euangelion gezogen, wie solichs nach ordnung ergangen ist.»[3] Es handelt sich um eine Evangelienharmonie in deutscher Sprache, als deren Verfasser oder besser Redaktor sich in der Vorrede[4] Georg Erlinger zu erkennen gibt. Dem Büchlein war offenbar – aus erklärlichen Gründen[5] – kein sonderlicher Verkaufserfolg beschieden. Das kann man daraus schließen, daß Erlinger sechs Jahre später, also 1530, versucht hat, die Restexemplare unter dem Gewand eines scheinbaren Neudruckes an den Mann zu bringen. Zu diesem Zweck hat er lediglich den ersten Bogen durch einen neuen ersetzt: Anstelle des bisherigen Titelblattes erscheint ein völlig neues, das keinen Druckort angibt und die Jahreszahl 1530 trägt[6]. Ferner ist die Vorrede Erlingers durch eine Vorrede Melanchthons ersetzt worden[7]. Gewiß erhoffte sich der Drucker und Autor durch die Zeilen dieses weltberühmten Mannes eine Empfehlung für sein Buch[8]. Er verzichtete dadurch aber auf eine weitere Verbreitung seines ‹Ruhmes› als Schöpfer einer Evangelienharmonie; denn da der Wittenberger den Namen Erlingers nicht nennt, erscheint die ‹Neuausgabe› als anonymes Werk[9]. Vermutlich war Erlinger diese Anonymität gar nicht unangenehm; denn seit einigen Jahren hatte er die Funktion eines fürstbischöflichen Hofdruckers in Bamberg, und dieser Stellung wäre es

---

[2] Über Erlingers Aufenthalt in Wertheim vgl. Schottenloher, a.a.O., S. 31–34.

[3] Genaue bibliographische Beschreibung des Druckes bei Schottenloher, a.a.O., S. 104f., Nr. 35a. Abbildung des Titelblattes bei Schottenloher, a.a.O., S. 103, Abb. 11. Ältere Beschreibung der Schrift bei Riederer, Nachrichten 4, S. 98–108; vgl. dazu auch Riederer, Nachrichten 3, S. 458–466.

[4] Die Vorrede gedr. bei Riederer, Nachrichten 4 und bei Schottenloher, a.a.O., S. 196f.

[5] Vgl. u. S. 65.

[6] Der Titel heißt jetzt: «Die vier evangelisten vereynigt und also zusammengezogen, als redten sie auß ainem mund, dadurch vil thunckle orth des euangelions verstentlich und liecht werden, darin die gantz hystori des lebens, sterbens und auffersteens Christi volkomlich angezeigt wirdt, gantz nutzlich allen Christen, auch den predigern. Mit einer vorred Philippi Melanchthonis. MDXXX.» Genaue bibliographische Beschreibung bei Schottenloher, a.a.O., S. 105ff., Nr. 35b.

[7] Vgl. u. S.62f.

[8] Über die Bekanntschaft Melanchthons mit Erlinger vgl. Schottenloher, a.a.O., S. 32, Anm. 3.

[9] Auch der Druckort Wertheim samt dem gräflich-wertheimischen Wappen ist auf dem Titelblatt getilgt.

sicherlich nicht förderlich gewesen, wäre er in der Öffentlichkeit allzu deutlich mit den Lutheranern in Verbindung gebracht worden[10]. So konnte es geschehen, daß Erlinger als Verantwortlicher für diese Harmonie ganz in Vergessenheit geriet[11].

In seiner Vorrede, die später durch die Worte Melanchthons ersetzt wurde, erzählt Erlinger einiges über Entstehung und Absicht seines Buches[12]. Er beweist dabei, daß er nicht nur seine Presse der reformatorischen Bewegung zur Verfügung gestellt, sondern daß er auch sich selbst den Gedanken Luthers und seiner Anhänger aufgeschlossen hat:

Zwar werden alle Getauften «Christen» genannt; doch selig werden kann man nicht ohne Glauben und Wiedergeburt im Geist. Denn nur der Glaube an Christus rechtfertigt vor Gott. Der Glaube aber kommt aus dem Hören des Wortes Gottes und durch die Gnade des Geistes. Deshalb ist jeder Christ vor die Notwendigkeit gestellt, «sich in dem wort des heiligen evangely als der schul des glaubens, darinne dann Christus selbs meister ist, zu uben»[13]. Mit dieser Gedankenfolge begründet Erlinger, warum er die Evangelienharmonie zusammengestellt habe. Er will den Christen, vor allem den «schwachen des glaubens», die notwendige Begegnung mit dem Wort Gottes erleichtern. In Wirklichkeit zeigt diese ‹Begründung› nur, daß Erlinger ziemlich unreflektiert, ja naiv an seine Arbeit gegangen ist. Denn aus seinen Ausführungen ergibt sich ja keineswegs die Notwendigkeit oder der Nutzen einer Evangelienharmonie. Lediglich die Bedeutung der Bibellektüre im allgemeinen läßt sich daraus ableiten. Auch wenn Erlinger im folgenden darauf hinweist, daß die vier Evangelien eigentlich nur ein Evangelium sind, so berührt das nicht das Problem einer Evangelienharmonie; denn dieser Gedanke stammt von Luther aus

---

[10] So vermutet auch Schottenloher, a. a. O., S. 33 + 36.

[11] So wagte z. B. Riederer, als er die ursprüngliche Ausgabe von 1524 noch nicht kannte, einen Tip auf Bugenhagen als Autor und nahm Augsburg oder Straßburg als Druckort an (Riederer, Nachrichten 3, S. 466; anders aber: Riederer, Nachrichten 4, S. 98–108).
Vom ersten Bogen abgesehen sind die Ausgaben von 1524 und 1530 vollständig identisch – einschließlich der falschen Folienzählung (vgl. Schottenloher, a. a. O., S. 104). Eine versehentliche Auslassung im Druck von 1524 (Bl. 213b) verbessert Erlinger in der 1530er Ausgabe, indem er an der betreffenden Stelle ein Blatt, den ausgefallenen Text enthaltend, einklebt (Schottenloher, a. a. O., S. 108).
Auch die Jahreszahl MDXXIIII auf dem letzten Blatt ist in der 1530er Ausgabe stehengeblieben, trotz des Widerspruchs zu dem MDXXX auf dem neuen Titelblatt. Diesen Widerspruch wußte sich Zeltner, der nur die ‹Neuausgabe› kannte, nicht anders zu erklären, als daß die frühere Zahl das Abfassungsdatum, die spätere das Jahr der Drucklegung bedeute (Zeltner, Sendschreiben, S. 29, bbb). Seit Riederer, Nachrichten 4, S. 98–108 und vollends seit Schottenloher, Erlinger, S. 105–108 ist der tatsächliche Sachverhalt klargestellt. Bei meiner Analyse verwendete ich das Exemplar Nürnberg StB, Strob. 551. 8° (Ausgabe von 1530).

[12] Vgl. Anm. 4.

[13] Zitiert nach Schottenloher, a. a. O., S. 196.

seiner Vorrede zum Neuen Testament[14], und Luther hat schließlich auch nicht daran gedacht, eine Harmonie zu schreiben. In dieser Übernahme lutherischer Gedanken ist jedenfalls der für eine Harmonie ungewöhnliche Titel «Euangelion Christi» begründet[15].

Erlinger nennt einen Vorgänger, nach dessen Vorbild er seine Arbeit gestaltet habe: Gerson. Allerdings macht er nicht deutlich, in welchem Verhältnis sein ‹Euangelion Christi› zum Monotessaron Gersons steht[16]. Denkbar sind ja mehrere Möglichkeiten der Abhängigkeit: von der bloßen Anregung über eine Neubearbeitung bis hin zur Übersetzung. Erst ein Vergleich der beiden Werke kann hier Klarheit bringen[17].

Am Ende seiner Vorrede betont Erlinger noch einmal die aktuelle Nützlichkeit der von ihm herausgegebenen Harmonie. Sie soll das Rüstzeug dazu liefern, daß den Feinden des Evangeliums (sprich: den Feinden der reformatorischen Bewegung) «mit dem schwert des geists müg begegnet werden» und sie soll überdies zur christlichen Nächstenliebe anregen. Auch hier bleibt die Frage unbeantwortet, ja ungestellt: Warum eigentlich eine Evangelienharmonie?

Melanchthon, dessen kurze Vorrede in der ‹Neuausgabe› von 1530 die Erlingersche Praefatio ersetzt, spricht da schon mehr zur Sache, wenn auch verständlicherweise in wenigen und vermutlich schnell zu Papier gebrachten Zeilen[18]:

Des vielen Büchermachens ist kein Ende (Koh 12,12), und je mehr davon geschrieben werden, desto minderwertiger ist ihr Inhalt. Das gilt zumal von den Schriften, die Glaubensthemen erörtern. Denn bei dieser Materie pflegen die Menschen ihren Sauerteig darunterzumengen, so daß man Irregehen nur vermeiden kann, wenn man Menschenbücher über den Glauben beiseitelegt und sich allein von den Propheten und Aposteln leiten und bekehren läßt. Welche nützliche Funktion kann nun ein Monotessaron erfüllen? Drei Aspekte sind zu nennen: Zuerst einmal bietet es eine geordnete Darstellung der ganzen Geschichte des Lebens und der Predigt Jesu. Dann beweist es die Übereinstimmung der einzelnen Evangelisten, selbst wenn sie sich in ihrem Wortlaut unterscheiden. Und drittens kann durch eine Zusammenstellung von Texten verschiedener Herkunft ein Evangelist als «dolmetsch und ausleger» des anderen wirken, so daß durch solche gegenseitige

---

[14] Vgl. WADB 6. S. 2,12ff.; 6,22ff.
[15] Vgl. ebenfalls auf dem Titelblatt: «. . . durch die vier evangelisten beschriben, in ein euangelion gezogen . . .».
[16] Er schreibt, er habe sich «unterfangen, die vier evangelia . . . zusam in ein büchlin oder euangelion zu bringen, wie dann etwo das durch Gersonem im latein . . . zusamgezogen und pracht ist» (Schottenloher, a. a. O., S. 196).
[17] Vgl. u. S. 64.
[18] Die Vorrede Melanchthons gedr. in CR 1, Sp. 701, Nr. 311 (unter dem Jahr 1524!).

Erklärung «vil tunckle orth des euangelions verstentlich und liecht werden»[19]. Melanchthon zieht das Resümee: «Darumb ich diß monotessaron achte nutzlich zu lesen.»

So knapp diese Zeilen ausgefallen sind– sie beinhalten doch Grundprinzipien reformatorischer Schriftauffassung: Die Absage an Menschenwort und Menschenlehre im Bereich des Glaubens ist die Anwendung des «sola scriptura» und setzt die ‹sufficientia› der Heiligen Schrift voraus. Die Überzeugung, daß ein Evangelist zum Exegeten des anderen werden kann, ergibt sich aus dem Postulat der facultas se ipsam interpretandi sacrae scripturae und rechnet mit der perspicuitas der Schrift[20]. Gerade das Prinzip, die Heilige Schrift durch sich selbst auszulegen, kann mit der Erstellung einer Evangelienharmonie in einen echten Zusammenhang gebracht werden. Allerdings würde es sich von diesem Ausgangspunkt her nahelegen, daß die Harmonie dann die Gestalt einer Synopse erhielte, in der tatsächlich die einzelnen Evangelientexte ‹gegeneinandergehalten›[21] werden, um so die Aufgabe des wechselseitigen ‹Dolmetschens› leichter wahrnehmen zu können.

Es ist deutlich, daß Melanchthon seine Vorrede nicht auf das Werk Erlingers zugeschnitten hat, sondern daß er sich abstrakt und grundsätzlich zu den Vorzügen einer Evangelienharmonie äußert. Denn das Buch kann wohl kaum die Erwartungen erfüllen, die in dieser Vorrede geweckt werden. Weder ist es eine flüssig geschriebene und übersichtlich dargestellte fortlaufende Erzählung, die «die ordnung der gantzen histori des lebens und der prediget Christi» einprägsam vor Augen führt, noch ist es eine Synopse, die die Evangelientexte zur gegenseitigen Auslegung konfrontiert. Es nimmt vielmehr eine Zwitterposition ein, die weder dem einen noch dem anderen Anspruch voll Genüge leisten kann.

Selbst wenn Erlinger in seinem Vorwort von 1524 Gerson nicht erwähnt hätte, würde man durch etliche Augenfälligkeiten bereits beim Durchblättern des ‹Euangelions Christi› an das Werk des Pariser Kanzlers erinnert[22]. Dafür sorgt schon die Bezeichnung «Monotesse[!]ron», die zwar nicht auf dem Titelblatt erscheint, wohl aber in der Überschrift zu Beginn des Harmonietextes[23]. Dazu kommt, daß Erlinger das gleiche Siglensystem zur Bezeichnung der einzelnen Evangelisten verwendet wie Gerson[24]. Weiterhin hat er auch die Einteilung der Harmonie in drei Teile zu insgesamt 150 Kapiteln von dem Franzosen übernommen. Wenn man nun

---

[19] Dieses Zitat stammt aus dem Titel der Ausgabe von 1530 (o. Anm. 6), der ein Extrakt aus Melanchthons Vorrede darstellt.

[20] Vgl. zum Konstrast o. S. 43.

[21] Melanchthon in seiner Vorrede: «So man sy aber gegeneinander helt . . .».

[22] Zum Monotessaron Gersons vgl. o. S. 15 ff.

[23] «Monotesseron das ist ein evangelium auß vieren zusamengezogen, geteilt in drey teil, C und L capitel», Erlinger, Euangelion, Bl. 1 a.

[24] Nämlich die Buchstaben m, r, l und i, vgl. o. S. 17.

die Folge der biblischen Perikopen in beiden Monotessara miteinander vergleicht, so zeigt sich, daß sich Erlinger auch hierbei getreu an Gerson gehalten hat. Sein ‹Euangelion› ist nichts anderes als eine deutsche Bearbeitung des lateinischen Monotessaron[25]. Erlinger ist nicht der Schöpfer einer Evangelienharmonie, sondern sein Name gehört in die Wirkungsgeschichte des Gersonschen Werkes. Er gehört aber auch in die Wirkungsgeschichte von Luthers Übersetzung des Neuen Testamentes. Denn der fränkische Buchdrucker hat seine Vorlage nicht selbständig übersetzt, sondern er hat versucht, den Vulgatatext der Evangelien durch die jeweils entsprechenden Abschnitte aus Luthers Septembertestament von 1522 zu ersetzen. Aufgrund dieses Vorgehens ergab sich die Notwendigkeit, in der Detailanordnung, d. h. in der Komposition der einzelnen Wörter und Sätze, sich von Gerson zu lösen. Man wird sich die Arbeitsweise Erlingers folgendermaßen vorzustellen haben: Er orientiert sich zuerst bei Gerson über den Inhalt eines jeden Kapitels, d. h. er notiert sich, welche Abschnitte aus den einzelnen Evangelisten bei diesem in das betreffende Kapitel eingearbeitet sind. Falls das Kapitel sehr umfangreich ist und mehrere Perikopen umfaßt, beachtet er auch deren Anordnung. Dann nimmt er die Lutherübersetzung zur Hand und stellt aus dieser – und das nun auf eigene Verantwortung – den harmonistischen Text des Kapitels zusammen und versieht diesen Text mit den Siglen. So erklärt es sich, daß innerhalb der einzelnen Kapitel – aber nur da – Gerson und Erlinger häufig voneinander abweichen.

Erlingers Abhängigkeit vom Luthertext produziert an manchen Stellen völlig unnötige Pleonasmen, die den Text im Vergleich zu Gerson noch sperriger machen. Das geschieht z. B. dann, wenn Luther in seiner Übersetzung das gleiche griechische Wort bei Parallelstellen verschiedener Evangelisten mit unterschiedlichen deutschen Vokabeln wiedergibt. Erlinger fühlt sich dann verpflichtet, beide Synonyme in seine Harmonie aufzunehmen[26]. Das zeigt natürlich die Wertschätzung und das große Zutrauen, das er Luthers Bibelübersetzung entgegenbringt. Noch mehr aber entlarvt es die rein mechanische Arbeitsweise Erlingers, die immer wieder Überflüssiges, Ungeschicktes und auch Widersprüchliches zum Ergebnis hat.

---

[25] So schon Riederer, Nachrichten 3, S. 458–466.

[26] So sind beispielsweise die beiden Halbverse Mt 7,3a und Lk 6,41a im griechischen Urtext wie auch in der Vg. wörtlich gleich: «Τί δὲ βλέπεις τὸ κάρφος τὸ ἐν τῷ ὀφθαλμῷ τοῦ ἀδελφοῦ σου» bzw. «quid autem vides festucam in oculo fratris tui . . .». Luther aber übersetzt κάρφος einmal mit «spreyssen», das andere Mal mit «splitter» (WADB 6, S. 36 + 238). Erlinger harmonisiert: «[ml]Was sihstu aber [m]den spreissen [l]oder splitter [ml]in deines bruders auge» (Kap. 30). Ähnliche Beispiele: Mt 4,4/Lk 4,4: «γέγραπται» bzw. «scriptum est», Erlinger: «[m]es ist [l]und steht [ml]geschrieben» (Kap. 14; vgl. WADB 6, S. 24 + 226); Mk 1,22/Lk 4,32 «καὶ ἐξεπλήσσοντο» bzw.: «et stupebant», Erlinger: «[l]und sy verwunderten [r]und entsatzten sich» (Kap. 27; vgl. WADB 6, S. 13 + 228).

Erlinger übernimmt in sein ‹Euangelion Christi› aus Luthers Septemberbibel auch die Randglossen, gleichgültig ob sie zu seiner Harmonie passen oder nicht[27]. Es ist müßig, all die kleinen Unstimmigkeiten und Inkonsequenzen aufzuzeigen, von denen Erlingers Arbeit reichlich durchsetzt ist. Das Unbefriedigende an diesem Buch sind letztlich nicht die kleinen Pannen in der Ausführung, sondern schon der Ausgangspunkt Erlingers erscheint höchst fragwürdig: Er hatte sich vorgenommen, Gersons Monotessaron im Deutsch der Lutherübersetzung «yedermeniglich» zugänglich zu machen, daß die Leute «sich mit vleyssiger lesung darin uben»[28]. Das heißt nichts anderes, als daß er ein Werk, das für die Studierstuben bestimmt war, zum Volksbuch machen wollte. Das konnte nicht gutgehen und es verwundert deshalb nicht, daß der Drucker auf seinen Exemplaren sitzengeblieben ist. Denn wer sollte das Buch kaufen? Die Fachgelehrten hatten ja Gersons Arbeit − wenn sie nicht überhaupt der Meinung waren, daß eine Evangelienharmonie nur im griechischen Urtext sinnvoll sei[29]. Und das übrige Publikum zog wohl ein lesbares Buch − etwa die deutsche Harmonie des Luscinius − der holprigen Lektüre des Erlingerschen Monotessarons vor[30].

Erlingers Bedeutung für die Geschichte der Evangelienharmonistik liegt in dem negativen Beispiel, das er repräsentiert: Er zeigt die Sackgassen, in die man bei dieser Arbeit geraten kann, dadurch, daß er sie selbst beschreitet. Eine Neubearbeitung von Gersons Monotessaron hätte nur eine Berechtigung gehabt, wenn sie wenigstens an einem Punkt einen erkennbaren Fortschritt gegenüber Gerson geboten

---

[27] So schreibt Luther zu Lk 9,51 am Rande: «Hie fehet Lucas an zu beschreyben den zug Christi gen Jerusalem» (WADB 6, S. 256). Auch Erlinger bringt diese Glosse an der Stelle, wo bei ihm Lk 9,51 zu stehen kommt, nämlich in Kap. 110, obwohl fast der gesamte Stoff des lukanischen Reiseberichtes (Lk 9,51−18,14) schon vor Kap. 110 in das Monotessaron eingefügt worden ist.

[28] Aus dem Vorwort Erlingers, Schottenloher, Erlinger, S. 197.

[29] Wie es z.B. Osiander später postuliert, Osiander, Harmonia, Bl. α3a (Praefatio) und u. S. 122.

[30] Indem Erlinger auf dem neugestalteten Titelblatt von 1530 die Prediger als mögliche Nutznießer des Büchleins ausdrücklich erwähnt, versucht er, diese Zielgruppe auf sein Opus aufmerksam zu machen. Es ist nicht ganz abwegig, wenn man mit der Möglichkeit rechnet, daß der Prediger von St. Lorenz in Nürnberg, Andreas Osiander, bei dieser Empfehlung eine Rolle gespielt hat. Denn von ihm wissen wir, daß er bereits in den Zwanzigerjahren mit den Arbeiten für eine Evangelienharmonie begonnen hatte, die als Grundlage für seine Predigten dienen sollte (Osiander, Harmonia, Bl. α3b; vgl. u. S. 85). Mit Osiander war Erlinger nachweislich in Verbindung gekommen (Erlinger druckte anfangs 1525 den ‹Nürnberger Ratschlag›, das theologische Hauptwerk aus Osianders Frühzeit, vgl. Seebaß, Bibliographie, S. 27, Nr. 7.1; Schottenloher, Erlinger, S. 93f., Nr. 28; Osiander, Werke 1, S. 308f.), und warum sollte er nicht von den Plänen des Nürnbergers gehört und daraufhin seine Harmonie den Predigern angedient haben? Man weiß ja, daß Osiander von seinem Vorhaben vielen Freunden erzählte (Osiander, Harmonia, Bl. α3b).

hätte. Erlingers Produkt aber kann man nur als Rückschritt werten. Für ihn ist Gerson tatsächlich zum Stolperstein geworden[31]. Dadurch, daß er das Monotessaron aus seiner begrenzten Bedeutung für die theologische Wissenschaft herauslösen und zu einem Volksbuch machen wollte, hat er es (und gleichzeitig sein eigenes Werk) Ansprüchen ausgesetzt, die es nicht erfüllen konnte. Und er hat auch Luthers Bibelübersetzung einen schlechten Dienst erwiesen, indem er ihren wohl größten Vorzug, ihre anschauliche, farbige und einprägsame Sprache, seziert und zersplittert hat. Erlingers ‹Euangelion Christi› ist eine Fleißarbeit – ein Beispiel für unreflektierten und unfruchtbaren Fleiß.

3.2.2. Die vier Evangelia, 1527

Eine Evangelienharmonie, die dem eben vorgestellten Werk Erlingers recht ähnlich ist, erschien im Jahr 1527. Der Titel der anonymen Schrift lautet: ‹Die vier Evangelia in ainer formlichen ordnung.›[1]

Auch bei diesem Büchlein handelt es sich um eine Übertragung der Harmonie Gersons in das Deutsch der Lutherübersetzung. Der Bearbeiter treibt die Abhängigkeit gegenüber dem Luthertext allerdings nicht so auf die Spitze wie Erlinger. Er hält sich auch innerhalb der einzelnen Kapitel im wesentlichen an die durch Gerson vorgegebene Folge und vermeidet Pleonasmen, die sich nur aufgrund der deutschen Übersetzung ergeben würden[2]. Luthers Übersetzung ist ihm nicht unantastbar. Er überträgt gelegentlich einzelne Ausdrücke des Septembertestamentes in Begriffe, die ihm bzw. seinen Lesern vertrauter sind. Von diesen sprachlichen Eigenheiten her wird man den Bearbeiter der ‹vier Evangelia› im oberdeutschen Sprachbereich suchen[3]. In einer Vorrede ‹an den christlichen Leser› erläutert der

---

[31] Vgl. o. S. 19.

[1] Die vier Ewangelia in // ainer formlichen ord= // nung mit allen Ca[!]ncor= // dantzen durch abgetaylte // Capitel also gestelt / nach // eruordrung der Histori– // das aus vieren (doch nit // on sondern vleyß (aines // gemacht / vnd γ Ewan= // gelisten wort on ainicher= // lay zuesatz / vnueråndert // beliben sind. Got zw lob.
200 Bll. 8°. Am Ende der Vorrede: «Geben an Sanndt Matthias tag des Apostels im sybenundtzwaintzigsten Jare». Der Druck liegt im Britischen Museum in London (Signatur: C. 36. b. 3) und wird im dortigen Katalog der Presse des Joseph Piernsieder zugeschrieben (vgl. Short-Title Catalogue; über Piernsieder vgl. Benzing, Buchdrucker, S. 388f.). Über den Verfasser bzw. Bearbeiter ist dem Druck nichts zu entnehmen. Vielleicht ist das Werk – wie bei Erlinger – vom Drucker selbst bearbeitet worden.

[2] Vgl. o. S. 64 bei Anm. 26.

[3] z. B. «Stadel» statt «Scheune» (Lk 12, 24), «mutt» statt «Malter» (Lk 16, 7), «schnidt» statt «Ernte» (Mt 9, 37f.), «zwen Penner, die machen einen fierer» (Mk 12, 41) statt «Scherflein» und «Heller».

Anonymus, daß er die Zusammenstellung der vier Evangelisten zu einer «Konkordanz» «zu hilf menschlicher vergessenhait» unternommen habe. Weder der Name Gersons noch der Luthers werden in dem Buch genannt.

3.2.3. Wilhelm van Branteghem: Vita Iesu Christi, 1537[1]

Der Belgier Wilhelm van Branteghem[2] veröffentlichte 1537 eine «Vita Iesu Christi»[3] in lateinischer Sprache, die in den nächsten Jahren in mehreren Auflagen, auch in Französisch und Niederländisch gedruckt wurde[4]. Es handelt sich um eine recht schlichte Evangelienharmonie, man könnte sagen: um die ‹Naivform› einer Harmonie: Die evangelischen Perikopen werden nacheinander angeführt, wobei als Textgrundlage die lateinische Version des Erasmus dient. Gibt es bei einer Perikope Parallelen mehrerer Evangelisten, dann entscheidet sich der Verfasser für eine davon, die er abdruckt. Die anderen läßt er unberücksichtigt[5]. Innerhalb der Perikopen wird also kein Versuch einer Harmonisierung unternommen. Überdies verzichtet Branteghem bei der Wiedergabe der Evangelientexte gerne auf die redaktionellen Verbindungsworte der Evangelisten[6]. So liest sich das Ganze zwar ohne störende Pleonasmen, kann aber − trotz des Titels − nicht mit dem Anspruch auf-

---

[1] Die im folgenden unter c−e vorgestellten Evangelienharmonien gehören ihrer Entstehungszeit nach zwar nach der Harmonia evangelica Osianders eingeordnet. Da sie aber auf dem Monotessaron Gersons beruhen, ohne von der Arbeit Osianders beeinflußt zu sein, werden sie an dieser Stelle unter den vorosiandrischen Harmonien mit angeführt.

[2] Geburts- und Sterbedatum sind mir nicht bekannt; lebte seit 1530 in der Kartause von Antwerpen. Über ihn vgl. DSp 1, Sp. 1924f. (Lit.).

[3] Voller Titel: «Iesu Christi vita iuxta quatuor evangelistarum narrationes artificio graphices perquam eleganter picta una cum totius anni evangeliis ac epistolis necnon piis precationibus magna commoditate adpressis». Antwerpen, Matthäus Crom, 1537. 8°; vgl. Nijhoff-Kronenberg, Bibliographie 1, S. 179f., Nr. 486. Die diesem Band beigegebenen Holzschnitte mit Szenen aus dem Leben Jesu wurden großenteils auch in der beim gleichen Drucker 1540 erschienenen Ausgabe der Osianderharmonie (Seebaß, Bibliographie, S. 111, Nr. 24.3) verwendet.

[4] Vgl. Nijhoff-Kronenberg, Bibliographie 1, S. 181f., Nr. 490; 2, S. 171f., Nr. 2258f.; 3.1, S. 11f., Nr. 4202, Nijhoff-Kronenberg verzeichnen nur Drucke bis 1540. Ich benutze eine Ausgabe von 1541, ebenfalls in 8° bei Matthäus Crom erschienen und mit besagten Holzschnitten ausgestattet (Stuttgart LB, Biblia Kupfer 36). Nach dieser Ausgabe von 1541 wird in diesem Kapitel zitiert.

[5] Gelegentlich werden auch Parallelberichte nacheinander abgedruckt, z. B. dem Einzug Jesu in Jerusalem nach Joh 12 folgt der entsprechende Bericht aus Mt 21. Die Heilung des Gelähmten nach Mt 9,1−8 folgt auf die Erzählung Lk 5,17−26 (Mk 2,1−12 wird hingegen nicht berücksichtigt).

[6] So entfallen beispielsweise die Zeitangaben in Mt 3,12; Lk 7,11; Joh 1,19; Joh 1,35; Joh 2,1; Joh 5,1 und der ganze Vers Joh 2,12.

treten, eigene Überlegungen zum Ablauf des Lebens Jesu aufgrund der neutestamentlichen Texte vorzulegen. Der schlichte Charakter des Büchleins wird noch dadurch unterstrichen, daß jegliche Kommentierung oder Rechtfertigung der Komposition durch den Autor fehlt[7]. Das verwundert nicht, wenn man die Anordnung der Perikopen überprüft. Es zeigt sich, daß sie identisch ist mit der von Gerson in seinem Monotessaron erarbeiteten Ordnung. Der Beitrag Branteghems beschränkt sich darauf, das Gersonsche Monotessaron durch Verzicht auf die dort eingearbeiteten Parallelstellen und auf viele redaktionelle Evangelistenworte vereinfacht und in das sprachliche Gewand der Version des Erasmus gebracht zu haben.

Dies gilt nicht für den Abschnitt, der die Passion Jesu erzählt[8]. Diese Seiten unterscheiden sich im Stil wesentlich von den vorangegangenen, indem hier nämlich tatsächlich eine aus allen vier Evangelisten zusammengestellte Passionsharmonie geboten wird. Doch auch diese Passionsharmonie ist nicht Branteghems Werk, weniger noch als die übrigen Kapitel: Es ist eine wörtliche Übernahme aus der Passionsharmonie Bugenhagens[9]. Wie schematisch Branteghem bei seiner Arbeit vorgegangen ist, zeigt ein Blick auf die Nahtstelle, also auf den Übergang von der Gersonschen zur Bugenhagenschen Vorlage: Da wird z. B. die Fußwaschung Jesu und die Bezeichnung des Verräters zweimal angeführt.

Daß das Büchlein des Kartäusers trotz — oder vielleicht gerade wegen — seiner einfachen Form Anklang gefunden hat, zeigen die erwähnten Neudrucke und Übersetzungen, die alle innerhalb weniger Jahre zustandegekommen sind[10].

3.2.4. Antonius von Königstein: Monotessaron, 1542

Hinter dem von Gerson übernommenen Titel ‹Monotessaron›, mit dem der Franziskaner Antonius von Königstein[1] ein Büchlein überschreibt, verbirgt sich eine

---

[7] Das Werk hat lediglich einen «Catalogus epistolarum tum evangeliorum dominicis festisque diebus in templis recitari solitorum, quorum descriptiones paginarum numero ex indice sequenti scire licebit», Branteghem, Vita, Bl. T 5 a–g 8 b.

[8] Branteghem, Vita, S. 240–276: «Passio Domini nostri Iesu Christi secundum quatuor evangelistas».

[9] Vgl. o. S. 53 f. bei Anm. 57 und u. S. 244 — ein schöner Beleg für die Verbreitung, die die Bugenhagensche Passionsharmonie gefunden hat.

[10] Vgl. o. Anm. 3; einige Notizen über Branteghems Vita Iesu Christi finden sich in DSp 1, Sp. 1924 f. und bei Aigran, Vies de Jésus, S. 1125.

[1] Antonius Broich von Königstein, auch Bruich, Bruichi, Brokwy, Brakwy, Braqwy, Coninksteyn, OFM, geboren um 1470 in Nimwegen, gest. 1541; über ihn vgl. LThK² 1, Sp. 673; einige Mitteilungen über ihn auch in Schlager, Geschichte, S. 220–222 und 260–262. Das im folgenden beschriebene Monotessaron kannte Schlager nicht. Er vermutete fälschlich, daß es identisch sei mit der den letzten Teil der von Antonius Bruich

recht ungewöhnliche Evangelienharmonie[2]. Die Arbeit des Verfassers liegt nicht auf dem Gebiet der Harmonistik – hier bedient er sich einfach der Vorlage Gersons – sondern auf dem Feld der Distinktion[3]. Die evangelische Geschichte – als Ganzes gesehen als Demonstration der Göttlichkeit und Menschlichkeit Christi – wird in scholastischer Manier und angeregt wohl auch durch Lyras Postille[4] in Dreiertakte[5] unterteilt. Dabei erscheinen vom Bibeltext immer nur die Anfangsworte der einzelnen als Sinneinheiten gedachten Abschnitte und sie werden neben diese Sinneinheiten bezeichnende Begriffe gesetzt[6]. Besser als eine Beschreibung kann ein Beispiel das Verfahren deutlich machen[7]:

In genealogiae descriptione continentur ista:

Debita praefatio	Liber generationis	Matt. 1
Congrua ordinatio	Abraham genuit	g
Eximia commendatio	De qua natus est	

veröffentlichten Postille bildenden Passionsharmonie (Schlager, Geschichte, S. 262, Anm 1).

[2] Voller Titel: Monotessaron evangeliorum, studiose et rationabiliter ordinatum necnon per singula evangelia in tria membra compendiose ac utiliter distinctum. Mir lag dieses Werk in einem Druck von Eucharius Cervicornus, Köln 1542, vor (Erzbischöfliche Diözesanbibliothek Köln, Aa 550. 8°). Es bildet hier einen Anhang zu einer Ausgabe der libri quatuor autoritatum sanctarum des Eustachius Fidansa.
Aus dem Brief des Druckers an Abt Benedikt ist zu entnehmen, daß Cervicornus den Druck der Bücher des Eustachius Fidansa so lange hinausgezögert hat, bis er auch das ihm vom Verfasser versprochene Monotessaron mitherausgeben konnte. Es sei dem Antonius von Königstein sehr daran gelegen gewesen, daß sein Büchlein zusammen mit dem Werk des Eustachius veröffentlicht würde. Er habe auch noch eine Vorrede versprochen gehabt, in der er über «ratio coniunctionis» und «utilitas» seines Monotessarons Auskunft geben wollte. «Ac libellum quoddem ipsum Monotessaron inscriptum Antonius ille adhuc vivens nobis obtulit. Caeterum praefationem, ut sunt res omnes mortalium incertae, morte praeventus non exhibit, exhibiturus proculdubio, nisi nos viro tanto et alias occupationi et frustrari non solito verecundius institissemus.» Dieser Brief, der dem Band als Vorwort beigegeben ist, trägt das Datum: Calendis Martii MDXLII. Antonius von Königstein starb am 11. 12. 1541. Das sieht doch ganz so aus, als liege mit diesem Druck von 1542 die Erstausgabe des Monotessarons vor. Was ist dann aber von den gelegentlichen Hinweisen zu halten, daß das Monotessaron schon 1539 erschienen sei (z. B. bei Le Long, Bibliotheca sacra 2, S. 380; Lipensius, Bibliotheca 1, Bl. 635a, DB(V) 2,2, Sp. 2113f.)? Eine Ausgabe von 1539 konnte ich nicht in die Hand bekommen. Es handelt sich wohl um eine Verwechslung mit dem BNP 19, Sp. 1211 erwähnten Werk.
[3] Vgl. im Titel: «compendiose ac utiliter distinctum».
[4] Vgl. das Beispiel aus Lyras Postille in Ebeling, Evangelienauslegung, S. 153f., Anm. 162.
[5] Vgl. im Titel: «in tria membra».
[6] Der Begriff besteht stets aus einem Substantiv, das durch eine Genitivverbindung oder durch ein Adjektiv näher bestimmt ist.
[7] Antonius von Königstein, Monotessaron, S. 499.

In Ioseph instructione haec:

Mira impraegnatio	Christi autem	Matt. 1
Pia dubitatio	Ioseph autem h	
Certa confirmatio	Haec eo cogitante	

In Mariae generatione haec:

Generalis descriptio	Exiit edictum	Lucae 2
Virginalis parturitio	Ascendit i	
Divinalis eruditio	Et pastores	

In Messiae revelatione haec:

Pastorum exhortatio	Pastores loquebantur	Lucae 2
Dictorum verificatio	Et venerunt k[8]	
Divinorum glorificatio	Et reversi sunt	

Auf solche Weise wird der gesamte Stoff der Evangelien in der Abfolge, wie ihn Gerson in seinem Monotessaron geordnet hat, aufgefächert. Es ergeben sich über 230 Dreiertakte. Die evangelische Geschichte präsentiert sich als eine überreiche Architektur theologischer Begrifflichkeit.

3.2.5. Gabriel Dupuyherbault: Tetramonon, 1547

Ein Mitglied des Ordens von Fontevrault[1], Gabriel Dupuyherbault[2], veröffentlichte 1547 eine Evangelienharmonie unter dem Titel: «Tetramonon sive symphonia et concentus quatuor evangeliorum»[3]. Denen, die sich in Predigt, Unterricht und Studium mit der Heiligen Schrift befassen, sei sie, so erläutert er in der Vorrede, aus drei Gründen von Nutzen[4]:

[8] Die fortlaufenden Buchstaben, die jeder Dreiergruppe beigegeben sind, dienen zur Handhabung des Registers.

[1] Über den Orden von Fontevrault vgl. Heimbucher, Orden 1, S. 327—329.

[2] Lateinisch auch «a Puteo herboso» oder «Putherbeus» genannt; geb. gegen Ende des 15. Jh. in Touraine; die genauen Lebensdaten sind nicht bekannt. Über ihn vgl. DBF 12, Sp. 613; DHGE 14, Sp. 1155; DSp 3, Sp. 1836—1838 (Lit.).

[3] Bibliographische Beschreibung:
TETRAMONON // Siue // SYMPHONIA & concētus // quatuor Euāgeliorum in vnam // historiam Euangelicam, perpe // tuo stylo accuratius ac ma- // iore fide, quam antehac // vnquam contextus // in qvinque sectus // libros: per // F. Gabrielē a puteo herboso Turo // nicum, ordinis Fontebraldensis. // OPVSCVLVM Ecclesiastis, ac // verbi diuini enarratoribus, atque adeo // omnibus sacrarum literarum stu- // diosis apprime utile. // PARISIIS. // Apud Ioannē Roigny, sub // quatuor elementis // cum privilegio // 1547. 192 Bll., 16°.
Ich benutzte das Exemplar Eichstätt SlB, A I 561.

[4] Dupuyherbault, Tetramonon, Praefatio.

1. Man hat die ganze evangelische Geschichte in einem Büchlein fortlaufend dargestellt, so daß man nicht mehr bei den einzelnen Evangelisten nach einer bestimmten Sache suchen muß.
2. Ohne große Erläuterungen[5] ergibt sich eine ‹conciliatio› der Stellen, die sich zu widersprechen scheinen.
3. Es wird dem Leser leichtgemacht, in die erhabene und anbetungswürdige Majestät der vier Evangelien einzudringen.

Bei den Gestaltungsgrundsätzen hat der Ordensgeistliche sich nach seinen eigenen Worten von zwei Hauptanliegen leiten lassen: Zum einen wollte er nichts auslassen, was von einem Evangelisten überliefert ist, zum anderen hat er sich bemüht, die Darstellung so zu verbinden, daß immer eine «integra sententia» vorliegt[6]. Der Stoff der evangelischen Geschichte wird von Gabriel Dupuyherbault auf 5 Bücher mit insgesamt 156 Kapiteln verteilt. Der Inhalt der einzelnen Kapitel wird durch vorangestellte Distichen angedeutet, die gleichzeitig als Merkverse die Funktion von Gedächtnishilfen haben[7].

Die Abfolge der Perikopen entspricht im wesentlichen der, die der Verfasser bei Gerson vorgefunden hat[8]. Von Gerson übernimmt er auch die vier Siglen M, R, L und J zur Kennzeichnung der Herkunft aus den Einzelevangelien. Die ‹Feinharmonisierung›, also die Anordnung der Wörter innerhalb der Perikopen, scheint eigene Arbeit Gabriels zu sein – sie ist jedenfalls nicht identisch mit der Gersonschen Vorlage. Die Methode ist aber grundsätzlich die gleiche, wie sie der Pariser Kanzler angewandt hat: In einen fortlaufenden Text werden die Varianten aus den evangelischen Parallelstellen weitgehend eingearbeitet. Am Rand finden sich Hinweise auf verwandte Bibelstellen und knappe Stichworte als Andeutung des Inhalts. Der Index am Ende des Buches verzeichnet die Evangelientexte zu den Sonn- und Feiertagen des Kirchenjahres nach der Ordnung der Römischen und der Pariser Kirche.

---

[5] Dupuyherbault verspricht, in Zukunft noch «annotationes in hanc symphoniam» herauszugeben (Dupuyherbault, Tetramonon, Bl. a3af.). Mir ist nicht bekanntgeworden, ob er dieses Versprechen eingelöst hat.

[6] Dupuyherbault, Tetramonon, Praefatio.

[7] Zwei Beispiele für solche Distichen:
Buch I Kap. 1: «Magnus Iohannes patri promittitur. Is fit mutus dum dubitat: concipit Elisabeth.»

(zu Lk 1,5–25)

Buch II Kap. 23: «Sanatur caecus mutusque ac daemone plenus. Blasphemant, verbum turba beata facit.»

(zu Mt 12,22–37. 43–45;
Mk 3,22–30; Lk 11,19–28)

[8] Dupuyherbault erweitert aber den Stoff der vier Evangelien um Act 1–2,12 und I Kor 15,6f. So hat es auch Osiander getan (vgl. u. S. 125).

3.3. Weitere Harmonien vor Osiander

3.3.1. Das Neue Testament Jakob Beringers, 1526

«In den jar deß heiligen reichtags 1526» vollendete «in der keiserlichen stat Speier» der Diakon am dortigen Domstift, Jakob Beringer[1], seine Arbeit an einer deutschen Ausgabe des Neuen Testamentes[2]. Ende des Jahres verließ dieser Band die Druckerpresse der Offizin Johann Grüningers in Straßburg[3]. Für uns ist er deshalb interessant, weil Beringer darin an die Stelle der vier Einzelevangelien eine offenbar von ihm selbst geschaffene Evangelienharmonie gesetzt hat.

Die Vorrede zu seinem Buch ist ein einziger Lobpreis des Neuen Testamentes: Was Christus für uns getan hat, daß er Gnade, Friede und Barmherzigkeit verkündet und geschenkt hat, das berichten uns am zuverlässigsten die Schriften der Evangelisten und Apostel. Sie haben die Wohltaten Gottes, seine Gebote und Verbote und in Sonderheit das irdische Leben Jesu Christi verkündigt und für die Nachwelt aufgezeichnet. Die vier Evangelisten wollen unsere Aufmerksamkeit auf die Zeichen und Wunder richten, die «mit der leer Christi alzeit mitgelauffen seind» und durch die «der cristenlich glaub . . . befestigt und bestetigt ist». Sie haben zunächst jeder für sich die evangelische Wahrheit bezeugt, «einer hie, der ander dort des lands». Wenn sie auch unabhängig voneinander geschrieben haben, so sind sie doch «gleichförmig in aller warheit».

Und wenn nun, wie es Beringer getan hat, «zůsammen ir aler red und kuntschafft gesetzt und geschriben würt, alsdan erscheint ein sőlicher gőtlicher gwalt in einer

---

[1] Einige Nachrichten über Beringer bringt Bossert, Reformationsgeschichte, S. 420–424 und Stamer, Pfalz 2, S. 287, 304, 326 f.

[2] Die Zitate in den ersten Zeilen dieses Kapitels stammen vom Titel dieser Schrift.

[3] Das nüw testament kurtz und grüntlich in ein ordnung und text, die vier evangelisten, mit schönen figuren durchauß geführt sampt den anderen apostolen und in der keiserlichen stat Speier volendet durch Jacobum Beringer, Leviten, in dem iar deß heiligen reichtags 1526. Genaue bibliographische Beschreibung in WADB 2, S. 426–428.
Der Text der Evangelienharmonie geht von Bl. 13a–Bl. 98b. Es gibt von diesem Werk noch zwei weitere Auflagen von 1529 (‹Titelauflage›) und 1532 (vermehrte Auflage), vgl. WADB 2, S. 429, Nr. 114[2] und 114[3].
Vgl. zu diesem Werk Beringers:
Jachmann, Beringer (daraus referiert Giese, Bibelübersetzung, S. 269–275); Zeltner, Sendschreiben, S. 27–29; Beyer, Dresden, S. 27; Riederer, Nachrichten 4, S. 125 ff.; Panzer, katholische Bibelübersetzung, S. 133–136; Fritzsche, NT; Tross, Holzschneider; Pfälzisches Memorabile 4, S. 129; Kristeller, Bücherillustration, S. 104 f., Nr. 200; Schmidt, Grüninger, S. 96, Nr. 236; WWKL 2, Sp. 755; RE[3] 3, S. 79; Bossert, Reformationsgeschichte, S. 422, Anm. 1.
Eine Klarstellung über die drei verschiedenen Auflagen bringt erst WADB 2.
Ich benutzte ein Exemplar der Erstausgabe: Nürnberg StB, Solg 157.2°.

ordenung gleich zůlaut, das warlich clarlicher heilsamer red und leer die welt deßgleichen nie gehôrt noch vernomen hat»[4]. Der Leser soll seinerseits nach der Lektüre des Buches, das ihm Beringer in die Hand gibt, zum Zeugen der göttlichen Wahrheit werden.

Aus den Sätzen der Vorrede wird das Motiv deutlich, das den Kleriker bei seiner Arbeit getrieben hat. Er möchte «alle Welt» mit der Botschaft des Evangeliums vertraut machen. Mit bloßem Lesen ist es dabei nicht getan: Das Neue Testament ist nicht Lesestoff, sondern Lebensbrot[5]. Weil Jesus und die Evangelien, die von ihm berichten, von elementarer Bedeutung für das Leben der Christen sind, deshalb ist es von hohem Nutzen, zu «memorieren und in gedechtniß nemen, . . . was Christus und die aposteln uff erdtrich gethon haben»[6]. Und hier dürfte – auch wenn es Beringer nicht ausdrücklich sagt – der eigentliche Grund liegen, warum er eine Evangelienharmonie in sein Neues Testament aufgenommen hat. Er möchte seiner Lesergemeinde dieses Memorieren und das Nachdenken über die evangelische Wahrheit möglichst erleichtern. Deshalb hat er die Harmonie gestaltet und deshalb hat er sie genau so gestaltet, wie wir sie im folgenden kennenlernen werden. Jakob Beringer ist für uns ein so gut wie Unbekannter. Doch sein Buch stellt ihm das Zeugnis aus, daß er Katechet aus Leidenschaft und mit Begabung war.

Auch bei Beringer finden wir wieder die von Gerson eingeführten Siglen[7], und die Methoden der Textgestaltung hat der Pfälzer ebenfalls von dem Franzosen übernommen, d.h. die Paralleltexte verschiedener Evangelien sind zu einem fortlaufenden Text zusammenkombiniert, in dem die Varianten der einzelnen Evangelisten in additiver Weise harmonisiert werden, was oft zu Pleonasmen führt[8]. Durch die vier Siglen wird die Herkunft aus den unterschiedlichen evangelischen Büchern markiert.

Völlig anders als bei Gerson ist bei Beringer aber die Gliederung des Stoffes: Waren es bei ersterem 150 Kapitel, so sind es bei letzterem 29 ‹Figuren›, in die sich die Harmonie unterteilt. Dabei ist der Begriff ‹Figur› durchaus im herkömmlichen Sinne zu verstehen: als bildliche Darstellung. Zu jedem Abschnitt gehört nämlich

---

[4] Dieses und die vorangegangenen Zitate aus der Vorrede Beringers, Beringer, NT, Bl. 2a–3a. Die Vorrede ist bei Riederer, Nachrichten 4, S. 125ff. abgedruckt.

[5] Das Titelblatt des Druckes stellt diesen Gedanken als Motto voran: Auf einem Holzschnitt mit einer Darstellung der Trinität wird Jesus von zwei Tafeln flankiert. Auf der linken liest man Joh 6,33, auf der rechten Joh 6,51a. Als Unterschrift unter dem ganzen Bild stehen noch einmal zwei Bibelstellen, die vom Brot handeln: Mt 6,11 und Joh 6,34.

[6] Beringer, NT, Bl. 3a.

[7] Vgl. o. S. 17.

[8] Beringer hat aber nicht das Anliegen, die Varianten möglichst vollständig in seinen Text einzuarbeiten. Durch diesen Verzicht auf Vollständigkeit vermeidet er viele der Gersonschen Pleonasmen und erzielt einen weit lesbareren Text als Gerson.

eine Tafel mit einem Holzschnitt und acht Verszeilen[9]. Sowohl Bild als auch Text dieser Tafeln sollen eine Zusammenfassung des jeweiligen Abschnittes[10] als Memorierhilfe bieten. Die Verse sind nichts weiter als eine Anhäufung von Stichwörtern und Satzfetzen, versehen mit Buchstabenmarkierungen, die sich auf der Bildtafel wiederfinden, dort zusammen mit den Angaben der biblischen Bücher und ihrer Kapitel[11].

Nimmt man sich eine der ‹Figuren› als Beispiel[12], dann wird deutlich, daß Verse wie Bilder große Mängel haben, die ihren Wert als Gedächtnishilfen stark mindern. Daß die Reime nicht immer zum besten geraten sind, wird man gerne nachsehen. Wenn aber in den Versen die Reihenfolge der Ereignisse, wie sie die Harmonie bietet, nicht eingehalten werden kann[13] — offensichtlich wegen Schwierigkeiten bei der Reimfindung — dann ist das Gelingen des Vorhabens, dem Leser Unterstützung beim Einprägen der evangelischen Geschichte zu bieten, infragegestellt. Die Komposition der Bilder mit ihren vielen Einzelheiten dürfte einen Lernwilligen auch mehr verwirrt als ihm geholfen haben[14]. Trotz all dem verdient das intensive Be-

---

[9] Insgesamt enthält das Buch 65 Holzschnitte: 1 auf dem Titelblatt, 29 zu der Evangelienharmonie, 13 zu Act, 12 zu den Paulusbriefen, 3 zu den katholischen Briefen, 7 zu Apk. Der Holzschnitt auf dem Titelblatt trägt das Signum ⱵⱵ (Heinrich Vogtherr? Vgl. Nagler, Monogrammisten 3, S. 668); die Figur 26 hat oben links die Jahreszahl 1526.

[10] «Figur» ist also zunächst die Bezeichnung für diese Tafeln, dann aber auch für die einzelnen Abschnitte des NT, die in den Tafeln zusammengefaßt werden.

[11] Die Verwendung von mehr oder weniger mechanischen Merkversen als mnemotechnische Hilfsmittel entspricht einer im damaligen Unterrichtsbetrieb verbreiteten Sitte. Am bekanntesten waren wohl die Verse des ‹Cisiojanus›, die man als Memorierhilfe für die Festtage des Kirchenjahres verwendete, vgl. Grotefend, Taschenbuch, S. 20.

[12] Ich wähle dafür die 12. Figur, vgl. die beigegebene Abbildung. Zu dieser 12. Figur gehören folgende biblische Perikopen:

    a Heilung des Menschen mit der verdorrten Hand am Sabbat (Mt 12,9–13 par.)
        Jesus flieht vor dem Anschlag der Pharisäer (Mt 12,14f. par.)
    b Jesus heilt viele und verbietet ihnen, etwas davon zu sagen (Mt 12,15b–21 par.)
    c Weheruf über die Städte Galiläas und Heilandsruf (Mt 11,20–30 par.)
    d Zeichenforderung der Pharisäer. Jonaszeichen (Mt 12,38–45 par.)
        «Selig ist der Leib . . .» (Lk 11,27)
        Jesu Verwandte (Mt 12,46–50 par.)
    e Frauen in der Nachfolge Jesu (Lk 8,1–3)
    f Gleichnisreden Jesu (Mt 13 par.)
    g Ende des Johannes (Mt 14,1–12 par.)
    h Speisung der 5000 (Mt 14,13–21 par.)
    i Seewandel Christi; der sinkende Petrus (Mt 14,22–33 par.)

Wie hier in Figur 12, so finden sich auch bei den Figuren 9–23 in der ersten Zeile der Merkverse Angaben zu einer geographischen Gliederung der Wirksamkeit Jesu.

[13] Beachte in unserem Bildbeispiel die Folge f, h, i, g.

[14] Bei den Bilddarstellungen stimmen oft die Kapitelangaben nicht, ganz abgesehen davon, daß der Formschneider sichtlich Schwierigkeiten mit den Zahlen und Buchstaben hatte, die

Capßernü erscheyn zům dzytten.   c Húb an vnd spzach/ we we der stett.
    a Sie důrr handt gsunt macht des menschē. d Pharisceer vnd frauwen erweckt.
    fliehen můst von dannen was nodt.   f In gleichniß lert .v. ß brot. ii .fisch.
    b Gsunt macht sie all/doch in verbott.   i Vffm mer gieng/köpffung g Johänis.

Abb. 1. Beringer, NT, Figur 12 (Nürnberg StB, Solg. 157.2°)

mühen Beringers um Ausbreitung der Bibelkenntnis Anerkennung. Denn selbst wenn die Memorierhilfen nicht recht praktibel ausgefallen sind, so haben doch sicher die szenenreichen Grafiken Anreiz geboten, in diesem Neuen Testament zu blättern und zu lesen.

Wer dies tut, der findet dort einen Bibeltext vor, der sich eng an Luthers Übersetzung anlehnt. Es ist nicht bekannt, daß Beringer irgendwann einmal mit der Katholischen Kirche gebrochen hätte. 1526 gehörte er jedenfalls noch zum Domstift zu Speyer[15]. Dennoch hielt er die Übertragung des Wittenbergers für seinen Zweck für besonders geeignet. Er behandelt sie aber keineswegs als unantastbar, sondern geht recht frei mit ihr um und ändert immer wieder entsprechend den Sprachgewohnheiten seiner südwestdeutschen Mitbürger[16].

Eigentlich liegt die Vermutung nahe, daß Beringer, der die Methode der Gestaltung des harmonistischen Textes von Gerson gelernt hat, auch die Akoluthie der Harmonie von dem Franzosen übernimmt. Doch die Untersuchung zeigt, daß Beringer so stark von Gerson abweicht, daß von einer Abhängigkeit bezüglich der biblischen Perikopen nicht gesprochen werden kann. Beringer hat − soweit wir das aufgrund des Vergleichsmaterials beurteilen können, selbständig seine Harmonie erarbeitet[17].

Eine Gliederung der öffentlichen Wirksamkeit Jesu nach zeitlichen Gesichtspunkten ist uns in Evangelienharmonien schon des öfteren begegnet[18]. Beringer aber wählt ein geographisches Gliederungsprinzip, indem er die Aufenthalte Jesu in Kapernaum und in Jerusalem zählt[19]: Zuerst macht Jesus auf seinen Reisen durch Galiläa fünfmal in Kapernaum Station[20]. Dann kommt er siebenmal nach Jerusa-

ihm leicht seitenverkehrt oder spiegelbildlich gerieten. Daß die Holzschnitte nichts zur Kenntnis der Geographie des Heiligen Landes beitragen und das auch nicht wollen, merkt man auf den ersten Blick. In Figur 12 sind beispielsweise die in den Evangelien eng aufeinanderfolgenden Ereignisse der Speisung der 5000 und des Meerwandels Jesu durch halbe Bilddistanz getrennt. Der See Genezareth ist zu einem Flüßchen geworden.

[15] Dementsprechend zählen auch Panzer, katholische Bibelübersetzung, S. 6; WWKL 2, Sp. 755 und RE³ 3, S. 79 Beringers Arbeit zu den katholischen Bibelübersetzungen. Den Namen Luthers erwähnt Beringer nicht. So wie wir ihn aus seinem ‹Neuen Testament› kennenlernen, kann Beringer aber kein leidenschaftlicher Gegner der Reformation gewesen sein. Zu den Auseinandersetzungen Beringers mit dem Domkapitel vgl. Bossert, Reformationsgeschichte, S. 420−424.

[16] Vgl. «Die vier Evangelia», 1527, o. S. 66 bei Anm. 3.

[17] Er ist damit der erste Deutsche, von dem man dies mit einigem Recht sagen kann; denn die «ganz evangelisch histori» des Luscinius von 1525 (s.o. S. 44ff.) variiert ja nur die CF-Abfolge, vgl. o. S. 48.

[18] Vgl. o. S. 27ff.; S. 53.

[19] Zum Aufbau der Beringerschen Harmonie vgl. Grafik IV.

[20] Mt 8,5ff. par. Lk 7,1ff. par. Joh 4,47ff. − Figur 8f.
Mk 2,1ff. par. − Figur 11

lem[21]. Man hat an vielen Stellen den Eindruck, daß Beringer sich über den historischen Ablauf des Lebens Jesu gar keine Rechenschaft abgelegt hat. Es wird z. B. an keiner Stelle klar, wie lange er sich die Dauer der Wirksamkeit Jesu gedacht hat. Da alle Jerusalemaufenthalte erst nach den nach Galiläa zu lokalisierenden Erzählungen angeordnet sind, könnte man für die Zeit von Joh 5,1 bis zum Todespassa mit einer Spanne von nur wenigen Monaten auskommen. Aber da der Verfasser sich über seine temporalen Vorstellungen nicht ausspricht und wir nicht wissen, ob er überhaupt welche hatte, erübrigt es sich, darüber mehr zu sagen. Auffällig ist allerdings, daß sich eine Harmonie, die doch durch das Numerieren der Aufenthalte Jesu in Kapernaum und Jerusalem die Vorstellung einer geordneten Lebensbeschreibung Jesu erweckt, die zeitliche Komponente so vernachlässigt. Das läßt sich aber mit der Zielsetzung Beringers erklären: Er braucht für seine Leser eine Gliederung, die diesen die evangelische Geschichte in ‹handliche› Einheiten zerlegt, um sie besser dem Gedächtnis einprägen zu können. Für eine solche Einteilung ist eine Disposition nach Orten günstiger als etwa eine nach den Jahren der Wirksamkeit Jesu; denn da gäbe es viel zu große und zu unübersichtliche Abschnitte. Wenn nun eine geographische Gliederung auch noch die Orte nicht in buntem Wechsel aufeinander folgen läßt, sondern sie sozusagen isotopisch zusammenstellt, dann kommt das dem Leser zusätzlich zugute. Ich möchte annehmen, daß dieser Gedanke bei Beringer sein geographisches Schema bestimmt hat, und daß wir bei ihm nicht etwa mit einer ganz bestimmten Vorstellung vom Ablauf des Lebens Jesu rechnen müssen, die sich in der Harmonie niedergeschlagen hätte. Derselbe Gedanke wird es gewesen sein, der den Diakon überhaupt dazu motiviert hat, eine eigene Harmonie zu schaffen und nicht die Gersonsche, die er ja gekannt hat, zu überarbeiten; denn irgendwelche wissenschaftlichen Ambitionen oder eben ein besonderes Interesse am historischen Ablauf des Lebens Jesu sind bei Beringer nicht erkennbar.

Freilich hat er sich bemüht, im Rahmen des von ihm geschaffenen Schemas nicht willkürlich zu agieren, sondern der biblischen Geschehensabfolge und auch einer geschichtlichen Logik Raum zu geben. Er fügt deshalb hin und wieder eigene Worte

---

Mt 12,9ff. par. − Figur 11f. (offenbar vermutet Beringer den Sitz der ‹Schule› in Kapernaum, vgl. Mk 1,21)

Joh 6,24.59 − Figur 13
Mt 17,24ff. (vgl. Mk 9,33) − Figur 14.
[21] Joh 5,1ff. − Figur 15
Joh 7,10ff. − Figur 16
Joh 8,1ff. − Figur 17
Joh 9,1−10,39 − Figur 18
Mt 21,1ff. par. − Figur 21
Mt 21,23ff. par. − Figur 22
Mt 26,17ff. par. − Fig. 23.

in den Bibeltext ein, die die verschiedenen Geschichten verbinden, und er verwendet die redaktionellen Angaben der Evangelisten gerne als Bausteine für den Zusammenhang seiner Erzählung.

Es gelingt ihm, große Partien aus den Evangelien ohne Umstellungen in seine Harmonie einzugliedern. Man kann zeigen, daß er die Matthäus- und die Johannes-abfolge möglichst beibehalten und sich zu Umstellungen nur entschlossen hat, wenn ihm Gründe vorlagen, die sich aus seinen Gliederungsprinzipien oder aus dem biblischen Befund ergeben[22].

Man wird sagen können, daß sich Beringer bemüht hat, drei Anforderungen gerecht zu werden: Seine Harmonie mußte sich seinem geographischen Gliederungsschema einfügen, sie sollte einen einleuchtenden Ablauf des Lebens Jesu vorführen und sie sollte die biblische Akoluthie nicht unnötig zerstören. Die Bemühungen um einen einleuchtenden Ablauf sind für den Autor nicht identisch mit dem Versuch, eine historisch zuverlässige Leben-Jesu-Darstellung zu geben. Historisches Interesse hätte nicht auf die Einordnung in ein zeitliches Koordinatensystem verzichtet. Bei Beringer muß die Komposition passen, sie muß dem Leser Verwirrung ersparen, sie muß aber nicht historisch stimmen. Passend ist beispielsweise auch eine Anordnung nach inhaltlichen Gesichtspunkten ohne Rücksicht auf historische Einwände[23].

In diesen Zusammenhang gehört es auch, daß Beringer Parallelerzählungen verschiedener Evangelien, wenn es nur irgend möglich ist, auf ein Ereignis bezieht, und zwar in weit größerem Ausmaß, als es sonst üblich war[24]. Daß Beringer mit solchen Entscheidungen keinen Anspruch auf korrekte Darstellung der tatsächlichen Ereignisse erhebt, unterstreicht deutlich seine Stellungnahme zu der (den)

---

[22] Die Matthäusabfolge erleidet nur zehn, zum Teil geringfügige, immer aber begründete Änderungen; dabei bleibt der Abschnitt Mt 12,38−26,5 fast unverändert. In der Johannes-abfolge werden sieben Änderungen vorgenommen.

[23] So ist es ‹passend›, in die Bergpredigt die drei Gleichnisse aus dem Lukassondergut vom ‹reichen Toren› (Lk 12,13−21), vom ‹ungerechten Haushalter› (Lk 16,1−13) und vom ‹reichen Mann und armen Lazarus› (Lk 16,19−31) einzufügen, weil sie in inhaltlichem Zusammenhang mit den dort verhandelten Themen stehen. Es ist ‹passend›, Lk 11,27 und Lk 8,19−21 par. aufeinanderfolgen zu lassen, weil der Leib, der Jesus getragen, und die Brüste, die er gesogen hat, an die Mutter Jesu denken lassen.

[24] z. B. bei den Jüngerberufungen nach Mt 4,18−22 par. Mk 1,16−20 und Lk 5,1−11, beim Sohn des Königischen (Joh 4,47−53) und dem Hauptmann von Kapernaum (Mt 8,5−13 par. Lk 7,1−10), bei den drei Blindenheilungen Mt 20,29−34/Mk 10,46−52/Lk 18,35−43, bei den Salbungsgeschichten Mt 26,6−13 par. Mk 14,3−9/Lk 7,36−50/Joh 12,1−11, bei den synoptischen und der johanneischen Tempelreinigung Mt 21,12f. par. Mk 11,15−17 par. Lk 19,45f./Joh 2,13−25, beim ‹Gleichnis vom großen Abendmahl› (Lk 14,15−24) und dem von der ‹königlichen Hochzeit› (Mt 22,1−14), beim Gleichnis ‹von den anvertrauten Pfunden› (Mt 25,14−30/Lk 19,12−27).

Blindenheilung(en) bei Jericho: «Ich bitt dich, gedrawer leser, das ich Marcum und Lucam gleichförmig dem Matheo geschribn hab in plurali, in der vile der blinden, ist darumb geschehen: Die zwen evangelisten schreyben eben die wort in der that in allem wie Matheus, on das sie von einem sagen und Matheus von zweyen. Wiltu aber, so magestu von einem sagen, als ich von zweyen besagt habe. Doch das es alles in Christo Jesu zur besserung dir und Gott zum preyß geschehe!»[25] Der letzte Satz dieses Zitates gilt ebensogut wie für den Leser auch für den Verfasser: Er nennt die Zielsetzung, die diesen bei der Arbeit an seiner Harmonie geleitet hat.

Daß es Beringer in erster Linie darauf ankommt, den Leser nicht unbeteiligt zu lassen, sondern ihn zu einer angemessenen Reaktion auf die evangelische Geschichte zu bewegen, zeigen auch die Randglossen, mit denen er den Text begleitet. Er erinnert dabei an einen Moritatensänger, der die Bilder zu der Geschichte, die er seinem Publikum erzählen will, mit dem Zeigestock kommentiert. Dieser Vergleich mag angesichts des Inhalts der Evangelien unpassend erscheinen – er verdeutlicht aber das Verhältnis von biblischer Geschichte, Herausgeber und Leser des Beringerschen Neuen Testamentes. Der Kleriker trägt seiner Lesergemeinde nicht ein eigenes Werk vor, sondern sie betrachten miteinander die Geschichte des Lebens Jesu. Und Beringer hat dabei nicht viel mehr zu tun, als den Stoff zu ordnen, hin und wieder Schwieriges zu erläutern und Akzente zu setzen. Diese Haltung, oder besser: diese Zurückhaltung setzt ein großes Vertrauen in die der Heiligen Schrift immanente Wirkkraft voraus. Die Randglossen sind deswegen – von solchen, die nur der Gliederung des Textes dienen einmal abgesehen – vorwiegend Exklamationen des betroffenen, oft bestürzten Betrachters der evangelischen Historie[26].

Neben solchen Glossen, die den Text weniger erklären als unterstreichen, bedient sich Beringer auch der Möglichkeit, biblischen Wörtern in Klammern die seinen Lesern vertrauteren Wendungen beizugeben. Wenn er etwa bei der ‹Standespredigt› des Täufers[27] auf diesem Wege «kriegsleut» (Lk 3,14) mit «rittarschaft» und «zölner» (Lk 3,12) mit «gewerbsleut» erklärt, dann ist dabei deutlich, daß es ihm nicht nur um die Übertragung eines fremden Begriffes in die Alltagssprache seiner Mitbürger geht, sondern daß er im Sinne hat, daß die Leser sich selbst als direkte Adressaten der Täuferpredigt erkennen.

---

[25] Beringer, NT, Bl. 58b, Figur 14.
[26] So ruft Beringer bei der Weihnachtsgeschichte seinen Lesern zu: «O welt, hie ist dein erlöser!», beim Kindermord in Bethlehem: «Von zweien jaren und darüber! O creutz, creutz!», zu Mk 7,11: «O welt, corban, hie merk dein wesen! owee, owee!». An einigen wenigen Stellen fügt Beringer auch einmal eine umfangreichere Glosse in den Text ein, z. B. nach den ‹Gleichnis vom verlorenen Sohn› über die Länge von einer halben Seite, Beringer, NT, Bl. 57a.
[27] Beringer, NT, Bl. 21b.

Es ist bezeichnend, daß Erläuterungen zur Zeitgeschichte, zur Geographie Palästinas[28] oder zum jüdischen Brauchtum fast ganz fehlen. Auch auf den Bildtafeln wird darauf verzichtet, den Anschein zu erwecken, als solle der Betrachter mit den Umständen vergangener Zeiten und ferner Orte vertrautgemacht werden. Der Betrachter wird nicht in die Vergangenheit eingeführt, sondern die evangelische Geschichte wird gegenwärtig gemacht, soweit das möglich ist, wenn man die Evangelisten selbst zu Wort kommen läßt.

Die Evangelienharmonie Beringers ist ein Beleg dafür, daß trotz des reichen Traditionsgutes und trotz der Verbindung vieler evangelischer Perikopen mit dem kirchlichen Festkalender[29] und christlichem Brauchtum das Leben Jesu noch nicht festgelegt war — noch nicht einmal die Kindheits- und Passionsgeschichten[30]. Ohne fürchten zu müssen, gegen kirchliche Normen zu verstoßen, konnte man den Ablauf des Lebens Jesu gegenüber den vorliegenden Darstellungen variieren. Das Kriterium dafür war nicht bessere historische Einsicht oder neue exegetische Erkenntnisse, sondern lediglich, «daß es alles in Christo Jesu zur besserung . . . und Gott zum preyß geschehe»[31]. Beringer hat nach dem Grundsatz Pseudobonaventuras und seiner Nachfolger gehandelt: «Divinam scripturam meditari, exponere et intelligere multipharie prout expedire credimus possumus, dum tamen non sit contra fidem vel bonos mores.»[32] Und er hat dieses Prinzip nicht bei der Ausgestaltung der einzelnen Szenen ins Spiel gebracht (dabei hat er den Evangelisten das Wort gelassen), sondern bei der Gesamtkomposition der Harmonie.

Die Freiheit, die Beringer sich herausgenommen hat und die seinen Lesern zugutekommen sollte, wäre einige Jahre später von einem Katholiken nicht ohne weiteres mehr so unbefangen in Anspruch genommen worden. Im Laufe der konfessionellen Auseinandersetzungen schieden sich die Geister auch an der Komposition von Evangelienharmonien. Auf katholischer Seite tendierte man immer mehr zu

[28] Als Eigenheit bei den geographischen Vorstellungen ist anzumerken, daß für Beringer «Genezareth» Name einer Stadt ist, die am Ufer eines Sees liegt, vgl. Lk 5,1: «Er stund am see der stat Genesareth im galileischen land» (Figur 7). Dementsprechend sieht man auf den Bildtafeln 7 und 9 einen Ort mit dem Namen Genezareth abgebildet. In Tafel 9 ist überdies Gerasa bzw. Gadara (Mk 5,1 par.) mit Genezareth gleichgesetzt.

[29] Für ein mittelalterliches Leben Jesu, das der Frau Ava, hat Achim Masser die Abhängigkeit der Stoffauswahl und der Chronologie vom kirchlichen Festkalender und dem Perikopensystem aufgezeigt, vgl. Masser, Bibel, S. 33—46.

[30] In den Kindheitsgeschichten ist bei Beringer die Stellung der Beschneidung Jesu (Lk 2,21 — Fest circumcisio Domini: 1. Januar) nach dem Besuch der Magier (Festtag: 6. Januar) besonders ungewöhnlich, in den Passionsgeschichten der Verrat des Judas erst nach der Bezeichnung des Verräters.

[31] Vgl. o. S. 79 bei Anm. 25.

[32] Pseudo-Bonaventura, Meditationes, Prolog; beinahe wörtlich gleich im Prooemium von Ludolph, Vita, S. 8.

einer ‹Normalharmonie›, wie sie von Cornelius Jansen der Kirche zur Verfügung gestellt wurde[33]. Den Anstoß dazu, daß man auf diesem Feld eine kirchlich approbierte Position bezog, gab Andreas Osiander mit seinen «harmoniae evangelicae libri quattuor» vom Jahre 1537[34].

3.3.2. Die Harmonie des Erasmus Alber, 1532

Johannes Micraelius schreibt in seiner 1699 erschienenen Kirchengeschichte: «Er. Alberus D. avus maternus soceri mei M. Davidis Reutzii, Superintendentis Pomeraniae orientalis . . . plures tractatus pro religione edidit contra Carolostadii et Osiandri errores, ut harmoniam evangeliorum et iudicium de spongia Roterodami.»[1]

Nach dieser Nachricht zählt der lutherische Theologe, Pädagoge und Dichter Erasmus Alber[2] zu den Verfassern einer Evangelienharmonie. Da Micraelius mit den direkten Nachkommen Albers verwandt war[3], darf man seinen diesbezüglichen Angaben Vertrauen entgegenbringen. Auf diese Quelle dürften auch die Notizen über eine Harmonie Albers, die vereinzelt in der Literatur auftauchen[4], zurückgehen. Allerdings ist es unwahrscheinlich, daß dieses Werk jemals als Druck erschien; denn ein solcher wurde bisher nicht gefunden[5]. Hingegen hat sich ein handschriftliches Exemplar bis in unser Jahrhundert erhalten, und zwar in der Universitätsbibliothek Leipzig. Schnorr von Carolsfeld[6] und Körner[7] haben es eingesehen und in ihren Alberbiographien einige Mitteilungen darüber gemacht. Seit dem letzten Krieg aber ist dieser Manuskriptband verschollen[8]. So bleibt uns im Au-

[33] Vgl. u. S. 209 ff.

[34] Vgl. u. S. 84 ff.

[1] Micraelius, Historia 3, S. 734; zitiert nach Schnorr von Carolsfeld, Alberus, S. 23, Anm. *.

[2] Geb. um 1500, gest. am 5. 5. 1553; über ihn vgl. Schnorr von Carolsfeld, Alberus, und Körner, Alber, sowie NDB 1, S. 123 (Lit.).

[3] Vgl. das Zitat bei Anm. 1 und Körner, a. a. O., S. 173. Micraelius war mit einer Urenkelin Albers verheiratet.

[4] Vgl. z. B. Serpilius, Harmonia evangelica, S. VII; Le Long, Bibliotheca sacra, Register, S. 596; Strieder, Hessische Gelehrtengeschichte 1, S. 34.

[5] Im ZfB 1, Heft 2, Februar 1884, S. 87 wurde von Franz Schnorr von Carolsfeld eine öffentliche Anfrage nach einem Druck der Alberschen Harmonie getätigt, die kein positives Ergebnis brachte, vgl. Schnorr von Carolsfeld, a. a. O., S. 23. Auch in GK 2 findet sich unter den dort verzeichneten Drucken von Werken Albers keine Harmonie.

[6] Schnorr von Carolsfeld, a. a. O., S. 23.

[7] Körner, Alber, S. 18 f.

[8] Auf meine Anfrage antwortete mir die Bibliothek der Karl-Marx-Universität Leipzig, daß der Codex Ms 2027 (der die Alber-Harmonie enthält) seit der kriegsbedingten Auslagerung vermißt wird.

genblick keine andere Möglichkeit, als die spärlichen Angaben in der Sekundärliteratur über diese Arbeit des Lutherfreundes zusammenzufassen:

Der Titel der Handschrift lautet:

«Anno domini MDXXXII // Erasmus Alberus me exaravit quatuor // euange-
listarum [es folgt ein ausgestrichenes Wort] harmoniam // Historia de Christo
Iesu // dei filio incarnato // Esaie 9 // Wer uns das kindlin nicht geporn // so wern
wir allzumal verlorn // Dein bin ich // selig mach mich // W.»[9]

Bemerkenswert ist dabei die Jahreszahl 1532 in Verbindung mit dem Terminus
«harmonia evangelistarum»; denn bisher hat man immer Osiander als Schöpfer des
Begriffs ‹Evangelienharmonie› angesehen. Dessen «harmoniae evangelicae libri IV»
sind jedoch erst 1537 erschienen[10]. Ich neige zu folgender Erklärung: Die Jahreszahl
1532 soll nicht das Entstehungsdatum der Handschrift[11], sondern das Abfassungs-
jahr des Werkes durch Erasmus Alber sein. Die Abschrift wurde erst nach Erscheinen der Osianderharmonie angefertigt. Dabei hat der Schreiber vor den originalen Titel «Historia de Christo Iesu, dei filio incarnato . . .» die Worte «Anno
domini MDXXXII Erasmus Alberus me exaravit quatuor evangelistarum harmoniam» gesetzt. Er wollte damit Autor und Gattung des Werkes angeben. Will man
nicht zu einer solchen Erklärung Zuflucht nehmen, dann müßte man tatsächlich
Alber die Priorität bei der Verwendung des bald eingebürgerten Begriffes ‹Evangelienharmonie› zuerkennen[12].

Wenn 1532 das Verfassungsjahr der «Historia de Christo Iesu» Albers ist, dann
ist sie in der Zeit seines Sprendlinger Pfarramtes[13], nicht mehr in den Jahren seiner
Schultätigkeit in Oberursel – wie Körner annimmt[14] – entstanden.

Aus dem Umfang der Harmonie[15] kann man schließen, daß der Inhalt der Evangelien ziemlich vollständig wiedergegeben worden sein muß, und zwar in einem
Deutsch, das sich an Luthers Bibelübersetzung anschließt[16]. Die Einleitung deckt
sich mit Luthers Einleitung zum Neuen Testament. Text wie Einleitung sind in Abschnitte gegliedert und mit lateinischen Überschriften versehen[17]. Über die Einrichtung der Harmonie hat Körner leider nur ganz wenige Details mitgeteilt. Da-

---

[9] Vgl. Schnorr von Carolsfeld, a. a. O. S. 23.

[10] Vgl. u. S. 84.

[11] Die Handschrift ist kein Autograph Albers, sondern eine Abschrift, vgl. Schnorr von
Carolsfeld, a. a. O., S. 23.

[12] Man müßte dann aber auch voraussetzen, daß Osiander Albers Harmonie zumindest dem
Titel nach kennengelernt hat. Das ist sehr unwahrscheinlich und dafür fehlen alle Indizien.

[13] Schnorr von Carolsfeld, a. a. O., S. 18 ff.

[14] Körner, Alber, S. 18; Alber gab sein Schulamt in Oberursel 1527 auf, vgl. Körner, a. a. O.,
S. 25.

[15] In der Leipziger Handschrift 312 Bll. in Quart.

[16] Vgl. Körner, a. a. O., S. 18.

[17] Vgl. Körner, a. a. O., S. 18 f.

nach ist der Autor offenbar nicht nach einer einheitlichen Methode vorgegangen. Die Parallelberichte der Evangelien hat er entweder zusammenkombiniert[18] oder er hat sie hintereinandergestellt[19] oder aber er entscheidet sich für einen Evangelisten, ohne auf die Varianten der anderen einzugehen[20]. Daß Alber die Erzählungen über der ‹Hauptmann von Kapernaum› nach Mt und Lk trotz der Unterschiede auf ein und dasselbe Ereignis bezieht, während er den Johannesbericht über den ‹Sohn des Königischen› davon unterscheidet[21], macht es wahrscheinlich, daß der Redaktor zu den traditionellen Harmonisierungen neigt und keine extremen Vorschläge gebracht hat[22]. Das Interesse des Verfassers kann nicht an einer möglichst vollständigen Übernahme des Wortbestandes der einzelnen Evangelien in den Text der Harmonie gelegen haben, wie es bei Gerson und noch erheblich stärker bei Osiander der Fall ist, sondern er wollte wohl einen Überblick über den evangelischen Stoff, geordnet nach dem Ablauf der «Historia de Christo Iesu» vorlegen. Ob er dabei eine glückliche Hand bewiesen hat, läßt sich erst entscheiden, wenn die verschollene Leipziger Handschrift wieder auftaucht oder wenn sich bisher unbekannte Nachrichten oder Quellen zu diesem Werk finden. Aber auch dann wird sich nichts an dem Urteil ändern, daß die Harmonie Albers in der Geschichte der Bemühungen um eine Evangelienharmonie lediglich ein punktuelles Ereignis ohne Nachwirkungen war.

[18] Körner, a.a.O., S. 18: «Bisweilen macht er den Versuch, verschiedene Berichte miteinander zu verschmelzen, so z. B. Matth. [muß heißen: Mk!] 1, 14–20 und 21 ff. mit Luk. 4, 31 ff. und Matth. 4, 12 ff.»

[19] Ebd.: «Zu Matth. 8, 1–13 bemerkt er: hanc historiam S. Lucas in hunc describit modum und fügt Luk. 7, 1–10 hinzu. Ganz entsprechend verfährt er mit anderen Parallelen.»

[20] Ebd.: «Matth. 4, 1–11 fügt er Luk. 4, 13 an.» Daraus ist zu schließen, daß Lk 4, 1–12 neben Mt 4, 1–11 keine Berücksichtigung findet.
Die Angaben Körners (ebd.) über die Passions- und Ostergeschichten in der Harmonie sind unklar: «Erst in der Passionsgeschichte versucht er, die verschiedenen Berichte in Einklang zu bringen. Nachdem er die Auferstehungsgeschichte mit Joh. 20, 1–2 eingeleitet hat, sagt er: Coeteri Euangelistae sic fere ordiuntur resurrectionem Christi und erteilt nach ihnen wieder Johannes das Wort. Mark. 16, 9–20 nennt er die ‹Summe der Offenbarungen Christi›. Hinter Matth. 28, 16–20 setzt er: ‹Luc. sic› (24, 50–52).» Es geht daraus nicht hervor, in welchem Umfang die einzelnen Evangelisten zu Wort kommen bzw. ob die redaktionellen Bemerkungen eine Anführung von Paralleltexten erübrigen.

[21] Das schließe ich aus Anm. 19.

[22] ‹Extrem› wäre es in diesem Falle, Mt und Lk von verschiedenen Ereignissen erzählen zu lassen, wie es Osiander getan hat; ungewöhnlich wäre es aber auch, Mt, Lk und Joh nur auf ein Ereignis zu beziehen (wie Beringer, vgl. o. S. 78 Anm. 24).

4. Die Evangelienharmonie Osianders, 1537

4.1. Zur Entstehungsgeschichte von Osianders Harmonie

Die Evangelienharmonie des Andreas Osiander[1] unterscheidet sich in zwei wesentlichen Punkten von den anderen Arbeiten dieser Gattung, die bis dahin im 16. Jahrhundert an die Öffentlichkeit gekommen waren. Zum einen hat sie im Vergleich zu jenen einen ausgeprägten wissenschaftlichen Charakter, der sich sowohl in der äußeren Gestaltung als auch in der Gründlichkeit und Konsequenz der Arbeit an den Evangelientexten und an den oft sehr ins Detail führenden Erörterungen in den beigegebenen ‹Annotationes› zeigt. Zum anderen ist sie die Verwirklichung eines theologischen Grundsatzprogrammes und trägt selbst in kleinen Einzelheiten an dieser Last. Die Entscheidungen des Autors über die Textgestaltung und die Komposition berühren unmittelbar seinen Glauben. Nichts erscheint mehr unwesentlich oder dem Belieben des Redaktors überlassen. Das theologische Prinzip und die Ausführung der Harmonie stehen in unlöslichem Zusammenhang. Die wissenschaftliche Gründlichkeit beruht nicht auf purer Neigung Osianders − sie ist vom ‹Stoff› her gefordert: Der Umgang mit dem Wort Gottes leidet keine Flüchtigkeit, keine Gleichgültigkeit; denn es ist Umgang mit Gott selbst[2].

Die Harmonie Osianders erschien im Jahre 1537[3]. Sie hat aber eine jahrelange Vorgeschichte, aus der wir einige Stationen in der Vorrede verzeichnet finden[4]:

Nachdem Andreas Osiander im Frühjahr 1522 als Prediger an der St. Lorenzkirche in Nürnberg angestellt worden war, begann er sofort von dieser Stelle aus

---

[1] Geb. in Gunzenhausen 1496, gest. in Königsberg 1552; 1522−1548 Prediger an St. Lorenz in Nürnberg. Biographie: Möller, Osiander. Einen Überblick über das Wirken Osianders als Reformator bietet Seebaß, Osiander. Über die Jahre Osianders in Königsberg handelt Stupperich, Osiander. Zur Theologie Osianders vgl. Hirsch, Theologie. Die Reformationsgeschichtliche Forschungsstelle der Universität Erlangen-Nürnberg arbeitet an einer Gesamtausgabe der Werke Osianders (Osiander, Werke). In dieser Edition wird auch die Evangelienharmonie berücksichtigt, allerdings nicht in vollem Umfang abgedruckt. Die Forschungsstelle hat auch eine Bibliographie der gedruckten Werke Osianders vorgelegt: Seebaß, Bibliographie.

[2] Zur Theologie Osianders, soweit sie die Basis für die Evangelienharmonie darstellt, vgl. u. S. 86ff.

[3] Zu den verschiedenen Ausgaben der Harmonie vgl. Seebaß, Bibliographie, S. 108−116, Nr. 24.1−12.

[4] Eine Paraphrase der Vorrede bei Möller, Osiander, S. 205−207. Wir zitieren im folgenden aus der Erstausgabe, Basel 1537, und zwar nach dem Exemplar Nürnberg LkA, Fen. I, 429.2°. Die Vorrede findet sich auf Bl. α 2a−α 5a.

nachdrücklich den Kampf gegen die altkirchliche Partei in der Reichsstadt aufzunehmen. Während er behauptete, das Evangelium reiner als je zuvor zu verkünden, warfen ihm seine Gegner vor, er unterdrücke die Lehre Christi und predige nur das, was geeignet sei, die Menge zu ködern[5]. Um diese Angriffe ins Leere stoßen zu lassen, entschloß er sich, in seinen Predigten den fortlaufenden und vollständigen Text der einzelnen Evangelien auszulegen[6]. Um seine Hörer vor unnötigen Wiederholungen zu bewahren, konstruierte er nach dem Vorbild Gersons einen harmonisierten Evangelientext und er war überzeugt, dabei bessere Arbeit geleistet zu haben als Gerson[7]. Wir wissen nicht genau, wann Osiander mit diesen Reihenpredigten begonnen hat. 1527 kann er in einem Brief an Zwingli sagen, daß er schon längere Zeit («iam olim») mit Predigten über den fortlaufenden, von ihm harmonisierten Evangelientext beschäftigt sei[8]. Im Januar 1527 war er offenbar bis zu den Abendmahlsperikopen gelangt[9]. Auf das Drängen von Freunden hin machte er sich nach einigem Zögern an eine schriftliche Ausarbeitung des von ihm erstellten ordo evangelistarum[10]. Es ging zunächst flott voran, bis er an eine Stelle kam, die ihn am Erfolg seines Vorhabens zweifeln ließ: die Erzählung von der Heilung der Schwiegermutter des Petrus. Matthäus hat dieses Ereignis nach der Bergpredigt angesetzt (Mt 8,14f.), Markus (Mk 1,30f.) und Lukas (Lk 4,38f.) aber offenbar vorher[11]. Das Problem, vor das sich Osiander dadurch gestellt sah, erschien ihm so auswegslos, daß er das begonnene Werk abbrach, ohne sich jedoch – wie er ausdrücklich versichert – in seiner Meinung über den unbedingten Konsens der Evangelisten erschüttern zu lassen. Nicht deren Inhalt, sondern mangelnde menschliche Einsicht sei für das Dilemma, in das er geraten war, verantwortlich zu machen. Er tröstete sich damit, daß im ewigen Leben derlei Schwierigkeiten ausgeräumt sein würden[12]. So blieb das Unternehmen in den Anfängen stecken. Eine Wende brachte das Jahr 1532 mit dem Besuch des englischen Gesandten und Erzbischofs von Canterbury, Thomas Cranmer, in Nürnberg. Bei diesem Aufenthalt in der deutschen Reichsstadt war Cranmer durch eine Heirat zu Osiander in verwandtschaftliche Beziehungen

---

[5] Osiander, Harmonia, Bl. α 3 b.
[6] «Integros evangelistas publicis concionibus ex ordine enarrandos esse statuebam», ebd.
[7] Ebd.
[8] Osiander, Werke 2, S. 560 bei Anm. 139. Dieser Brief wurde im September 1527 gedruckt veröffentlicht.
[9] Vgl. Osiander, Werke 2, a. a. O. und Kaspar Nützel an Herzog Albrecht, 1527, Januar 9, Göttingen, Staatliches Archivlager, Herzogliches Briefarchiv A 4, 183 (nach Seebaß, Osiander, S. 73).
[10] Osiander, Harmonia, Bl. α 3 a.
[11] In diesem Stadium seiner Arbeit setzt also Osiander noch die Identität der Bergpredigt (Mt 5–7) mit der lukanischen Feldrede (Lk 6,17–49) voraus.
[12] Osiander, Harmonia, Bl. α 3 b.

getreten[13]. Der Engländer war mehrfach Gast im Hause des Nürnberger Predigers, und dabei zeigte Osiander ihm auch den Torso seiner Evangelienharmonie. Cranmer lobte, was er sah, und ermutigte Osiander nachhaltig, die Arbeit wieder aufzunehmen und zu Ende zu bringen. Dieser Impuls hatte ungeahnten Erfolg. Der Prediger nahm nicht nur das liegengebliebene Manuskript wieder vor, sondern auch alle vermeintlichen Schwierigkeiten waren plötzlich wie weggeräumt. In unermüdlichem Eifer konnte er das Werk ohne neue Unterbrechungen vollenden[14]. Im Januar 1537 unterzeichnete er die Vorrede; trotz der konzentrierten Arbeit hatte er also mehrere Jahre in dieses Vorhaben investiert[15]. Entgegen seiner sonstigen Gewohnheit ließ Osiander die Harmonie nicht in Nürnberg drucken[16], sondern bei Froben in Basel, wo sie im August 1537 die Pressen verließ[17]. Für diesen diffizilen Auftrag — es mußte ja nicht nur Griechisch, sondern auch Hebräisch gesetzt werden, dazu die verschiedenen Siglen — hatte die renommierte Verlagsdruckerei[18] bessere Voraussetzungen als die einheimischen Werkstätten.

4.2. Die theologische Basis der Evangelienharmonie

In seiner Vorrede geht Osiander nicht nur auf die Entstehungsgeschichte seiner Harmonie ein, sondern er formuliert auch einige der theologischen Gedanken, die ihn bei seiner Arbeit geleitet haben. Wir wollen versuchen, aus diesen Sätzen und aus anderen Schriften des gleichen Verfassers die theologische Basis zu erheben, auf

[13] Vgl. Ridley, Cranmer, S. 45−47.
[14] Osiander, Harmonia, Bl. α 4 a. Unsere Darstellung der Entstehungsgeschichte der Harmonie stützt sich auf die eigenen Aussagen Osianders. Ob sie tatsächlich zutreffend sind, muß dahingestellt bleiben. Die ungenannten Freunde, die ihn zu der schriftlichen Abfassung der Harmonie gedrängt haben, können ihre Existenz auch einem literarischen Topos verdanken (vgl. aber Seebaß, Osiander, S. 73). Daß Cranmer bei der Entstehungsgeschichte der Harmonie eine entscheidende Rolle gespielt hat, wird durch die Widmung eben dieses Buches an Cranmer unterstrichen.
[15] Daß Osiander tatsächlich seit Fertigstellung der Katechismuspredigten (1533; vgl. Seebaß, Bibliographie, S. 67, Nr. 21. 1. 1) vorwiegend an der Harmonie gearbeitet haben muß, bestätigt die Bibliographie, die zwischen den Katechismuspredigten und dem Erscheinen der Harmonie nur zwei Nummern verzeichnet: Eine Predigt zum 91. Psalm, noch aus dem Jahr 1533 (vgl. Seebaß, Bibliographie, S. 98−105, Nr. 22. 1−17) und ein Empfehlungsgedicht (1534; vgl. Seebaß, a.a.O., S. 106, Nr. 23). Drei aufeinanderfolgende Jahre ohne gedruckte Veröffentlichungen gibt es sonst im Leben Osianders seit 1522 nicht.
[16] Vgl. Osianders ‹Sendbrief an eine christliche Gemeinde›, 1523: Osiander, Werke 1, Nr. 7, S. 99.
[17] Vgl. Seebaß, Bibliographie, S. 108, Nr. 24. 1.
[18] Zu Hieronymus Froben vgl. Benzing, Buchdrucker, S. 33f. Bei Johann Froben (vgl. Benzing, a.a.O., S. 30) war 1516 die Ausgabe des Neuen Testamentes von Erasmus erschienen.

der die Evangelienharmonie ruht, und wir wollen dabei der Frage nachgehen, weshalb ein Mann wie Osiander, der ja nicht der Typ des Schreibtischgelehrten war, sondern der lebhaften Anteil am theologischen und politischen Zeitgeschehen nahm und fest darin verflochten war, nicht nur ein solches Werk wie die Evangelienharmonie angepackt, sondern darüber auch lange Zeit alle anderen Beschäftigungen hintangestellt hat.

Seine Liebe zur Heiligen Schrift — so bekennt Osiander — reiche zurück bis in seine frühe Kindheit. Er habe sie von seinen einfachen, ungebildeten, aber frommen Eltern vermittelt bekommen[1]. Mit zunehmenden Alter sei seine Verehrung zu den Büchern des Alten und Neuen Testamentes gewachsen; denn aus ihnen könne jeder das zum ewigen Leben Notwendige erlangen. Unter Verzicht auf sprachliches Gepränge und unnötige Wortfülle verschafften sie überreiche Kenntnis alles Erstrebenswerten und zu Fliehenden und bewiesen solche Klarheit und Wirkkraft, daß sie die Menschen, die sich ihnen anvertrauen, erneuerten und Gott ähnlich machten[2].

Unter den biblischen Büchern, die sich bei dem Verfasser der Harmonie insgesamt höchster Wertschätzung erfreuen, räumt er dennoch den vier Evangelien eine überragende Stellung ein[3]. Sie stellten die Geschichte des ewigen Wortes Gottes, das uns zugute Fleisch geworden sei, so vor Augen, als würde man selbst bei den Ereignissen dabei sein. Ohne die Kenntnis dieser Geschichte bliebe für uns nicht nur das Alte Testament mit seinen Abschattungen des künftigen Heilsgeschehens im Dunkel, sondern auch die übrigen apostolischen Schriften könnten von uns nicht hinreichend begriffen werden.

Das Gesetz sei zwar heilig, gerecht und gut (Röm 7, 12), wirke aber dennoch als Amt des Todes und der Verdammung; das Evangelium hingegen sei das Amt des Lebens, des Geistes und der Gerechtigkeit[4]. So hoch also die Gerechtigkeit über der Sünde stehe, das Leben über dem Tode, die Gnade Gottes über seinem Zorn, Christus über Moses, so sehr überragten die evangelischen Schriften die mosaischen[5].

Hier unterbrechen wir die Darlegungen Osianders. Es fällt auf, daß er an dieser Stelle — sozusagen gegen ein reformatorisches Grundprinzip verstoßend — eine Gleichsetzung von Gesetz = Altes Testament und Evangelium = Evangelien voll-

---

[1] Osiander, Harmonia, Bl. α 2 a.
[2] «. . . tantaque perspicuitate et efficacia doceat [sacra scripura], ut hominem eidem illi sese praebentem innovatum ac transformatum Deo similem constituat.», ebd.
Die in der protestantischen Orthodoxie am häufigsten genannten ‹Affektionen› der Schrift, auctoritas, perspicuitas, efficacia und sufficientia (vgl. Ratschow, Lutherische Dogmatik 1, S. 98—132) werden sämtlich in der Vorrede zur Harmonie — teils der Sache nach, teils sogar in der Terminologie — angesprochen.
[3] Osiander, Harmonia, Bl. α 2 b: «Semper tamen quatuor evangelistarum historica scripta occulto quodam fidei afflatu, reliquis omnibus longe praestantiora esse iudicavi.»
[4] Vgl. II Kor 3, 7—9.
[5] Osiander, Harmonia, Bl. α 2 b.

zieht[6]. Anderorts beweist Osiander, daß er sehr wohl über diese formale Definition hinausgehen und eine inhaltlich-funktionale Bestimmung des Begriffspaares Gesetz und Evangelium vornehmen kann. Im ‹Nürnberger Ratschlag› von 1524 schreibt er: «Das euangelion ist alles, das Gottis gute, gnad und barmherzigkeit anzeigt, dardurch wir in erkennen und in unser hertz empfahen. Das gesetz aber ist alles, das uns gepeut, solche werck zu thun, die wir nicht vermögen, er sey dann in uns und wir in im. Dardurch wir erschrecken und unser aigne schwacheit erkennen.»[7] Und in seiner auf dem Nürnberger Religionsgespräch vom März 1525 gehaltenen Schlußrede spricht er es noch deutlicher aus: «Es wurdt uns aber von menschen in zwaierlai weise furgetragen. An ainem ort zaigt man uns an, was Got durch Christum uns guts gethan hat und noch thun will, daraus wir seinen gnedigen willen gegen uns söllen erkennen und ine darumb lieb haben. Das ist das euangelion; darzu gehörn alle schrifften und exempel deß allten und neuen testaments, die Gottes gnad und vergebung der sund anzaigen . . . Am andern ort zaigt man uns an, was Got widerumb von uns begere, das wir umb seinen willen sollen thun und lassen. Und ist das gesetz; darzu gehörn alle schrifften und exempel deß allten und neuen testaments, darin uns angezaigt wurdt, was wir thun und lassen söllen, und die ubertretter gestrafft und die gehorsam gelobt werden.»[8] Hier wird ausdrücklich gesagt, daß sich Gesetz auch im Neuen und Evangelium auch im Alten Testament finden. Doch in unmittelbarem Anschluß an das obige Zitat aus dem ‹Nürnberger Ratschlag› fügt Osiander hinzu:

«Das gesetz hat er durch Mosen geben, gnad und warheit aber ist uns durch Cristum erzeigt.»[9]

Man wird diese Unstimmigkeit sich so zu erklären haben, daß Osiander zwar die Lutherische Dialektik von Gesetz und Evangelium gekannt und sich zu eigen gemacht hat, daß aber für ihn das Alte Testament ganz überwiegend Mitteilung des Gesetzes und die Evangelien so sehr Repräsentant des Evangeliums sind, daß er die oben genannte Identifikation bedenkenlos vornehmen kann. Auch Luther konnte ja im Bedarfsfall zu ähnlichen Aussagen kommen[10].

Ein nicht zu übersehender Unterschied zwischen dem Wittenberger und dem Nürnberger besteht in der Bewertung der biblischen Bücher. Bekanntlich hat Luther in der Vorrede zu seinem Septembertestament eine Art Rangordnung der neutestamentlichen Schriften aufgestellt. Demnach gehören zu den «rechten und Edlisten»[11] Büchern des Neuen Testaments das Johannesevangelium, die Paulus-

---

[6] Vgl. Hirsch, Theologie, S. 9f. und die dort in Anm. 26 genannten Lutherstellen.
[7] Osiander, Werke 1, S. 336.
[8] Osiander, Werke 1, S. 566f.
[9] Joh 1,17; Osiander, Werke 1, S. 336.
[10] Vgl. WADB 8, S. 13.
[11] Dieses und die folgenden Zitate aus Luthers Vorrede, WADB 6, S. 10.

briefe, «sonderlich die zu den Romern, Galatern, Ephesern, unnd Sanct Peters erste Epistel», denn «ynn disen findistu nicht viel werck und wunderthatten Christi beschrieben, Du findist aber gar meysterlich außgestrichen, wie der glaube an Christum, sund, tod und helle uberwindet, und das leben, gerechtigkeyt unnd seligkeyt gibt, wilchs die rechte artt ist des Euangeli . . . Wo ich yhe der eyns mangelln sollt, der werck odder der predigt Christi, ßo wollt ich lieber der werck, denn seyner predigt mangelln, Denn die werck hulffen myr nichts, aber seyne wort die geben das leben, wie er selbs sagt. Weyl nu Johannes gar wenig werck von Christo, aber gar viel seyner predigt schreybt, widderumb die andern drey Euangelisten viel seyner werck, wenig seyner wort beschreyben, ist Johannis Euangelion das eynige zartte recht hewbt Euangelion und den andern dreyen weyt weyt fur zu zihen und hoher zu heben, Also auch Sanct Paulus und Petrus Epistelln, weyt uber die drey Euangelia Matthei, Marci und Luce furgehen.»[12]

Bei Osiander ist die Rangfolge — so wie er sie in der Vorrede zur Evangelienharmonie formuliert — in entscheidenden Punkten gerade umgekehrt: Erst die Evangelien eröffnen den Zugang zu den apostolischen Briefen. Deswegen gebührt den Evangelien auch der höhere Rang. Innerhalb der vier Evangelisten bringt der Nünberger Prediger nicht noch einmal eine Differenzierung ins Spiel; sie erscheinen als gleichwertig.

Die entsprechenden Äußerungen Osianders in der Harmonie muß man aber unbedingt im Kontext seines gesamten theologischen Systems sehen, um nicht falsche Folgerungen anzustellen. Man könnte ja sonst zu dem Eindruck gelangen, als würde er im Vergleich zu Luther mehr Wert auf die Historie, auf die «werck und wunderthatten Christi» legen und deshalb den Evangelien einen Vorrang gegenüber den apostolischen Briefen, die nur «predigt Christi» bieten, einräumen. Man müßte daraus folgern, daß Osiander der ‹damals› geschehenen irdischen Geschichte Jesu eine hervorragende Bedeutung für den Glauben und das Leben der Christen zuspricht. Wer die Theologie Osianders auch nur oberflächlich kennt, weiß, daß eine solche Konsequenz keinesfalls gezogen werden darf. In seinen systematischen Darlegungen verwendet Osiander kaum Zeit darauf, die Bedeutung des historischen Jesus darzulegen. Sehr ausführlich aber äußert er sich über die Bedeutung des gegenwärtigen Christus. Im Zusammenhang seiner Rechtfertigungslehre spricht er es am deutlichsten aus, wenn er das vor 1500 Jahren geschehene Erlösungswerk Christi von seinem gegenwärtigen Rechtfertigungshandeln unterschieden wissen will und dabei das Schwergewicht ganz eindeutig auf letzteres legt[13]. Natürlich ist für Osiander die irdische Geschichte Jesu bedeutungsvoll, entscheidend aber ist das

---

[12] Vgl. auch WA 12, S. 260, 8—21.
[13] Vgl. Osianders Schrift ‹Vom einigen Mittler›, Königsberg 1551 (Seebaß, Bibliographie, S. 165, Nr. 56. 1); dazu Stupperich, Osiander, S. 195—200.

gegenwärtige Handeln Christi, des Wortes Gottes, an und in den Menschen[14]. Da dieser Theologe mit Nachdruck eine schroffe Trennung von Göttlichem und Kreatürlichem verficht[15] und da er unentwegt die Identität des göttlichen Wortes mit Gott selbst traktiert[16], bietet sich ihm kaum eine Möglichkeit, dem Menschen Jesus Geltung zu verschaffen. Man hat ihm deshalb zu Recht vorgeworfen, daß er «die Lehre von der Communicatio idiomatum nur unvollkommen durchgebildet» habe[17]. Die Evangelien erzählen die Geschichte des insarkierten Wortes, nicht eigentlich die Geschichte eines wahren Menschen[18]. Auch der zweite Eindruck, der aus Osianders Aussagen in der Vorrede zu seiner Harmonie entsteht, daß nämlich die vier Evangelisten gleichrangig nebeneinanderstehen, muß vom Gesamtentwurf seiner Theologie her korrigiert werden. In der Ausführung von Osianders System zeigt es sich, daß das Johannesevangelium eine weit wichtigere Rolle spielt als die Synoptiker.

Es sind vorwiegend die johanneischen Formeln, die die Identität des Sohnes mit dem Vater ausdrücken[19], und die Sätze, die von einer Verbindung des Menschen mit Gott sprechen[20], die dabei zur Geltung kommen[21]. Man kann sagen, daß Osianders Theologie − stärker als die Luthers − vom Johannesevangelium geprägt ist, während der Wittenberger die wesentlichen Akzente den Paulusbriefen verdankt.

Warum aber macht der Nürnberger Prediger in seiner Harmonie solch grundsätzliche Äußerungen zum Wert der Evangelien, die in der Durchführung seines theologischen Systems praktisch nicht realisiert sind? Es genügt nicht, wenn Hirsch dafür das Gefühl verantwortlich macht, in den Evangelien Gott selbst unmittelbar gegenwärtig zu haben[22]. Zu dieser Erklärung ist Hirsch gezwungen, weil er von der Voraussetzung ausgeht, daß Osiander die Schrift selbst nie ‹Wort Gottes› genannt

---

[14] Vgl. auch Osianders Schlußrede auf dem Nürnberger Religionsgespräch, Osiander, Werke 1, S. 559f.

[15] Vgl. dazu Stupperich, Osiander, S. 201.

[16] Vgl. z. B. den ersten Teil des ‹Nürnberger Ratschlags› von 1524: «Was Gottes wort im rechten grund und ursprung sey», Osiander, Werke 1, S. 323ff.

[17] Hirsch, Theologie, S. 37. Vgl. auch den in Anm. 15 genannten Abschnitt in Stupperich, Osiander.

[18] Stupperich, Osiander, S. 201: «Die menschliche Natur erfüllt im Verhältnis zur göttlichen Natur im Prinzip die Aufgabe des äußeren Wortes gegenüber dem inneren: Beide sind Instrument zur Vermittlung der Gottheit an den Menschen. Wie aber das äußere Wort zwar unerläßlich ist, nach der Erfüllung seiner Aufgabe aber funktionslos wird und vergeht, so verhält es sich auch mit der menschlichen Natur in Christus.»

[19] Z. B. Joh 1,1; 14,9; 10,30; 17,11.22.

[20] Z. B. Joh 14,23; 17,26.21; I Joh 4,16.

[21] Im ersten Teil des ‹Nürnberger Ratschlags› von 1524 stehen 43 Anspielungen und Zitate aus den johanneischen Schriften neben 11 aus den Synoptikern (vgl. Osiander, Werke 1, S. 321−348).

[22] Hirsch, Theologie, S. 39.

hat. «Die starke Benützung der spekulativen Logoslehre als Grundlage des theologischen Systems» habe das verhindert[23]. Osiander hält sich aber durchaus nicht immer an diesen ihm zugesprochenen Grundsatz. Zwar formuliert er an zentralen Stellen eine Unterscheidung von ‹innerem› und ‹äußerem› Wort[24], aber er kann trotzdem so vom Wort Gottes reden, daß eine Trennung vom Schriftwort nicht mehr möglich ist[25]. Schließlich habe Christus selbst zu den Aposteln und Evangelisten gesagt: «Wer euch hört, hört mich», und: «Ihr seid es nicht, die da reden, sondern eures Vaters Geist ist es, der durch euch redet.»[26] Wegen dieser engen, untrennbaren Verbindung von äußerem und innerem Wort – das innere Wort, d. h. Gott selbst, kommt nur durch das ‹Werkzeug› des äußeren Wortes zu den Menschen, und wo der Mensch das verbum externum im Glauben aufnimmt, da ist das «totum verbum internum Dei» in ihm gegenwärtig[27] – verliert diese Unterscheidung für den Glaubenden an Bedeutung. Beim gepredigten äußeren Wort bedarf es zwar eines ‹gewissen Zeugnisses›, «darbey wir wissen und erkennen, welches Gottes wort sey oder nicht. Dann solten wir fur Gottes wort halten, das Gottes wort nicht ist, so wurden wir gar sträfflich sundigen, dieweil Gotes wort Got selbs ist»[28]. Doch da dieses ‹Zeugnis› die Heilige Schrift ist[29], gibt es ihr gegenüber keinen Vorbehalt. In jedem Satz, in jeder Vokabel, in jedem Buchstaben spricht in ihr Gott selbst. Im Alten Testament, aber auch in den apostolischen Briefen redet Gott über sein Wort. Er läßt durch den Geist geleitet Propheten und Apostel Zeugnis ablegen von Christus. In den Evangelien kommen wir Christus, dem Wort Gottes, das Gott selbst ist, noch näher. Denn wenn die Evangelisten Reden Jesu wiedergeben, dann besteht die Gewähr, daß Christus selbst, der inkarnierte Logos, wörtlich so gesprochen hat. Und bei der Schilderung der Taten Jesu hat man authentische und zuverlässige Berichte vorliegen. Dafür garantiert der Geist Gottes, der die Evange-

---

[23] Hirsch, a. a. O., S. 9. Hirsch kann also Osiander nur ein Gefühl der Gottesgegenwart bei der Lektüre der Evangelien zugestehen, nicht ein Bewußtsein der Gegenwart des Wortes, d. h. Gottes. Weber, Reformation 1, S. 307: «Osiander beweist in seiner Lehre vom Wort, daß er, reformatorische Urerkenntnis aufnehmend, wenn auch sichtlich vereinseitigend, das Wort von der Schrift zu unterscheiden weiß. Aber daß das durchaus nicht eine Beiseiteschiebung des Buchstabens, des inspirierten Textes der Schrift bedeutet, zeigt die große Evangelienharmonie.»

[24] Z. B. Osiander, Werke 1, S. 332 (‹Nürnberger Ratschlag›), S. 566 (‹Schlußrede›); vgl. Stupperich, Osiander, S. 197.

[25] Vgl. z. B. im ‹Nürnberger Ratschlag› die Passage Osiander, Werke 1, S. 328 f., in der ‹Gottes Wort› schillernd gebraucht wird und mehrmals sinnvollerweise nur auf das Schriftwort bezogen werden kann.

[26] Lk 10, 16 und Mt 10, 20. Diese beiden Bibelstellen zitiert Osiander in seiner Harmonie in den Annotationen zu Buch 1, Kapitel 21–25 (Osiander, Harmonia, Bl. cc 5 b).

[27] Vgl. das von Hirsch, Theologie S. 39, Anm. 51 wiedergegebene Zitat.

[28] ‹Nürnberger Ratschlag›, Osiander, Werke 1, S. 334.

[29] Vgl. die Fortsetzung des in Anm. 31 angegebenen Zitates.

listen inspiriert hat. In der ganzen Heiligen Schrift redet Gott, doch in verschiedenen modi dicendi. In den Evangelien aber redet er direkt und unmittelbar. Die vorausweisende Rede des Alten Testamentes findet bei ihnen ihr Ziel, und die Lehre der Apostel hat bei ihnen ihren Grund. Deshalb sind die Evangelisten der Schlüssel zum Verständnis der Heiligen Schrift[30], sie sind der Ort, der die günstigsten Voraussetzungen für das Ziel des Heilsweges, die Verbindung des Wortes mit dem Menschen, die Einwohnung in ihm und die darauf beruhende Rechtfertigung bietet.

Schon W. F. Schmidt hat ausgesprochen, daß «die Wortlehre Osianders» es «besonders dringend» mache, «die Lehre von Predigt und Schrift . . . bis in das Innerste der Gotteslehre» zurückzuführen[31]. Und Martin Stupperich hat in seiner Dissertation nachgewiesen, daß die gesamte Theologie Osianders in seinem spezifischen Gottesbegriff verankert ist, ja «daß die osiandrische Theologie schließlich nichts anderes darstellt als eine einzige umfassende Gotteslehre»[32]. Schon aus dem bisher Gesagten sollte klargeworden sein, daß dies auch für die Schriftlehre Osianders und besonders für seine Einschätzung der Evangelien gilt. Wenn wir die Stupperichsche These für diesen Teil des Osiandrischen Systems anhand der Evangelienharmonie noch weiter explizieren, dann deshalb, weil wir glauben, daß von der Gotteslehre her die Äußerungen Osianders zu den Evangelien, die methodische Durchführung der Harmonie und vor allem der Impetus, der ihn bei dieser Arbeit getrieben hat, einleuchtend, ja zwingend werden.

Es gibt für Osiander eine ganze Reihe von Relationen zwischen Gott und der Heiligen Schrift:

a) Die Schrift redet von Gott, Gott ist das Thema der Schrift. Die Schrift ist die Quelle der Gotteserkenntnis, und zwar exklusiv. Hirsch formuliert es so: «Osianders gesamtes Denken und Forschen ist beherrscht von dem Grundsatz, daß die Heilige Schrift als die einzige und unfehlbare Quelle der Wahrheit der einzige der Verehrung würdige Lehrer, der einzige der wissenschaftlichen Bemühung werte Gegenstand ist.»[33]

b) Die Schrift ist – ebenso wie das gesprochene Wort, die Predigt – das Medium, das ‹Werkzeug›, mit dem wir Gott empfangen können. «Wann er [= Gott] nun dasselbig inwendig wort durch das eusserlich wort anzeigt oder seine diener anzeigen lesst, nemlich was er sey, so empfahen alle, die es hören, glauben und be-

---

[30] Vgl. Osiander, Harmonia, Bl. α 2 b: «Quae cuncta [= der Inhalt der Evangelien] nisi nobis essent notissima, non modo vetus testamentum cum suis umbris maneret obscurum, verum etiam ne reliquae quidem apostolorum literae satis a quoquam intelligi possent.»
[31] Schmidt-Schornbaum, Fränkische Bekenntnisse, S. 79.
[32] Stupperich, Osiander, S. 201.
[33] Hirsch, Theologie, S. 6.

halten, eben dieselbigen erkantnus, die er in im selbs hat. Das ist dann das recht lebendig wort Gottis, Got selbs, und ist nicht ein eusserlich wort in der stym, sunder es ist die meynung und der syn, der durch das eusserlich wort angezeigt und in unsere hertzen gepflantzt wirt.»[34] In dieser Funktion kommt dem ‹äußerlichen Wort› entscheidende Bedeutung beim Rechtfertigungsprozeß zu[35].

c) Gott selbst ist der Autor der Heiligen Schrift. Jedes Wort, ja jeder Buchstabe in den Evangelien ist unter Mitwirkung des Heiligen Geistes zustandegekommen und von Ewigkeit her vorbestimmt. Christus sagt ja selbst vom Mosegesetz, daß kein Buchstabe und kein Strichlein daran überflüssig sei und hinfällig werden könne[36]. Um wieviel mehr muß das dann von den Evangelien gelten![37] Wenn Osiander auch von Sorgfalt, Fleiß und Kenntnis der Evangelisten spricht und sie somit nicht zu einem quasi leblosen Instrument des Geistes degradiert, muß man ihn doch zweifellos als Vertreter einer Verbalinspiration betrachten[38]. «De me hoc possum quamvis sancte affirmare . . . semper in hac fuisse sententia: Quatuor evangelistas tantam non modo suae diligentiae industriam, verum etiam spiritus sancti ἐνέργειαν ad scribendum attulisse, ut verbum nullum ac ne literam quidem ullam nisi certissima historiae veritate invitante ac spiritu sancto approbante libris suis inseruerint.»[39] Aus der Inspiriertheit der Schrift folgt ihre Irrtumslosigkeit; diese wiederum garantiert ihre Autorität[40]. Die «certudo evangelicae histo-

---

[34] ‹Nürnberger Ratschlag›, Osiander, Werke 1, S. 332.
[35] Vgl. Osiander, ‹Vom einigen Mittler›, dazu Stupperich, Osiander, S. 197.
[36] Mt 5,15; Lk 16,17.
[37] Osiander, Harmonia, Bl. α 2 b. Bl. cc 5 b: «Ego certe nihil dubito, cum lex Mosis, quod est ministerium mortis, ab uno tam exacta secundum voluntatem Dei diligentia scripta sit, ut iota unum aut apex unus ex ea perire non possit, multo magis evangelium Christi, quod est ministerium spiritus ac vitae, a pluribus iisque spiritu sancto afflatis tanta dilingentia, tanta cura, tanta rerum scribendarum cognitione, tantaque spiritus sancti internae moderantis ac consilium suppeditantis luce conscriptum esse, ut non modo apex nullus sit in eo carpendus verum etiam verbum nullum non a spiritu suppeditatum et in aeterno Dei consilio ab aeterno praedestinatum.»
[38] So auch Hirsch, Theologie, S. 9, Anm. 23; vgl. auch Weber, Reformation 1, S. 307: «. . . das ist wirklich ‹orthodoxes› Ernstnehmen der Schrift in ihrer Inspiriertheit.» Anders Schmidt-Schornbaum, Fränkische Bekenntnisse, S. 75: «Er lehrt keine Verbalinspiration im eigentlichen Sinne.»
[39] Osiander, Harmonia, Bl. α 2 bf. Hervorhebungen im Zitat von mir. Zwar ist in diesem Zitat nur von den Evangelien die Rede, aber Osianders Anführung von II Kor 3,5f. und Mt 5,18 (Osiander, Harmonia, Bl. α 2 b und Bl. cc 5 af.) zeigen, daß diese Gedanken auch auf das AT und die apostolischen Bücher ausgedehnt werden können, vgl. Hirsch, Theologie, S. 9.
[40] Osiander, Harmonia, Bl. cc 5 a: «Porro si errores in evangelistarum scriptis agnoscimus, iam eorum authorem spiritum sanctum esse nemo credet sicque totius novi testamenti labascet authoritas. Quo quid horribilius cogitari possit?»

riae» ist so unanfechtbar, daß nicht einmal die Juden die Evangelisten einer Lüge oder eines Irrtums überführen konnten, sondern in ihrer Polemik davon ausgingen, daß die Berichte der Evangelien über die Taten Christi zutreffend seien[41].

d) Auf die Schrift lassen sich schließlich göttliche Attribute übertragen. Martin Stupperich hat als Hauptprinzip des theologischen Denkens Osianders formuliert, daß «Gott überall da ganz anwesend [ist], wo auch nur eine einzige Eigenschaft oder Auswirkung seiner Person ausdrücklich als gegenwärtig bezeichnet ist»[42]. In der Heiligen Schrift, zumal in den Evangelien, ist die Gegenwart Gottes, der ja darin selbst zu Wort kommt, vorausgesetzt. Weil Gott unteilbar ist[43], ergibt sich, daß wir in der Heiligen Schrift Gott in seiner ganzen Göttlichkeit begegnen. Die Schrift muß deshalb mit dem göttlichen Wesen übereinstimmen, denn Gott kann zu sich selbst nicht in Widerspruch stehen. Stupperich hat unserer Ansicht nach überzeugend nachgewiesen, daß der scholastische Satz «in Deum non cadit accidens» den Schlüssel zum Verständnis der Theologie Osianders darstellt[44]. Von diesem Prinzip her läßt sich die Unversöhnlichkeit Osianders in den vielen Streitigkeiten, die aus Distanz betrachtet als Theologengezänk erscheinen mögen, erklären. Von diesem Satz her läßt sich aber auch die Gestaltung seiner Evangelienharmonie, die man als unnatürlich[45], nutzlos[46], gewaltsam[47] und absurd[48] charakterisiert hat, konsequent ableiten: Es gibt in den Evangelien nicht nur keinen Irrtum und keine Widersprüche[49] – die ihre Autorität und damit die Autorität Gottes ins Wanken bringen würden –, es gibt auch nichts Nebensächliches, nichts, was man außer acht lassen könnte. Deswegen ist es angemessen, Wortvarianten in den harmonistischen Text aufzunehmen – selbst wenn daraus unerträgliche Pleonasmen resultieren – oder sie zumindest am Rande zu vermerken. «Cum . . . Christus dominus et magister noster nullam literam atque adeo apicem nullam in ea [= lex Mosis] otiosum esse aut excidere posse affirmarit, quis non idem ac multo locupletius etiam de scriptis evangelistarum sentiat?»[50] Aus dem Verantwortungsbewußtsein den einzelnen Wörtern und Buchstaben gegenüber ergibt sich die Notwendigkeit, eine etwaige Harmonie am griechischen Urtext der Evangelien durchzuführen, denn eine Übersetzung

---

[41] Ebd.

[42] Stupperich, Osiander, S. 200.

[43] Vgl. Stupperich, a. a. O., S. 200: «In jeder Einzelheit der Theologie Osianders herrscht der Gedanke, daß das Prinzip der absoluten Göttlichkeit Gottes und die Regel der grundsätzlichen Unteilbarkeit seines Wesens nicht verletzt werden darf.»

[44] Stupperich, a. a. O., v. a. S. 200–203.

[45] Michelsen in RE² 4, S. 434; Zahn in RE³ 5, S. 660.

[46] Schellong, Calvin, S. 46.

[47] Möller, Osiander, S. 207.

[48] Nippold, Kirchengeschichte 1, S. 21.

[49] Vgl. o. bei Anm. 40.

[50] Osiander, Harmonia, Bl. α 2 b.

bringt notwendigerweise Änderungen, die keineswegs mehr so passend und stimmig sind wie die ursprüngliche Sprachgestalt[51]. Man könnte auch im Sinne Osianders sagen: In einer Übersetzung wird das Göttliche mit dem Menschlichen, mit menschlicher Unzulänglichkeit, Eitelkeit und Unerfahrenheit vermengt, und eine solche Vermischung muß soweit irgend möglich vermieden werden. Der von Osiander bei vielen Gelegenheiten und besonders auch in den Annotationen zur Harmonie hervorgekehrte Stolz auf seine Kenntnis der biblischen Sprachen einschließlich des Aramäischen und seine oft ermüdende Hartnäckigkeit und Umständlichkeit, mit der er philologische Probleme traktiert, dürfen nicht nur mit Prahlsucht und notorischer Besserwisserei begründet werden, sondern sie beruhen auch auf dem Bewußtsein des Theologen, auf diese Weise der göttlichen Wahrheit näher zu kommen als auf dem Umweg und meist Irrweg über irgendwelche Übersetzungen[52]. Es ist bezeichnend, daß ein von Osiander für so wesentlich erachteter Abschnitt seiner Theologie wie die Spekulation über den Namen Gottes[53] zum Verständnis hebräische Sprachkenntnisse voraussetzt.

Der Satz «in Deum non cadit accidens» – bezieht man ihn auf die Evangelien – nötigt den Verfasser der Harmonie auch zu der Eigenart, die sein Werk am meisten prägt und die ihm die schärfste Kritik eingetragen hat: Die Dissimilierung von Parallelerzählungen aufgrund scheinbar nebensächlicher Differenzen. In der Gefolgschaft Augustins hatte man Unterschiede zwischen den einzelnen Evangelisten – sofern sie nicht als unharmonisierbare Widersprüche erscheinen mußten – durchaus zugestanden und den Leser von den Äußerlichkeiten weg auf die ‹Sache› selbst verwiesen[54]. Mit einem solchen Vorgehen kann sich Osiander nicht einverstanden erklären. Eine Scheidung zwischen Wesentlichem und Unwesentlichem in der Heiligen Schrift widerspricht seinem theologischen Prinzip. Nicht nur der Gehalt einer Perikope, sondern auch die in einer Erzählung mitgeteilten äußeren Umstände verdienen peinlich genaue Beachtung. Denn auch sie sind ja inspiriert. Wenn also zwei oder mehr Evangelisten beim Bericht über ein Ereignis sich etwa in Orts- oder Zeitangaben, in der Einordnung in den Gesamtablauf der evangelischen Histo-

---

[51] Vgl. Osiander, Harmonia, Bl. α 3 b: «Statim deprehendi, nisi in Graeca lingua negotium non successurum, quod interpretes multa interdum necessitatis, interdum elegantiae causa mutent, nonnulla etiam per oscitantiam et imperitiam depravent, quae mutata iam et depravata nullo modo tam apte tamque concinne possint misceri quam recte ac feliciter in nativa sua lingua ultro coibant et unum quasi corpus integrae narrationis contexebant.»

[52] Auch der Tatbestand, daß Osiander bei seinen theologischen Darlegungen weitgehend darauf verzichtet, sich auf Gewährsleute zu berufen und die Beeinflussung seiner Gedanken durch irgendwelche Lehrer zuzugestehen, ist in diesem Zusammenhang zu nennen. Das Gefühl, selbständiger Theologe zu sein, korrespondiert hier mit dem Grundsatz, nicht Menschenwort anstelle von Gotteswort zu setzen.

[53] Vgl. dazu u. S. 134.

[54] Vgl. o. S. 5.

rie oder in den genannten Personen unterscheiden, dann kann die Folgerung nur lauten, daß sie nicht von gleichen, sondern von verschiedenen Begebenheiten reden[55]. Würde man nicht diese Konsequenz ziehen und beispielsweise die Evangelisten nur von einer Tempelreinigung erzählen lassen[56], dann würde man die Autorität der Evangelien schmälern[57]. Denn: «Tum enim non solum pleraque oblitos illos fuisse, verum etiam incerta pro certis perscripsisse fateri cogeremur . . . Porro si errores in evangelistarum scriptis agnoscimus, iam eorum authorem spiritum sanctum esse nemo credet sicque novi testamenti labascet authoritas. Quo quid horribilius cogitari potest?»[58] Es gibt eben auch bei solchen Entscheidungen keine Akzidentien, die der wissenschaftlichen Diskussion überlassen bleiben und den Glauben unberührt lassen könnten, sondern man hat es selbst bei derartig peripher erscheinenden Punkten mit dem unteilbaren göttlichen Wesen zu tun, so daß eine falsche Behauptung zur Blasphemie wird. Nimmt es da noch Wunder, daß Osiander so viel Energie und Zeit auf seine Evangelienharmonie verwendet hat?

Auch die Akoluthie der Harmonie, d. h. der Ablauf des Lebens Jesu, der sich aus der Anordnung der Perikopen ergibt, kann nicht in das Belieben des Redaktors gestellt werden. Die Annahme, daß die Evangelisten in ihren Berichten sich nicht an die tatsächliche Abfolge des Geschehens gehalten hätten, würde ihre «fides historica»[59] erschüttern. Deshalb steht der Harmonist vor der Aufgabe, seinen fortlaufenden Text so verantwortungsvoll zu gestalten, daß die Anordnung der einzelnen Evangelien nicht durch Umstellungen zerstört wird. Von drei Ausnahmen abgesehen[60] gelingt es Osiander tatsächlich, diese Bedingung zu erfüllen.

Es ist daran zu erinnern, daß Osiander mit diesen Postulaten nicht nur gegen die von Augustin bestimmte Tradition Stellung bezieht, sondern auch – und sogar noch deutlicher – im Widerspruch zu Luther steht. Dieser sieht die Verschiedenheit der Evangelisten im Kontext der theologia crucis[61], und der Umgang Osianders mit den Evangelisten entspräche aus der Sicht des Wittenbergers einer theologia glo-

---

[55] Osiander, Harmonia, Bl. cc 5 b: «Non potest non esse certissimum evangelistas, cum diversa tempora, diversa loca, diversas personas rebus memorandis admiscent, etiam de diversis rebus gestis et sentire et loqui, utcunque nobis inter se tam similia videantur, ut eadem esse suspicemur.»

[56] Osiander rechnet mit 3 Tempelreinigungen, Vgl. u. S. 138.

[57] Osiander, Harmonia, Bl. cc 4 b: «Quorum opinionem si reciperemus, immane, quantum de evangelistarum authoritate amitteremus.»

[58] Osiander, Harmonia, Bl. cc 4 b f.; vgl. o. bei Anm. 40.

[59] Dieser Begriff bei Osiander, Harmonia, Bl. aa 1 b.

[60] Vgl. u. S. 128–131.

[61] Vgl. Ebeling, Evangelienauslegung, S. 219: «Der theologia crucis entspricht die einfältige Zuversicht, daß die Evangelisten zwar verschieden sind, aber sich in der Hauptsache doch nicht widersprechen, sondern ergänzen, und die Freiheit, Dinge, die man nicht auszugleichen vermag, getrost fahren zu lassen.»

riae[62]. Mit voller Absicht, so Luther, «haben die Euangelisten die histori schlecht [= schlicht] beschriben, . . . damit sie uns von der geschicht rissen auf den nutz, damit wir nit auff das unnötig fallen und darneben die frucht verlieren»[63]. Sie haben «all vier nit groß achtung gehabt, das sie die geschicht in ain ordnung bringen und nach ainander erzelen. Ainer schreybt mer, der ander mynder, der schreybt das, ain ander jhenes stuck, haben nit vil acht auff die wörter, sehen allayn darauff, das sie die geschicht an jm selbs beschreyben, dann an den wörtern ligt nit vil macht»[64]. Sicher hat Osiander diese Ansicht Luthers gekannt. Wenn er sich auch nicht namentlich mit ihm auseinandersetzt, so kann man doch vermuten, daß er auch an ihn gedacht hat, wenn er in der Vorrede schreibt: «Nonnulli, qui inter illos [= theologi magni nominis] paulo sunt civiliores aut verecundiores [als diejenigen, die den Evangelisten Unkenntnis und Nachlässigkeit vorwerfen] hoc tantum agunt, ne ob tales lapsus sacrae scripturae autoritatem infirmari et vacillare existimemus, quorum sedulitatem ut non damno ita eos omnino actum (quod aiunt) agere neutiquam dubito.»[65] Bei beiden Männern steht ihre Stellungnahme zu den Unterschieden in den Evangelien in enger Verbindung zu ihren theologischen Hauptgedanken. Bei Osiander spiegelt sie seine Lehre von der absoluten Göttlichkeit Gottes wieder, bei Luther ist sie eine Konkretion der theologia crucis[66].

Daß Osiander von einem Konsensus der Evangelisten spricht, ist nach dem bisher Gesagten selbstverständlich, unterscheidet ihn aber nicht von der Tradition; denn es war längst fraglos geworden, daß man mit einem ‹consensus evangelistarum› zu rechnen habe. Anders aber als herkömmlich ist bei ihm das Verständnis dieses Begriffes. Der Konsensus erschöpft sich nicht in dem allgemeinen Eingeständnis, daß die vier Evangelisten in allen wesentlichen Dingen, in der ‹Sache›, um die es bei ihnen geht, übereinstimmen. Consensus evangelistarum ist nicht etwas, das man behaupten kann, über das man reden kann, sondern er muß aufgewiesen werden. Für jedes einzelne Wort und über den Gesamtumfang der evangelischen Geschichte hinweg muß der Konsensus vorgeführt werden. Da dies bisher nicht geschehen war – so urteilt Osiander – war der Konsensus noch verdeckt unter den scheinbaren Widersprüchen[67]. Ihn aus der Verborgenheit ans Licht zu bringen, wäre eine der

---

[62] Vgl. Ebeling, ebd. Tatsächlich fand Osianders Harmonie bei Luther und seinen Vertrauten nicht viel Gefallen, vgl. u. S. 158–161.

[63] WA 17,1, S. 183, 37–184, 19.

[64] WA 17,1, S. 179. Zu Luther vgl. Ebeling, a. a. O., S. 217–220.

[65] Osiander, Harmonia, Bl. α 3 a.

[66] Ebeling, a. a. O., S. 219.

[67] Osiander, Harmonia, Bl. α 3 a: «Itaque quamvis prima facie tam in rebus ipsis quam in ordine rerum alicubi discrepare viderentur, nunquam tamen dubitavi, quin sub tali specie perturbatae dissensionis ordinatissimus et perfectionissimus lateret omnium rerum consensus.»

größten menschlichen Leistungen[68]. Wer dieses Werk vollbringen könnte, würde damit einen Plan des Heiligen Geistes verwirklichen. Denn es gibt deutliche Hinweise darauf, daß der Geist, als er die Evangelisten bei der Abfassung ihrer Bücher geleitet hat, schon für eine künftig zu schaffende Evangelienharmonie disponiert hat. Der Lukasprolog beispielsweise paßt viel besser als Einleitung für eine Harmonie als zu einem einzelnen Evangelium[69]. Oder man betrachte sich die ersten Worte von Lk 3,23: «Καὶ αὐτὸς ἦν ὁ Ἰησοῦς.» Im jetzigen Lukastext sind sie ganz überflüssig, denn nach all dem, was Lukas vorher erzählt hat, weiß auch der schwerfälligste Leser, daß mit dem Gotteswort von Lk 3,22: «Du bist mein lieber Sohn, an dem ich Wohlgefallen habe», niemand anders als Jesus Christus gemeint sein kann. Wenn man aber einen harmonisierten Text zusammenstellt und dabei zwischen Lk 3,22 und 3,23 den Johannesprolog (Joh 1,1–14) einschiebt – wie es nach der Meinung Osianders erforderlich ist – dann bezieht sich das «καὶ αὐτὸς ἦν ὁ Ἰησοῦς» auf diese Johannesverse und ist dann nicht nur passend, sondern sogar notwendig, denn Johannes hatte bisher zwar vom inkarnierten Logos gesprochen, aber noch nicht gesagt, wer das denn sei. Folglich kann man daraus ersehen: «Spiritum sanctum iam inde ab initio stilum evangelistarum sic temperasse, ut siquis aliquando ea illis omnibus unam et perpetuam historiam contexeret idque vero ac genuino rerum gestarum ordine eruto ac conservato, opus omnium consumatissimum et admirabilissimum nasceretur.»[70]

Man erkennt aus diesen Belegen, daß Osiander nicht in der Lage ist, die Vierzahl der Evangelien theologisch zu würdigen[71]. Die einzelnen Evangelien haben etwas Vorläufiges an sich. Die Evangelisten sind nur Lieferanten, die die Bausteine für eine Evangelienharmonie beibringen. Für diese Ansicht ist die grundsätzliche Gleichwertigkeit der Evangelien Voraussetzung[72]. Weder darf man ihren Wert unterschiedlich beurteilen, noch kann man damit rechnen, daß sie etwa verschiedene theologische Tendenzen vertreten. Deshalb verzichtet Osiander auch darauf, die

---

[68] Fortsetzung des Zitats in Anm. 67: «. . . quem quisquis explicare et in lucem producere posset, praeclarum nescio quid humana industria maius effecisset.»

[69] Osiander, Harmonia, Bl. aa 2a: «Cum solus Lucas evangelium suum praefatione dicarit eamque vel data opera vel occulto certe spiritus sancti moderamine sic temperavit, ut toti evangelicae historiae ex omnibus evangelistis in unum quasi corpus redactae multo melius conveniat quam proprio ipsius libro, recte atque ordine mihi facturus esse visus sum, si eandem praefationem etiam huic operi nostro ceu peculiariter in hoc scriptam praeponerem. Nam in hoc opere nos quoque cuncta, quae de dictis ac factis Domini nostri Iesu Christi providentia Dei mundo nota esse voluit dilingenter assequuti unicuique Theophilo, id est Dei amico, in verum ac genuinum ordinem redacta conscripsimus.»

[70] Osiander, Harmonia, Bl. cc 1a; vgl. Hirsch, Theologie, S. 8, Anm. 21.

[71] Vgl. dagegen für Luther: Ebeling, Evangelienauslegung, S. 211–220, und von Loewenich, Synoptiker, S. 75–81.

[72] Vgl. o. S. 89.

individuellen Besonderheiten der Evangelisten darzulegen, wie es traditionellerweise – etwa in den verschiedenen Vorreden zum Neuen Testament – versucht wurde[73]. Es ist deutlich, daß auch diese Eigenart Osianders in unmittelbarem Bezug zu seiner Gotteslehre steht. Da das Prinzip der grundsätzlichen Unteilbarkeit des göttlichen Wesens nicht verletzt werden darf[74], können Verschiedenartigkeit und Verschiedenwertigkeit der Evangelien nicht zugestanden werden. Und wenn man die Individualität der Evangelisten herausstellen würde, würde man Gefahr laufen, Göttliches und Menschliches zu vermengen, das schlimmste Vergehen, das sich Osiander denken kann!

Der Heilige Geist hat also die vier Evangelien nach dem Plan und mit dem Ziel gestaltet, daß aus ihnen einmal eine Harmonie geschaffen und so der consensus evangelistarum aufgezeigt werde[75]. Das kann nur heißen, daß der Geist bei seinem Planen schon mit Osiander gerechnet hat; denn dieser urteilt über sich und sein Werk: «Atque ita tandem consensum evangelistarum, quem iam olim exactissimum et perfectissimum inter eos esse . . . firmissime credidi, Deo adiuvante et deprehendi et in lucem produxi, ut iam cum Paulo et Davide propemodum ausim gloriari et dicere: ‹Credidi, propter quod et locutus sum›.»[76]

Man kann den Stolz Osianders über seine Harmonie von daher gut verstehen. Es ist nicht nur das Gefühl des Wissenschaftlers, bisher nicht Gelungenes geleistet und seine Vorgänger weit übertroffen zu haben. Es ist vor allem das Bewußtsein, eine von Gott längst geplante und für ihn reservierte Aufgabe bewältigt zu haben, das vollendet zu haben, wofür die Evangelisten nur Vorarbeit geleistet hatten. Nicht zufällig stellt er sich mit Paulus und David, den beiden großen Zeugen des Alten und Neuen Testamentes «propemodum» auf eine Stufe; denn was er «Deo adiuvante» geleistet hat, ist dem Werk dieser beiden Männer nicht inkomparabel. Wie diese, so ist auch er zu einem Werkzeug des Heiligen Geistes geworden.

Hirsch hat – mehr nebenher als begründet – die Evangelienharmonie als Osianders Hauptwerk bezeichnet[77]. Von Osianders Standpunkt aus dürfte dieses Prädikat angemessen sein. Hier hat er nicht nur agierend und reagierend als Kämpfer für die Ehre Gottes in die Auseinandersetzungen der Zeit eingegriffen, sondern er hat sich – sozusagen von den Notwendigkeiten der Gegenwart beur-

---

[73] Er erwähnt lediglich, daß Markus ein griechisches Kompendium des ursprünglich hebräisch verfaßten Mt geschrieben und daß Johannes als letzter von den Vieren sein Evangelium verfaßt habe, Osiander, Harmonia, Bl. dd 1 b.

[74] Stupperich, Osiander, S. 200.

[75] Für Osiander sind die beiden Begriffe «harmonia evangelistarum» und «consensus evangelistarum» austauschbar.

[76] Osiander, Harmonia, Bl. α 4a.

[77] Hirsch, Theologie, S. 7.

laubt – ganz in den Dienst eines von Ewigkeit her vorbestimmten Planes Gottes gestellt.

Bei der Beurteilung der Harmonie innerhalb des Gesamtwerkes Osianders und bei der Erhellung des Selbstverständnisses dieses Theologen darf diese Selbsteinschätzung nicht unbeachtet bleiben. Man wird Osiander nicht gerecht, wenn man sein Lebenswerk in Kirche und Theologie unter Absehung von seiner Evangelienharmonie würdigt und diese nur am Rande, unter den Liebhabereien und Seltsamkeiten dieses Mannes erwähnt. Eine künftig noch zu schreibende Gesamtdarstellung der Theologie Osianders wird daran zu messen sein, ob sie der Evangelienharmonie den ihr zustehenden Platz einräumt.

4.3. Die Harmonisierungsgrundsätze Osianders

Das theologische Fundament bedingt die Konstruktion der Harmonie Osianders. Es ist deshalb im folgenden zu zeigen, welche ‹technischen› Grundsätze für die Gestaltung dieser Harmonie aus den aufgezeigten theologischen Prinzipien resultieren. Einiges von dem, was hier zu sagen ist, ist im vorigen Kapitel schon angeklungen, soll nun aber noch einmal ausführlicher zur Sprache kommen.

Die Überzeugung, daß die vier einzelnen Evangelien schon im Hinblick auf eine Harmonie konzipiert sind[1], gebietet es, sie zu einem fortlaufenden Text zusammenzuarbeiten[2]. Das heißt, daß eine synoptische Gestaltung mit verschiedenen Kolumnen der Intention Osianders nicht gerecht geworden wäre. Freilich wissen wir nicht, ob der Nürnberger Prediger eine solche Form für sein Werk bewußt verworfen hat, oder ob sie gar nicht erst in sein Gesichtsfeld getreten ist; denn im 16. Jahrhundert finden wir vor Osiander überhaupt keine Synopsen. Allerdings macht einer der Nachfolger auf dem Gebiet der Harmonistik, Karl Molinäus[3], ihm gerade das zum Vorwurf, daß er anstelle von vier Kolumnen einen kombinierten Text vorgelegt hat[4]. Molinäus wird mit schwerem theologischen Geschütz für die Synopsenform eintreten. Osiander hat keinen Anlaß gesehen, ähnlich energisch zugunsten der von ihm gewählten Monotessaronform[5] zu argumentieren. Doch die formale Entscheidung ist bei ihm nicht weniger theologisch befrachtet als bei jenem.

---

[1] Vgl. o. S. 98.
[2] Osiander, Harmonia, Bl. α 4a: «Contexui enim ex quatuor evangelistis unicam perpetuam sibique aptissime undiquaque cohaerentem historiam.»
[3] Über seine Harmonie vgl. u. S. 180 ff.
[4] Vgl. u. S. 182.
[5] Als ‹Monotessaron› bezeichnen wir im Anschluß an Gerson (vgl. o. S. 15 ff.) eine Harmonie, die sich aus der von diesem praktizierten Methode ergibt, den Wortlaut der vier Evangelisten möglichst vollständig zu einem fortlaufenden Text zusammenzustellen (z. B. Erlinger, Beringer). Davon zu unterscheiden wäre die von Tatian und etlichen anderen

Die Voraussetzung, daß in der Schrift weder etwas Überflüssiges enthalten noch sie ergänzungsbedürftig sei[6], zwingt dazu, in der Harmonie kein Wort der Evangelisten unberücksichtigt zu lassen und andererseits nichts Fremdes einzutragen[7]. Die erste dieser Anforderung erfüllt Osiander vollständig, indem er die Wortvarianten möglichst weitgehend in den Text einarbeitet. Nur da, wo Wortvarianten keine Sinnvarianten beinhalten, verzichtet er zwar nicht (wie etwa Gerson) auf ihre Wiedergabe, verweist sie aber an den Rand[8]. Mit Hilfe dieser Marginalien erfüllt die Harmonie Osianders zusätzlich die Aufgabe einer Synopse, nämlich einen Überblick über die unterschiedlichen Lesarten bei Parallelperikopen zu bieten.

Der zweiten Bedingung kann Osiander nicht ausnahmslos entsprechen. Gelegentlich ist er gezwungen, Partikeln in den Text einzufügen, die nicht von den Evangelisten vorgegeben sind[9]. Er ist jedoch mit solchen Eingriffen sehr sparsam. Um den Leser nicht in die Irre zu führen, macht er derartige Hinzufügungen durch Kleindruck kenntlich[10]. Keinesfalls fügt Osiander irgendwelche Exkurse in den Text ein oder stellt Zusammenhänge durch eigene Worte, die über eine Konjunktionspartikel hinausgingen, her. Was er an Erläuterungen zu sagen hat, wird in die Annotationen verwiesen.

Die These, daß die vier Evangelisten die Ereignisse mit höchster «certitudo historiae» und grundsätzlich in der historisch richtigen Abfolge beschrieben haben[11], fordert als Konsequenz, daß die Akoluthie der Einzelevangelien in der Harmonie nicht verändert werden darf. Osiander hält sich streng an dieses Konzept, und zwar nicht nur für die Anordnung der Perikopen, sondern auch für die Konstellation der Sätze und oft auch der Wörter[12]. Für drei Stellen muß er jedoch einräumen,

gewählte Methode, die zwar auch einen fortlaufenden Text zum Ziel hat, aber diesen nicht aus einzelnen Wörtern, sondern aus größeren Einheiten, meist aus ganzen Perikopen konstruiert (z. B. CF, Luscinius).

[6] Vgl. o. S. 87 bei Anm. 2 und S. 94.
[7] Osiander, Harmonia, Bl. α 4a: «. . . ut nullius verbum ullum omiserim, de meo autem nihil omnino praeter quasdam particulas coniunctivas easque paucissimas addiderim»; vgl. auf dem Titelblatt: «. . . ut nullius verbum ullum omissum, nihil alienum immixtum.»
[8] Osiander, Harmonia, Bl. α 6a: «Deinde quum non raro plures evangelistae eandem sententiam diversis verbis aut saltem diverso ordine positis protulerint, quotiescunque id obviam fuit, tum ea verba, quae videbantur aptissima . . . in contextum retuli, . . . alia autem ceu diversam lectionem . . . in margine locavi.» Zwar behauptet Zahn (RE[3] 5, S. 660), Osiander habe entgegen seinem Prinzip, kein Wort der Evangelien auszulassen, den Halbsatz Lk 2,39b («nach Galiläa in ihre Stadt Nazareth») unterschlagen, weil er diese Worte nicht passend verwenden konnte. Diese Behauptung beruht jedoch auf einem Irrtum. Zahn hätte den vermißten Satz am Ende von Kapitel 11 der Harmonie finden können!
[9] Es handelt sich dabei meist um Konjunktionen wie καί, ἤ, τε usw.
[10] Vgl. o. Anm. 7 und Osiander, Harmonia, Bl. α 6a.
[11] Vgl. o. S. 93 und S. 96.
[12] Osiander, Harmonia, Bl. α 4a: «. . . ut nullius ordinem inverterim, sed unumquenque eodem, quo ipse scripsit ordine . . . inserverim», vgl. auf den Titelblatt: «nullius ordo

daß es ihm hier nicht gelungen sei, seinem Prinzip treu zu bleiben[13]. Freilich sieht er den Grund dafür nicht etwa bei sich, sondern bei den Evangelisten selbst, die an den fraglichen Stellen von ihren eigenen Grundsätzen abgewichen seien, «non errore, sed consilio[14]», wie er ausdrücklich betont.

Die Beibehaltung der evangelischen Akoluthie gelingt Osiander mit zwei Mitteln: durch Addition und Dissimilierung.

Die Additionsmethode erlaubt es Osiander, das Sondergut der Evangelisten, d. h. all die Passagen, die nicht als Parallelen zu anderen Berichten anerkannt werden, an passenden Stellen in den Gesamtzusammenhang einzubauen. Es wird angenommen, daß der oder die anderen Evangelisten das betreffende Ereignis in ihrem Bericht bewußt übergangen haben. Dadurch drohende Lücken in ihrer Darstellung haben sie vermieden, indem sie zeitlich getrennte Ereignisse so erzählten, als seien sie unmittelbar nacheinander abgelaufen. An einem Beispiel macht Osiander deutlich, wie er sich den Vorgang denkt[15]:

Lukas erzählt, daß acht Tage nach der Geburt Jesu das Kind beschnitten worden sei. Nach Ablauf der für die Reinigung der Mutter im Gesetz vorgeschriebenen Zeit sei die Heilige Familie nach Jerusalem in den Tempel gekommen, um das vorgeschriebene Opfer darzubringen. Lukas schließt diesen Komplex mit den Worten: Nachdem sie dies alles entsprechend dem Gesetz des Herrn vollendet hatten, gingen sie wieder nach Galiläa zu ihrer Stadt Nazareth (Lk 2,39). Dies alles ist Sondergut des Lukas. Nun erhebt sich die Frage: Wo ist der Bericht des Matthäus über den Besuch der Magier, die Flucht nach Ägypten und den bethlehemitischen Kindermord (Mt 2,1–18) unterzubringen, der ja seinerseits mit einer Notiz über die Reise der Familie nach Nazareth abgeschlossen wird (Mt 2,19–23)? Es kommt darauf an, im Matthäus- oder Lukaskontext die ‹Narbe› (cicatrix) aufzuspüren, die da zu finden sein muß, wo ein Evangelist die Ereignisse ausgelassen hat, die eigentlich hier zu erzählen wären. Einen solchen kaum noch erkennbaren Bruch verifiziert Osiander vor Lk 2,39: Es kann unmöglich stimmen, daß die Heilige Familie nach dem Opfer in Jerusalem unmittelbar nach Nazareth gezogen ist; denn wann hätte dann die Flucht nach Ägypten stattfinden sollen? Da aber aus verschiedenen Gründen, die Osiander im einzelnen aufzählt, die Magier nicht vor der Darstellung im Tempel nach Bethlehem gelangt sein können, ergibt es sich, daß der ganze Komplex Mt 2,1–22 zwischen Lk 2,39a und Lk 2,39b einzufügen ist, und daß Lk 2,39b als Parallele zu Mt 2,23 zu betrachten ist: «Ita ergo accipienda

---

turbatus, nihil non suo loco positum.» Verschiedene Wortstellung in Sätzen identischen Inhalts wird aber entsprechend Anm. 8 am Rande vermerkt.

[13] Zu diesen drei Ausnahmen, an denen Osiander die Folge eines Evangelisten verändert hat, vgl. u. S. 128–131.

[14] Osiander, Harmonia, Bl. dd 4b.

[15] Zum folgenden vgl. Osiander, Harmonia, Bl. bb 1af. (Annotationen zu I, 9).

sunt verba eius [= des Lukas; Lk 2,39] acsi dixisset: Et ut perfecerunt omnia secundum legem Domini, reversi sunt Bethlahemam, inde fugere coacti cum redirent et Bethlahemam tamen repetere non auderent, reversi sunt in Galilaeam unde Iosephus Mariam virginem sponsam suam adduxerat.»[16]

Bei der Additionsmethode kommt es also darauf an, die Stelle zu finden, an der die Addition vollzogen werden muß[17]. Osiander hält das Beispiel von Mt 2/Lk 2 für besonders bezeichnend sowohl für das Vorgehen der Evangelisten als auch für die so mühsame Arbeit, die er zu leisten hatte und die vom Leser gebührend gewürdigt werden sollte.

Es ergibt sich also der merkwürdig zwiespältige Befund, daß Osiander einerseits den Evangelisten höchste Sorgfalt in historicis zuspricht, daß diese es aber andererseits seiner Meinung nach mit voller Absicht darauf angelegt haben, dem Leser den Einblick in die tatsächlichen Zusammenhänge zu verschleiern. Osiander hat sich an diesem Widerspruch nicht weiter gestoßen. Wir haben hier einen weiteren Beleg dafür, daß ihn die Evangelisten als menschliche Individuen nicht sonderlich interessieren. Er rechnet auch nicht mit dem Gedanken, daß einmal jedes einzelne Evangelium seinen bestimmten Leserkreis gehabt haben könnte. Er sieht die vier Evangelien ausschließlich unter dem Gesichtspunkt der Harmonie. Wenn er Perikopen verschiedener Herkunft addiert, dann ist für ihn das Ganze mehr als die Summe der einzelnen Teile. Erst wenn die Teile sich zum Ganzen, zur Harmonie zusammenfinden, sind sie ihrer Bestimmung zugeführt worden.

Die Additionsmethode allein könnte ihren Zweck, die evangelische Akoluthie zu erhalten, nicht erfüllen, wenn ihr nicht durch Dissimilierung von Parallelberichten[18] zusätzlicher Spielraum verschafft würde. Durch Dissimilierung wird das Sondergut der Evangelisten vermehrt und die Notwendigkeit, Parallelperikopen zur Deckung zu bringen, gemildert. Durch das besondere Augenmerk, das Osiander auf die Umstände der Erzählung, auf Ort, Zeit und handelnde Personen legt, findet er immer wieder Unterschiede zwischen scheinbaren Parallelen, die ihn veranlassen, entgegen jeder Tradition die entsprechenden Texte verschiedenen Ereignissen zuzuordnen[19]. Der Widerspruch zur Tradition ist für ihn mehr Grund zum Stolz als zur Anfechtung. Er äußert mehrfach selbstgefällige Verwunderung

---

[16] Osiander, Harmonia, Bl. bb 1 b.

[17] Vgl. Osiander, Harmonia, Bl. α 4 a: «Id quod [nämlich die Ordnung der Evangelien beizubehalten] duplici ratione consequutus sum: Una, quod cicatrices, ubi a singulis aliquid consulto est omissum et quasi exectum, diligenter investigatas aliorum verbis commode inserendis iterum diduxi.»

[18] Vgl. o. S. 95f.

[19] Fortsetzung des Zitates von Anm. 17: «Altera, quod ea, quae superiorum seculorum theologi satis imperite confuderant et pro iisdem acceperant, iterum distinxi eaque diversa esse idoneis argumentis edocui.»

darüber, daß seine Vorgänger so verblendet gewesen seien und den richtigen Tatbestand nicht erkannt hätten[20]. Er sichert sich aber auch gegen den Vorwurf ab, daß
es unwahrscheinlich sei, daß so ähnliche Ereignisse mehrmals stattgefunden haben
sollten. Daß die Wunder Jesu sich sehr ähneln konnten, beweise ja ein Vergleich
von Mt 9,32—34 mit Mt 12,22—24. Die Ähnlichkeit würde auch hier dafür sprechen, daß zweimal die gleiche Begebenheit erzählt worden sei. Da aber ein Evangelist das Mirakel auf verschiedene Orte und auf unterschiedliche Zeiten verweist,
sei gesichert, daß Jesus zweimal einen stummen Besessenen unter ganz ähnlichen
Umständen geheilt hat. Osiander folgert: «Sin autem similitudo nihil probat, cum
idem utrumque diversis tamen locis et temporibus factum narret, cur similitudo
valebit in iis, quae diversi etiam in diversis locis et temporibus facta esse memo-
rant?»[21] Der letzte Vers des Johannesevangeliums (Joh 21,25) spreche ja davon,
daß Jesus noch viel mehr Dinge getan habe, als berichtet worden sind; wolle man
diese alle aufschreiben, könne die Welt die Bücher nicht fassen, die daraus entstehen würden. Dieser Satz — so versichert Osiander — sei keinesfalls eine Über-
treibung. Man müsse unter ‹Welt› die Menchen, die auf der Welt leben, verstehen,
dann könn man die Worte so nehmen, wie sie dastehen. Denn: «Si omnia, quae
fecit Iesus singulatim descripta extarent, tanta turba miraculorum per omnes fere
circunstantias similium obrueremur, ut nec omnia meminisse nec unum ab alio
distinguere nec copiam tam immensam minime vero necessariam comprehendere ac
ferre possemus. Cum enim in tota evangelica historia quatuor aut ad summum
quinque miracula reperiantur, quibus alia comparata tam similia videantur, ut
eadem esse, tametsi diversissima sint, videri queat et nihilominus in eis discernendis
ac distinguendis etiam tum, cum gravissimis argumentis diversa esse demonstrentur,
caecutiamus et manifeste veritati vix credamus, quid futurum fuisse putabimus, si
omnia miracula Christi ad unum fuissent exposita?»[22]
    Es sei also von den Evangelisten keineswegs allzuviel Ähnliches berichtet, son-
dern ganz im Gegenteil: sie haben sich weise auf das Nötigste beschränkt, um nicht
durch unnötige Wiederholungen einen negativen Effekt zu erzielen. Und wenn
dann doch einmal sehr ähnliche, aber verschiedene Ereignisse berichtet sind, dann
habe das stets einen guten Sinn. Wenn z. B. Matthäus die Auferweckung der Tochter des jüdischen Obersten erzähle (Mt 9,18—26), Markus und Lukas aber die
ganz ähnliche Geschichte von der Auferweckung des Töchterleins des Jairus (Mk
5,22—43/Lk 8,40—56), dann zeige dies, daß das weibliche Geschlecht bei Christus

---

[20] z. B. Osiander, Harmonia, Bl. cc 1a: «Et hoc miraculum ante a nemine observatum valde
    miror»; Bl. cc 5b; Bl. dd 1a.
[21] Osiander, Harmonia, Bl. dd 2a.
[22] Osiander, Harmonia, Bl. cc 6b.

nicht in geringerem Ansehen stehe als das männliche, aus dem er ja auch zwei Vertreter, den Jüngling zu Nain und Lazarus, aus dem Tode zurückgeholt habe[23].

Osiander handelt bei der Erstellung seiner Harmonie nach dem Grundsatz, daß nicht sein kann, was nicht sein darf. Es darf nicht sein, daß die Autorität der Evangelien und damit die Autorität Gottes beeinträchtigt wird. Das würde jedoch geschehen durch Zugeständnisse von Ungereimtheiten, Ungenauigkeiten, Gleichgültigkeit oder gar Fehlern in den Evangelien oder durch den Vorwurf, diese hätten Unnützes und Überflüssiges geboten und Nützliches und Notwendiges unterschlagen. Es muß sein – und deshalb ist es so – daß alles in den Evangelien sich als richtig und sinnvoll erweist. Anderslautende Behauptungen sind pure Blasphemie[24].

Die negativen Konsequenzen, die sich aus Osianders Postulat und der Weise, wie er es realisiert, ergeben, wie etwa der Verlust der Individualität der Evangelisten oder der holprige, mit Pleonasmen und Tautologien übersäte Stil des Harmonietextes, werden bewußt und ohne Bedauern in Kauf genommen. Es geht schließlich um göttliche, nicht um menschliche Weisheit, und letztere ist mit all ihrer Eloquenz Torheit vor Gott[25]. Und der Leser, den Osiander sich für seine Harmonie erhofft, ist einer, der mit ihm eins ist in der hohen Meinung über die evangelischen Schriften: «Mihi opus est lectore non modo attento, verum etiam aequo et benevolo, hoc est de scriptis evangelicis praeclare sentiente.»[26]

4.4. «Harmonie»

Herkömmlicherweise gilt Osiander als Schöpfer des Begriffes ‹Evangelienharmonie›[1]. In der Tat hat er den bald zur Gattungsbezeichnung gewordenen Terminus in die Literatur eingeführt[2]. Er erklärt, warum er diesen Titel gewählt hat: «Titulum autem addidi ‹harmonia evangelica›. Sicut enim in harmonia musica interdum crispo et vebrissante monochromate luditur, interdum duplici aut triplici, interdum vero ad summum quadruplici concentu aures mulcentur, ita et in hoc opere interdum singuli copiose, interdum bini concinne, aliquando terni accurate, nonnunquam autem et universi plenissime res gestas explicant.»[3] Das Bild, das

---

[23] Osiander, Harmonia, Bl. dd 3a.
[24] Vgl. z. B. Osiander, Harmonia, Bl. dd 1b.
[25] Osiander, Harmonia, Bl. α 2a.
[26] Osiander, Harmonia, Bl. dd 1b.
[1] Vgl. z. B. Zahn in RE[3] 5, S. 653; K. Th. Schäfer in LThK[2] 3, Sp. 1233; Schellong, Calvin, S. 43.
[2] Vgl. aber o. S. 82 bei Anm. 12.
[3] Osiander, Harmonia, Bl. α 4a f.

hinter dem Begriff ‹Evangelienharmonie› steht, verdeutlicht noch einmal Osianders Verhältnis zu den Einzelevangelien: Sie sind nur Stimmen, die erst im Zusammenklang zur Geltung kommen. Was wäre ein vierstimmiges Musikstück, von dem man nur eine Stimme zu hören bekäme! Es ist kein Zufall, daß Osiander von der «harmonia evangelica» spricht und nicht etwa von einer «harmonia evangeliorum» bzw. «evangelistarum». Denn er will damit nicht ausdrücken, daß zwischen den verschiedenen Evangelien Harmonie, Einklang, Konsensus besteht – was ohnehin selbstverständlich ist. Erst die vier Evangelien zusammen, und zwar richtig zusammengeordnet, ergeben die Harmonie. ‹Evangelienharmonie› ist bei Osiander nicht als Gattungsbegriff gemeint; er war nicht der Auffassung, eine Harmonie geschrieben zu haben, sondern die Harmonie. Keiner von denen, die sich nach Osiander dieses Terminus bedient haben, verleiht ihm solche Dignität[4]. Wenn aus dem Wort ‹Evangelienharmonie› sehr bald eine Gattungsbezeichnung geworden ist, dann läuft dies der Intention des Schöpfers dieses Begriffes ganz zuwider.

Osiander hat den Vergleich der vier Evangelien mit einem musikalischen Werk nicht erfunden. Schon seit Jahrhunderten gab es in der Terminologie, die im Zusammenhang des Problems des consensus evangelistarum angewendet wurde, Anklänge an den musikalischen Bereich. Martin Chemnitz stellt den alten Ketzerbekämpfer Epiphanius von Salamis als Urheber des Begriffes ‹Evangelienharmonie› vor[5]. Das ist wohl eine Überinterpretation der entsprechenden Epiphaniusstellen, doch die von dem zyprischen Bischof gebrauchten Wendungen συμφώνως[6], συμφωνία τῶν τεσσάρων εὐαγγελιστῶν[7], τὰ εὐαγγέλια συνῳδὰ πρὸς ἄλληλα ἔχοντα[8] assoziieren musikalische Zusammenhänge. Und selbst wenn Gerson von der «concordissima dissonantia»[9] spricht, so klingt ein musikalisches Motiv an.

---

[4] Bezeichnenderweise findet sich bei den Nachfolgern und Nachahmern Osianders viel häufiger der Titel ‹harmonia evangelistarum› oder eine ähnliche Genitivverbindung als das Osiandrische «harmonia evangelica», z. B. auch bei Laurentius Codmann (vgl. u. S. 189f), der von Osiander das musikalische Bild zur Erklärung des Wortes ‹Harmonie› übernimmt.

[5] Chemnitz, Harmonia, S. 6 f.:«Epiphanius appellat ἀκριβείαν, hoc est exactam rationem evangeliorum συμφωνίαν, hoc est harmoniam, consonantiam, concordiam seu consensionem . . . Dicit etiam Epiphanius, evangelia continere συνῳδὰ πρὸς ἄλληλα hoc est, sicut in harmonia musica vocum et sonorum concors ratio et proportio licet diversitas quaedam videatur. Atque inde sumtum est vocabulum harmoniae evangelicae.»

[6] Epiphanius, panarion Haeres. 51 (PG 41, Nr. 427).

[7] Epiphanius, Panarion Haeres. 51 (PG 41, Nr. 444). Jüssen, Hesychius 1, S. 35 vermutet, daß es von Hesychius von Jerusalem (zu ihm vgl. auch u. S. 120f.) ein größeres Werk mit dem Titel «εὐαγγελικὴ συμφωνία» gegeben habe. Osiander hat dieses postulierte Opus jedenfalls nicht gekannt.

[8] Epiphanius, Panarion Haeres. 51 (PG 41, Nr. 452).

[9] Vgl. o. S. 16 bei Anm. 10.

Viel entscheidender aber als solche mehr oder minder deutliche und bewußte Bezugnahmen auf Tradition ist bei Osiander seine spezifische Deutung des Begriffes ‹Evangelienharmonie›, die ihn von Vorgängern und Nachfolgern in gleicher Weise unterscheidet.

4.5. Osianders Verhältnis zu seinen Vorgängern; die Quellen Osianders

In der Vorrede zu seiner Harmonie äußert Osiander auch einige Sätze über seine Vorgänger auf dem einschlägigen Gebiet[1]. In den Annotationen, in denen er die wichtigsten «scrupula» diskutiert, fehlen Bezugnahmen auf die in der Vorrede genannten Autoren fast völlig. Ursprünglich − so erklärt Osiander − habe er im Sinne gehabt, auf die Ansichten all derer, die vor ihm an der gleichen Materie gearbeitet haben, einzugehen. Er habe aber eingesehen, daß aus einer solchen Diskussion für den Leser kein nennenswerter Nutzen erwachsen würde. Deshalb habe er darauf verzichtet, sich Ruhm bei der Nachwelt zu erwerben und habe sich lieber der Kürze befleißigt[2].

Aus dieser Haltung wird erneut deutlich, was wir schon wissen: daß Osiander keinen Beitrag zu gelehrten Auseinandersetzungen leisten will; denn er betreibt nicht das Werk irdischer Weisheit oder menschlicher Eitelkeit, sondern er verwirklicht einen Plan des Heiligen Geistes. Die Annotationen schreibt er überhaupt nur, um beim Leser etwa noch vorhandene Zweifel an der Zuverlässigkeit der Harmonie zu tilgen[3]. Auch dabei denkt Osiander nicht etwa an seine eigene Glaubwürdigkeit, sondern ausschließlich an den Leser, der sich durch solche Zweifel um die Früchte seiner Lektüre bringen würde[4].

Eine ausführliche Auseinandersetzung mit seinen Vorgängern erübrigt sich für Osiander auch deshalb, weil diese seinem Urteil nach allesamt mit ihren Bemühungen gescheitert sind[5]. Trotz dieses Pauschalurteils gibt er einen knappen Überblick über die Geschichte der Evangelienharmonistik, wie er sie sieht:

---

[1] Osiander, Harmonia, Bl. α 3 a f.

[2] Osiander, Harmonia, Bl. aa 1 b.

[3] Ebd.: «Ita in hoc annotationum libro, quem harmoniae approbandae conscripsimus, nihil aliud efficiendum arbitrati sumus, quam ut eam certissima veritate undiquaque niti deprehenderes.» Daß in den meisten Ausgaben der Harmonie die Annotationen weggelassen sind (nämlich in den bei Seebaß, Bibliographie, Nr. 24, 2−5. 8. 9. 11 genannten Ausgaben), entspricht der Gewichtsverteilung, die Osiander vorgenommen hat.

[4] Ebd.

[5] Osiander, Harmonia, Bl. α 3 b: «Horum omnium studium, ut me ad eundem laborem capessendum excitare potuit, ita fortuna deterrere debuit, me tentarem, quod ipsos praestare nullo modo potuisse constaret.»

Einen ersten Versuch habe der Alexandriner Ammonius unternommen. Euseb rügt daran, daß jener die Akoluthie der ersten drei Evangelien nicht gewahrt habe. Deshalb habe der Theologe aus Caesarea auf andere Weise es besser zu machen versucht, nämlich mit Hilfe der bekannten ‹Canones›, die, da sie ja bis heute erhalten seien, deutlich bezeugten, wie sehr beide, Ammonius und Euseb, ihr Ziel verfehlt hätten[6].

Die Kunde vom Werk des Alexandriners hat Osiander aus dem Brief Eusebs an Karpianus[7], der zusammen mit den Eusebschen Canones in die meisten Bibelexemplare aufgenommen worden war[8] und den auch wir heute als einzige Quelle für das verlorengegangene Opus des christlichen Schriftstellers, der im dritten Jahrhundert gelebt haben wird[9], zur Verfügung haben. Zahn hat die Beteuerung Osianders, er habe ursprünglich geplant gehabt, die Arbeiten seiner Vorgänger, darunter eben auch die des Ammonius Alexandrinus, im einzelnen zu diskutieren, zum Anlaß für die Vermutung genommen, der Nürnberger Prediger habe eine der im 16. Jahrhundert (fälschlicherweise) unter dem Namen des Ammonius erschienenen Harmonien[10] zur Hand gehabt und für authentisch gehalten[11]. Dagegen spricht aber, daß Osiander offensichtlich die Eusebschen Canones als Quelle für die Arbeit des Ammonius gehalten hat[12]. Er war der Meinung, Euseb und Ammonius differierten in der Methode der Darstellung, nicht aber in den harmonistischen Entscheidungen.

Auffällig ist, daß Osiander Tatian nicht erwähnt, obwohl doch dieser seit Viktor von Capua neben Ammonius als einer der beiden altkirchlichen Autoren von Evangelienharmonien galt[13] und obwohl das Diatessaron des Syrers in der Vorrede des Zacharias Chrysopolitanus zu seinem Kommentarwerk, das Osiander in Händen gehabt hat[14], genannt wird[15]. Daß ihm der Titel der Schöpfung Tatians nicht unbekannt war, beweist der Nürnberger, wenn er von Leuten spricht, die nach Augustin «evangelia διὰ τεσσάρων» verfaßt haben[16].

---

[6] Ebd.

[7] Gedr.Nestle, NT graece, S. 32*f.

[8] Z. B. auch in die von Osiander herausgegebene lateinische Bibelausgabe, vgl. Osiander, Biblia Sacra, Bl. cc 2a–cc 5a.

[9] Vgl. Altaner, Patrologie, S. 210; LThK² 1, Sp. 441.

[10] Vgl. z. B. o. S. 12f., Anm. 17; S. 37 bei Anm. 2; S. 42, Anm. 1.

[11] RE³ 5, S. 659.

[12] Vgl. Osiander, Harmonia, Bl. α 3a: «. . . qui [= canones], cum hodieque extent, facile testantur, quam longe uterque [= Ammonius und Euseb] a scopo, quem sibi proposuerant, aberrarint», und vor allem Bl. bb 1a: «Quem autem ordinem hic [= Ankunft der Magier] servarit Ammonius, ex canonibus Eusebii non liquet.»

[13] Vgl. o. S. 12.

[14] Vgl. u. S. 109.

[15] Vgl. PL 186, Sp. 37f. D.

[16] Osiander, Harmonia, Bl. α 3a.

Als zweiten nach Ammonius nennt Osiander Augustin, dem zunächst einmal nachdrücklich Reverenz erwiesen wird: Er sei ein «vir in divinis scripturis exercitatissimus et infatigabili diligentia insignis»[17]. In seinen vier Büchern «de consensu evangelistarum»[18] sei er jedoch nicht nur erfolglos gewesen, sondern schlimmer noch: Er habe die ganze Sache für die Nachwelt nur verdunkelt. Dieses negative Urteil über das harmonistische Bemühen des großen lateinischen Kirchenvaters kommt nicht überraschend; denn Augustin hatte ja das theoretische Fundament und so manche konkreten Beispiele für die Methode der Harmonistik geliefert, die die folgenden Jahrhunderte beherrschte und der Osiander lebhaft widersprach. Daß Osiander sich dieser exponierten Rolle Augustins bewußt war, zeigt der Satz über dessen − im Sinne Osianders negative − Wirkung auf die Späteren[19].

Man hätte meinen können − so fährt Osiander fort − daß nach dem vergeblichen Bemühen eines so bedeutenden Mannes es andere gar nicht mehr erst versuchen würden[20]. Doch auch in der Folgezeit habe es Männer gegeben, die ein Diatessaron konzipierten. Zwei solcher Arbeiten habe er eingesehen. Johannes Schopper, der Abt zu Heilsbronn[21], habe sie ihm zur Verfügung gestellt. Das eine sei ein anonymes Werk gewesen, das andere eine Schrift des Zacharias Chrysopolitanus.

Worum es sich bei letzterer handelt, ist klar: Zacharias, ein Praemonstratenser aus Besançon[22], hat einen Kommentar in vier Büchern zu der Harmonie des Viktor von Capua geschrieben[23]. Die Harmonie, die Osiander in diesem umfangreichen Werk vorfand, gehört also zur abendländischen Diatessaronüberlieferung. Daß nicht Zacharias selbst für die Komposition des Textes verantwortlich ist, scheint Osiander nicht gewußt zu haben[24].

Die andere, anonyme Schrift ist nicht mit Sicherheit zu identifizieren. Aus den Handschriftenbeständen der Universitätsbibliothek Erlangen, in die der größte Teil der Heilsbronner Klosterbibliothek überführt worden ist, paßt jedoch nur ein Kodex zu Osianders Angaben: eine Papierhandschrift mit dem Titel «Gesta Christi»[25]. Es handelt sich hierbei um eine Abschrift von einem der Drucke jener

---

[17] Ebd.

[18] Vgl. o. S. 5.

[19] Osiander, Harmonia, Bl. α 3 a: «Adeo non est assequutus quod voluit, ut magnas etiam ea in re tenebras (dicam libere) posteritati offuderit.»

[20] Osiander tut so, als sei sein subjektives Urteil über Augustins Arbeit objektiv und unbestritten!

[21] Seit 1529; gest. 1542; vgl. Kist, Matrikel, S. 367, Nr. 5593.

[22] Gest. um 1155; über ihn vgl. LThK² 10, Sp. 1301 (Lit.).

[23] Vgl. o. S. 12f., Anm. 17.

[24] Das Exemplar der «in unum ex quatuor libri IV» das Zacharias, das in der Heilsbronner Klosterbibliothek vorhanden war, ist nicht mehr nachweisbar, vgl. Erlanger Handschriften 1, S. 565, Beilage IV a (alter Bibliothekskatalog von Kloster Heilsbronn), Nr. 69.

[25] Erlanger Handschriften 2, S. 39, Nr. 660 (Irm. 713), Bl. 142 r−161 v: ‹Gesta Christi›.

von uns ausführlich besprochenen lateinischen Evangelienharmonie[26]. Sollte unsere Vermutung, daß dieser Band Osiander zur Verfügung gestanden hat, richtig sein, dann hätte der Lorenzer Prediger Belege aus zwei verschiedenen Stadien der reichen Traditionsgeschichte des lateinischen Diatessarons in Händen gehabt.

Beide Werke, das des Zacharias und das des Anonymus, kanzelt Osiander in einem Satz ab: «In utroque tantam deprehendi negligentiam, ut autores eorum Augustini opus eiusdem argumenti ne legisse quidem, tantum abest, ut imitati et assequuti esse videantur.»[27] Aus dem Vorwurf, die beiden Autoren scheinen Augustins «de consensu evangelistarum» nicht gelesen zu haben, kann man die richtige Einsicht heraushören, daß beide mit ihren harmonistischen Lösungen noch hinter Augustin zurückgehen. Denn in der Tat repräsentieren sie ja eine Überlieferung, die in voraugustinische Zeit zurückreicht[28].

Johannes Gerson und seinem Monotessaron[29] gesteht Osiander zu, daß die investierten Mühen nicht ganz umsonst waren. Einen wirklichen Fortschritt gegenüber Augustin will er bei ihm allerdings nicht wahrhaben: «In iisdem fere locis omnibus haesit navemque impegit, e quibus Augustinus enavigare non potuit.»[30] Diese Kritik ist nur konsequent, denn Gerson hatte ja hinsichtlich des «ordo rerum gestarum» die augustinischen Einsichten rezipiert[31]. Um es mit Formeln der Betroffenen zu sagen: Der «concors diversitas», von der Augustin spricht[32], und der «concordissima dissonatia», die Gerson proklamiert[33], stellt Osiander die «exactissimam concordiam et consonantiam, quam ante me nemo ne suspicatus quidem est»[34], entgegen.

Osiander verschweigt, was er Gerson verdankt: Das Beispiel der Textgestaltung, d. h. die Monotessaronform[35], und die Anregung zu seinem Siglensystem. Letzteres hat er zwar viel weiter differenziert als der Franzose[36], doch dieser hat die Idee geliefert. Man kann mit Sicherheit sagen, daß ohne das Monotessaron Gersons die Harmonie Osianders nicht in der vorliegenden Form entstanden wäre[37]. Vielleicht

---

[26] Vgl. o. S. 21 ff.

[27] Osiander, Harmonia, Bl. α 3 a.

[28] Wörtlich genommen trifft freilich Osianders Vorwurf auf Zacharias Chrysopolitanus nicht zu. Schon im Vorwort des Kommentarwerks wird mehrfach aus Augustins «de consensu evangelistarum» zitiert.

[29] Vgl. o. S. 15 ff.

[30] Osiander, Harmonia, Bl. α 3 a f.

[31] Vgl. o. S. 16.

[32] Augustin, de consensu evangelistarum II 66, 128 (CSEL 43, S. 230).

[33] Gerson, Monotessaron, Sp. 89 f.; vgl. o. S. 16.

[34] Osiander, Harmonia, Bl. A 1 a (Vorrede zum Elenchus).

[35] Vgl. o. S. 100, Anm. 5.

[36] Vgl. u. S. 125.

[37] Eine ähnliche Behauptung kann man für die anderen von Osiander namhaft gemachten Vorgänger keineswegs aufstellen.

kann man noch weitergehen und vermuten, daß die Arbeit des Pariser Kanzlers überhaupt der Funke war, der die Leidenschaft des Nürnbergers in Sachen Evangelienharmonie entzündet hat. Osiander sagt selbst, er habe in den ersten Jahren seiner reformatorischen Tätigkeit seinen Predigten Evangelientexte zugrundegelegt, die er «exemplo Gersonis in unum coniungebat»[38]. Ob die Anforderungen der Predigtpraxis ohne dieses Exemplum in der Lage gewesen wären, den Gedanken an eine vollständige Evangelienharmonien keimen und realisieren zu lassen?

Osiander ist offenbar der Meinung, daß mit den wenigen Namen, die er genannt hat, die Vorgeschichte der Bemühungen um eine Evangelienharmonie erschöpft ist[39]. Wie er aus der Alten Kirche Tatians nicht gedenkt, so übergeht er auch ein Werk aus der lateinischen Kirche des Mittelalters, das sich großer Verbreitung erfreut hat und mit gleichem Recht wie der Kommentar des Zacharias Chrysopolitanus in diesem Zusammenhang hätte Erwähnung finden müssen: die Historia Scholastica des Petrus Comestor[40]. Und all die neuen Arbeiten, die in den letzten Jahrzehnten entstanden sind, werden völlig ignoriert. Ob mit Absicht oder aus Unkenntnis, wissen wir nicht. Falls Osiander die eine oder andere davon gekannt hat, hat er bestimmt keine Freude daran gefunden.

Wenn man im Sinne Osianders die Geschichte der Evangelienharmonistik bis zum Jahre 1537 charakterisieren wollte, dann müßte man sagen, daß es sich wirklich nur um eine Vorgeschichte handelt, und zwar nicht nur im zeitlichen, sondern vor allem im qualitativen Sinne. Es hat vor seiner eigenen Arbeit keine Evangelienharmonie gegeben. Der consensus evangelistarum lag im Dunkeln, bis er ihn ans Licht gebracht hat.

Der Ort, wo in der Harmonie die Auseinandersetzung mit Meinungen anderer Autoren geführt werden kann, sind die Annotationen, die in erster Linie die Begründung zur vorgelegten Form des Bibeltextes liefern sollen. Im eigentlichen Text der Harmonie wirken sich natürlich die Entscheidungen, die von Osiander getroffen werden, unmittelbar aus, z. B. in der Anordnung der Perikopen, in der Wahl der Lesarten oder in der lateinischen Übersetzung; durch welche kontroversen Ansichten jedoch der Weg zu diesen Ergebnissen gebahnt werden mußte, ist nur aus den Anmerkungen zu ersehen. Daß diese Erläuterungen gegenüber dem Evangelientext zweitrangig sind, macht Osiander dadurch deutlich, daß er sie als «annotationum in harmoniam evangelicam liber unus» hinter die vier Bücher der Harmonie und von diesen deutlich abgesetzt anfügt und nicht etwa als Rand- und

---

[38] Vgl. o. S. 85.
[39] Vgl. Osiander, Harmonia, Bl. aa 1 b: «Habebamus autem in animo . . . eorum omnium, qui in hoc eodem stadio ante nos cucurrissent, scilicet Ammonii Alexandrini, Aurelii Augustini, Zachariae Chrysopolitani et Ioannis Gersonis opiniones recensere.» Hier fehlt in der Aufzählung der Anonymus.
[40] PL 198, Sp. 1055—1722; Sp. 1537—1644: In evangelia.

Fußnoten oder als Exkurse mit der Harmonie verflicht. Solche äußerlichen Entscheidungen sind bei Osiander nicht zufällig, sondern theologisch begründet: Gotteswort und Menschenwort dürfen nicht vermengt werden.

In den Annotationen spielen die in der Vorrede erwähnten Vorgänger Osianders ein Schattendasein[41]. Es sind nur sehr wenige Stellen, an denen ihre Namen noch einmal auftauchen[42]. Ein wenig öfter genannt wird dagegen Erasmus – meist mit rühmenden Appositionen versehen[43]. Wenn auf diesen Humanisten Bezug genommen wird, dann ist dabei jeweils an seine Ausgabe des Neuen Testamentes und an die beigegebenen Annotationen gedacht[44]. Geht man dieser Fährte nach, so ergibt sich, daß Erasmus als bedeutendster Materiallieferant für Osiander zu gelten hat. Osiander zeigt sich von ihm nicht etwa beeinflußt in dem Sinne, daß er sich den Gedankengängen des Niederländers anschließen würde, sondern er schöpft aus der reichen Stoffsammlung des Erasmus die Thesen theologischer Autoritäten, zu denen er seine eigenen Vorschläge in Kontrast setzt. Man kann zeigen, daß in der überwiegenden Mehrzahl der Fälle, in denen Osiander Namen oder Meinungen anderer Gelehrter zitiert, er bei Erasmus die nötigen Informationen gefunden hat[45]. Natürlich ist nicht ausgeschlossen, daß der Nürnberger Prediger darüber hinaus hier und da in den betreffenden Quellen selbst nachgeschlagen hat. So scheint er z. B. die (Pseudo-) Philoausgabe des Annius von Viterbo[46], die er und Erasmus gleichermaßen zitieren[47], ausführlicher gekannt zu haben, denn er erwähnt Einzelheiten, die nicht bei Erasmus referiert sind. Auf drei Gruppen von Gewährsleuten verzichtet Osiander völlig; zumindest übergeht er sie mit Stillschweigen:

---

[41] Vgl. o. S. 107.

[42] Vgl. Osiander, Harmonia, Bl. bb 1 a (Ammonius, Euseb, Augustin, Zacharias, Gerson), ff 1 a (Augustin), ee 4 a (Zacharias).

[43] Z. B.: »Erasmus, vir de quo merito dubites, doctior ne an diligentior sit« (Bl. aa 6 b); «Erasmus vir doctissimus« (Bl. dd 5 a); «doctissimus et idem diligentissimus vir Erasmus Roterodamus» (Bl. ee 3 b).

[44] Erstausgabe Basel, Froben, 1516: «Novum instrumentum omne, diligenter ab Erasmo Roterodamo recognitum et emendatum etc.». In den folgenden Jahrzehnten erschienen zahlreiche Nachdrucke. Erasmus überarbeitete sein Werk mehrfach, zuletzt die 5. Auflage von 1535, vgl. Eckert, Erasmus 1, S. 220–242. Wir benützen die von Clericus 1705 veranstaltete Ausgabe: Erasmus, Opera 6.

[45] Nur ein paar Beispiele: Zu Osiander, Harmonia, Bl. bb 3 a f. (Julianus Apostata und Hieronymus) vgl. Erasmus, Opera 6, Sp. 15; zu Bl. bb 4 b (Chrysostomus) vgl. Erasmus, a. a. O., Sp. 17; zu Bl. cc 2 b (Johannes Annius, Philo) vgl. Erasmus, a. a. O., Sp. 244; zu Bl. dd 1 a (Hieronymus) vgl. Erasmus, a. a. O., Sp. 48; zu Bl. dd 3 b (Theophylakt) vgl. Erasmus, a. a. O., Sp. 253; zu Bl. ff 1 a (Hieronymus) vgl. Erasmus, a. a. O., Sp. 211; zu Bl. cc 1 b vgl. Erasmus, a. a. O., S. 243 f.; zu Bl. cc 2 b vgl. Erasmus, a. a. O., Sp. 243.

[46] Zu Annius von Viterbo (Giovanni Nanni) vgl. LThK² 1, Sp. 577 (Lit.).

[47] Osiander, Harmonia, Bl. cc 2 b ff. und Erasmus, Opera 6, Sp. 244.

Das sind zunächst die profanen Historiker, wie etwa Josephus[48], Tacitus oder Sueton, die zur Illustrierung der neutestamentlichen Zeitgeschichte hätten herangezogen werden können. Daß Osiander sich darauf nicht einläßt, bekräftigt zweierlei.

Erstens: Es liegt ihm nichts daran, die evangelische Historie in die Weltgeschichte einzuordnen[49]. Wer von Osianders Harmonie, die ja auch ein Leben Jesu sein soll, zeitgeschichtliche Informationen erwartet, wird zunächst enttäuscht.

Und zweitens: Osiander teilt nicht den humanistischen Ehrgeiz, möglichst viele alte und zuverlässige Quellen aufzuspüren und zu verarbeiten[50]. Er hat ja die zuverlässigste Quelle, die es gibt: das Wort Gottes selbst. Man hat bei Osiander immer wieder den Eindruck, daß die irdische Geschichte Jesu ein in sich geschlossener Komplex ist, der zwar in der Welt stattgefunden hat, aber nichts mit ihr gemein hat. Auch hier zeigt sich, daß die communicatio idiomatum bei Osiander «unvollkommen durchgebildet» ist[51]; auch hier gilt: Göttliches und Menschliches dürfen nicht vermischt werden.

Die zweite Gruppe von Autoren, die von Osiander ignoriert wird, sind die mittelalterlichen Theologen[52]. Es gab im hohen und ausgehenden Mittelalter im Abendland eine reichhaltige Leben-Jesu-Literatur, vor allem im Gefolge der ‹Meditationes vitae Christi› Pseudobonaventuras[53] und der ‹Vita Iesu Christi› Ludolphs. Weder eine dieser Arbeiten noch eines der vielgelesenen exegetischen Werke, wie die Glossa ordinaria oder die Postille des Nikolaus von Lyra werden von Osiander beachtet, obwohl viele der von ihm verworfenen Thesen gerade durch jene Schriften verbreitet worden sind. Bei der ersten Abteilung dieser mittelalterlichen Literatur,

---

[48] Ausnahme: Osiander, Harmonia, Bl. BB 6b, wo Josephus erwähnt, aber nicht zitiert wird und wo Osiander sagt, er habe sein Werk «Bellum Iudaicum» auf Hebräisch verfaßt!

[49] Einmal streift Osiander ein Problem der neutestamentlichen Zeitgeschichte, den Zensus von Lk 2: «In quibus verbis, dictu mirum, quantas tenebras excitarint magni viri, qui nodum in scirpo quaerentes ex totius orbis descriptione fecerunt exactionem census, cum in confesso sit, neque censum a toto orbe potuisse exigi neque Augustum nisi post mortem Herodis et Archelai exilium, hoc est plusquam totum septennium post nativitatem Christi censum ullum a Iudaeis exegisse. Sed haec multis verbis persequi non est huius instituti» (Osiander, Harmonia, Bl. aa 6b; vgl. Erasmus, Opera 6, Sp. 230f.).
Das Anliegen, die evangelische Geschichte mit zeitgeschichtlichem Material zu untermalen, hat z. B. Camerarius in seiner «Historiae Iesu Christi expositio» (Camerarius, expositio), der über viele Seiten hinweg die Geschichte des Jahrhunderts vor der Geburt Christi (Hasmonäer, Herodes) referiert.

[50] Vgl. z. B. die Chronologie von Johan Funck (Funck, Chronologia), in der eine Fülle von alten und neuen Quellen verwertet ist.

[51] Vgl. o. S. 90 bei Anm. 17.

[52] Ausnahmen sind Gerson und Zacharias Chrysopolitanus.

[53] Pseudo-Bonaventura, Meditationes; Werk eines Franziskaners aus dem 13./14. Jh., früher Bonaventura zugeschrieben, vgl. dazu LThK[2] 7, Sp. 234.

den von der Mystik, besonders von Bernhard beeinflußten Betrachtungen des Lebens Jesu[54], kann man sich gut vorstellen, daß Osiander sie nicht näher gekannt hat; denn es ist nur schlecht denkbar, daß er an solcher Lektüre, die mit ihrer Versenkung in das Bild des irdischen Jesus und der damit verbundenen Marienfrömmigkeit seinen Neigungen so zuwiderläuft, Gefallen gefunden haben könnte[55]. Ob er die exegetischen Werke ebenfalls aus mangelnder Vertrautheit nicht berücksichtigt oder deshalb, weil er die ablehnende Haltung der Reformatoren und der Humanisten gegenüber der scholastischen Theologie auch auf diese Schriften ausdehnt[56], wissen wir so lange nicht, wie das Verhältnis Osianders zur Scholastik noch nicht aufgeklärt ist.

Die dritte Gruppe, die Osiander ungenannt läßt, sind seine Zeitgenossen mit Ausnahme von Erasmus; vor allem vermißt man eine Erwähnung seiner reformatorischen Mitstreiter. Hier kann man natürlich nicht annehmen, daß er deren literarische Werke nicht gekannt hat. Vielmehr läßt sich vermuten, daß er an etlichen Stellen in seinen Annotationen, wo er Kritik an von ihm nicht namhaft gemachten Theologen äußert, Luther selbst oder einen seiner Mitarbeiter gemeint hat. Der Ärger, der sich bei den Wittenbergern über Osianders Harmonie alsbald einstellte[57], spricht jedenfalls dafür, daß diese sich von dem Nürnberger getroffen und verletzt fühlten. Auf die grundsätzlich verschiedenen Positionen von Luther und Osiander in der Beurteilung der vier Evangelien wurde schon hingewiesen[58]. Dazu kommen nun die Differenzen in vielen Einzelheiten. Ein paar Beispiele können das verdeutlichen:

Bei der Erörterung des Termins der Ankunft der Magier aus dem Orient schreibt Osiander: «Neque enim assentior iis, qui putant eos ex Arabia felice et urbe Saba profectos fuisse.»[59] Genau dies aber hatte Luther in der Weihnachtspostille von 1522 behauptet[60]. Bei der Genealogie Jesu nach Lukas bestreitet Osiander, daß in Lk 3,23 der Genitiv «τοῦ ἠλεί» im Sinne von «Sohn Elis» aufgefaßt werden dürfe;

---

[54] Eine kurze Charakteristik dieser Meditationen bei Ebeling, Evangelienauslegung, S. 137.
[55] Diese Gattung der Leben-Jesu-Literatur verfiel auch dem Verdikt Luthers. Wenn er in der Schrift ‹Von der Freiheit eines Christenmenschen› von denen spricht, «die Christum alßo predigen und leßen, das sie ein mit leyden ubir yhn habenn, mit den Juden zurnen odder sonst mehr kyndisch weyß drynnen uben» (WA 7, S. 29,11–13), dann trifft das genau auf die Grundsätze zu, nach denen bei Pseudo-Bonaventuro, Ludolph und deren Nachfolgern das Leben Jesu betrachtet wird.
[56] Anders als Luther, der beispielsweise Lyra geschätzt hat, vgl. Ebeling, Evangelienauslegung, S. 152–154.
[57] Vgl. u. S. 158ff., vor allem den Brief von Cruciger an Veit Dietrich vom 27. November 1537 (CR 3, Nr. 1632, Sp. 454–456).
[58] Vgl. o. S. 96f.
[59] Osiander, Harmonia, Bl. bb 1 a f.
[60] WA 10. 1. 1, S. 558.

denn Joseph sei nicht Sohn, sondern Schwiegersohn Elis gewesen. «Quare interpretas non leve flagicium mihi commisisse videntur (liceat illorum pace et bona venia dicere) quod addiderunt ‹filius›, cum id in Graeco fonte nusquam reperiatur.»[61] Mit diesem Tadel trifft Osiander nicht nur Erasmus[62], sondern auch die Lutherübersetzung des Neuen Testamentes[63]. Überhaupt sind es gerade Osianders Übersetzungsvorschläge, die den Wittenbergern als überhebliche Besserwisserei erschienen[64].

Die Meinung derer, die behaupten, Maria müsse schon deshalb von gleicher Herkunft sein wie Joseph, also dem Hause Davids entstammen, weil ein Gesetz den Juden vorgeschrieben habe, nur innerhalb des eigenen Stammes zu heiraten, weist Osiander zurück[65]. Zu denen, die sich dieser alten These angeschlossen hatten, gehörte auch Luther[66].

In der Adventspostille hatte Luther bei der Auslegung von Mt 21,9 unter Beiziehung von Ps 118,25 kritisiert: «Das aber nu ynn allen kirchen wirt Osanna geleßen ist unrecht, es soll Hosianna heyssen.»[67] Osiander schreibt zur gleichen Stelle: «Falluntur qui cum tale aliquid in psalmo secundum Hebraeos CXVIII animadverterint, non ‹Osanna›, sed ‹Osianna› legendum putant, nam omnino ὡσαννά legendum est, cum sit Hebraica הוֹשַׁעֲנָא.»[68] Das ist deutlich!

Die Distanzierung Osianders von anderen Gelehrten — sei es durch Stillschweigen, sei es durch geäußerte Kritik, die manchmal auch heftig werden kann[69] — fördert den Eindruck, als sei er besonders selbständig, unbeeinflußt von Früheren und diesen in jeder Hinsicht überlegen. Gegen ein solches Image hat Osiander nichts einzuwenden; im Gegenteil: Er pflegt es sorgfältig, indem er immer wieder darauf hinweist, daß er erstmals das Richtige erkannt habe[70]. Diesem Bild kommt es natürlich zugute, wenn selbst solche Theologen, die grundsätzlich mit lobenden

---

[61] Osiander, Harmonia, Bl. cc 3bf.

[62] Vgl. Erasmus, Opera 6, Sp. 244.

[63] Vgl. WADB 6, S. 224und v.a. die Randglosse Luthers zu Mt 1,1ff. (WADB 6, S. 14).

[64] Vgl. u. S. 160; vor allem WATR 4, Nr. 5004.

[65] Osiander, Harmonia, Bl. aa 2af.

[66] Vgl. WA 9, S. 628, 16ff. (Predigt am 23. 2. 1521).

[67] WA 10. 1. 2, S. 61, 22f.

[68] Osiander, Harmonia, Bl. ee 5a.

[69] z. B.: «Habes mendacium plusquam satanicum, lector» (Osiander, Harmonia, Bl. cc 2b); «o asinos» (Bl. cc 3a).

[70] Vgl. z. B. im Vorwort: «Tum vero evangelistarum nonnulla loca maximi momenti a nemine (quod ego quidem sciam) recte intellecta, γνησίως explicavi» (Osiander, Harmonia, Bl. α 4b); Bl. cc 1a: «Hoc miraculum ante a nemine observatum valde miror»; Bl. cc 5b: «. . . tum admirabilem illam et hactenus nemini satis notam evangelistarum concordiam intelligemus» und öfter.

Attributen bedacht werden, wie Augustin[71] oder Erasmus[72], im Einzelfall sich doch maßregeln lassen müssen[73]. Diesem Bilde dient es auch, wenn er in dem längsten Kapitel seiner Annotationen, in dem er anläßlich von Mt 1,21ff. und Lk 2,21 eine philologisch-theologische Grundlegung seiner Spekulation über den Jesusnamen vorlegt[74], den Namen des Mannes, von dem er diese Spekulation übernommen hat, Reuchlins[75], mit keiner Silbe erwähnt, ganz so, als würden hier ureigenste Osiandrische Gedanken vorgetragen. Und schließlich ist es wohl auch der Wille Osianders, sich als eigenständiger Theologe zu profilieren, der ihn — nicht nur in der Harmonie[76] — dazu veranlaßt, Luther und die anderen Reformatoren in seiner Schrift möglichst wenig zum Zuge kommen zu lassen.

So bleiben für das Hauptwerk des Nürnberger Predigers drei Quellen, deren er sich nicht nur bedient, sondern deren Verwendung er auch uneingeschränkt und mit Stolz zugibt:

a) Jüdisches Schrifttum. Zur Erläuterung von biblischen Begriffen und Sachverhalten greift Osiander gerne auf Schriften des Judentums zurück und versäumt auch nicht, daraus im hebräischen Wortlaut zu zitieren. Mehrfach wird der Talmud angeführt[77], einmal sogar der Jerusalemer Talmud[78]. Die «chaldäische» (=aramäische) Übersetzung des Alten Testamentes (Targum) wird ins Gespräch gebracht[79]. Zur Erläuterung der Hosiannarufe des Volkes beim Einzug Jesu in Jerusalem bringt Osiander Einzelheiten des Hosiannagesanges der jüdischen Laubhüttenliturgie[80]. Zur Illustration von Mt 19,7 druckt er das Formular eines jüdischen Scheidebriefes samt lateinischer Übersetzung ab[81]. Solch jüngeres Material zur Erhellung der biblischen Schriften heranzuziehen, sei durchaus berechtigt, weil die Juden ihre

---

[71] Vgl. o. S. 109 bei Anm. 17.

[72] Vgl. o. S. 112 bei Anm. 43.

[73] Vgl. dazu o. S. 109 bei Anm. 18 (Augustin); S. 115 bei Anm. 62 (Erasmus); Osiander, Harmonia, Bl. ee 2a: «Quod Erasmum non mutasse [nämlich die Vg.-Übersetzung von Lk 9,52] miror» und öfter. Auch Hieronymus, der als Übersetzer von Osiander mehrfach schlechte Zensuren bekommt, wird dennoch eines Lobes für wert gehalten: «Haec nolim in contumeliam Hieronymus a quoquam accipi; fuit enim sine controversia vir praeter vitae sanctitatem, rara et admiranda eruditione praeditus, cui studiosi multum debent, sed homo tamen fuit» (Osiander, Harmonia, Bl. bb 3a).

[74] Kapitel I, 6; vgl. dazu u. S. 134.

[75] Vgl. dazu Reuchlin, de verbo mirifico und ders., de arte cabbalistica. Hirsch, Theologie, S. 27–30, hat die Abhängigkeit Osianders von Reuchlin bei dieser Spekulation aufgezeigt.

[76] Vgl. Hirsch, Theologie, S. 5f. Wenn Hirsch hier sagt, daß Erasmus von Osiander «uneingeschränktes Lob» erhalte, so ist dazu o. bei Anm. 73 zu vergleichen.

[77] Vgl. Osiander, Harmonia, Bl. bb 5b; bb 6b, ff 1b.

[78] Osiander, Harmonia, Bl. aa 4a.

[79] Osiander, Harmonia, Bl. bb 3a.

[80] Osiander, Harmonia, Bl. ee 5a.

[81] Osiander, Harmonia, Bl. ee 3bf.

alten Überlieferungen «tanta . . . usque in hunc diem diligentia, ne dicam super-stitione conservarint»[82].

b) Sprachkenntnisse. Osianders Kenntnis der biblischen Sprachen erlaubt ihm die Beseitigung mancher «scrupula» bereits im philologischen Vorfeld. Daß bisher solche Probleme überhaupt noch empfunden würden, liege nur an den mangelhaften Sprachkenntnissen seiner Vorgänger und Zeitgenossen. Als Beispiel für Osianders Hantieren mit sprachlichen Argumenten nehmen wir seine Behand-lung von Joh 18,24: ᾽Απέστειλεν αὐτὸν ῎Αννας δεδεμένον πρὸς Καιάφαν τὸν ἀρχιερέα. Daß Jesus erst nach dem Verhör vor dem Hohenpriester von Hannas zu Kaiphas geschickt worden sei, widerspricht der Osiandrischen Harmonisierung, die das betreffende Verhör bereits vor Kaiphas stattfinden läßt. Auch viele andere Theologen hatten ihre Schwierigkeiten, in diesem Abschnitt Johannes und die Synoptiker in Einklang zu bringen. Freilich − so Osiander: Es sind eingebildete Schwierigkeiten, von denen er zu behaupten wagt, daß sie «non verborum obscu-ritate, sed lectorum culpa factum esse . . ., praesertim apud Graecos; nam nostros Graecae linguae ignaros hic impegisse non est ita mirum, cum locus perperam sit translatus ad hunc modum: ‹Et misit eum Annas ligatum ad Caiapham pontificem.› Primum enim superflua est coniunctio ‹et›, quae in Graeco non est. Deinde ἀόριστον praeteritum, scilicet ‹ἀπέστειλεν› male redditum est per praeteritum per-fectum, cum debuerit reddi per praeteritum plusquamperfectum, ad hunc modum: ‹Miserat eum Annas ligatum ad Caiapham pontificem›.»[83]

Lieber noch als mit dem Griechischen argumentiert Osiander mit dem Hebräi-schen. Nicht immer sind seine Ausführungen so fragwürdig wie in dem eben vorge-stellten Beispiel. Stets aber laufen sie darauf hinaus, daß durch Aufmerksamkeit im Kleinen groß erscheinende Probleme ausgeräumt werden. Manchen Lesern Osian-ders − gerade auch den Wittenbergern − erschien solches Vorgehen sophistisch. Luther urteilt einmal − veranlaßt durch Osianders Auslegung zu Lk 2,14 −: «Illi sudant in grammatica verbis, non in rebus, cum tamen verba debeant rebus esse subiecta, non res verbis.»[84] Osiander, wäre er bei der Tischrunde, als dieses Wort gefallen ist, dabeigewesen, hätte wohl erwidert, genau jenes «sudare in grammatica et verbis» sei der angemessene Umgang mit der Heiligen Schrift, in der kein Jota zuviel und kein Buchstabe belanglos sei.

c) Die Heilige Schrift. Die Hauptquelle Osianders sind zweifellos die bibli-schen Schriften. Das ist bei ihm nicht nur selbstverständlicher Grundsatz, sondern wird auch fortwährend praktiziert. Daß Osiander so wenig menschliche Autoritä-

---

[82] ebd.
[83] Osiander, Harmonia, Bl. ee 6 b. Auch hier übt Osiander implizit Kritik an Luthers Bibel-übersetzung, vgl. WADB 6, S. 398 (vgl. aber Luthers Glosse zu Joh 18,14 in der Bibelaus-gabe von 1546, WADB 6, S. 399!).
[84] WATR 3, S. 491, Nr. 3654 b (25. 12. 1537).

ten zu Wort kommen läßt, hat auch darin seinen Grund, daß er in der Heiligen Schrift genügend Argumente findet, die etwaige Streitfragen zweifelsfrei klären. Das Prinzip «sacra scriptura sui ipsius interpres» findet bei Osiander reiche Anwendung. Auch dafür ein Beispiel[85]:

Osiander will nachweisen, daß die Besessenenheilungen von Mt 8,28—34 einerseits und Mk 5,1—21/Lk 8,26—39 andererseits verschiedene Ereignisse waren. Deswegen legt er Wert darauf, darzutun, daß die beiden Ortsangaben (Mt: χώρα τῶν Γεργεσηνῶν; Mk/Lk: χώρα τῶν Γαδαρήνων)[86] nicht harmonisiert werden dürfen[87]. Er will den Beweis führen, daß das Gebiet der Gadarener und die Gegend der Gergesener nicht identisch sind:

Dazu verweist er auf Jos 12f.: In Jos 13,24—27 findet sich eine Beschreibung des Gebietes, das der Stamm Gad zugeteilt bekam[88]. Aus der gleichen Passage und aus einem Vergleich mit Jos 12,2f. wird deutlich, daß es sich dabei im wesentlichen um das Land der Amorräer handelte. Diese Region hat als Westgrenze den Jordan und den See Genezareth, im Norden die Gessuriten, den Libanon und die Stadt Salcha, im Osten das Land der Ammoniter und die Quelle des Jabbok. Wenn also die regio Gadarenorum auf dem Boden des ehemaligen amorräischen Königreiches liegt, dann kann sie nicht zugleich die Gegend der Gergesener sein, denn die Gergesener waren — wie Jos 24,11 zeigt — ein von den Amorräern verschiedenes, vor den Israeliten im Lande wohnendes Volk[89]. Nun könnte man bezweifeln, daß die χώρα τῶν Γεργεσηνῶν tatsächlich das Wohngebiet jenes in Jos 24 genannten Volkes ist; denn wie kann es sein, daß noch zur Zeit Jesu der Name eines ehemals mit Israel verfeindeten Volkes an dieser Gegend haftengeblieben ist? Die Namen der übrigen Stämme des Landes Kanaan sind doch auch untergegangen! Zur Beantwortung dieser Frage schließt Osiander sich einer jüdischen Argumentation an[90]: Jos 13,13 liest man: «Nolueruntque filii Israel disperdere Gessuritidas et Maachatidas, et habitaverunt in medio Israelis usque in praesentem diem.» Daraus läßt sich schließen, daß die Israeliten die beiden hier genannten Bevölkerungsgruppen eigentlich hätten vertreiben dürfen, wenn sie nur gewollt hätten. Dieses Recht hatten sie aber nur über die sieben in Jos 24 genannten Völker[91]. Von diesen allen wird aber die Vertreibung

---

[85] Das Folgende in den Annotationen zu Buch 1, Kap. 39 (Osiander, Harmonia, Bl. ee 6b—dd 2b).

[86] Die Lesart Γερασηνῶν (vgl. Nestle, NT graece, Apparat zu Mt 8,28; Mk 5,1; Lk 8,26) hat Osiander von vornherein als nachträglichen Versuch einer Harmonisierung ausgeschieden (Osiander, Harmonia, Bl. dd 1a).

[87] Ganz im Gegensatz zur Tradition, die gerade auf eine Harmonisierung viel Mühe verwandt hatte, vgl. z. B. Erasmus, Opera 6, Sp. 48.

[88] Voraussetzung für die Osiandrische Beweisführung ist die Gleichsetzung der «regio Gadarenorum» mit dem Wohngebiet des Stammes Gad.

[89] Osiander identifiziert die Gergesener mit den dort genannten הַגִּרְגָּשִׁי.

[90] «Mihi Iudaeus quidam docte argumentari visus est ad hunc modum» (Osiander, Harmonia, Bl. dd 2a). Man könnte sich die Frage vorlegen, inwieweit nicht Osiander bei seiner Exegese überhaupt durch die Methode der jüdischen Auslegung geprägt ist. Beeindruckt hat ihn die jüdische Schriftgelehrsamkeit zweifellos.

[91] Vgl. auch Jos 3,10.

berichtet — mit einer Ausnahme: den Gergesenern[92]. Also heißt die Folgerung: «Necesse est Gessuritidas et Maachatidas fuisse Gergesenos; nam si aliorum gentium fuissent, certe una cum eisdem extirpati essent. Porro si extirpati non sunt, nihil mirum est, nomen eorum non fuisse abolitum.»[93] Da man weiterhin aus der Heiligen Schrift über die Lage von Gessur am Ostufer des Jordan nördlich des Sees Genezareth genau Bescheid weiß[94], ist der Befund für die Gegend der Gergesener wie auch für die der Gadarener klar: Beide liegen östlich des Jordans, erstere aber nördlich des Sees Genezareth, letztere in südlicher Richtung. Nun könnte noch jemand dadurch verwirrt werden, daß es in beiden Erzählungen heißt, die Schweine hätten sich ins Meer gestürzt (Mt 8,32; Mk 5,13). Daraus geht durchaus nicht hervor, daß beidesmal der See Genezareth den Tieren zum Verhängnis geworden ist, denn die Hebräer bezeichnen jedes stehende Gewässer als ‹Meer›, sogar Teiche, wie das ‹eherne Meer› im Tempel[95] zu Genüge beweist.

Soweit die umfangreiche Beweisführung Osianders. Es ist bezeichnend, daß Osiander bei dieser biblisch-geographischen Erörterung das gebräuchlichste Handbuch der biblischen Topographie, das Werk des Hieronymus «de situ et nominibus locorum hebraicorum» gleich zu Beginn für unergiebig erklärt[96].

Osiander war zweifellos ein hervorragender Kenner des Alten und Neuen Testamentes. Dennoch ist sein Umgang mit der Bibel oft gequält und gewunden[97]. Da alles gleich wichtig ist, fällt es ihm schwer, Akzente zu setzen und einen Skopos kurz und präzise herauszuarbeiten. Wenn er auf ein Ziel zusteuert, ist er leicht geneigt, unterwegs Einhalt zu tun und vom geraden Weg abzuschweifen. Er ist weniger Lehrer der Heiligen Schrift als Schriftgelehrter, er zeigt mehr Schriftgelehrsamkeit als Schriftverständnis[98].

[92] Vgl. Jos 11, besonders V. 3; vgl. aber auch Jdc 1,21 ff.!
[93] Osiander, Harmonia, Bl. dd 2a.
[94] Vgl. Jos 12,5; 13,11; Dtn 3,14.
[95] Vgl. I Reg 7,23 ff.
[96] Osiander, Harmonia, Bl. dd 1a.
[97] Vgl. vor allem die langwierigen Erörterungen zu Mi 5,1 und Hos 11,1 (Osiander, Harmonia, Bl. bb 2a—bb 4a).
[98] Solche Schlagworte können natürlich nur oberflächlich charakterisieren; sie sind von uns auch nur auf die Evangelienharmonie gemünzt, nicht auf das gesamte theologische Werk Osianders. Ob sie übertragbar sind, müßte erst noch geprüft werden.
Es ist zu überlegen, ob die bekannte Sentenz Luthers über Osiander («Osiander ist ein gelertter man, der solt sich uber die bibel setzen und glossam ordinariam machen», WATR 5, S. 167, Nr. 5465, Sommer/Herbst 1542) ausschließlich Lob für den Nürnberger beinhaltet oder ihm nicht vielmehr eine Aufgabe zuweisen will, bei der er seine Begabungen zum Nutzen der Kirche einsetzen kann ohne Unheil zu stiften (vgl. die anderen Äußerungen Luthers über Osiander aus den Jahren 1537 ff.!), so wie etwa Brenz Johann Funck rät, statt im Predigtamt der Kirche in anderer Weise zu dienen, «wie er mit Chronologien und Historien zu schreiben wohl thun möchte» (zitiert nach RE[3] 6, S. 322).

4.6. Exkurs: Die Συναγωγὴ ἀποριῶν καὶ ἐπιλυσέων des Hesychius von Jerusalem

Als die hervorstechendste Eigenschaft der Harmonie Osianders gelten seine Dissimilierungen[1]. Er selbst und seine Leser waren sich darin einig, daß er sich dadurch am deutlichsten von der Tradition abhob[2]. Ganz so neuartig, wie sie erschienen, waren viele der Lösungen Osianders jedoch nicht.

In der ersten Hälfte des fünften Jahrhunderts lebte in Jerusalem ein Presbyter namens Hesychius[3]. Er hat sich «in einem größeren Werke . . . mit dem Problem der Widerspruchslosigkeit der Evangelien befaßt»[4]. Von diesem Opus, als dessen Titel «Εὐαγγελικὴ συμφωνία» zu vermuten ist, kennen wir nur den von einem unbekannten Epitomator gefertigten Auszug, genannt «συναγωγὴ ἀποριῶν καὶ ἐπιλυσέων»[5]. Die vorliegende Sammlung enthält 61 ‹ἀπορίαι›, in denen jeweils vermeintliche Widersprüche zwischen den vier Evangelien vorgetragen und in den dazugehörigen ‹ἐπιλύσεις› aufgelöst werden. Wie bei Osiander werden dabei regelmäßig «Berichte der verschiedenen Evangelisten über gleichartige Ereignisse, die nur in nebensächlichen Zügen voneinander abweichen oder abzuweichen scheinen, auf mehrere Vorgänge der gleichen Art gedeutet»[6].

Ein paar Beispiele sollen die Parallelität zu Osiander verdeutlichen:

Da Matthäus die Heilung der Schwiegermutter des Petrus nach den Seligpreisungen und nach der Begegnung mit dem Centurio in Kapernaum erzählt[7], Lukas aber vor beiden Ereignissen[8], lautet bei Hesychius wie bei Osiander der Schluß, daß Jesus zweimal die Seligpreisungen gesprochen hat und daß der Centurio von Mt 8,5ff. und der von Lk 7,1ff. verschiedene Leute waren[9]. Die Besessenenheilungen von Mt 8,28ff. und Mk 5,1ff./Lk 8,26ff. werden von beiden Theologen unterschieden[10]. Ebenso wird mit der Auferweckung des Mädchens und der Heilung der blutflüssigen Frau verfahren[11]. Hesychius zählt bei Jericho

---

[1] Vgl. o. S. 103.

[2] Vgl. z. B. Osiander, Harmonia, Bl. α 4a: «Ea, quae superiorum seculorum theologi satis imperite confuderant et pro iisdem acceperant, iterum distinxi eaque diversa esse idoneis argumentis edocui» und die S. 115, Anm. 70 genannten Stellen. Ein katholisches Urteil über die Harmonie: «Contra omnium iudicium, contra communem sensum pleraque in evangelistis diversa facit, quae nemo non eadem esse credidit» (Jansen, Concordia, epistola dedicatoria, vgl. u. S. 162).

[3] Altaner, Patrologie, S. 333f. (Lit.).

[4] Jüssen, Hesychius 1, S. 35.

[5] Veröffentlicht von Cotelier in seinen ‹Ecclesiae Graecae Monumenta› (Bd. 1, S. 1ff.), nachgedr. in PG 93, Sp. 1391–1448. Zu dieser συναγωγή vgl. Jüssen, Hesychius 1, S. 34–37. Merkel, Widersprüche, der seine Untersuchung bis Augustin durchzieht, behandelt diesen Zeitgenossen Augustins nicht mehr.

[6] Jüssen, a.a.O., S. 35.

[7] Vgl. Mt 5,1ff.; 8,5ff; 8,14f.

[8] Vgl. Lk 4,38f.; 6,20ff.; 7,1ff.

[9] Hesychius, συναγωγή, ἀπορία 7 (PG 93, Sp. 1397); Osiander, Harmonia, Bl. α 3b; cc 6af.

[10] Hesychius, a.a.O., ἀπορία 8 (PG 93, Sp. 1400); Osiander, a.a.O., Bl. cc 6b–dd 2b.

[11] Mt 9,18ff.; Mk 5,22ff./Lk 8,41ff.; Hesychius, a.a.O., ἀπορία 10 (PG 93, Sp. 1404); Osiander, a.a.O., Bl. dd 2bf.

vier Blindenheilungen, da er die Berichte Mt 20,30ff., Mk 10,46ff. und Lk 18,35ff. nicht als Parallelen verstehen will. Auf das gleiche Ergebnis kommt Osiander[12]. Nach dem Einzug in Jerusalem vertreibt Jesus zweimal die Händler aus dem Tempel, gleich nach seiner Ankunft in der Stadt (Mt 21,12f.) und am Tag darauf (Mk 11,15ff.). Auch hierüber sind sich Hesychius und Osiander einig[13].

An einigen Stellen ist Hesychius sogar noch ‹radikaler› als Osiander. Er unterscheidet z.B. die Heilung des Paralytischen in Mt 9,1ff., die er nach Nazareth verlegt, von der in Mk 2, 1ff./Lk 5,17ff. berichteten, die in Kapernaum geschehen ist[14]. Oder ein Vergleich von Mt 9,9ff. und Lk 5,27ff. führt ihn zu der Erkenntnis, daß Christus nicht nur einen Zöllner, sondern deren viele zur Jüngerschaft berufen habe[15]. In beiden Fällen läßt es Osiander bei der herkömmlichen Gleichsetzung[16].

Aufgrund der erstaunlichen Ähnlichkeiten in vielen Punkten zwischen Osiander und Hesychius könnte man zu der Vermutung veranlaßt werden, der Nürnberger Prediger habe das Werk des Jerusalemer Presbyters kennengelernt und sich dadurch beeinflussen lassen. Eine solche Annahme ist aber höchst unwahrscheinlich. Mir ist weder eine Handschrift noch gar ein Druck bekanntgeworden, den Osiander benutzt haben könnte. Es scheint vielmehr so zu sein, daß vor der Edition durch Cotelier[17] die Arbeit des Hesychius im Abendland so gut wie unbekannt war. Eine besondere Quelle für Osianders Dissimilationen ist auch gar nicht erforderlich, da sie sich zwangsläufig aus seinen theologischen Grundsätzen ergeben[18]. Man wird annehmen, daß Osiander und Hesychius aufgrund zweier gemeinsamer Voraussetzungen zu parallelen Ergebnissen kommen mußten: Für beide galt das Prinzip, daß Widersprüche zwischen den Evangelien nicht bestehen können, und beide hatten einen geschärften Blick für die Kleinigkeiten, die ‹Nebensächlichkeiten› der biblischen Berichte. Das Beispiel des Hesychius kann vielleicht dazu beitragen, die charakteristischen Harmonisierungsentscheidungen Osianders nicht als unsinnig, abgeschmackt und aberwitzig[19] zu verurteilen, sondern sie als folgerichtige Ergebnisse eines bestimmten theologischen Ansatzes zu verstehen.

Es mag noch erwähnt werden, daß schon Fabricius die Parallelen zwischen Hesychius und Osiander vermerkt hat[20]. Diese Beobachtung scheint sich aber nicht herumgesprochen zu haben[21]. Dankó und Pesch, die beide in ihren Übersichten über die Geschichte der Evangelienharmonien sowohl Hesychius als auch Osiander erwähnen, notieren nichts über Ähnlichkeiten zwischen beiden Autoren[22].

---

[12] Hesychius, a.a.O., ἀπορία 27 (PG 93, Sp. 1408); Osiander, a.a.O., Bl. ee 4af.

[13] Hesychius, a.a.O., ἀπορία 29 (PG 93, Sp. 1408f.); Osiander, a.a.O., Bl. cc 4 b. Auch Bugenhagen in seiner Passionharmonie hat die Tempelreinigungen von Mt/Lk und Mk unterschieden, vgl. Mülhaupt, Luthers Evangelienauslegung, S. 35*f. Osiander erwähnt die Bugenhagensche Harmonie nicht.

[14] Hesychius, a.a.O., ἀπορία 7 (PG 93, Sp. 1397).

[15] Hesychius, a.a.O., ἀπορία 12 (PG 93, Sp. 1404).

[16] Osiander, Harmonia, Bl. e 3b−e 5a.

[17] Paris, 1686.

[18] Vgl. o. S. 86ff.

[19] Diese drei Werturteile liest man bei Hase, Geschichte Jesu, S. 113.

[20] Fabricius, Bibliotheca, S. 214 − im Jahre 1708!

[21] Schon Alard, der von Fabricius abschreibt, läßt den Satz über die Parallelität zu Osiander weg, Alard, Bibliotheca, S. 77.

[22] Dankó, Historia, S. XVIII; Pesch, Evangelienharmonien, S. 238.

Das Urteil des Katholiken Jüssen über die συναγωγή des Hesychius lautet, er verrate «eine weitgehende Vorsicht in der Auslegung der Textworte und beobachtet auch die unbedeutendsten Kleinigkeiten; des weiteren zeigt er unverkennbar eine große Vertrautheit mit der Hl. Schrift und dabei viel Geist und Scharfsinn.»[23] Eine ähnliche positive Aussage über die Evangelienharmonie Osianders kann man heute bei Katholiken und Evangelischen lange vergeblich suchen!

4.7. Die Einrichtung der Harmonie

4.7.1. Der zugrunde gelegte Bibeltext

Es war von Anfang an Osianders Vorsatz, die Harmonie aufgrund des griechischen Evangelientextes zu erstellen[1]. Das erforderte die für nötig befundene Sorgfalt gegenüber den einzelnen Worten der Evangelisten sowie sein Mißtrauen in bezug auf die Fähigkeit und Gründlichkeit der Übersetzer. Theologische und wissenschaftliche Ansprüche finden sich hier zusammen. Osiander ist der erste, der eine Evangelienharmonie im Urtext konzipiert[2], und er wird noch für längere Zeit der einzige sein[3]. Er bedient sich jener Gestalt des griechischen Textes, die am bequemsten zugänglich ist und auf die auch der Bibelübersetzer Luther zurückgegriffen hat: der Edition des Erasmus[4].

Man muß, um Osianders Haltung gegenüber dem ihm vorliegenden griechischen Evangelientext zu präzisieren, klarstellen, daß er zwar der Meinung war, im Gebrauch des Griechischen dem Wort Gottes näher zu kommen als über irgendwelche Übersetzungen, daß er aber andererseits den ihm greifbaren griechischen Text nicht einfach mit dem ‹Urtext› gleichsetzte. Er wußte um die Problematik der Textüberlieferung[5] und war im Bedarfsfall auch bereit, Textkritik zu üben. An zwei Stellen bringt er in der Harmonie solche Erwägungen ins Spiel: Das eine Mal handelt es sich

---

[23] Jüssen, Hesychius 1, S. 35.

[1] Vgl. o. S. 94f. bei Anm. 51.

[2] Es sei denn, daß Tatian sein Diatessaron in Griechisch verfaßt hätte, was bekanntlich umstritten ist.

[3] Der erste, der meines Wissens nach Osiander wieder eine Harmonie im griechischen Urtext erstellte, war Martin Chemnitz (Chemnitz, Harmonia).

[4] Das ergibt eine auszugsweise Kollation. Zu Luthers Benutzung des Erasmus vgl. WADB 6, S. XXXVII–XL.

[5] Vgl. o. S. 118, Anm. 86. Osiander schreibt zu der dort verhandelten Stelle: «Quod in plerisque codicibus pro ‹regione Gergesenorum› legitur ‹Gerasenorum›, apparet manifesta depravatio, non casu sed perverso quorundam studio inducta, quo evangelistas quos discordare nolebant in concordiam redigerent» (Osiander, Harmonia, Bl. dd 1a). Mit dieser Vermutung gibt Osiander zu erkennen, daß man im Verlauf der Textgeschichte auch mit bewußten Eingriffen in den Text zu rechnen habe.

um die Zeitangabe der Kreuzigung Christi nach Mk 15,25, die im Widerspruch zu Joh 19,14 steht. Hierzu referiert Osiander die alte These[6], daß ein mit den griechischen Zahlzeichen nicht vertrauter Schreiber aus einem ς' (= 6.) ein γ' (= 3.) habe werden lassen, und er fügt zur Bekräftigung, daß mit solchen Versehen tatsächlich zu rechnen sei, hinzu: «Quod ut factu proclive et in his autoribus, quorum scripta huiuscemodi notis scatent, saepe factum esse confiteor.»[7] Allerdings entscheidet er sich an dieser Stelle für eine andere Lösung dieser crux[8].

Ein anderes Mal aber hält er die Annahme einer Textverderbnis für die einleuchtendste Erklärung[9]: In Lk 9,3 verbietet Jesus den Zwölfen, die er zum Predigen aussendet, einen Stab auf ihre Reise mitzunehmen. In Mk 6,8 wird aber der Stab als einzige Reiseausrüstung gestattet. Nun könnte einer sagen, man könne sich mit dieser Differenz abfinden, weil die Sache, um die es dabei geht, nicht von großer Bedeutung sei. Doch zu einem solchen Zugeständnis kann sich Osiander natürlich nicht verstehen: «Siquidem ubi semel evangelistas in recensendis Christi praeceptis memoria lapsos esse receperimus quantumcunque levibus in rebus et nihil ad salutem nostram pertinentibus, non video quid caussae afferre possumus, quo minus etiam ea in dubium vocentur, quae oportuit esse quam certissima.»[10] Deshalb muß man sich nach der Möglichkeit einer Beseitigung dieser Diskrepanz umsehen. Man wird dann zu dem Ergebnis kommen, daß hier eine Textverderbnis vorliegt[11]. Mit einer solchen Emendation beschreitet Osiander einen Weg, der gerade angesichts seiner theologischen Praemissen ein Dilemma aufzeigt: Einerseits sind jedes Wort und jeder Buchstabe der Evangelisten vom Heiligen Geist autorisiert und verdienen dementsprechend Beachtung, andererseits kann aber der ursprüngliche Wortlaut der

---

[6] Schon von Hieronymus aufgestellt und von Petrus Comestor verbreitet; vgl. Erasmus, Opera 6, Sp. 11.

[7] Osiander, Harmonia, Bl. ff 1 a.

[8] Vgl. u. S. 146f.

[9] Zum folgenden vgl. die Anmerkungen Osianders zu Buch 2, Kap. 19 (Osiander, Harmonia, Bl. dd 5 a—dd 6 a).

[10] Osiander, Harmonia, Bl. dd 5 a.

[11] Osiander, Harmonia, Bl. dd 5 a f.: «Omnia dispicienti diligenterque perpendenti nihil videtur credibilius, quam hunc locum apud Lucam esse corruptam et pro εἰ μή ab oscitante vel etiam audaci librario μήτε fuisse scriptum . . . Proclive autem fuit indocto librario et oscitante pro εἰ μή scribere μήτε praesertim cum eadem particula μήτε ibidem quater repetita statim sequatur. Quin etiam vigilanti et attento librario haec res imponere potuit. Nam cum panem rem maxime necessariam et sine qua vivi non possit in viam tolli prohibuerit, verisimillimum videri potuit virga quoque ab eodem illis fuisse interdictum.» Markus habe so etwas schon geahnt. Deshalb habe er sein εἰ μή durch Hinzufügung der Exklusivpartikel μόνον abgeschwächt.
Im Text der Harmonie verfährt Osiander so, daß er zwar die überlieferte Lk-Lesart neben der Mk-Lesart in den Text übernimmt, am Rand aber hinzusetzt: forte εἰ μή (Osiander, Harmonia, Bl. i 1 b).

Evangelien nicht in allen Punkten als gesichert gelten[12]. Damit ist in das so sicher erscheinende Fundament wieder ein Unsicherheitsfaktor geraten. Osiander hätte ja analog der oben zitierten Folgerung[13] auch sagen können: «Wenn einmal der überlieferte Evangelientext — sei es auch bei weniger wichtigen und nicht zum Heile notwendigen Dingen — sich als unzuverlässig erwiesen hat, dann sehe ich keine Möglichkeit, auch das, was für uns gesichert sein muß, vor Zweifeln zu schützen.» Diese Konsequenz kam ihm aber nicht in den Sinn — zumindest hat sie ihn nicht beunruhigt und er hat darüber keine weiteren Überlegungen angestellt[14]. Die Prioritäten sind bei ihm klar: Das Prinzip der Widerspruchslosigkeit steht über der Treue zum textus receptus. Die Annahme einer Textverderbnis geht nämlich auf das Konto der verantwortlichen Menschen — das ist zu verschmerzen. Nicht ertragbar wäre ein Irrtum, den man bei den Evangelisten selbst konstatieren und damit dem Geist Gottes zur Last legen würde. Es war Osiander klar, daß er — würde er es in seiner Harmonie beim griechischen Text bewenden lassen — mit einem sehr kleinen Leserkreis würde rechnen müssen. Deshalb entschloß er sich, zusätzlich eine von ihm selbst erstellte lateinische Übersetzung zu publizieren. Er habe damit weder die Vulgataversion diskriminieren noch die Leistung des Erasmus überbieten wollen, versichert Osiander. Vielmehr hätte sich für den Fall, daß er eine dieser beiden Translationen übernommen hätte, immer wieder die Notwendigkeit ergeben, Änderungen daran vorzunehmen. Dann hätte er gewärtigen müssen, daß ihn die einen als Fälscher, die anderen als Entweiher fremder Arbeit verurteilen könnten. Deshalb habe er auf eigene Verantwortung eine Übersetzung gestaltet mit dem einzigen Ziel, den wahren Sinn mit einfachen und klaren Worten auszudrücken, und er habe dabei lieber auf Eleganz verzichtet, als von der kirchlichen Gewohnheit allzusehr abzuweichen[15].

Das klingt so, als habe Osiander unter Verzicht auf Hieronymus und Erasmus eine selbständige Version geschaffen. In Wirklichkeit aber muß man den von ihm gebotenen lateinischen Text als eine Überarbeitung der beiden vorgegebenen Übersetzungen beurteilen, wobei er sich in der Regel mehr an Erasmus als an die Vulgata anschließt. Das Kriterium, nach dem er ändernd in seine Vorlagen eingreift, ist eine

---

[12] Die alte Überlieferung, daß Matthäus sein Evangelium auf Hebräisch verfaßt habe, wird von Osiander ohne Widerspruch zitiert (Osiander, Harmonia, Bl. dd 1 b).

[13] Vgl. oben bei Anm. 10.

[14] Einige Spätere konnten sich mit einer solchen Ungewißheit im Verhältnis ‹Urtext›–überlieferter Text nicht abfinden und dehnten die Irrtumslosigkeit der Heiligen Schrift auch auf die Textüberlieferung aus: «In locis, ubi constans est codicum praecipuorum lectio, nequaquam concedendum errorem quendam descriptorum culpa esse commissum vel aliquid a librariis esse falsatum» (Quenstedt, theologia didactico-polemica I, 77; zitiert nach Luthard, Kompendium, S. 348); vgl. auch Kümmel, Geschichte, S. 41.

[15] Osiander, Harmonia, Bl. α 4b.

größtmögliche Parallelität zum griechischen Text. Wenn sich dort z. B. Synonyma finden, die die beiden Lateiner jeweils mit nur ein und derselben Vokabel wiedergeben, dann versucht Osiander, die Wortvariation wiederherzustellen[16]. Und umgekehrt, wenn die Lateiner einen Wortwechsel vornehmen, der im Griechischen keine Entsprechung hat, dann will auch Osiander Einheitlichkeit[17]. Zu solchen Korrekturen ist er schon deshalb gezwungen, weil er ja im griechischen Text der Harmonie sämtliche Wortvarianten verzeichnet. Der lateinische Text, der dem griechischen an die Seite gestellt wird, soll ja keine neue Harmonie bringen, was aber praktisch der Fall wäre, wenn Osiander genötigt wäre, Varianten zu streichen oder neue einzuführen.

Darüber hinaus ‹verbessert› er natürlich auch an den Stellen, für die er in den Annotationen bestimmte Interpretationen vorgelegt hat[18], so daß die lateinische Übersetzung gleichzeitig ein Stück Kommentar zur Harmonisierung des griechischen Bibeltextes darstellt.

4.7.2. Das Siglensystem

Gerson war noch mit vier Buchstaben ausgekommen, um in seinem Monotessaron die Herkunft aus den verschiedenen Evangelien zu vermerken. Osiander verfeinert und erweitert dieses System auf siebzehn Buchstaben[1]:

A = Mt	B = Mk	C = Lk
D = Joh	E = Mt + Mk	F = Mt + Lk
G = Mt + Joh	H = Mk + Lk	I = Mk + Joh
K = Lk + Joh	L = Mt, Mk, Lk	M = Mt, Mk, Joh
N = Mt, Lk, Joh	O = Mk, Lk, Joh	P = Mt, Mk, Lk, Joh
Q = Act[2]	R = I Kor 15[3]	

---

[16] Beispiel: In Joh 21,15—17 findet sich im Griechischen der Wortwechsel βόσκε (V. 15) — ποίμαινε (V. 16) — βόσκε (V. 17). Vg. und Erasmus gehen auf diese Variation nicht ein und übersetzen je dreimal: «Pasce!» Osiander entscheidet sich für pasce — rege — pasce. In den gleichen Versen liest man im Urtext: τὰ ἀρνία (V. 15) — τὰ πρόβατα (V. 16) — τὰ πρόβατα (V. 17). Die Vg. hat agnos — agnos — oves, Osiander aber agnos — oves — oves. Wie Osiander hatte in diesem Falle aber auch schon Erasmus übersetzt.

[17] Ein weiteres Beispiel aus Joh. 21,15—17: Dort kommt im Griechischen achtmal die Form λέγει vor. Osiander übersetzt konsequent mit «dicit», während Erasmus und Vg. in V. 16 einmal «ait» und Vg. in V. 17 einmal «dixit» haben.

[18] Z. B. in Joh 18,24 für ἀπέστειλεν «miserat» statt «misit», vgl. o. S. 117 bei Anm. 83.

[1] Das Zeichensystem ist zusammengestellt in Osiander, Harmonia, Bl. α 5 b f. und Bl. ff 4 a («Canon ad harmoniam evangelicam recte intelligendam» — der Begriff «canon» im Anschluß an Euseb).

[2] Betrifft Act 1,3—2,12.

[3] Betrifft I Kor 15,6f.

Er gibt dem Leser ein paar gute Ratschläge, wie er sich die Bedeutung der einzelnen Buchstaben «sine omni labore» einprägen kann[4].

Falls Osiander Varianten nicht im Text, sondern am Rande anführt, verweist er darauf mit einem der vier Zeichen $\uparrow$, $\ast$, $\dagger$, $\ast$. Wenn er sich genötigt sieht, auf eigene Verantwortung Hinzufügungen zum biblischen Wortlaut vorzunehmen[5], macht er diese durch Kleindruck deutlich.

Eine Textprobe wird auch hier besser als viele Erläuterungen veranschaulichen, wie Osiander mit Text und Siglen umgeht[6]. Man ersieht aus diesem Beispiel, daß es – bei entsprechender Vertrautheit mit den Zeichen – leicht und schnell möglich ist, die Herkunft jedes einzelnen Wortes zu erkennen und festzustellen, ob nur ein Evangelist oder mehrere und welche dieses Wort bieten[7].

Außerdem bereitet es keine großen Schwierigkeiten, den ursprünglichen Text jedes Evangelisten in seinem Zusammenhang zu rekonstruieren; mit einiger Übung kann man sogar den Wortlaut eines Einzelevangeliums ‹vom Blatt› ablesen.

Die Harmonie konnte also auch die Aufgaben einer Synopse wahrnehmen und so zum Hilfsmittel für exegetischen und praktischen Umgang mit dem Neuen Testament werden. Nicht zuletzt dieser Grund dürfte für die beachtliche Verbreitung der Osiandrischen Harmonie verantwortlich zu machen sein.

4.7.3. Gliederung und Anordnung des Stoffes

Osiander gliedert seine Harmonie in vier Bücher[1] mit insgesamt 181 Kapiteln[2]. Weiterhin vermerkt Osiander in der Harmonie die Passafeste, die Christus nach seiner Taufe erlebt hat. Es sind deren vier[3]. Die Dauer des Wirkens Jesu von seiner Taufe bis zu seinem Tode ist also länger als drei Jahre. In dieser Zeit war er fünfmal

---

[4] Osiander, Harmonia, Bl. α 6a.

[5] Vgl. o. S. 101.

[6] Die Textprobe ist Buch 1, Kap. 17 der Harmonie entnommen (Osiander, Harmonia, Bl. b 5b).

[7] Jedes Zeichen gilt für alle nachfolgenden Worte bis zum nächsten Zeichen.

[1] Osiander, Harmonia, Bl. α 4b: «Quia vero ex quatuor evangelistarum quatuor libris unicum opus effici, placuit mihi, ut idem iterum in quatuor libros dividerem.»

[2] Das 1. Buch beinhaltet die Vor- und Kindheitsgeschichten und den ersten Abschnitt der öffentlichen Wirksamkeit Jesu bis zu den Sabbatheilungen Mk 2,23 ff par.; das 2. Buch die Zeit von der ‹Ordination› der Apostel (Mt 10,1 ff. par) bis zur Reise Jesu ins ostjordanische Judäa (Mt 19,1 b/Mk 10,1 b/Joh 10,40); das 3. Buch die Zeit vom Aufbruch nach Jerusalem (Lk 9,51 ff.) bis zu Jesu letztem Auftreten im Tempel (Mt 23/Mk 12; Lk 21,1–4) und das 4. Buch die Geschehnisse von den apokalyptischen Reden Jesu (Mt 24 f. par.) bis zu Pfingsten (Act 2,1–12).

[3] Joh 2,13; 5,1; 6,4 und das Todespassa.

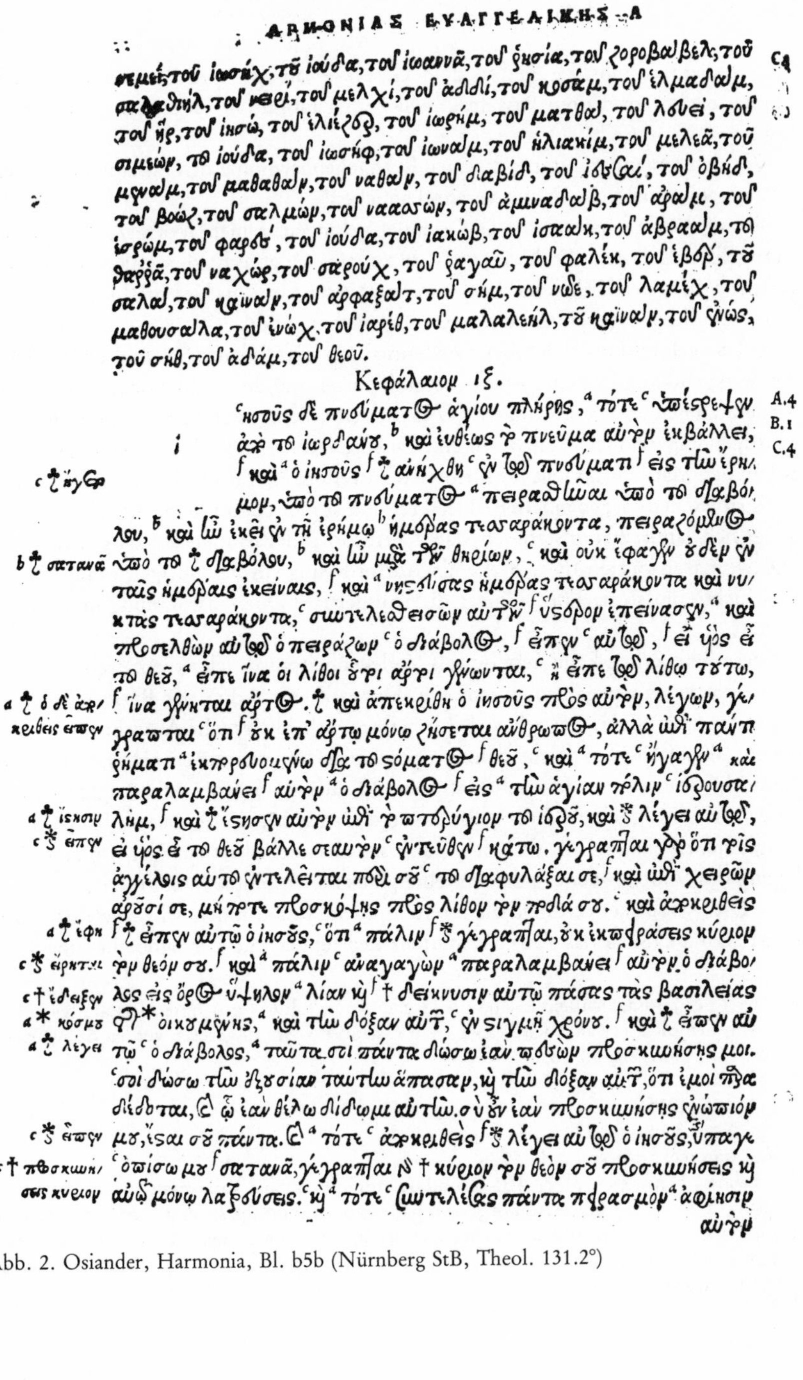

νεμέ τοῦ ἰωσήχ, τοῦ ἰούδα, τοῦ ἰωαννᾶ, τοῦ ῥησία, τοῦ ζοροβαβέλ, τοῦ
σαλαθιήλ, τοῦ νηρί, τοῦ μελχί, τοῦ ἀδδί, τοῦ κωσάμ, τοῦ ἐλμαδάμ,
τοῦ ἤρ, τοῦ ἰησοῦ, τοῦ ἐλιέζερ, τοῦ ἰωρήμ, τοῦ ματθάτ, τοῦ λευί, τοῦ
συμεών, τοῦ ἰούδα, τοῦ ἰωσήφ, τοῦ ἰωναμ, τοῦ ἠλιακίμ, τοῦ μελεᾶ, τοῦ
μαϊνάμ, τοῦ ματταθάμ, τοῦ ναθάμ, τοῦ δαβίδ, τοῦ ἰεσσαί, τοῦ ὠβήδ,
τοῦ βοώζ, τοῦ σαλμών, τοῦ ναασσών, τοῦ ἀμιναδάβ, τοῦ ἀράμ, τοῦ
ἐσρώμ, τοῦ φαρές, τοῦ ἰούδα, τοῦ ἰακώβ, τοῦ ἰσαάκ, τοῦ ἀβραάμ, τοῦ
θάρρα, τοῦ ναχώρ, τοῦ σαρούχ, τοῦ ῥαγαῦ, τοῦ φαλέκ, τοῦ ἑβέρ, τοῦ
σαλά, τοῦ καϊνάμ, τοῦ ἀρφαξάτ, τοῦ σήμ, τοῦ νῶε, τοῦ λαμέχ, τοῦ
μαθουσάλα, τοῦ ἐνώχ, τοῦ ἰαρέθ, τοῦ μαλαλεήλ, τοῦ καϊνάμ, τοῦ ἐνώς,
τοῦ σήθ, τοῦ ἀδάμ, τοῦ θεοῦ.

Κεφάλαιον ιϛ.

ἰησοῦς δὲ πνεύματος ἁγίου πλήρης, τότε ἀνέστρεψεν
ἀπὸ τοῦ ἰορδάνου, καὶ εὐθέως τὸ πνεῦμα αὐτὸν ἐκβάλλει,
καὶ ὁ ἰησοῦς ἀνήχθη ἐν τῷ πνεύματι εἰς τὴν ἔρη-
μον, ὑπὸ τοῦ πνεύματος πειραθῆναι ὑπὸ τοῦ διαβόλου, καὶ ἦν ἐκεῖ ἐν τῇ ἐρήμῳ ἡμέρας τεσσαράκοντα, πειραζόμενος
ὑπὸ τοῦ διαβόλου, καὶ ἦν μετὰ τῶν θηρίων, καὶ οὐκ ἔφαγεν οὐδὲν ἐν
ταῖς ἡμέραις ἐκείναις, καὶ νηστεύσας ἡμέρας τεσσαράκοντα καὶ νύ-
κτας τεσσαράκοντα, συντελεσθεισῶν αὐτῶν ὕστερον ἐπείνασεν, καὶ
προσελθὼν αὐτῷ ὁ πειράζων ὁ διάβολος, εἶπεν αὐτῷ, εἰ υἱὸς εἶ
τοῦ θεοῦ, εἰπὲ ἵνα οἱ λίθοι οὗτοι ἄρτοι γένωνται, εἰπὲ τῷ λίθῳ τούτῳ,
ἵνα γένηται ἄρτος. καὶ ἀπεκρίθη ὁ ἰησοῦς πρὸς αὐτόν, λέγων, γέγραπται ὅτι οὐκ ἐπ' ἄρτῳ μόνῳ ζήσεται ἄνθρωπος, ἀλλὰ ἐπὶ παντὶ
ῥήματι ἐκπορευομένῳ διὰ τοῦ σόματος θεοῦ, καὶ τότε ἤγαγεν καὶ
παραλαμβάνει αὐτὸν ὁ διάβολος εἰς τὴν ἁγίαν πόλιν, ἱεροσα-
λήμ, καὶ ἔστησεν αὐτὸν ἐπὶ τὸ πτερύγιον τοῦ ἱεροῦ, καὶ λέγει αὐτῷ,
εἰ υἱὸς εἶ τοῦ θεοῦ βάλε σεαυτὸν ἐντεῦθεν κάτω. γέγραπται γὰρ ὅτι τοῖς
ἀγγέλοις αὐτοῦ ἐντελεῖται περὶ σοῦ τοῦ διαφυλάξαι σε, καὶ ἐπὶ χειρῶν
ἀροῦσί σε, μήποτε προσκόψῃς πρὸς λίθον τὸν πόδα σου. καὶ ἀποκριθεὶς
ἔφην αὐτῷ ὁ ἰησοῦς, ὅτι πάλιν γέγραπται, οὐκ ἐκπειράσεις κύριον
τὸν θεόν σου. καὶ πάλιν ἀναγαγὼν παραλαμβάνει αὐτὸν ὁ διάβολος εἰς ὄρος ὑψηλὸν λίαν καὶ δείκνυσιν αὐτῷ πάσας τὰς βασιλείας
τῆς οἰκουμένης, καὶ τὴν δόξαν αὐτῶν, ἐν στιγμῇ χρόνου. καὶ εἶπεν αὐτῷ ὁ διάβολος, ταῦτά σοι πάντα δώσω ἐὰν πεσὼν προσκυνήσῃς μοι.
σοὶ δώσω τὴν ἐξουσίαν ταύτην ἅπασαν, καὶ τὴν δόξαν αὐτῶν, ὅτι ἐμοὶ πα-
ραδέδοται, ᾧ ἐὰν θέλω δίδωμι αὐτήν. σὺ οὖν ἐὰν προσκυνήσῃς ἐνώπιόν
μου, ἔσται σοῦ πᾶσα. καὶ τότε ἀποκριθεὶς λέγει αὐτῷ ὁ ἰησοῦς, ὕπαγε
ὀπίσω μου σατανᾶ, γέγραπται γάρ, κύριον τὸν θεόν σου προσκυνήσεις καὶ
αὐτῷ μόνῳ λατρεύσεις. καὶ τότε συντελέσας πάντα πειρασμὸν ἀφίησιν
αὐτόν

Abb. 2. Osiander, Harmonia, Bl. b5b (Nürnberg StB, Theol. 131.2°)

in Jerusalem, nämlich – getreu dem Gesetz – an den vier Passafesten[4] und im Herbst nach dem dritten Passafest auch zum Laubhütten- und zum Tempelweihfest.

Wie sich Osiander aufgrund seiner Evangelienharmonie den Ablauf des Lebens Jesu vorstellt, mag die Grafik veranschaulichen[5].

Bis auf drei Ausnahmen ist es Osiander gelungen, seinem Vorsatz, die von den Evangelisten gebotene Ordnung nicht zu zerstören[6], gerecht zu werden. Er bemüht sich, für diese drei Fälle eine Erklärung zu finden, warum hier die biblischen Autoren von ihren eigenen Grundsätzen abgewichen sind:

1. Das gelingt ihm gleich beim erstenmal nur mangelhaft. Bekanntlich haben in der Versuchungsgeschichte Matthäus und Lukas eine unterschiedliche Reihenfolge der letzten beiden Versuchungen[7]. Osiander entscheidet sich hier – entgegen seiner sonstigen Gewohnheit – nicht für eine Dissimilierung beider Erzählungen, sondern er hält den Matthäusbericht für historisch zutreffend[8]. Warum aber verändert Lukas die historischen Gegebenheiten? Der Harmonist gibt darauf keine Antwort. Er begnügt sich damit, zu konstatieren, daß die Autorität der Evangelisten gewahrt bleibe, und wertet ansonsten diese Stelle als Aufforderung, in der übrigen evangelischen Geschichte um so nachdrücklicher die wunderbare Übereinstimmung herauszuarbeiten[9].

Diese Beteuerung kann man nur als Verlegenheitsausdruck akzeptieren, als einen Fremdkörper in der ganzen Harmonie. Dieses Zugeständnis der Ratlosigkeit muß Osiander nach allem, was wir von ihm wissen, erheblich mehr Anfechtung bereitet haben, als aus den so leicht dahingesprochenen Worten zu entnehmen ist; denn damit dokumentiert er faktisch, daß seine Voraussetzung der unbedingten historischen Zuverlässigkeit der Evangelisten von diesen selbst relativiert worden ist. Es ist einigermaßen erstaunlich, daß sich Osiander hier nicht hartnäckiger um eine Auflösung des Widerspruches oder um eine plausible Apologie bemüht hat.

2. Die Synoptiker erzählen die Streitgespräche Jesu mit den Schriftgelehrten und Pharisäern anläßlich des Ährenausraufens der Jünger und der Sabbatheilung so in

---

[4] Wobei der Jerusalemaufenthalt Jesu während des in Joh 6,4 genannten Passafestes in den Evangelien nicht erwähnt wird, aber – so Osiander – vorausgesetzt werden darf (Osiander, Harmonia, Bl. dd 6b).

[5] Vgl. Grafik V.

[6] Vgl. o. S. 101 f.

[7] Vgl. Mt 4,5–11 mit Lk 4,5–13.

[8] Vgl. unsere Textprobe, o. S. 127.

[9] Osiander, Harmonia, Bl. cc 4b: «Quod quam nihil detrahat authoritati evangelistarum et quam sit excusabile praesertim in re tam parvi momenti prudens lector intelligit. Nos ideo admonuimus, ut admirabilem et hactenus nemini creditam evangelistarum consonantiam, cum in rebus ipsis, tum vero etiam in ordine rerum gestarum, in reliquis tanto magis illustrem redderemus.»

Übereinstimmung[10], daß selbst Osiander nicht auf den Gedanken kommt, es handle sich dabei um verschiedene Ereignisse. Nun postiert Matthäus den Bericht hierüber nach der ‹Ordination› der zwölf Apostel (Mt 10, 1ff.) und nach der ‹Täuferanfrage› (Mt 11), während Markus und Lukas ihn vorher einordnen[11]. Warum diese Diskrepanz? Osiander doziert: Aus Mt 12, 14f. und Mk 3, 6f. geht hervor, daß die Pharisäer und die Leute des Herodes die Auseinandersetzung mit Jesus zum Anlaß nahmen, ihm nach dem Leben zu trachten. Jesus aber durchschaute ihre Anschläge und entwich aus dieser Gegend. Dieser sachliche Zusammenhang von Streitgesprächen, Mordanschlag und Weiterreise Jesu ist aber nicht identisch mit dem genauen zeitlichen Ablauf; denn nachdem Jesus sich den Augen seiner Feinde entzogen hatte, entfernte er sich nicht sofort aus der Gegend, sondern er erwählte vorher noch die zwölf Apostel, heilte den Knecht des Centurio, kam nach Nain und erweckte dort den Jüngling und entzog sich so allmählich den Nachstellungen seiner Gegner. Die drei Synoptiker entscheiden sich für unterschiedliche Methoden, den zeitlichen oder sachlichen Zusammenhang darzustellen:

Markus und Lukas berichten die Ursache für den Wegzug Jesu, also die Streitgespräche mit den Pharisäern und deren Anschläge, in der richtigen zeitlichen Ordnung (Mk 2, 23–3, 6/Lk 6, 1–11). Markus knüpft den «effectus» dieser «causa», d. h. den Weggang Jesu, «per anticipationem» an (Mk 3, 7) und macht so – unter Verzicht auf chronologische Korrektheit – den Zusammenhang zwischen Ursache und Wirkung deutlich. Lukas entscheidet sich für die genaue zeitliche Akoluthie. Er berichtet deshalb das Entweichen Jesu an seinem Ort (Lk 8, 1ff.), unterläßt es aber, die Ursache dafür deutlich zu machen. Matthäus geht einen ähnlichen Weg wie Markus. Er verbindet Ursache und Wirkung, erzählt beides aber erst, als er in seiner Darstellung zum Zeitpunkt des «secessus Iesu» gelangt ist (Mt 12, 1–15). Vorher hatte er die Auseinandersetzung mit den Pharisäern übergangen. Gewissenhaft weist Matthäus durch den Wortlaut, dessen er sich bedient, darauf hin, daß das, was er jetzt zu erzählen hat, schon ein wenig vorher geschehen ist: Er schreibt nämlich (Mt 12, 1): «Ἐν ἐκείνῳ τῷ καιρῷ ἐπορεύθη ὁ Ἰησοῦς τοῖς σάββασιν διὰ τῶν σπορίμων.» Hier ist der Aorist als Plusquamperfekt zu übersetzen: «‹In illo tempore transierat . . . Iesus per sata etc.›, quasi dicat: ‹Illo superiore tempore, quo Iesus adhuc versabatur cum Herodianis, haec quae iam narraturus sum contigerunt ac causa fuerunt, cur Iesus in hunc secessum, quem modo descripsi, pervenerit.›»[12] Eine solche Art zu reden, gebrauche Matthäus niemals sonst, wenn er die Dinge in ihrer Ordnung erzähle.

---

[10] Vgl. Mt 12, 1–14/Mk 2, 23–3, 6/Lk 6, 1–11.
[11] Vgl. Mk 3, 13ff./Lk 6, 12ff.–Lk 7, 18ff.
[12] Dieses Zitat und die Erörterung des ganzen Problems in Osiander, Harmonia, Bl. dd 4af.

Osiander glaubt, mit seiner Anordnung in der Harmonie den Anliegen aller drei Evangelisten Rechnung getragen zu haben: Er nimmt Mt 12, 1−21 aus der Matthäusreihenfolge heraus und stellt diese Verse parallel zu der entsprechenden Erzählung bei Markus und Lukas. Auf diese Weise hat er die historische Abfolge wiederhergestellt und gleichzeitig die von Matthäus intendierte Verbindung von Ursache und Wirkung gesichert, da er mit Markus den Weggang Jesu vorausblickend im Anschluß an den Mordanschlag der Pharisäer notiert und ihn mit Lukas an der chronologisch richtigen Stelle und in größerer Ausführlichkeit wiederholt[13].

Auch bei der Erörterung dieser Perikope betont Osiander zum Abschluß sein bekanntes Anliegen: «Sed, ut finiam, confido iam manifestum esse, Matthaeum non errore, sed consilio hic a caeteris discrepasse, quod quam nihil faciat ad elevandam evangelistae autoritatem nemo non videt.»[14]

Auch hier läßt es Osiander zu, daß seine Überzeugung hinsichtlich der Darstellungsweise der Evangelisten relativiert wird, wenn er der alten augustinisch-gersonschen These, die Evangelisten hätten fallweise «per anticipationem» und «per recapitulationem» berichtet[15], ein gewisses Recht zugesteht. Er bleibt aber dabei, daß man ein solches Vorgehen der evangelischen Autoren nicht beliebig postulieren dürfe, sondern nur dann in Rechnung setzen könne, wenn diese selbst unmißverständlich deutlich machen, daß sie von dem historischen ordo aus guten Gründen abweichen[16].

3. Wie Osiander die Besprechung des zweiten Falles, bei dem er gezwungen war, die Akoluthie eines Evangelisten anzutasten, beendet hatte, so eröffnet er die Darstellung des dritten derartigen Falles: mit einer Proklamation der Autorität der Evangelisten: «Hic tertius et ultimus locus est, in quo evangelistarum periodos loco moveri et transferi res ipsa coegit, sed ita tamen, ut ea res evangelistarum authoritati non modo non officiat, verum etiam mirabiliter eam commendet.»[17] Es handelt sich bei diesem dritten Fall um die vier Ereignisse auf Golgatha: die Kreuzigung der beiden ‹Schächer›, die Anbringung des Kreuzestitulus, die Verteilung der Kleider unter den Soldaten und die Verspottung Christi durch die Vorübergehenden[18]. Alle

---

[13] Nämlich in Lk 8, 1−3. Die Tatsache, daß dort erwähnt wird, daß die Frau des Prokurators des Herodes Jesus nachgefolgt sei (V. 3), läßt nach der Meinung Osianders erkennen, daß Jesus damals den Einflußbereich des Herodes und der Herodianer (vgl. Mk 3, 6) verlassen habe.

[14] Osiander, Harmonia, Bl. dd 4 b.

[15] Vgl. o. S. 5 und S. 16.

[16] Osiander, Harmonia, Bl. dd 6 b (anläßlich von Mt 14, 1 ff. par.). Aber nur bei Mt 12 sah sich Osiander deshalb in seiner Harmonie zur Änderung der Akoluthie eines Evangelisten gezwungen.

[17] Osiander, Harmonia, Bl. ee 6 b f.

[18] Mt 27, 35−39: Kleiderverteilung (1) − Titulus (2) − Kreuzigung der Schächer (3) − Verspottung durch die Vorübergehenden (4); Mk 15, 24−29: 1 − 2 − 3 − 4; Lk 23, 34−38:

diese vier Vorgänge seien in Wirklichkeit gleichzeitig geschehen, so daß es gleichgültig sei, in welcher Reihenfolge sie erzählt würden[19].

4.7.4. Der Elenchus

Seiner Harmonie setzt Osiander einen «Elenchus» voran[1]. Er soll «totius operis dispositionem et ordinem lucidissima brevitate»[2] vor Augen führen und so dem Leser zu noch fruchtbarerer Lektüre der Harmonie verhelfen. In diesem «elenchus seu index» haben wir den Grundriß einer Synopse vorliegen[3]: Der Inhalt der einzelnen Kapitel der vier Bücher der Harmonie wird in kurzen Sätzen zusammengefaßt («in brevissima rerum argumenta») und diese «argumenta» werden in vier parallelen Kolumnen so neben- und nacheinander angeordnet, daß man einen vollständigen Überblick über die Akoluthie der Harmonie und den Ablauf der evangelischen Geschichte erhält und auf den ersten Blick erkennen kann, welche Ereignisse von einem oder von mehreren Evangelisten berichtet werden. Auf diese Weise leistet der Elenchus nicht nur gute Dienste als Inhaltsverzeichnis für Osianders Harmonie, sondern man kann ihn auch als selbständiges Hilfsmittel für die Aneignung des Lebens Jesu gebrauchen.

4.7.5. Die Annotationen

Die in lateinischer Sprache geschriebenen «Annotationen» sind Rechenschaftsablage («ratio») über die Harmonie. In ihnen begründet Osiander die von ihm bezüglich der Anordnung des Stoffes getroffenen Entscheidungen, er nimmt weiterhin zu herkömmlicherweise behandelten, den Konsens der Evangelisten betreffenden

---

3 − 1 − 4 − 2; Joh 19, 18−24: 3 − 2 − 1; Osiander: 3 − 2 − 1 − 4. Ebenso hatte sich auch Bugenhagen in seiner Passionsharmonie entschieden (Mülhaupt, Luthers Evangelienauslegung, S. 48*); vgl. auch Luther in der Hauspostille, WA 52, S. 800 ff.

19 Osiander, Harmonia, Bl. ff 1 a.

1 Osiander, Harmonia, Bl. A 2 a−B 6 b.

2 Osiander, Harmonia, Bl. A 1 b (Vorrede zum Elenchus).

3 Auf zweifache Weise hat Osiander künftige Synopsen vorbereitet: Indem er sowohl Zielsetzung als auch äußere Form vorwegnahm. Die Zielsetzung (alle evangelischen Varianten zusammenzustellen und ihre Herkunft deutlich zu machen) in der Textgestaltung seiner Harmonie (vgl. o. S. 101) und die äußere Form (die parallelen Kolumnen) in seinem Elenchus. Beides zu kombinieren, also die vollständigen Evangelientexte in Kolumnen nebeneinanderzustellen, verbot ihm sein theologischer Ansatz (vgl. o. S. 100).

Problemen («scrupula») Stellung[1] und bringt an einigen wenigen Punkten auch Erörterungen zu Bibelstellen, die nicht unmittelbar mit dem consensus evangelistarum
zu tun haben, wo er sich aber veranlaßt sieht, seine Zeitgenossen mit neuen Er-
kenntnissen vertraut zu machen.

Die Annotationen sind kein Kommentarwerk. Weder behandeln sie fortlaufend
den gesamten evangelischen Stoff, noch bringen sie dogmatische oder moralische
Auslegungen (von wenigen Ausnahmen abgesehen). Daß auch weitgehend Verzicht
auf zeitgeschichtliche Erläuterungen geübt wird, wurde bereits gesagt[2].

Wenn wir nun im folgenden einen Überblick über die wichtigsten in den Annotationen verhandelten Themen vorlegen, so ist das trotz der daraus notwendig resultierenden Breite der Darstellung aus mehreren Gründen zu rechtfertigen:

Es ist wohl nicht übertrieben, wenn man die Meinung vertritt, daß Osianders
Harmonie in der Geschichte der Evangelienharmonien eine der markantesten Erscheinungen repräsentiert. Deshalb muß eine Arbeit, die einen Beitrag zur Erforschung dieser Geschichte leisten will, der Vorstellung des Osiandrischen Werkes
einen seiner Bedeutung entsprechenden Raum zur Verfügung stellen. Weiterhin er-
hellen die Annotationen mehr noch als der bloße Text der Harmonie den oft eigen-
artig erscheinenden Umgang dieses Reformationstheologen mit der Heiligen Schrift.
Gerade im Zusammenhang der Bemühungen, Werk und Person dieses Mannes der
Forschung vertraut zu machen[3], wird eine solche Information willkommen sein und
dazu beitragen, der biblisch-exegetischen Arbeit Osianders mehr Aufmerksamkeit
zu widmen, als man es aufgrund seiner sonstigen Werke gemeinhin tut. Und schließlich – und das erscheint mir am wichtigsten – beinhalten die Annotationen auch
eine als exemplarisch zu betrachtende Zusammenstellung solcher Probleme, die in
der kirchlichen Auslegungsgeschichte als belastend für den consensus evangelistarum empfunden wurden und die man aus den Weg zu räumen oder für belanglos zu
erklären sich bemüht hat. Ein Vergleich mit den von Merkel vorgelegten Beispielen[4]
zeigt, daß es weithin die gleichen Fragen waren, die auch schon vor und von Augustin traktiert worden sind. Wer sich für Auslegungsgeschichte der Evangelien
interessiert, hat in den Osiandrischen Annotationen eine in der Thematik repräsen-

---

[1] Diese «scrupula» gliedert Osiander in drei Gruppen: «Aut de ordine dubitatur aut evangelistae inter sese aut cum sacris veteris testamenti libris discordare vulgo putantur»
(Osiander, Harmonia, Bl. aa 1 b).
[2] Vgl. o. S. 113.
[3] Vgl. die drei Dissertationen über Osiander aus den vergangenen Jahren: Seebaß, Osiander;
Stupperich, Osiander, und Fligge, Osiandrismus. Weiterhin: Seebaß, Bibliographie und
Osiander, Werke.
[4] Merkel, Widersprüche.

tative, in den Lösungen meist eigenwillige Sammlung von Quaestionen zur evangelischen Geschichte[5].

Beispiele aus den Annotationen:

1. Zur Genealogie Jesu[6]

Mit den beiden Genealogien Jesu verfährt Osiander wie mit vielen anderen Perikopen: Er dissimiliert sie. Die verschiedenen Versuche, die Unterschiede zwischen Mt 1, 1–14 und Lk 3, 23–28 zu harmonisieren, z. B. mit Hilfe des Gesetzes der Leviratsehe oder mit Hilfe der Annahme von Doppelnamen, werden von ihm verworfen:

Die Differenzen müßten und dürften gar nicht beseitigt werden, denn es handle sich um verschiedene Abstammungslinien. Matthäus weise die Herkunft des Joseph aus dem Hause Davids und der Nachkommenschaft Salomos nach. Lukas aber bringe die Ahnentafel der Maria und zeige, daß auch sie aus dem Hause Davids, nämlich von den Nachkommen Nathans abstamme. Um dies zu erkennen, sei es allerdings erforderlich, das «Ἰωσήφ, τοῦ Ἡλεί» in Lk 3, 23 richtig aufzufassen: Joseph war nicht der Sohn, sondern der Schwiegersohn Elis. Oder aber man beziehe den Genitiv auf Jesus, «ut esset sententia: Et is ipse erat Iesus, annorum triginta ferme incipiens esse, ut putabatur, filius Iosephi, qui tamen fuit filius seu nepos Eli»[7]. Auf alle Fälle sei Eli der Vater Marias, den die Kirche gemäß einer «vetus ecclesiae traditio» Joachim nennt. Daß Joachim und Eli identisch seien, zeige die Bedeutungsgleichheit der beiden Namen. Da nämlich יְהוֹיָקִים, «quod nomen significat ‹extollendum›» (קוּם), die ersten drei Buchstaben mit dem Gottesnamen יהוה gemeinsam hat, habe man ihn entsprechend jüdischer Gewohnheit durch den Namen עֵלִי, «altus seu sublimis» (עלה) ersetzt[8].

Diese Dissimilierung der beiden Genealogien hält Osiander nicht nur für einleuchtend, sondern auch für allein der göttlichen Vorsehung entsprechend[9]. Die Familienverhältnisse Jesu seien überdies zur Zeit der Apostel allen so bekannt gewesen, daß niemand die von Lukas gebotene Genealogie für die des Joseph statt die der Maria gehalten haben würde[10].

Der Einwand gegen die Theorie Osianders, in Mt 1, 12 und Lk 3, 27 würden die gleichen Männer genannt (Serubabel und Sealthiel), also seien die beiden Genealogien doch identisch, verfange nicht: «Summa admiratione dignum videtur, quod fuerint, qui putarint Sealthielem et Zorobabelem apud Lucam esse eosdem, qui sunt apud Matthaeum. Quasi vero non sit usitatissimum, eadem nomina pluribus imponi, imprimis autem insignium, illustrium et laudatorum virorum!»[11]

---

[5] Wir müssen uns im folgenden darauf beschränken, jeweils den Standpunkt Osianders zu referieren. Eine Darstellung der verschiedenen Beiträge der Tradition zu den einzelnen Themen würde oft eine ausgedehnte Untersuchung erfordern und kann in unserem Zusammenhang nicht geleistet werden.

[6] Osiander, Harmonia, Bl. aa 2 a f. und Bl. cc 1 a–cc 4 b.

[7] Osiander, Harmonia, Bl. cc 4 a.

[8] Osiander, Harmonia, Bl. cc 3 b und Bl. aa 4 a.

[9] Osiander, Harmonia, Bl. cc 4 a: Quoties ad Dei providentiam aeternumque illius consilium respicio, . . . dubitare non possum, quin Lucas sic scripserit genealogiam virginis sicut Matthaeus scripsit genealogiam Iosephi sponsi eius.»

[10] Osiander, Harmonia, Bl. cc 4 a.

[11] Ebd.

2. Der Jesusname[12]

Die Annotationen zu Buch 1 Kapitel 6 der Harmonie haben zwar mit keinem Konsensproblem zu tun, sind aber die breiteste Erörterung im ganzen Buch und sind für Osianders Theologie und Christologie bezeichnend und bedeutungsvoll. Das Anliegen dieser Ausführungen, die an dieser Stelle durch Mt 1, 21 ff. motiviert sind, ist es, die Gottheit Christi auch für seinen Namen, d. h. für den Jesusnamen zu konstatieren.

Osiander legt dar, daß der Name ᾿Ιησοῦς nicht, wie üblicherweise angenommen, dem hebräischen יְהוֹשׁוּעַ entspricht. Wenn dem so wäre, könnte man nicht erklären, wieso Jesus in den Schriften der Juden יֵשׁוּ genannt wird. Das ע kann nicht einfach ausfallen. יֵשׁוּ ist vielmehr die Kurzform von יְהֹשׁוּה. Die zweimalige Aspiration ה kann ohne Bedeutungs-, ja ohne Klangänderung entfallen. יְהֹשׁוּה aber ist nichts anderes als der unaussprechliche Gottesname יהוה, durch Hinzufügung eines שׁ aussprechbar gemacht. Die Menschwerdung Gottes erstreckt sich so in den Namen hinein. יהוה wird als יְהֹשׁוּה aussprechbar und erkennbar[13].

Hirsch hat nachgewiesen, daß die ausführliche, oft umständliche und waghalsige, wie Osiander selbst zugibt, «nonnihil etiam taediosa explicatio»[14], die gelehrte Rechtfertigung eines Gedankens ist, den der Nürnberger aus Reuchlins «de verbo mirifico» übernommen hat, der in seinen Wurzeln auf Pico de la Mirandola zurückführt und der im Kontext kabbalistischer Spekulationen entstanden ist[15]. Die Beweisführung, die wir in der Harmonie lesen, ist aber von Osiander eigenständig entwickelt worden[16].

3. Die «descriptio orbis»[17]

Osiander verwahrt sich gegenüber denen, die aus der «descriptio totius orbis» (Lk 2, 1 f.) eine «exactio census» gemacht haben[18], obwohl doch klar ist, daß man einen Zensus nicht vom gesamten Erdkreis eintreiben könne und obwohl Augustus erst anläßlich der Verbannung des Archelaus, also mehr als sieben Jahre nach der Geburt Christi, von den Juden einen Zensus gefordert habe.

4. Das «Gloria in excelsis»[19]

Für Lk 2, 14 schlägt Osiander aufgrund sprachlicher Gliederung eine neue Interpretation vor: Er versteht den Vers nicht als dreigliedrig, sondern als zweigliedrig, wobei sich die einzelnen Wörter in beiden Zeilen entsprechen:

Δόξα   ἐν ὑψίστοις   θεῷ
καὶ εἰρήνη ἐπὶ   γῆς   ἀνθρώποις εὐδοκία.

[12] Osiander, Harmonia, Bl. aa 2 b—aa 6 b.
[13] Osiander, Harmonia, Bl. aa 6 b.
[14] Osiander, Harmonia, Bl. aa 2 b.
[15] Vgl. Hirsch, Theologie, S. 27—30; vgl. dazu Reuchlin, de verbo mirifico, vor allem Buch 3.
[16] Reuchlin hatte in «de verbo mirifico» mit falschen sprachlichen Voraussetzungen gearbeitet und war deshalb später von seiner eigenen Theorie wieder abgerückt, vgl. Hirsch, Theologie, S. 28 f.
[17] Osiander, Harmonia, Bl. aa 6 b; vgl. o. S. 113, Anm. 49.
[18] Üblicherweise hat man «descriptio» (also eine Volkserzählung) und «census» (Steuereinziehung) als miteinander verbunden betrachtet, vgl. z. B. Historia scholastica, in evangelia, Kap. 4 (PL 198, Sp. 1539) oder Zacharias Chrysopolitanus, in unum ex quatuor I, 5 (PL 186, Sp. 72 f.); vgl. auch Luther, WA 10. 1. 1, S. 60.
[19] Osiander, Harmonia, Bl. aa 6 b f.; vgl. o. S. 117 bei Anm. 84.

Die von ihm vorgeschlagene lateinische Übersetzung lautet: «Gloria in excelsis Deo et in terra pax hominibus beneplacentiā.»

5. Die Magier[20]

Wann kamen die Magier nach Bethlehem? Keinesfalls − so Osiander − vor der Darstellung Christi im Tempel, die entsprechend Lev 12, 1−4 dreiunddreißig Tage nach der Beschneidung des neugeborenen Knäbleins stattfinden mußte[21]. Innerhalb so kurzer Zeit wäre es unmöglich gewesen, daß sie aus dem fernen Orient (nicht etwa aus Arabia felix oder Saba!)[22] bis nach Palästina hätten reisen können. Die von Matthäus vermerkte Tatsache, daß Herodes bei seinem Kindermord alle Kinder bis zum Alter von zwei Jahren umbringen ließ (Mt 2, 16), deute darauf hin, daß die Magier knapp zwei Jahre nachdem ihnen der Stern erschienen war, im Heiligen Land angelangt seien. Denn wenn die Weisen schon in den ersten Wochen nach der Geburt in Bethlehem angekommen wären und Herodes sich von ihnen nach Ablauf der nächsten Tage hintergangen gefühlt hätte, warum hätte er dann seinen Mordbefehl zwei Jahre hinausschieben sollen![23] Wenn die Magier erst nach der Darstellung im Tempel zu der Heiligen Familie kamen, dann müsse man folgern, daß diese nach der Reise nach Jerusalem wieder nach Bethlehem zurückgekehrt sei (vgl. Mt 2, 5. 8). Das sei auch gar nicht weiter verwunderlich, denn das Evangelium bezeuge ja, daß Bethlehem die Heimat des Joseph war (Lk 2, 4). Es gebe keinen Anlaß zur Vermutung, daß er seine Heimatstadt verlassen habe, ehe er von dem Engel von der drohenden Gefahr unterrichtet worden sei (Mt 2, 13). Die von Lk 2, 39 erwähnte Reise nach Nazareth sei identisch mit der von Mt 2, 22, gehöre also in die Zeit nach der Rückkehr aus Ägypten[24].

6. Micha 5, 1−Mt 2, 6[25]

Nach der Vulgata zitiert Matthäus den Spruch Mi 5, 1 genau im entgegengesetzten Sinne als er vom Propheten verwendet worden ist: Hieronymus übersetzt Mi 5, 1: «Et tu, Bethlehem Ephrata parvulus es in milibus Iuda», Matthäus hingegen zitiert: «Nequaquam es minima . . .»[26]. Dieser offensichtliche Widerspruch gehe allein auf Kosten des Hieronymus; denn seine Version erkenne nicht die Eigenart des hebräischen Textes. Wenn es dort heiße: «לְאַתָּה בֵּית־לֶחֶם אֶפְרָתָה צָעִיר לִהְיוֹת בְּאַלְפֵי יְהוּדָה», dann sei daran zu erinnern, daß das Hebräische kein Neutrum kenne, sondern daß stets − je nach Komposition des Satzes − das Maskulinum oder Femininum trete. So auch in diesem Falle: צָעִיר dürfe nicht mit «parvulus es», sondern müsse mit «parum est» wiedergegeben werden, so daß der ganze Satz laute: «Et tu, Bethlehem Ephrata, parum est, ut sis inter principes Iudae.» Werde das Prophetenwort auf diese

---

20 Osiander, Harmonia, Bl. bb 1af.; vgl. dazu o. S. 102.

21 Vgl. den kirchlichen Festkalender: Circumcisio Domini = 1. Januar; Purificatio B. M. V. = 2. Februar.

22 Vgl. o. S. 114.

23 die zur Erklärung dieser Frist gerne herangezogene Theorie eines zweijährigen Zwangsaufenthaltes des Herodes in Rom (vgl. Masser, Bibel, S. 154ff.) erwähnt Osiander nicht.

24 Vgl. zu diesem Abschnitt Ebeling, Evangelienauslegung, S. 475−495: «Luthers Auslegung von Mt 2, 1−12 auf die exegetischen Quellen zurückgeführt», und Köhler, Leben Jesu, S. 17−33.

25 Osiander, Harmonia, Bl. bb 2a−bb 3a.

26 Im Griechischen: Οὐδαμῶς ἐλαχίστη εἶ.

Weise richtig übersetzt, dann stimme es in der Sache mit dem Matthäuszitat überein. Matthäus gebe die Sentenz Michas «libris quidem verbis, integram tamen et incorruptam» wieder[27].

7. Hosea 11, 1−Mt 2, 15[28]

Die Ausführungen Osianders zu dem Prophetenzitat in Mt 2, 15 sind deshalb von besonderem Interesse, weil sie ein Licht auf die Auffassung dieses Theologen von dem Verhältnis von alttestamentlicher Weissagung und Erfüllung im Neuen Bund werfen.

Alle alten Ausleger − so tadelt Osiander − haben das Prophetenwort Hos 11, 1 auf den Auszug des Volkes Israel aus Ägypten gedeutet. Wenn sie recht hätten, hätte der Evangelist, der diese Sätze auf Jesus bezieht, die Aussage des Propheten verdreht und seine Leser betrogen. Eine nachträgliche typologische oder allegorische Interpretation auf Christus sei nicht zu rechtfertigen[29]. Um das zu bekräftigen, zählt Osiander die Unterschiede auf, die zwischen dem Aufenthalt des Volkes Israel in Ägypten und der Flucht Christi dorthin bestehen. Er kommt auf nicht weniger als sechs grundlegende Differenzen, so daß als Gemeinsamkeit eigentlich nur noch bleibe, daß beide, Christus und das Volk Israel, einmal in Ägypten gewesen seien: «Quare nec exilium filiorum Israelis huius exilii Christi typus esse potuit nec verba prophetae, si genuino sensu de filiis Israelis accipienda sunt, per allegoriam ad Christum deflecti debuerunt.»[30] Man müsse also − wolle man nicht den Evangelisten eines Betruges zeihen − für das Hoseawort einen anderen ursprünglichen Sinn suchen, als dies die alten Kommentatoren getan haben. Dazu bedürfe zunächst die Übersetzung des Hieronymus von Hos 10, 15b einer Korrektur. Bei diesem liest man: «Sicut mane transit, pertransit rex Israelis.» Richtig aber sei: «Aurorae comparando comparatus est rex Israelis.»[31] Damit könne aber nicht der damalige israelitische König gemeint sein, der nicht der Morgenröte, sondern eher einem Nebel ähnlich gewesen sei, sondern nur Jesus Christus, die Sonne der Gerechtigkeit. Christi Erscheinen auf Erden sei die Morgenröte des darauffolgenden evangelischen Tages. Hos 11, 1 habe den folgenden Sinn: Weil Israel unverständig[32] gewesen sei, habe die Gefahr bestanden, daß es den Mordplänen des Herodes zugestimmt hätte, wie es später auch der Kreuzigung Christi zustimmte. Aus Liebe zu seinem Volk habe Gott deshalb Jesus, seinen Sohn, nach Ägypten geführt und ihn von dort erst nach dem Tode des Herodes zurückgerufen. Dies sei der einfache und wahre Sinn des Prophetenwortes und Matthäus sei im Recht, wenn er es an der betreffenden Stelle anführe.

Osiander akzeptiert also bei der Auslegung dieser Hoseastelle nur e i n e n einheitlichen Schriftsinn, der von vornherein auf Christus gemünzt ist. Typologie und Allegorese werden der Sache nicht gerecht und setzen nur den Evangelisten ins Zwielicht. Man muß allerdings festhalten, daß diese Entscheidung Osianders zunächst nur für den speziellen Fall des Verhältnisses von Hos 11, 1 zu Mt 2, 15 gilt[33].

---

[27] Osiander, Harmonia, Bl. bb 2 b.

[28] Osiander, Harmonia, Bl. bb 3 a−bb 4 a.

[29] Osiander, Harmonia, Bl. bb 3 b: «Certe typum, quem ille [= Hieronymus] obtendit, nemo potest probare, et allegoria, utcunque fingatur, non potest constare.»

[30] Ebd.

[31] Hebräisch: בְּשַׁחַר נִדְמֹה נִדְמָה מֶלֶךְ יִשְׂרָאֵל. Osiander nimmt als Bedeutung von דמה «comparare» (= דמה I, Köhler, Lexicon, S. 212f.), Hieronymus hatte «extirpare» (= דמה II, Köhler, Lexicon, S. 213) dafür genommen.

[32] Osiander übersetzt נַעַר mit «insipiens».

[33] An anderer Stelle hat sich Osiander durchaus nicht vor allegorischer Auslegung gescheut, vgl. z. B. die Vorrede zum Schwarzenbergbrief von 1524 (Osiander, Werke 1, Nr. 24, S. 287ff.−zu Jdc 19f.).

8. Mt 2,23[34]

Das Problem von Mt 2,23 liegt darin, daß dort aus «den Propheten» zitiert wird, die entsprechende Prophezeiung aber nirgends im Alten Testament gefunden werden kann. Man hat als Ausweg gerne auf Jes 11,1 verwiesen[35], indem man das Ναζωραῖος von dem dort genannten נֵצֶר («Zweig») herleitete[36]. Osiander teilt zwar diese philologische Vermutung[37], nicht aber die Bezugnahme auf einen der alttestamentlichen Propheten. Er erklärt, es habe einst drei Arten von Propheten gegeben. Für die erste Gruppe stehen Mose, Samuel und die anderen, die die Juden die ‹früheren Propheten› zu nennen pflegen. Die zweite Gruppe seien die Schriftpropheten des Alten Testamentes. Und schließlich habe es Leute gegeben, die zwar keine Visionen und Träume von Gott empfangen hätten, aber vom Heiligen Geist gelehrt worden seien und die Schriften der anderen Propheten studiert, weitererzählt und daraus Rat und Anleitung entnommen hätten. Diese Menschen habe man früher «filii prophetarum» genannt, Paulus aber nenne sie einfach «Propheten» (I Kor 12,28f.; 14,29.32). Sie seien hauptsächlich mit Lehren beschäftigt gewesen und hätten deshalb kaum etwas Schriftliches hinterlassen. An diese Leute denke Matthäus, wenn er die Weissagung zitiert: «Er soll Nazarenus heißen».

Es ist Osiander gewiß nicht verborgen geblieben, daß Luther die letzten drei behandelten Matthäusstellen, die alle ein Prophetenwort zum Inhalt haben, jeweils genau in der von dem Nürnberger zurückgewiesenen Weise erklärt hat[38]. Das hindert Osiander nicht daran, schwere Beschuldigungen gegen die Verfechter anderer Meinungen zu erheben[39]. Selbst wenn man ihm zubilligen wollte, daß er dabei nicht auf Luther gezielt habe, hat er ihn doch damit getroffen. In der interessierten und informierten Öffentlichkeit wurden solche Attacken sicher zur Kenntnis genommen.

9. Die Pharisäer[40]

Anläßlich der Erwähnung der Pharisäer in der Täufererzählung (Mt 3,7) schiebt Osiander einen Exkurs über diese jüdische Gruppe ein. Das Überraschende dabei ist, daß er die Identität der Pharisäer der Evangelien mit den von Josephus erwähnten abstreitet[41]. Er holt sich seine Information aus dem Talmud, wo sieben «sectae pharisaeorum» aufgezählt werden[42]. Der

---

[34] Osiander, Harmonia, Bl. bb 4b–bb 6a.
[35] Vgl. z. B. die glossa ordinaria zu Mt 2,23 (PL 114, Sp. 78); Erasmus, Opera 6, S. 17.
[36] Zur Etymologie von Ναζωραῖος vgl. Bauer, Wörterbuch, Sp. 1053 (Lit.).
[37] Osiander, Harmonia, Bl. bb 5a.
[38] Die betreffenden Stellenangaben bei von Loewenich, Synoptiker, S. 82; vgl. auch Ebeling, Evangelienauslegung, S. 202–204; 487.
[39] Vgl. z. B.: «An dissimulare poterunt, Hieronymum et quisquis alius ut ipse transtulit [nämlich Mi 5,1] hoc loco in unius adiectivi nominis genere discernendo, tam periculose erasse, ut eius erroris occasione authoritas evangelistae apud infirmiores propemodum in dubium vocata sit? Idque in re minime obscura!» (Osiander, Harmonia, Bl. bb 3a); «. . . commentatores omnes, quotquot hactenus ea verba [nämlich Hos 11,1] de filiis Israelis enarrarunt, erasse et hic multo foedius in reipsa, quam in superiore illo scrupulo Hieronymum in verbis, hallucinatos esse contendamus» (Osiander, Harmonia, Bl. bb 3b).
[40] Osiander, Harmonia, Bl. bb 6b.
[41] Ebd.
[42] Vgl. Talmud, Sota III, 4 (Goldschmidt, Talmud dtsch 6. S. 81f.). Die sieben Gruppen lauten in Osianders lateinischer Übersetzung: «Pharisaeus Sichimita, pharisaeus impiges,

Leser möge bedenken, ob Paulus, wenn er sage, daß er «secundum exquisitissimam sectam vixisse pharisaeum» (Act 26,5), damit ausdrücken wolle, daß die Pharisäer im allgemeinen – im Vergleich etwa zu den Sadduzäern und Essenern – die strengste Richtung seien oder nicht vielmehr, daß er derjenigen aus den sieben bekannten Gruppen der Pharisäer zugehöre, die unter allen die rigoroseste sei.

10. Lk 3,23 a[43]

11. Die himmlische Stimme bei der Taufe Jesu[44]

Matthäus gibt den Wortlaut der himmlischen Stimme so wieder: «Dies ist mein lieber Sohn . . .», Markus und Lukas aber: «Du bist mein lieber Sohn . . .». Laut Osiander liegt hier eine Parallele zum Pfingstwunder vor: Die «unica vox» des Vaters hörte Christus als Anrede in der Du-Form, die anderen Anwesenden aber als Aussage in der von Matthäus bewahrten Formulierung. «Nam mihi dubium non est, utrunque auditum fuisse cum evangelistae utrunque narrarint. Et hoc miraculum ante a nemine observatum valde miror.»

12. Die Reihenfolge der Versuchungen Jesu[45]

13. Die drei Tempelreinigungen[46]

Osiander tadelt heftig die Theologen, die nur eine einzige Tempelreinigung wahrhaben wollen[47]. Es seien hauptsächlich die verschiedenen Zeitangaben in den einzelnen Berichten, die deutlich bewiesen, daß Christus bei drei verschiedenen Gelegenheiten die Händler und Wechsler aus dem Tempel getrieben habe: Zum erstenmal bei seinem Besuch in Jerusalem während des ersten Passafestes nach seiner Taufe (Joh 2,13 ff.), dann an dem Tag, an dem er – wiederum zur Passazeit – auf einem Esel in Jerusalem eingezogen ist (Mt 21,12 f./ Lk 19,45 f.) und schließlich noch einmal am Tag darauf, nachdem er von seinem Nachtquartier in Bethanien nach Jerusalem zurückgekehrt war (Mk 11,15–17; vgl. V. 11 b).

14. Die Heilung der Schwiegermutter des Petrus[48]

Um ein altes Gerücht aus der Welt zu schaffen, sei darauf hingewiesen, daß Osiander keineswegs postuliert, Christus müsse die Schwiegermutter des Petrus dreimal vom Fieber geheilt haben[49], sondern daß es ihm ja gerade darum ging – und das hat er auch erreicht – durch Dissimilierung anderer meist für identisch gehaltener Ereignisse, z. B. der Bergpredigt

---

pharisaeus sanguinem effundens, pharisaeus mortarius, pharisaeus, quid debeo facere et faciam illud, pharisaeus ex amore et pharisaeus ex timore» (Osiander, Harmonia, Bl. bb 6 b). Die Etymologie, die Osiander anschließend für das Wort «Pharisäer» vorlegt (von פרש = segregare), ist schon alt (vgl. z. B. Epiphanius, haeres. 16,1) und entspricht auch heutiger Erkenntnis (vgl. RGG³ 5, Sp. 327).

[43] Vgl. o. S. 98.
[44] Osiander, Harmonia, Bl. cc 1 a.
[45] Vgl. o. S. 128.
[46] Osiander, Harmonia, Bl. cc 4 b–cc 5 b; vgl. o. S. 96.
[47] Osiander, Harmonia, Bl. cc 4 b.
[48] Osiander, Harmonia, Bl. cc 6 a.
[49] So z. B. Möller, Osiander, S. 207; Weber, Reformation I, 1, S. 307, Anm. 4.

und der Feldrede, an der von ihm unbezweifelten Identität der Synoptikerberichte über diese Heilung festhalten zu können, ohne Umstellungen vornehmen zu müssen[50].

15. Bergpredigt — Feldrede[51]

Wie nicht anders zu erwarten, werden die matthäische (Mt 5—7) und die lukanische Version (Lk 6,20ff.) der großen Predigt Jesu unterschieden. Zwischen beiden Ereignissen liege beinahe ein ganzes Jahr.

16. Heilung des Knechts eines Centurio[52]

Anhand der Perikopen vom ‹Hauptmann zu Kapernaum› kann exemplarisch vorgeführt werden, wie Osiander die Differenzen zwischen zwei Parallelerzählungen herausarbeitet. Wir geben die Analyse Osianders in Form einer Tabelle wieder:

Mt 8	Lk 7
a) Zeit: im ersten Jahr nach der Taufe Christi	im zweiten Jahr nach der Taufe Christi[53]
b) der Centurio kommt selbst zu Christus	der Centurio schickt Boten zu Christus
c) der Knecht war von einer langwierigen Krankheit (paralyticus) schwer gequält	der Knecht lag im Sterben
d) der Centurio betreibt sein Anliegen persönlich bei Christus	die Ältesten der Juden, deren Volk der Centurio eine Synagoge gebaut hatte, verwenden sich für ihn bei Jesus
e) Christus spricht zu dem anwesenden Centurio: Ich will kommen und ihn heilen	Christus begibt sich zu dem Centurio
f) der Centurio sagt zu Jesus: Ich bin nicht würdig . . .	der Centurio schickt Freunde zu Christus, die ihm verwehren sollen, in sein Haus zu kommen
g) Christus sagt zu dem Hauptmann: Gehe hin, wie du geglaubt hast, so geschehe dir!	die Boten finden nach ihrer Rückkehr den Knecht gesund

[50] Osiander, Harmonia, Bl. cc 6a. Die Fehlinformation in der Sekundärliteratur dürfte auf ein Mißverständnis der Passage zurückzuführen sein, wo Osiander im Vorwort seine Schwierigkeiten mit ebendieser Perikope erzählt (Bl. α 3b). Daß dem Osianderbiographen Moeller dieser Irrtum unterlaufen ist, zeigt, daß er die Bedeutung der Evangelienharmonie für Osiander nicht erkannt und von diesem Werk offenbar nur die Einleitung gelesen hat.

[51] Osiander, Harmonia, Bl. cc 6a.

[52] Mt 8,5—13; Lk 7,1—10 — Osiander, Harmonia, Bl. cc 6af.

[53] Diese unterschiedliche zeitliche Einordnung ergibt sich für Osiander aus der verschiedenen Position der beiden Erzählungen im Kontext ihres Evangeliums: die eine vor der Heilung der Schwiegermutter des Petrus (Mt 8,5—13.14f.), die andere ein ganzes Stück danach (Lk 7,1—10. 4,38f.).

Folgerung: «Tanta tot circumstantiarum discrepantia certissime arguit, longe alium fuisse centurionem de quo Lucas scribit quam hunc de quo Matthaeus loquitur.»[54]

17. Heilung eines Besessenen[55]

Überraschenderweise konstatiert Osiander, nachdem er zunächst die Ähnlichkeiten und Unterschiede zwischen der Matthäusfassung einerseits und der Markus- und Lukasfassung andererseits dargelegt hat, daß aus diesem Vergleich kein abschließendes Urteil über Identität oder Diversität der Parallelerzählungen gewonnen werden könne. Am gewichtigsten sei der Unterschied in den Ortsangaben, den Osiander gegen alle Harmonisierungsbestrebungen festzuhalten versucht[56]. Da aber die Annahme, es handle sich bei den verschiedenen Berichten um nur ein Ereignis, die Konsequenz mit sich bringen würde, den Evangelisten nicht nur Vergeßlichkeit vorwerfen zu müssen, sondern sie auch der Anklage auszusetzen, Ungewisses als gesichert und Falsches als wahr hingestellt zu haben, deshalb heiße es, alle Kräfte darauf zu konzentrieren, die Verschiedenheit nicht nur der Berichte, sondern auch der Geschehnisse darzulegen. Mit ungewohnter Offenheit bekennt Osiander, daß er diese Stelle für die schwierigste in der ganzen Harmonie halte[57]. Man müsse in Erwägung ziehen, daß Matthäus sicher nicht so vergeßlich gewesen sei, daß er Begebenheiten, die in die Zeit seiner Jüngerschaft gefallen sind, in eine Zeit einordne, zu der er noch am Zoll saß. Ein solcher Irrtum könne keinem Menschen mit normalen Verstand unterlaufen, geschweige denn einem vom Heiligen Geist erfüllten. Wollte man die Identität der von den drei Synoptikern berichteten Besessenenheilung behaupten, dann würde man faktisch Matthäus für geistig nicht zurechnungsfähig erklären. Deshalb müsse man selbst dann, wenn man nicht die Unterschiede in den geographischen Angaben wahrhaben wolle, die betreffenden Ereignisse dissimilieren − wolle man sich nicht der Gottlosigkeit und Blasphemie schuldig machen: «Etiam si constaret utrumque miraculum in finibus Gadarenorum esse factum et illum unicum revera fuisse ex his duobus alterum, tamen potius quam Matthaeo fidem derogarem et manifestarium errorem illi impingerem, mallem credere et asserere: Primum revera duos idque eo tempore, quod Matthaeus insinuat, a daemonibus fuisse liberatos. Deinde aliquanto temporis intervallo, cum iam alter ex eis recidisset et daemones expulsi alios longe nequiores secum assumpsissent rursusque illum invasissent, tum Christum secundario traiecisse atque illum iterum liberasse. Nam quod in utroque traiectu tempestas orta fuit et utramque Christus verbo sedavit, nihil est mirum.»[58]

Man muß diese Sätze vor dem Hintergrund der angestrengten Bemühungen Osianders um Klarheit in der geographischen Frage sehen[59]! Er läßt dem Leser, der von seinem Beweisgang nicht überzeugt worden sein sollte, einen Ausweg offen. Er beweist damit, daß es ihm letztlich nur um eines geht: Die Autorität der Evangelisten muß gewahrt bleiben, weshalb es unerläßlich ist, keine Widersprüche in ihren Berichten anzuerkennen. Wie solche Widersprüche aufzulösen sind, ist von zweitrangiger Bedeutung; Hauptsache ist, daß sie aus der Welt geschafft werden. Einmal mehr wird dadurch unterstrichen, daß die Ziele Osianders nicht wissenschaftlicher, sondern rein theologischer Natur sind.

---

[54] Osiander, Harmonia, Bl. cc 6 b.

[55] Mt 8,28−34; Mk 5,1−21/Lk 8,26−39 − Osiander, Harmonia, Bl. cc 6b−dd 2b.

[56] Vgl. o. S. 118f.

[57] Osiander, Harmonia, Bl. dd 1b: «Nam cum in caeteris similibus semper solidis argumentis diversitatem probare possim, hoc uno loco praeter tenues easque incertas coniecturas vix quicquam habeo, quippe cum autoritas evangelistae, qua una maxime niti debebam, ipsa in dubium vocetur.»

[58] Osiander, Harmonia, Bl. dd 2b.

[59] Vgl. o. S. 118f.

18. Die Auferweckung des Mädchens[60]

In gewohnter Weise stellt Osiander Ähnlichkeiten und Unterschiede der Parallelperikopen zusammen, um zu dem Ergebnis zu komen, daß auch hier Matthäus von einem anderen Ereignis berichte als Markus und Lukas. Bei ersterem handle es sich um die Tochter eines ἄρχων, d. h. eines Staatsbeamten, bei den beiden anderen um das Kind des Jairus, der von Beruf Archisynagogus, also Kultbeamter («ceremoniarum magister») gewesen sei[61]. Daß in Zusammenhang mit beiden Wundern von der Heilung einer blutflüssigen Frau erzählt werde, sei nicht weiter verwunderlich, da man damit rechnen müsse, daß in Wirklichkeit zahllose Frauen, die mit dieser Krankheit behaftet waren, sich zu Christus drängten, um geheilt zu werden[62].

19. Das Fest der Juden[63]

Gern hatte man in der Tradition das nicht näher definierte ‹Fest der Juden› von Joh 5, 1 mit dem Pfingstfest gleichgesetzt[64]. Osiander führt den Nachweis, daß es sich um ein Passafest gehandelt habe, und zwar um das zweite seit der Taufe Jesu. Ausgangspunkt für seine Berechnung ist Joh 4, 35: Bei der Begegnung Jesu mit der Samaritanerin, d. h. bei seiner Rückreise nach Galiläa – nachdem er sich im Anschluß an seinen ersten Passabesuch in Jerusalem noch eine Zeit in Galiläa aufgehalten hatte – seien es noch vier Monate bis zur Ernte gewesen. Die Ernte beginne aber in Palästina regelmäßig Mitte März, wie man aus den Fest- und Opfergeboten des Alten Testamentes (Lev 23, Num 28) entnehmen könne[65]. Die Reise durch Samarien falle also in die Zeit Oktober/November. So bleibe für die Erzählung von Joh 5 nur das Passafest des nächsten Jahres. Der Zeit nach könne man auch noch an das winterliche Enkänienfest denken. Diese Datierung verbiete sich aber durch Joh 5, 9; denn das Tempelweihfest gehöre nicht zu den Festen, die auch ‹Sabbate› sind[66].

20. Σάββατον δευτερόπρωτον[67]

Die Auseinandersetzungen Jesu mit den Pharisäern anläßlich des Ährenausraufens der Jünger haben sich nach Lk 6, 1 an einem σάββατον δευτερόπρωτον (= sabbatum secundo-primum) ereignet[68]. Die Erklärungsversuche der alten Ausleger für diesen Terminus geben eine stattliche Liste ab[69]. Osiander hält sie allesamt für unwahrscheinlich. Er belehrt seine Leser, es gebe drei Arten von Sabbaten:

[60] Mt 9, 18−26; Mk 5, 22−43/Lk 8, 41−56 − Osiander, Harmonia, Bl. dd 2 b f.
[61] Wenn Hirsch schreibt (Hirsch, Theologie, S. 8, Anm. 20), von Osiander werde «die Erweckung von Jairi Töchterlein . . . verdoppelt», so ist das dahingehend zu präzisieren, daß zwar zwei Auferweckungen eines toten Mädchens in der Harmonie zu finden sind, nur eine aber das Töchterlein des Jairus betrifft, die andere die Tochter eines anonymen jüdischen Primas.
[62] Vgl. auch o. S. 104 f. bei Anm. 23.
[63] Joh 5, 1 − Osiander, Harmonia, Bl. dd 3 a f.
[64] Vgl. z. B. Historia scholastica, in evangelia, Kap. 81 (PL 198, Sp. 1578) und Luscinius, evangelisch histori dtsch, Grafik III².
[65] In Wirklichkeit begann die Gerstenernte in Israel erst im April/Mai, die Weizenernte 14 Tage später, vgl. BHH 1, Sp. 433.
[66] Zu Osianders Erklärung des Terminus ‹Sabbat› vgl. den nächsten Abschnitt.
[67] Osiander, Harmonia, Bl. dd 3 b f.
[68] Diese Koine-Lesart bei Nestle, NT graece, S. 158 im Apparat zu Lk 6, 1.
[69] Vgl. dazu Erasmus, Opera 6, Sp. 252−254.

a) die gewöhnlichen Sabbate, die alle sieben Tage wiederkehren
b) die Sabbate der großen Feste, d. h. jeweils der erste Tag des Versöhnungsfestes, des Laubhüttenfestes und des Passafestes
c) die «sabbata secundoprima», d. h. die letzten Tage derjenigen Feste, die sich über mehrere Tage hinziehen, nämlich der siebte Tag des Passafestes und der achte Tag des Laubhüttenfestes.

Da es solche σάββατα δευτερόπρωτα nur an den beiden genannten Festen gegeben habe, stehe fest, daß die Jünger am letzten Tag des Passafestes den Pharisäern den Anlaß zur Schelte gegeben hätten; denn während des Laubhüttenfestes seien die Felder längst abgeerntet.

21. Ährenausraufen und Heilung der verdorrten Hand[70]

22. Die Namen der Apostel[71]

Das zweite Buch seiner Harmonie beginnt Osiander mit der ‹Ordination› der zwölf Apostel (Mt 10, 1–4; Mk 3, 13–19; Lk 6, 12–16). Nun stimmen die von den Synoptikern gebotenen Apostellisten nicht in allen Punkten überein. Das liege daran, so wird erklärt, daß Christus einigen seiner Jünger neue Namen auferlegt habe. Markus und Lukas zitierten die Namen, wie sie die Zwölf getragen hätten, bevor sie zum Apostelamt erwählt worden seien; Matthäus aber nenne sie so, wie sie als Apostel genannt worden seien.

Es wird noch angemerkt, daß Σίμων ὁ Κανανίτης (Mt 10, 4; Mk 3, 18 – Koinelesart) seinen Beinamen weder vom Land Kanaan noch von der Stadt Kana in Galiläa habe, sondern vom Wort קנא, wie auch Lk 6, 15 (Σίμωνα τὸν καλούμενον ζηλωτήν) beweise. Judas, der Sohn des Jakobus (Lk 6, 16), habe gleich zwei Beinamen gehabt: Thaddäus (Mt 10, 3; Mk 3, 18) und Lebbäus (Mt 10, 3 – Koinelesart). Der Grund dafür sei der Umstand, daß יְהוּדָה drei Buchstaben mit dem Gottesnamen יהוה gemein habe. Die jüdische Ehrfurcht vor dem heiligen Gottesnamen, die auch von den Aposteln geteilt worden sei, habe dazu geführt, entweder mit Blick auf Gen 49, 9 aus יְהוּדָה ein לָבִיא[72] zu machen oder das von der gleichen Wurzel wie יְהוּדָה stammende תּוֹדָה zu nehmen, von dem Thaddäus abgeleitet sei[73]. Ähnlich liege der Fall bei Matthäus-Levi: מַתִּתְיָהוּ, das wieder drei Schriftzeichen mit dem Tetragramm teile, bedeute «deo datum». Der Stamm Levi sei aber, wie man wisse, Eigentum Gottes gewesen (vgl. Num 3, 12; 8, 13–19). Deshalb habe man Matthäus und Levi als Synonyme verwendet.

23. Mk 6, 8–Lk 9, 3[74]

24. Das Urteil des Herodes über Jesus[75]

Nach Mt 14, 2 und Mk 6, 14 behauptet Herodes, Jesus sei der von den Toten auferstandene Johannes, nach Lk 9, 9 ist er sich jedoch im Unklaren über die Person Jesu. In einer psychologisierenden Erklärung versichert Osiander, daß darin eine Entwicklung bei Herodes von der Vermutung über den Zweifel zur festen Behauptung zu erkennen sei[76].

---

[70] Mt 12, 1 ff. par. – vgl. o. S. 128–130,
[71] Osiander, Harmonia, Bl. dd 4b.
[72] = Löwe, eigentlich: Löwin. Osiander führt Λεββαῖος etymologisch auf לָבִיא zurück.
[73] Osiander, Harmonia, Bl. aa 4a.
[74] Vgl. o. S. 123.
[75] Osiander, Harmonia, Bl. dd 6a.
[76] Ebd.

25. Joh 7,1[77]

Joh 7,1 ist nach Osiander der Beweis dafür, daß Jesus auch zum dritten Passafest nach seiner Taufe, das in Joh 6,4 als nahe bezeichnet wird, nach Jerusalem gezogen sei. Denn was hätte es für einen Sinn gehabt, zu sagen, darnach sei Jesus in Galiläa herumgezogen, weil er sich wegen der Nachstellungen der Juden nicht in Judäa habe aufhalten wollen, wenn Jesus schon die ganze Zeit in Galiläa gewesen wäre[78]?

26. Das Jesajazitat in Mt 15,7−9/Mk 7,6f.[79]

In dem Streitgespräch zwischen Jesus und den Pharisäern wird das Zitat aus Jes 29,13 bei Mk von Jesus gleich zu Beginn in die Diskussion gebracht, bei Mt steht es am Ende der Debatte. Folglich wird es von Osiander, der keine Umstellungen vornehmen will, zweimal wiedergegeben. Dadurch werde dem tatsächlichen Ablauf des Streites Rechnung getragen, denn Jesus habe nach dem «vulgatissimum argumentandi genus» verfahren: Er habe seinen Widersachern zuerst einen Lehrsatz vorgelegt (eben das Jesajazitat), habe diesen dann mit Gründen belegt und mit Beispielen erhärtet, so daß die Gegner nichts mehr erwidern konnten, und habe zum Schluß als «conclusio», «ut dialectici loquuntur», die ursprüngliche «propositio» noch einmal wiederholt.

27. Die Zeitangabe bei der Verklärung Jesu[80]

Die Verklärung ereignete sich nach Mt 17,1 und Mk 9,2 sechs Tage nach der Rede Jesu über die Zeugen der Parusie, nach Lk 9,28 jedoch acht Tage nach diesen Worten. Herkömmlicherweise behalf man sich angesichts dieses Dissens so, daß man annahm, die ersten beiden Evngelisten hätten nur die Tage zwischen dieser Predigt und dem Aufstieg auf den Berg gezählt, Lukas aber habe die Tage dieser beiden Ereignisse noch mitgerechnet[81]. Osiander schlägt eine andere Lösung vor: nach sechs Tagen, d. h. am siebten Tag, habe Jesus Petrus, Johannes und Jakobus aus den übrigen Jüngern ausgesondert, damit sie ihn begleiten sollten. Am achten Tag seien sie auf den Berg gegangen und hätten dort im Gebet übernachtet. Und am neunten Tag schließlich, d. h. nach acht Tagen, sei Jesus verklärt worden.

28. Die Reise Jesu nach Galiläa[82]

Die Reise Jesu von Galiläa in das transjordanische Judäa (Mt 19,1/Mk 10,1) ist für Osiander identisch mit den viel ausführlicher berichteten Ereignissen in Joh 7−10: Zum Laubhüttenfest (Mitte September) zieht Jesus nach Jerusalem (Joh 7,10), schon mit dem Wissen, daß er nicht mehr nach Galiläa zurückkehren werde, um dort zu wohnen. Er bleibt in der Hauptstadt und deren Umgebung bis zum Tempelweihfest (Joh 10,22 − Ende November). Als die Juden ihn gefangennehmen und töten wollen, entweicht er und zieht über den Jordan an die Stelle, wo Johannes einst getauft hat[83]. In dieser Gegend Judäas, die Samarien und Galiläa

[77] Osiander, Harmonia, Bl. dd 6 b.
[78] Auch Bultmann argumentiert in seinem Johanneskommentar ähnlich und nimmt eine Umstellung der Kapitel Joh 4−7 vor (Bultmann, Johannesevangelium, S. 218).
[79] Osiander, Harmonia, Bl. dd 6 b.
[80] Osiander, Harmonia, Bl. ee 1 b.
[81] Vgl. Erasmus, Opera 6, Sp. 90; auch schon Augustin, de consensu evangelistarum I 56 (CSEL 43, S. 219).
[82] Mt 19,1−Mk 10,1−Joh 7,10−Joh 10,40; Osiander, Harmonia, Bl. ee 1 b f.
[83] Joh 10,40; vgl. Mt 19,2/Mk 10,1 b mit Joh 10,41.

benachbart ist, bleibt Jesus bis zum nächsten Frühling, bis die Tage seiner «assumptio» gekommen sind und er sich wieder auf die Reise nach Jerusalem macht (Lk 9, 51)[84].

29. Der τόπος τις in Lk 11, 1[85]

Wenn auch Lukas den Ort, an dem Jesus seine Jünger beten gelehrt habe (Lk 11, 1ff.), nicht nenne, so sei doch aus der Sachlage heraus klar, daß es sich nur um einen Ort in Ephraim handeln könne; denn Christus sei damals weder in Galiläa noch in Samaria gewesen, sondern in einer Gegend, von der aus man über Samaria und Galiläa (Lk 17, 11) den Weg nach Jericho und Jerusalem nehmen konnte. Es komme dafür laut Osiander nur das ehemalige Gebiet des Stammes Ephraim infrage, das nördlich von Judäa gelegen sei und sich so ausdehne, daß es Samarien und einen Teil Galiläas – von Jerusalem aus gesehen – zur linken Seite liegen habe. Der Wegzug Jesu nach der Auferweckung des Lazarus von Bethanien nach der Stadt Ephraim (Joh 11, 54) finde sich wieder in Lk 10, 38ff. (wo es sich bei dem «castellum», der Heimat Marias und Marthas, nur um Bethanien handeln könne) und in Lk 11, 1ff.

30. Die Blindenheilungen bei Jericho[86]

Vier Blinde läßt Osiander Jesus in und bei Jericho heilen: Der erste war der von Lukas (18, 35–43) erwähnte, der vor Jericho am Wege saß. Als Jesus Jericho wieder verließ, heilte er – noch innerhalb der Stadt, unmittelbar am Tor[87] – den Bartimäus (Mk 10, 46–52). Und auf halbem Wege zwischen Jericho und Bethanien traf Jesus auf die beiden Blinden von Mt 20, 29–34 und erlöste auch sie von ihrem Leiden.

31. Zur Passionschronologie und den Salbungen[88]

Nach Joh 12, 1 kam Jesus «πρὸ ἓξ ἡμερῶν τοῦ πάσχα» nach Bethanien. Dies könne nicht heißen, er sei vor den sechs Tagen des Passafestes an diesen Ort gekommen, sondern: vor

---

[84] Zum Verlauf dieser Reise vgl. die Grafik V.

[85] Osiander, Harmonia, Bl. ee 3 a.

[86] Osiander, Harmonia, Bl. ee 4 a f.

[87] Drei Gründe hat Osiander dafür, daß Bartimäus in unmittelbarer Nähe des Stadttores, aber noch innerhalb der Stadtmauern geheilt wurde:
1. Wenn Mk 10, 47 schreibt: «καὶ ἀκούσας ὅτι ὁ Ἰησοῦς ὁ Ναζωραῖός ἐστιν», dann muß man sich klarmachen, was Bartimäus hören konnte, das ihn zu der Frage veranlaßte, was denn los sei (daß Bartimäus dies gefragt hätte, steht allerdings gar nicht bei Mk. Osiander scheint diese Episode von Lk 18, 36 auf Mk übertragen zu haben). Es kann nur das gewesen sein, was bei Mk vorangeht: «ἐκπορευομένου αὐτοῦ» (Mk 10, 46). Also saß er in der Nähe des Stadttores, sonst hätte er Jesus nicht herausgehen hören können, sondern nur vorübergehen!
2. Mk gibt den Namen des Geheilten sowie den Namen seines Vaters an (Mk 10, 46), weil er in der Stadt geheilt worden ist, damit Interessenten es leichter haben, die Wahrheit zu erfahren.
3. Mk beendet seinen Bericht mit der Bemerkung, Bartimäus sei Jesus nachgefolgt «ἐν τῇ ὁδῷ». Weshalb «auf dem Wege?» «An periculum erat ne putaretur sequutus in aere?» Natürlich nicht, sondern um anzuzeigen, daß Bartimäus Jesus nicht nur vom Ort der Heilung bis zum Stadttor begleitete, wie es der Dank erfordert hätte, sondern noch weiter auf dem Weg nach Jerusalem.
Diese drei «Gründe» verraten etwas von der Sophistik der Argumentation, auf die sich Osiander gelegentlich einläßt.

[88] Osiander, Harmonia, Bl. ee 4 b f.

den sechs Tagen, die dem Passafest unmittelbar vorausgehen. Daß Passa selbst sei in jenem Jahr auf einen Sabbat gefallen. Das Passalamm sei am Abend des Rüsttages gegessen worden. Am Mittwoch habe Christus gesagt: «Ihr wißt, daß nach zwei Tagen Passa ist» (Mt 26,2 vgl. Mk 14,1). Am Dienstag habe Christus am Ölberg über den künftigen Untergang gelehrt (Mt 24,3ff.). Auf den Montag sei die Verfluchung des Feigenbaumes zu datieren und am Sonntag sei Jesus auf einem Esel in Jerusalem eingezogen. Am Sabbat habe man ihm ein Gastmahl in Bethanien bereitet (Joh 12,2), wohin er am Freitag, also «ante sex totos dies, qui praecedunt pascha» gekommen sei[89]. Die Salbung von Joh 12,3ff. sei am Sabbat im Hause der Martha durch deren Schwester Maria erfolgt, die Salbung von Mt 26,6ff./Mk 14,3ff. aber am Mittwoch im Hause Simons des Aussätzigen durch eine Frau, deren Name nicht genannt ist, «sive Maria iterum fuit, sive alia». Diesmal seien nicht die Füße Jesu gesalbt worden (wie in Joh 12,8), sondern sein Haupt (Mt 26,7).

32. Die Disputation um die Davidssohnschaft Christi[90]

Nach Mt 22,41—46 fragt Jesus die Pharisäer nach ihrer Meinung über Christus, nach Mk 12,35—37 und Lk 20,41—44 redet er zum Volk über die Ansicht der Pharisäer. Dem entspreche das faktische Geschehen: Jesus habe zuerst mit den Pharisäern über diese Frage disputiert, hierauf habe er vor dem Volk deren Unkenntnis gegeißelt, damit die Leute merken sollten, daß jenen nicht zu glauben sei.

33. Fußwaschung, Abendmahl und Bezeichnung des Verräters[91]

Die Fußwaschung habe vor dem Mahl stattgefunden, denn das «δείπνου γενομένου» in Joh 13,2 bedeute nicht «caena absumpta», sondern «caena parata»[92]. Bei der Einsetzung des Abendmahles sei Judas noch anwesend gewesen, wie aus Lukas deutlich werde (Lk 22,21— 23 nach Lk 22,19f.). Jesus habe den Hinweis auf seinen Verräter vor der Eucharistie ausgesprochen (Mt 26,21—25/Mk 14,18—21) und nach dem Sakrament wiederholt (Lk 22,21—23). Johannes, der den Bericht über die Stiftung des Abendmahls ausläßt, habe diese beiden Worte Jesu zusammengezogen (Joh 13,21—30). Zwischen Joh 13,22 und Vers 23 sei die Eucharistie einzuschieben.

34. Das Verhör Jesu vor dem Hohenpriester[93]

Bei Johannes scheint berichtet zu werden, daß Jesus nach seiner Festnahme zu Hannas geführt und von diesem befragt worden sei, daß Petrus ihn im Palastbereich des Hannas zum erstenmal verleugnet habe, daß man den Gefangenen darauf für weitere Verhöre zu Kaiphas überführt und daß Petrus seinen Herrn — offenbar immer noch im Hofe des Hannas — zum zweiten und dritten Mal verleugnet habe (Joh 18,12—27). Die Synoptiker aber erzählen ein-

---

[89] Diese Angaben Osianders bleiben in sich widersprüchlich. Das liegt wohl daran, daß Osiander die unterschiedliche Passionschronologie bei den Synoptikern (für die der Karfreitag der Tag des Passafestes war) und bei Joh (für den der Karfreitag der Rüsttag aufs Passafest war, an dem das Osterlamm geopfert wurde, das eigentliche Passafest aber auf den Sabbat fiel; vgl. BHH 2, Sp. 861) nicht gesehen hat (und aufgrund seiner Position auch nicht sehen konnte).

[90] Osiander, Harmonia, Bl. ee 5bf.

[91] Osiander, Harmonia, Bl. ee 5bf.

[92] Vgl. Erasmus, Opera 6, S. 393.

[93] Osiander, Harmonia, Bl. ee 6af.

hellig, daß alle drei Verleugnungen im Hofe des Kaiphas ausgesprochen worden sind (Mt 26, 57−75 par.).

Man müsse sich die Worte des Johannes etwas genauer ansehen, als es die Ausleger bisher getan hätten, um den richtigen Sachverhalt zu erkennen, erklärt Osiander. Der vierte Evangelist schreibe zwar, die Schar habe Jesus zu Hannas geführt (Joh 18, 13), er schreibe aber nicht, daß Jesus dort ins Haus hineingebracht worden sei, und noch viel weniger, daß Petrus ihm dorthin gefolgt sei. Wenn es heiße, Johannes sei z u e r s t zu Hannas geführt worden, dann sei aus dem «πρῶτον» schon die Vorläufigkeit dieses Vorganges zu ersehen. Man könne daraus schließen, daß Christus wenig später anderswohin gebracht worden sei. Aus der von Johannes vermerkten Tatsache, daß Hannas der Schwiegervater des Kaiphas gewesen sei, folge nicht, daß Jesus deshalb von Hannas hätte verhört werden müssen, sondern lediglich, daß Kaiphas seinen Verwandten gerne als Ratgeber gebraucht habe. Deshalb sei es wahrscheinlich, daß die Kohorte mit ihrem Gefangenen, als sie am Privatpalast des Hannas vorbeigekommen sei, diesen über den Ausgang ihres Unternehmens informiert habe, so daß er die Gelegenheit gehabt habe, sich möglichst bald beim Synhedrium einzufinden. Jesus aber sei sofort weiter zum Palais des amtierenden Hohenpriesters, also des Kaiphas, geführt worden, um dort verhört zu werden. Dort habe sich die von Johannes geschilderte Szene (Joh 18, 19−23) abgespielt, dorthin sei auch Petrus gefolgt und habe im Hofe des Kaiphaspalastes Jesus verleugnet[94]. Der Vers Joh 18, 24 sei plusquamperfektisch aufzufassen[95]. Die Betonung liege dabei auf δεδεμένον: Gefesselt habe Hannas Jesus zu Kaiphas geschickt und gefesselt habe Jesus sich die schimpfliche Mißhandlung durch die Knechte gefallen lassen müssen.

35. Verspottung Christi[96]

Zweimal sei Christus eine Dornenkrone aufgesetzt, ein Purpurmantel angelegt und er so von den Soldaten verspottet worden. Einmal habe Pilatus durch diesen erbarmungswürdigen Anblick die Juden bewegen wollen, Jesus freizugeben (Joh 19, 1−5); als er aber gesehen habe, daß dies nichts fruchte, habe er den Unschuldigen zum Tode verurteilt, und daraufhin hätten ihn die Soldaten noch einmal der gleichen Folter ausgesetzt (Mt 27, 27−30/Mk 15, 16−19).

36. Der Zeitpunkt der Kreuzigung Christi[97]

Osiander will sich nicht für den Vorschlag des Hieronymus entscheiden, die Differenzen in den Zeitangaben zwischen Markus und Johannes durch den Fehler eines Abschreibers zu erklären[98]. Er erläutert: wie die Nacht in vier Vigilien, so haben die Juden den Tag in vier «horas seu stationes» eingeteilt[99]:

1. statio: «a diluculo usque ad horam diei tertiam» = «primum mane», «mane».
2. statio: «ab hora tertia usque ad horam sextam» = «hora tertia, eo quod ab hora tertia initium sumat».
3. statio: «ab hora sexta usque ad horam nonam» = «hora sexta».
4. statio: «ab hora nona usque ad occasum solis»= «hora nona», «vespera».

---

[94] Insgesamt spricht Petrus in der Osianderharmonie auf acht Anreden hin eine Verleugnung seines Herrn aus, vgl. Osiander, Harmonia, Bl. y 2 a. Es bleibt Osianders Geheimnis, wie er diese Fülle von Verleugnungen mit Mt 26, 75; Mk 15, 72 und Lk 22, 61 in Einklang bringt. Vielleicht denkt er sich die Verleugnungen auf drei Situationen verteilt.

[95] Vgl. o. S. 117.

[96] Osiander, Harmonia, Bl. ee 6 b.

[97] Osiander, Harmonia, Bl. ff 1 a f.

[98] Vgl. o. S. 123.   [99] Vgl. o. S. 54 f.

Wenn Johannes sage, es sei «ferme hora sexta» (Joh 19,14) gewesen, als Pilatus auf dem Richtstuhl saß, gebe er deutlich zu erkennen, daß es noch nicht die sechste, folglich noch die dritte Stunde gewesen sei, also jener Abschnitt des Tages zwischen der dritten und sechsten Stunde. Es sei deshalb nicht verwunderlich, daß, als Christus gekreuzigt worden sei, auch noch nicht die sechste Stunde gewesen sei (also noch die dritte Stunde, vgl. Mk 15,25), zumal er ja eine ganze Weile am Kreuz gehangen habe, bevor zur sechsten Stunde die Finsternis entstanden sei (Mk 15,33)[100].

37. Die Zeitangabe Mt 28,1[101]

Eine alte crux interpretum ist die Zeitangabe von Mt 28,1a: «Ὀψὲ δὲ σαββάτων τῇ ἐπιφωσκούσῃ εἰς μίαν σαββάτων»[102]. «Ὀψέ», schlägt Osiander vor, übersetze man besser mit «spät», als mit «am Abend»; denn erst wenn der Sabbat vorüber gewesen sei, d. h. wenn es spät in der Nacht geworden sei, habe man irgendwelche Verrichtungen unternehmen dürfen. «Σαββάτων» sei keineswegs der Genitiv Plural von «σάββατον», wie Erasmus meine, wenn er übersetze: «Vespera autem sabbatorum», sondern es sei die griechische Transkription des hebräischen «שַׁבָּתוֹן». «שַׁבָּתוֹן» bedeute «Fest», während «שַׁבָּת» eigentlich «Ruhe» heiße, obwohl der Bedeutungsunterschied zwischen den beiden hebräischen Nomina nicht immer gewahrt bleibe; denn «שַׁבָּת» werde sehr häufig auch für «Fest» verwendet. Außerdem könne sowohl «שַׁבָּתוֹן» als auch «שַׁבָּת» die ganze Zeit zwischen Sabbat und Sabbat, also die Woche bedeuten. In Mt 28,1a stehe es das erstemal für das Passafest, das zweitemal für «Woche». Bei der Wendung «τῇ ἐπιφωσκούσῃ» «beziehe sich der Artikel nicht auf das «ὀψέ», sondern auf ein in Gedanken zu ergänzendes «νυκτί», so daß der Sinn sei: «Seratino tempore diei festi, ea scilicet nocte, quae lucescit in primam sabbati.»

Zum Verständnis dieser Redensart müsse man darauf verweisen, daß in den biblischen Schriften der Tag mit dem Abend des vorhergehenden Tages beginne. Die Nacht leuchte dann auf zum nächsten Tag, wenn man das erste Licht anzünde und so bezeuge, daß der alte Tag vergangen sei und der neue begonnen habe. Die Zeitangabe des Matthäus heißt nach der Interpretation Osianders also nichts anderes als: tief in der Nacht vom Samstag auf Sonntag.

38. Der Ablauf der Osterereignisse[103]

Die verschiedenen Berichte über die Ereignisse des Ostersonntags werden von Osiander so zusammengeordnet, daß folgender Ablauf entsteht: Die Schar der Frauen bricht in der Nacht zum Sonntag schon bald nach Mitternacht auf, um den Leichnam Christi zu salben. Durch das große Erdbeben (Mt 28,2) werden sie unterwegs aufgehalten. Ängstlich schicken sie Maria Magdalena und «die andere Maria» zum Grab voraus, um dort die Lage zu erkunden (Mt 28,1b). Die eine der beiden, Maria Magdalena, läuft – kaum daß sie gesehen hat, daß der Grabstein weggewälzt ist – zu den Aposteln und meldet ihnen, man habe den Herrn fortgeschafft (Joh 20,1ff.). Ihre Gefährtin bleibt derweilen beim Grab. Die übrigen Frauen kommen allmählich, da die beiden Kundschafterinnen nicht zu ihnen zurückkehren, auch dorthin, wobei sie sich unterwegs fragen, wer ihnen wohl den Stein beiseiteräume (Mk 16,2f.). Sie

---

[100] «Re igitur vera Christus a militibus hora tertia crucifixus fuit, quia sexta nondum advenerat. Et revera Pilatus ferme circa sextam pro tribunali sedit, quia tertia iam tum maiore ex parte fuerat elapsa», Osiander, Harmonia, Bl. ff 1b.

[101] Osiander, Harmonia, Bl. ff 1bf.

[102] Vgl. Erasmus, Opera 6, Sp. 146.

[103] Osiander, Harmonia, Bl. ff 2af.

haben also die Vorgänge, die die Auferstehung begleitet haben (Mt 28, 2–4), nicht bemerkt. Beim Grab sehen sie einen Engel, der zu ihnen spricht (Mt 28, 5–7; Mk 16, 5–7). Ihre Reaktion auf seine Worte ist Furcht und Zittern. Sie laufen davon und sagen niemanden etwas (Mk 16, 8). Während sie sich an einem Ort, wo sie sich sicher wähnen, wieder vesammeln, kommen Petrus und Johannes mit Maria Magdalena zum Grab (Joh 20, 3–11). Die Jünger finden den Leichnam Jesu nicht, kehren wieder um und glauben, er sei weggetragen worden. Magdalena aber bleibt weinend vor dem Grab stehen. Da sieht sie zuerst zwei Engel, hierauf Christus selbst. Sie eilt zu den Aposteln und verkündet, Jesus sei auferstanden (Joh 20, 11–18). Inzwischen haben sich die übrigen Frauen wieder ein Herz gefaßt und wagen sich noch einmal zum Grab zurück. Dort erscheinen auch ihnen zwei Engel, denen sie diesmal Glauben schenken; sie laufen los, um den Jüngern die frohe Botschaft zu verkündigen (Lk 24, 4–9). Unterwegs begegnet ihnen Christus selbst (Mt 28, 8–10).

39. Die Emmausjünger[104]

Die beiden Jünger, von denen Markus berichtet, Jesus sei ihnen bei einem Gang übers Feld erschienen (Mk 16, 12 f.), sind nach Osiander nicht identisch mit den Emmausjüngern von Lk 24, 13–35; denn jene finden mit ihrem Bericht bei den übrigen Aposteln keinen Glauben (Mk 16, 13), diese hingegen bestätigen nur die Gewißheit der anderen (Lk 24, 34).

4.8. Osianders Harmonie als «Leben – Jesu»

Es kann kein Zweifel daran sein, daß Osiander seine Harmonie gleichzeitig als Leben – Jesu – Darstellung aufgefaßt hat. Das ergibt sich notwendig aus seiner Voraussetzung, daß die Evangelisten ihren Gegenstand mit höchster historischer Zuverlässigkeit behandelt haben. Schon die einzelnen Evangelien geben den Ablauf des Lebens Jesu in korrekter Folge wieder – nur daß man aus ihnen keinen vollständigen Eindruck gewinnen kann, weil sie jeweils nur eine Auswahl von Ereignissen in ihren Bericht aufgenommen haben. Die aus den Werken der vier neutestamentlichen Autoren erstellte Harmonie kommt dem Ziel einer Gesamtbeschreibung des Lebens Jesu weit näher. Osiander kann resümieren, er habe «in harmonia evangelica concinnanda . . . hoc egerim, ut totam Domini nostri Iesu Christi vitam, miracula et doctrinam, quatenus illa nobis a quatuor evangelistis fidelibus literarum monumentis tradita sunt, in unum veluti corpus redacta necnon iusto et genuino insuper ordine digesta, exactissime teneres»[1]. In dem mit «quatenus» beginnenden Nebensatz steckt eine erforderliche Einschränkung: Nicht das vollständige Leben Jesu läßt sich beschreiben, sondern nur, soweit uns die Evangelisten Material darüber bereitgestellt haben. Nicht nur die Zeit zwischen dem zwölften und dem dreißigsten Lebensjahr Jesu muß deshalb völlig im dunkeln bleiben, sondern auch aus den Jahren seines öffentlichen Wirkens ist uns nur eine beschränkte Zahl seiner

---

[104] Osiander, Harmonia, Bl. ff 2 b.

[1] Osiander, Harmonia, Bl. A 1 b (Vorrede zum Elenchus).

Worte und Taten überliefert. Die Evangelisten haben das Aufnahmevermögen ihrer Leser berücksichtigt[2]. Sie haben nichts zuviel und nichts zuwenig geschrieben. Alles für die Erlangung des ewigen Lebens Erforderliche kann aus ihren Schriften entnommen werden. Sie sind in solcher «brevitas» verfaßt, «ut imperiti passim multa desiderent, fastidiosis non occurat, quod reiiciant»[3]. Eine vollständige Beschreibung des Lebens Jesu im Sinne Osianders und der Evangelisten ist also nicht eine solche, die sämtliche Einzelheiten aufzählt, sondern die alles für den Leser Wichtige beinhaltet. Wenn man die Berichte der Evangelisten liest, hat man über all das, was zur Sprache kommt, höchst zuverlässige Kunde; man hat aber nur eine vom Heiligen Geist verantwortete Auswahl des damaligen Geschehens überliefert. Denn Ziel der Lektüre sowohl der Evangelien als auch der Evangelienharmonie darf nicht ein bloßer Erkenntnisvorgang des Intellekts sein – also das Wissen um die Fakten des Lebens Jesu – sondern die Änderung des Menschen[4].

Unter Berücksichtigung dieser Gesichtspunkte ist es sinnvoll und angemessen – auch im Sinne des Verfassers –, die Evangelienharmonie Osianders als Leben – Jesu zu bezeichnen. Durch verschiedene Hinweise beweist der Nürnberger, daß er selbst sein Werk so aufgefaßt hat. Wenn er die Passafeste seit der Taufe Jesu zählt und auch sonst versucht, bestimmte Abschnitte der Wirksamkeit Christi auf feste Monate oder Jahreszeiten zu datieren, dann gibt er damit zu erkennen, daß für ihn die Akoluthie der Ereignisse der Harmonie identisch ist mit dem Ablauf der evangelischen Geschichte.

Es ist Osiander nicht in den Sinn gekommen, daß die Merkwürdigkeiten, die sich für das Leben Jesu aus seiner Harmonie ergeben, z. B. die mehrfache Wiederholung nahezu gleicher Reden und Wunder, ein Argument gegen die historische Wahrscheinlichkeit seiner Konstruktion sein könnten. Der Maßstab der Analogie zur menschlichen Erfahrung war ja nicht nur ihm verwehrt, sondern allen seinen Vorgängern, Zeitgenossen und Nachfolgern, die aus dem Stoff der Evangelien ein Leben – Jesu schaffen wollten. Ob Jesus ein- oder zweimal einen Sturm gestillt, drei oder vier Tote auferweckt hat, das ist bestenfalls eine Frage der Quantität, tangiert aber nicht die Qualität des Lebens Jesu, die ihn als wahren Menschen und wahren Gott grundsätzlich von jedem anderen Menschen unterscheidet und einen Vergleich verbietet. Was die Zeitgenossen Osianders an seinen Entscheidungen zu kritisieren hatten, war deshalb auch nicht historische Unwahrscheinlichkeit, sondern sein Gegensatz zur Tradition. Der Vorwurf der historischen Unwahrscheinlichkeit hätte allzu leicht gegen die Evangelien selbst ausschlagen können. Und sehr

---

[2] Vgl. o. S. 104.
[3] Osiander, Harmonia, Bl. α 2 a.
[4] Osiander, Harmonia, Bl. A 1 b: «Turpiter autem ac sordide versatur in literis, quisquis cognoscere tantum et non etiam melior fieri laborat».

viele fanden – noch zwei Jahrhunderte nach Osiander – prinzipiell überhaupt nichts an seinen Einfällen zu kritisieren[5].

Wenn auch die Harmonia evangelica ein Leben – Jesu sein soll, so ist sie doch nur auch Leben – Jesu; d. h. die Darstellung des Lebens Jesu ist sozusagen als willkommenes Nebenprodukt bei der Harmonie abgefallen. Sie steht nicht am Anfang und nicht am Ende des Interesses Osianders bei seiner Arbeit an der Harmonie. Sie ergibt sich bei der Durchführung des Vorhabens, die Harmonie der vier Evangelien, wie sie vom Heiligen Geist längst geplant war, vorzulegen. Sie ist Antwort auf eine gar nicht gestellte Frage.

Man merkt es diesem Leben – Jesu an, daß es nicht aus einem primären Interesse, sondern auf einem Umweg, aus der Anwendung der Gotteslehre Osianders auf die neutestamentlichen Schriften, entstanden ist. Denn es bleibt beziehungslos, und zwar nach verschiedenen Seiten:

a) nach der Seite der Geschichte. Es wird kein Versuch gemacht, das Leben Jesu anderen bekannten Fakten und Daten der Menschheitsgeschichte zuzuordnen[6]. Nicht einmal die Ansatzpunkte, die die Evangelisten selbst anbieten, die Nennung der Namen des Augustus und des Tiberius, des Herodes und seiner Söhne, des Hannas und Kaiphas, des Kyrenius und des Pilatus werden ausgewertet. Man erfährt von Osiander nichts über die Situation des jüdischen Volkes oder des Römerreiches um die Zeitwende. Dabei darf man ruhig annehmen, daß der Verfasser der Harmonie mit seinem historischen Wissen auf der Höhe seiner Zeit stand. Andere seiner Schriften beweisen, daß die Werke der Geschichtsschreiber seine Aufmerksamkeit gefunden haben[7]. Daß er diese Lektüre nicht für seine Harmonie fruchtbar gemacht hat, liegt wohl daran, daß er das Leben Jesu nicht als zur Menschheitsgeschichte gehörend betrachtet hat. Wie Jesus qualitativ von allen Menschen unterschieden ist, so ist auch seine Geschichte von anderer Qualität als die Geschichte anderer Menschen.

b) nach der Seite des Lesers. Man gewinnt keine Klarheit, wie sich der Leser der Harmonie zum Leben Jesu stellen, was er damit «anfangen» soll. Natürlich enthalten die Evangelien eine Fülle von Sätzen, die für die Lehre und das Leben der Christen von entscheidender Bedeutung sind, die es gilt, im Glauben anzunehmen. Aber spielt es dabei überhaupt eine Rolle, daß dieser Jesus, von dem erzählt wird, eine bestimmte irdische Geschichte durchlaufen hat? Der Leser soll ja nicht dem «damaligen» Jesus begegnen, sondern dem Gott, der heute an ihm handelt. Im-

---

[5] Vgl. u. S. 163 ff. Soweit ich sehe, endet die Beliebtheit der «Osiandrischen Methode» erst mit dem Siegeszug der historischen Kritik.

[6] Vgl. dazu o. S. 113.

[7] Vgl. z. B. den ‹Nürnberger Ratschlag› mit seinem ‹Antichristteil› (Osiander, Werke 1, S. 352–371), die ‹Wunderliche Weissagung› (Osiander, Werke 2, S. 403–484), die ‹Vermutung von den letzten Zeiten› (Seebaß, Bibliographie, S. 142 f., Nr. 40).

grunde wird in der Harmonie im Sinne ihres Verfassers gerade nicht erzählt, nicht Vergangenes traktiert, nicht einmal die bleibende Bedeutung des Vergangenen für die Gegenwart aufgezeigt. Es wird auch nicht durch Vergegenwärtigung damaligen Geschehens die Vergangenheit der Gegenwart gleichzeitig gemacht, der Leser in die Ereignisse miteinbezogen. Nicht das Ereignishafte an der evangelischen Geschichte ist bedeutsam, sondern das Wesenhafte. Nicht die Menschwerdung Gottes innerhalb von Raum und Zeit ist entscheidend, sondern – so könnte man überspitzt sagen – die «Schriftwerdung» Gottes, durch die Christus zeitlos geworden ist, durch die der Mensch auch nach mehr als fünfzehnhundert Jahren die Möglichkeit hat, mit Gott in Verbindung zu kommen, wodurch die Einwohnung im Menschen vermittelt wird.

c) nach der Seite der innergöttlichen Geschichte. Es finden sich in der Harmonie keine Aussagen darüber, welche Bedeutung der Inkarnation im Rahmen des göttlichen Handelns zukommt. Man könnte entgegnen, daß dieses Buch auch nicht der richtige Ort wäre, die erforderlichen ausgedehnten theologischen Erörterungen über diese Frage durchzuführen. Eine solche Antwort kann aber nicht völlig befriedigen; denn andeutungsweise und in der durch den Charakter dieser Schrift gebotenen Kürze hat Osiander andere für ihn wichtige theologische Topoi sehr wohl angesprochen, z. B. in der Vorrede und an etlichen Stellen der Annotationen. Wenn er auf die Frage «Cur Deus homo?» im Zusammenhang seiner Darstellung des Lebens Jesu nicht zu sprechen kommt, dann kann man dies als beredtes Schweigen auffassen. Ich bin in der Tat der Meinung, daß Osiander hauptsächlich deshalb in der Harmonie auf diese Frage nicht eingeht, weil sie nur am Rande des Interesses seiner Theologie liegt, und weil seine Haltung dazu – soweit er sie überhaupt geäußert hat – in sich nicht voll ausgewogen ist. Dieses Urteil stützt sich auf die Art der Rezeption der Satisfaktionstheorie durch Osiander. In seiner Schrift «Vom einigen Mittler»[8] verwendet Osiander, wenn er über das Werk der «erlösung und gnugthuung» Christi «fur uns und unser sünde» redet[9], Elemente der traditionell gewordenen Anselmschen Lehre[10]. Das könnte zu dem Schluß führen,

---

[8] Königsberg 1551; vgl. Seebaß, Bibliographie, S. 165, Nr. 56. 1.

[9] Osiander, Vom einigen Mittler, Bl. B 1b; vgl. zum ganzen Gedankengang in derselben Schrift Bl. A 1a–B 3a.

[10] Vgl. z. B. Osiander, Vom einigen Mittler, Bl. A 2a: «Es leidet aber das gottlich recht und gericht nicht, das sünde ungestrafft und Gottes gebot unerfullet bleibe» (vgl. dazu Anselm, Cur Deus homo I 12f. = S. 40–47); Bl. A 4a: «Und zu dem allem hat er [Christus der Mittler] wahrer Gott und mensch mussen sein» (vgl. dazu Anselm, a. a. O., II 6ff. = S. 96ff.). Damit soll nicht gesagt sein, daß Osiander die anselmsche Satisfaktionstheorie oder einen Teil daraus unverändert übernommen hat. Es sind einzelne Elemente, die er in einen von ihm selbst gestalteten Zusammenhang überträgt. So fehlt z. B. der Gedanke, daß der Gottmensch Christus ein «meritum» erworben hat, das gegenüber Gott in

daß er – wie Anselm – der Meinung war, die Antwort auf die Frage «Cur Deus homo?» liege letztlich in der Sünde des Menschen, mit der dieser die Ehre Gottes verletzt hat. In seiner anderen Schrift «An filius Dei fuerit incarnandus»[11] betont Osiander aber mit allem Nachdruck die Unhaltbarkeit der Vorstellung, daß sich der souveräne Gott durch den Sündenfall, also durch menschliches Handeln zur Inkarnation habe zwingen lassen[12]. Notwendig war die Inkarnation vielmehr ausschließlich deshalb, weil Gott in freiem Willensakt längst vor der Erschaffung der Menschen beschlossen hatte, «durch die Inkarnation für die Menschen des Paradieses zum Haupt seiner Kirche zu werden und durch das Einströmen der klaren Erkenntnis Gottes aus dem Haupt in die Glieder die völlige Vereinigung des Menschen mit Gott zu bewirken . . . Es ergab sich durch den Sündenfall lediglich eine Verstärkung der Notwendigkeit der Inkarnation.»[13] Stupperich kritisiert: «Osiander gelingt es . . . nicht, deutlich zu machen, inwiefern die Inkarnation Christi im Paradies zu einem höheren Grad der Vereinigung geführt hätte, als es der Anblick der ‹similitudo› für den Menschen vermocht hätte.»[14] Das heißt, Osiander hat es nicht geschafft, die spezifische Bedeutung des Inkarnation klarzustellen – das gilt nicht nur für die Menschen des Paradieses, sondern überhaupt. Die Menschwerdung Christi hat darin ihr theologisches Gewicht, weil sie von Gott gewollt und vollzogen worden ist. Was sie Besonderes und für den Menschen Notwendiges bringt, wird – wenn überhaupt – nur mangelhaft deutlich[15].

4.9. Die «Wissenschaftlichkeit» der Harmonie

Laut Merkel kommt Osiander das Verdienst zu, «das erste wissenschaftlich begründete ‹Leben Jesu› vorgelegt . . . zu haben»[1]. Dieses Urteil, das vom Autor

Rechnung gebracht werden kann und auf das dieser entsprechend seiner Gerechtigkeit reagieren muß (vgl. Anselm, a.a.O., II 19 = S. 148–153).

[11] Königsberg 1550; vgl. Seebaß, Bibliographie, S. 159, Nr. 50.1.

[12] Vgl. zu dieser Schrift Stupperich, Osiander, S. 105–109. Stupperich zeigt, daß das Motiv der Ausführungen Osianders auch hier wieder darin liegt, die Göttlichkeit Gottes, die in keiner Weise von menschlichem Verhalten abhängig sein kann, zu sichern.

[13] Stupperich, Osiander, S. 108.

[14] Stupperich, Osiander, S. 109. Zum Begriff «similitudo» und zu «imago» vgl. Stupperich, a.a.O., S. 107 f

[15] Zu den schon erwähnten Ausführungen Osianders über das Erlösungswerk Christi in seiner Schrift ‹Vom einigen Mittler› (vgl. o. bei Anm. 8 ff.) ist der Satz Stupperichs zu zitieren (Stupperich, Osiander, S. 109): «So untergeordnet die Rolle der Sünde innerhalb der osiandrischen Theologie ist, so beiläufig muß die Rolle Christi als des Überwinders der Sünde sein.»

[1] Merkel, Widersprüche, S. 258.

keine weitere Rechtfertigung erfährt, ist sicher nicht im Sinne moderner Wissenschaftstheorie gemeint. Es provoziert aber die Frage, mit welcher Berechtigung man Osianders Arbeit an seiner Evangelienharmonie als ein wissenschaftliches Unternehmen qualifizieren kann. Der folgende Abschnitt, der ein wenig bei dieser Frage verweilt, will nicht als ein Beitrag zur Definition von Wissenschaft verstanden werden[2], sondern will lediglich die Konturen der Arbeit Osianders noch deutlicher hervortreten lassen. Und hierbei kann der von Merkel auf Osiander gemünzte Begriff «Wissenschaft» bzw. «wissenschaftlich» – auch ohne im Kontext der Wissenschaftstheorie definiert zu sein – eine gewisse Hilfestellung leisten.

Es finden sich in der Harmonie zweifellos eine Reihe von Merkmalen, die als wissenschaftliche Elemente gewertet werden würfen. Dazu gehört die Sprache der einleitenden und erläuternden Abschnitte, nämlich das Lateinische, mit dem der Verfasser deutlich macht, daß er sich an die europäische Gelehrtenwelt wendet. Osiander versäumt auch nicht, durch gehobenen Stil und die Verwendung von klassischen Zitaten[3] seine Zugehörigkeit zur Gruppe der modernen, humanistisch Gebildeten zu demonstrieren.

Zu diesen Elementen gehört weiterhin, daß der Autor seiner Harmonie eine «ratio», eine Begründung beigibt, nämlich die Annotationen. Wie in diesen Erläuterungen eine Fülle von gelehrtem Material, vor allem Bibel- und Sprachkenntnisse, beigebracht wird, so erfordert auch ihre Lektüre ein nicht zu niedriges Maß an Gelehrsamkeit. Die Harmonie in der Form, wie sie von Osiander vorgelegt worden ist, ist gewiß kein Volksbuch!

Es ist weiterhin der umfangreiche technische Apparat zu nennen, den Osiander einsetzt, um die vier Bücher seiner Harmonie zu gliedern, übersichtlich zu machen und den gestellten Anforderungen anzupassen, also vor allem das Siglensystem und der Elenchus. Eines Wissenschaftlers würdig ist auch die gedankliche und methodische Konsequenz, mit der die mühsame Arbeit bis zum Ende durchgestanden wird.

Andererseits sind da Befunde, die sich schwer zu unserer Vorstellung von wissenschaftlicher Arbeitsweise fügen: In den Annotationen verzichtet der Nürnberger weithin auf eine Diskussion mit den Vertretern anderer Meinungen. Er legt seine Thesen vor und qualifiziert anderslautende Vorschläge oft pauschalisierend und polternd ab. Er hält es nicht für nötig, seine Quellen namhaft zu machen. Er bemüht sich nicht, alle verfügbaren Hilfswissenschaften zu Rate zu ziehen[4].

---

[2] Er verzichtet deshalb auch auf Bezugnahmen auf die wissenschaftstheoretische Diskussion. Zum Problemkreis Wissenschaft und Theologie vgl. Pannenberg, Wissenschaftstheorie.

[3] Gleich auf der ersten Seite der Vorrede finden sich zwei klassische Wendungen aus Terenz und Cicero (Osiander, Harmonia, Bl. 2 a).

[4] Vgl. o. S. 113.

Vor allem aber sind es Osianders Ausgangspunkt und die Zielsetzung seiner Arbeit, die wenig Rücksicht auf Ansprüche nehmen, die man gerne an «wissenschaftliches» Arbeiten stellt. Sein Ausgangspunkt ist selbstverständlich in keiner Weise der Versuch eines möglichst voraussetzungsfreien Forschens und Fragens, er tritt auch nicht mit einer Hypothese an, die es zu verifizieren oder zu falsifizieren gilt. Nicht methodischer Zweifel, sondern methodischer Glaube bestimmt seine Arbeit. Anders ist es bei einem Menschen aus der Zeit vor der cartesianischen Wende nicht zu erwarten[5]. Nicht jeder aber hatte in jenen Jahrhunderten solch präzise Vorstellungen von den Grundsätzen, denen sein Werk Rechnung tragen mußte, wie Osiander. Nichts könnte den Ausgangspunkt und das Motiv bei der Verfertigung seiner Evangelienharmonie treffender wiedergeben als der Satz, den er selbst in der Vorrede über das von ihm Geschaffene sagt: «Credidi, propter quod et loquutus sum.»[6]

Auch Osianders Zielsetzung und der Anspruch, mit dem er auftritt, stehen außerhalb des Rahmens, den man wissenschaftlicher Arbeit stecken möchte. Er selbst sieht sein Werk nicht in Analogie zu den Opera anderer Gelehrter. Dadurch, daß er nicht menschliche Weisheit repräsentiert, sondern einen Plan des Heiligen Geistes verwirklicht, steht er außerhalb, ja überhalb des menschlichen Bemühens um Erkenntnis und Wissen. Vergleichbar ist seine Harmonie nur mit den Schriften der biblischen Autoren. Diesen Gedanken hat Osiander selbst angedeutet[7]. Er distanziert sich damit selbst von anderen Erzeugnissen gelehrter Literatur, denen er seine Harmonie überlegen weiß.

Je nachdem wie man den Begriff «Wissenschaftlichkeit» definiert, wird man Osianders Arbeit als mehr oder minder oder als überhaupt nicht wissenschaftlich bezeichnen. Sieht man formale Kriterien als konstitutiv für Wissenschaftlichkeit, z. B. die Verwendung einer Fachterminologie, Gründlichkeit und Konsequenz des Vorgehens, Rechenschaftsablage über die einzelnen vollzogenen Schritte, Klarheit in der Darstellung, angemessener und hilfreicher Einsatz eines technischen Apparates, dann wird man diese Bedingungen in hohem Maße in der Evangelienharmonie erfüllt finden und dann wird auch urteilen können, daß Osiander seit Augustin die größte selbständige wissenschaftliche Leistung auf dem einschlägigem Gebiet gebracht hat. Wenn man aber Wissenschaftlichkeit im Sinne eines zweckfreien oder gar voraussetzungsfreien Forschens gesehen wissen will, dann ist Osiander geradezu der Antityp eines Wissenschaftlers.

---

[5] Die Bedeutung der Prinzipien der cartesianischen Philosophie für die Anfänge der historisch-kritischen Theologie skizziert Scholder, Bibelkritik, S. 132 ff.
[6] Ps 116,10; II Kor 4,13; Osiander, Harmonia, Bl. α 4a.
[7] Vgl. o. S. 99.

4.10. Zur Wirkungsgeschichte der Osianderharmonie.
Die Urteile der Zeitgenossen und der Nachwelt

4.10.1. Nachdrucke, Bearbeitungen und Übersetzungen

Die für ein derartiges Werk beachtliche Liste der Nachdrucke ist in der Osianderbibliographie zusammengestellt[1]. Es fällt auf, daß unter den Druckorten zwar die geistigen Zentren Westeuropas gut vertreten sind (Basel, Paris, Antwerpen, Venedig, Genf), daß aber die deutschen Territorien im Einflußbereich der Lutherischen Reformation fehlen. Lediglich Frankfurt am Main macht mit einer deutschen Übersetzung eine Ausnahme. Für diesen topographischen Befund dürfte die ablehnende Haltung, die die Wittenberger Partei der Osiandrischen Harmonie entgegenbrachte, mitverantwortlich sein[2].

Die verschiedenen Ausgaben verteilen sich über einen Zeitraum von nicht ganz 25 Jahren. Daß in den Sechzigerjahren des 16. Jahrhunderts die Druckgeschichte der Osianderharmonie zu Ende ging, läßt sich auf mehrere Gründe zurückführen.

Einmal war natürlich nach den vielen Auflagen der Markt in einem gewissen Maße gesättigt. Zum anderen muß man daran erinnern, daß spätestens seit der Hinrichtung Johann Funcks 1566 Osiander auch dort, wo er die meisten Anhänger gehabt hatte, als Ketzer abqualifiziert war[3]. Und drittens wurden von 1565 bis 1568 drei Harmonien veröffentlicht[4], die weitere Auflagen von Osianders Buch überflüssig erscheinen lassen konnten, zumal zwei dieser Werke deutlich als ‹Verbesserungen› der Arbeit des Nürnbergers anzusehen sind[5].

Osiander selbst scheint in seiner Königsberger Zeit einen Neudruck der Harmonie geplant zu haben. Er schreibt am 18. Januar 1550 an seinen Nürnberger Schwiegersohn Hieronymus Besold[6], nachdem er ihm einiges über sein theologisches Wirken in der preußischen Residenzstadt mitgeteilt hat: «Tum aggrediar harmoniam, ut petis[7], cuius aliquot exemplaria (utinam Basiliensa[8] aut Parisiana[9] aut saltem Germanica[10] aut potius ex omnibus aliqua) mihi mittere possis. Hic adhuc, praeter me, nemo habet, multi ne audierant quidem, pauci, qui Witebergae fuerunt,

---

[1] Seebaß, Bibliographie, S. 108–116, Nr. 24.1–12.
[2] Vgl. Seebaß, Bibliographie, S. XI.
[3] Vgl. Fligge, Osiandrismus, S. 518.
[4] Nämlich die Arbeiten des Molinäus (s. u. S. 180ff.), des Codmann (s. u. S. 189ff.) und die Harmonie Bugenhagens in der Bearbeitung von Paul Krell (s. u. S. 244ff.).
[5] Nämlich die Werke des Molinäus und Codmanns.
[6] Über ihn Simon, Nürnbergisches Pfarrerbuch, S. 23, Nr. 97.
[7] Die Briefe Besolds an Osiander sind nicht erhalten.
[8] Der Erstdruck.
[9] Wahrscheinlich die Ausgabe Paris 1545 = Seebaß, Bibliographie, S. 113, Nr. 24.6.
[10] Vgl. u. S. 156f.

viderunt.»[11] Es muß den Vertrauten Herzog Albrechts sehr geschmerzt haben, daß sein wichtigstes Werk in seinem neuen Wirkungskreis so wenig bekannt war[12].

Die Mehrzahl der Nachdrucke begnügt sich mit dem lateinischen Text der Harmonie und verzichtet auf die Annotationen. Das erlaubt den Schluß, daß man das Werk Osianders weniger als Realisierung eines Planes des Heiligen Geistes oder als Beitrag zur wissenschaftlichen Diskussion schätzte, sondern vor allem als Handbuch für den praktischen Gebrauch, z. B. als Textgrundlage für Predigten über den fortlaufenden Evangelientext. Dem gleichen Zweck will auch die von Johann Schweinzer mit Wissen Osianders veröffentlichte deutsche Übersetzung dienen[13]. Schweinzer schreibt in der Vorrede: «So es nun vilen gůthertzigen gewißlich darfür gehalten wirdt, als solte es eynen mercklichen grossen nůtz den lieben Christen, so sie zůsammen in die predig kemen, geberen, wenn die predicanten diß bůch für die handt nemen und, wie es gestellt, der ordnung nach predigeten und außlegeten, in ansehung das die ordnung an ihr selbst lӧblich nichts zweymal gesetzt, auch nichts imm gantzen handel heraussengelassen ist, haben wir die mühe und arbeit willig und gern auff uns geladen und es den lieben Christen zůgůt, welche das wort angenommen oder kůnftiglich annemen mӧchten, treůlich ins Teutsche umbgeschriben und sovil sichs ymmer leiden wollen bei der verdolmetschung bleiben lassen, die imm Teutschen lande nun etliche jar lang her gebraucht und für gůt gehalten wirt.»[14]

---

[11] Hummel, Epistolarum, S. 76, Nr. 28. Der Zusammenhang in dem Brief würde es auch zulassen, daß Osiander mit dem «aggredi harmoniam» die Behandlung der Harmonie vor seinen Studenten gemeint hat. Da wir über seine Vorlesungstätigkeit in Königsberg nur wenig wissen, kann der genaue Sinn des zitierten Satzes nicht ermittelt werden. Keinesfalls aber dürfte an eine Neubearbeitung gedacht sein; denn man kann sich nicht vorstellen, daß Osiander durch ‹Verbesserungen› seinem Hauptwerk das Zeugnis ausstellen wollte, es sei verbesserungsbedürftig!

[12] In der herzoglichen ‹Silberbibliothek› waren nur zwei Bände im persönlichen Besitz Herzog Albrechts (die übrigen im Besitz seiner Gemahlin). Einer davon war die deutsche Übersetzung von Osianders Harmonie. Der Silbereinband ist von einem Nürnberger Goldschmied gefertigt; vgl. Schwenke–Lange, Silberbibliothek, S. 6f.

[13] Frankfurt/Main 1541 = Seebaß, Bibliographie, S. 116, Nr. 24.11. Zu Johann Schweinzer vgl. ADB 33, S. 364f. Die deutsche Übersetzung von Osianders Harmonie wurde in einer Auflage von 1200 Exemplaren gedruckt, vgl. Kapp, Buchhandel, S. 315. Eine weitere buchhändlerische Einzelheit zur Geschichte der Osianderharmonie wissen wir aus einem handschriftlichen Kaufvermerk in einem Exemplar der Basler Erstausgabe: «Constitit hic liber 2 fl. 4 marc Brunswigae Anno domini 1543 paschae» (vgl. Stuttgarter Antiquariat, Antiquariatskatalog 74, 1973, Teil III, S. 26, Nr. 295).

[14] Bl. a 2 b f. Daß die Harmonie in der deutschen Ausgabe Schweinzers tatsächlich als Textgrundlage für den gottesdienstlichen Gebrauch benutzt worden ist, bestätigt das Exemplar der UB Erlangen (Thl. V, 207), das im Besitz des Michael Rauenbusch, Diakon von St. Lorenz in Nürnberg war (gest. 1585; über ihn vgl. Simon, Nürnbergisches Pfarrerbuch, S. 176). Auf der letzten leeren Seite ist handschriftlich, wohl von Rauenbusch selbst,

Diese deutsche Ausgabe entbehrt völlig des Siglenapparates und der Randvarianten. Dafür sind die Kapitel mit Überschriften versehen worden, in denen auch der Anteil der einzelnen Evangelisten an dem betreffenden Abschnitt angegeben ist. Wie in der Vorrede versprochen, legt Schweinzer für seine Edition die Lutherübersetzung zugrunde, die er aber natürlich oft abwandeln muß, z. B. wenn Osiander in seinen Annotationen bestimmte Übersetzungsanweisungen gegeben hatte[15]. Der Elenchus ist unter der Bezeichnung «Zeiger» ebenfalls übersetzt und in den Druck aufgenommen worden, nicht aber die Annotationen.

Ein besonderes Kapitel in der Überlieferungsgeschichte der Evangelienharmonie stellt die Bearbeitung durch den berühmten französischen Buchdrucker Robert Stephan (Estienne) dar. Robert Estienne[16], der noch in Paris Osianders Harmonie gedruckt hatte[17], brachte 1551 in Genf eine zweisprachige Ausgabe des Neuen Testamentes heraus[18]. In seiner Vorrede hierzu schreibt er: «Ad calcem praeterea harmoniam evangelicam . . . adiecimus.»[19] Woher er diese Harmonie genommen hat, erfährt man hier nicht, wohl aber, wenn man den zweiten Band aufschlägt, wo sie den Abschluß bildet[20]. Dort schickt Robert Estienne eine knappe Einleitung voraus[21], aus der hervorgeht, daß er die Osiandrische Arbeit wiedergibt, allerdings in einer ganz bestimmten Form: Die Einteilung Osianders in vier Bücher mit insgesamt 181 Kapiteln bleibt erhalten. Jedes Kapitel erhält eine stichwortartige Überschrift («brevissima argumenta»), formuliert in Anlehnung an Osianders Elenchus. Diesen Überschriften werden Kapitel- und Versangaben[22] der Evangelien beigegeben, die den Inhalt des Abschnittes begrenzen. Wenn der Text eines Kapitels der Harmonie nur aus einem Evangelisten genommen ist, dann folgt auf die Überschrift der Anfang dieser Perikope und die Verszahl, die das Ende des Abschnittes

---

ein «Index evangeliorum dominicalium» eingetragen, d. h. ein Verzeichnis der Sonn- und Feiertagsevangelien, wie sie in Nürnberg angeordnet waren, und zwar jeweils in Verbindung mit der Folienzahl, wo das entsprechende Bibelstück in dem vorliegenden Druck zu finden ist.

15 Z. B. Bl. 5b: «Es begab sich aber zu der zeit, das ein gebott von dem keyser Augusto außgieng, das alle welt beschrieben würde, und dise erste beschribung geschach, da Kyrenius landtpfleger in Syrien war» (vgl. o. S. 134), Bl. 146a: «Annas hatte ihn gebunden zů Caiapha dem hohenpriester gesandt» (vgl. o. S. 117).

16 Über Robert Estienne vgl. Armstrong, Estienne.

17 1545 = Seebaß, Bibliographie, S. 113, Nr. 24.6; vgl. Armstrong, Estienne, S. 29.

18 Ἅπαντα τὰ τῆς καινῆς διαθήκης,» 2 Bde. (vgl. Seebaß, Bibliographie, S. 115, Nr. 24.9; Armstrong, Estienne, S. 226). Diese Ausgabe des NT ist in drei Kolumnen gedruckt. In der mittleren Spalte enthält sie den griechischen Text, links die Vulgataversion, rechts die Übersetzung des Erasmus.

19 Bd. 1, Bl. a 2b.

20 Bd. 2, Bl. 1−74.

21 Bl. 1a; abgedruckt bei Seebaß, Bibliographie, S. 114f. (Nr. 24.9).

22 Die Verszählung für die biblischen Bücher wurde ja von Robert Estienne selbst eingeführt!

bezeichnet[23]. Teilen sich aber mehrere Evangelisten in den Text, dann wird die lateinische Version von Osianders Harmonie ausgedruckt, freilich in der Weise vereinfacht, daß zahlreiche Varianten, die Osiander in den fortlaufenden Text aufgenomen hatte und die dort unerträglich Pleonasmen ergeben hatten, an den Rand verbannt wurden. Das Siglensystem Osianders wird wieder reduziert[24]. Die Annotationen finden in dieser Ausgabe keine Berücksichtigung. Als eigene Zutat Estiennes wird der Harmonie ein Sachregister beigegeben.

Zwei Jahre später fügt Robert Stephan dieselbe Bearbeitung der Evangelienharmonie erneut einem seiner Drucke an, nämlich den «in evangelium secundum Matthaeum, Marcum et Lucam commentarii ex ecclesiasticis scriptoribus collecti, novae glossae ordinariae specimen»[25]. Auch hier erscheint Osianders Namen nur in den Einleitungszeilen zur Harmonie, nicht auf dem Titelblatt des Bandes. Im Unterschied zur Ausgabe von 1551 zitiert Estienne jetzt an einigen Stellen Auszüge aus Osianders Annotationen.

Ein flüchtiger Benutzer der beiden Druckwerke von 1551 und 1553 konnte, vor allem wenn er sich über den Inhalt der Bände nur durch Titelblatt und Vorrede orientierte, zu der Meinung kommen, die darin enthaltene Harmonie sei ein eigenes Werk Estiennes. Durch ein solches Mißverständnis wird die in der älteren Literatur immer wieder auftauchende Nachricht, die den berühmten Drucker zu den Verfassern von Evangelienharmonien zählt[26], entstanden sein. Dieser Irrtum sollte hiermit klargestellt sein.

4.10.2. Die Reaktion der Zeitgenossen aus dem reformatorischen Lager

Man wußte im Umkreis der reformatorischen Partei von dem großen Werk, an dem Osiander schon einige Jahre arbeitete, und sah seinem Erscheinen mit Erwartung entgegen. Ein Beleg dafür ist ein Brief von Spalatin an Osianders Kollegen in Nürnberg, Wenzeslaus Linck, vom Oktober 1536. Spalatin schreibt: «Monotessaron ut vocas Osiandri nostri sitienter exspecto, opus haud dubie ut eruditissimum

---

[23] Beispiel (Buch 1 Kapitel 10): «Magi ab oriente veniunt; aurum, thus et myrrham offerunt. Matth. 2,1
Quum ergo natus esset Iesus etc. usque 13» (Bl. 2a).

[24] Auf die Buchstaben a–d (= Mt–Joh), f (= Act) und g (= I Kor). Statt l (Mt, Mk, Lk) bei Osiander steht bei Estienne[abc], statt g (Mt, Joh)[ad] usw.

[25] Das Kommentarwerk wird mit der Harmonie abgeschlossen (Einleitung zur Harmonie abgedruckt bei Seebaß, Bibliographie, S. 115). Anstelle eines vergleichbaren Werkes zum Johannesevangelium druckt Estienne Calvins Kommentar zu diesem Evangelium und faßt ihn mit seiner Synoptikerausgabe zu einem Band zusammen.

[26] Vgl. z. B. Lipenius, Bibliotheca, Bl. 636b; Alard, Bibliotheca, S. 117; Le Long, Bibliotheca sacra 2, S. 392.

ita mirificum.»[1] Nachdem aber der Band im Druck vorlag, äußerte man sich mit Unverständnis, Mißbilligung und Ärger. Die Eigenarten der Osiandrischen Lösungen und — mehr noch — der Anspruch, mit dem der Verfasser auftritt, und seine besserwisserische Kritik, die auch vor Luther nicht haltmacht, bringen dem Nürnberger Prediger manche unfreundlichen Stellungnahmen ein. Die Sentenz Melanchthons in seinem Brief an Veit Dietrich: «Utinam tam facile possimus harmoniam Evangelicorum concinnare quam ipse [= Osiander] concinnavit historiae evangelicae»[2] muß man zwar nicht unbedingt als negatives Urteil interpretieren, zeigt aber jedenfalls, daß Melanchthon Osianders Evangelienharmonie keineswegs den Rang zuerkennen wollte, den ihr der Verfasser zugedacht hatte. Daß man über sein Werk so schnell zu anderen und wichtigeren Problemen übergehen konnte, mußte für Osiander eine herbe Enttäuschung sein.

Deutlicher als Melanchthon wird Cruciger in einem Brief an den gleichen Empfänger[3]: Er wolle sich zwar kein Urteil anmaßen, aber er finde doch ziemlich viel Ungereimtheiten («ἀνηρμοστά») in diesem Buch. «Ita saepe ac nulla de causa ex unis geminas facit historias, quae manifeste sunt eadem nec potuerunt omnibus circumstantiis eadem saepius accidere, ut de filio archisynagogae et αἱμοῤῥοῦσα. In commentariis multae indignae illo viro λεπτολογίαι, et de nomine Iesu quam frivola καὶ ἀναιτιολόγητα, itidem et in genealogiis, in quibus tam sibi placet, ut ne quidem a conviciis et in veteres omnes et in nos praecipue abstineat. Sed ita est suum cuique pulchrum. Itaque illis haec placeant, unde nata sunt.»

Man hatte im Kreise der Wittenberger und ihrer Freunde die verborgenen Angriffe Osianders natürlich nicht übersehen und man sah dadurch die Solidarität unter den Evangelischen verletzt. Martin Frecht wollte diesen Verstoß mit dem Mantel christlicher Nächstenliebe zudecken. Er schreibt an Vadian: «Scis autem et Osiandrum harmoniam in 4 evangelistas edidisse. Hanc vellem magis harmonice, h. e. modestius scriptam. Olfacio enim multos theologico supercilio offensos esse. At pro christiana charitate in melius, quicquid est, hoc interpretabimur.»[4]

Der am unmittelbarsten durch Osianders Auslassungen Betroffene, Martin Luther, hielt seinen Ärger, ja seine Verbitterung vor seinen Freunden nicht zurück. Wie sehr er sich persönlich getroffen fühlte, zeigt eine Tischrede aus dem Jahr 1537: «Admiratus superbiam et iactantiam quorundam, qui ipso vivente magna in se ipsis sperarent, qualis est Oziander cum sua harmonia et monotessaron et Ioanne Agricola cum suis postillis . . . Ipsi volunt triumphare sine victoria, sed non sine scan-

---

[1] Spalatin an Linck, 1536, Oktober 1 = Verpoorten, Analecta, S. 79.
[2] Melanchthon an Veit Dietrich, 1537, Oktober 12 = CR 3, Sp. 427, Nr. 1619.
[3] Cruciger an Veit Dietrich, 1537, November 27 = CR 3, Sp. 454—456, Nr. 1632.
[4] Martin Frecht an Vadian, Ulm, 1538, Februar 17 = Vadianische Briefsammlung, S. 478, Nr. 999.

dalis. Primo florente papatu omnes tacebant. Da war ich lenger denn drei jar gar verlassen; nemo porrigebat mihi manum. Nunc omnes volunt triumphare et quilibet suum cerebrum effundere . . . ich solde nun billich fride haben in meinem alter . . . Satis esset me ab adversariis flagellari, ob mir meine liebe bruderlein nicht theten. Quis potest omnibus resistere? Ipsi sunt iuvenes in summo otio, ego senex abgeerbet. Oziandrum licentia otii in hanc superbiam ducit; tantum singulis hebdomadibus duas contiones habet, magno stipendio 400 fl.»⁵

Auch die folgende Tischrede muß man vor dem Hintergrund der Evangelienharmonie sehen: «Wir [= Luther] haben die Bibel verdeutscht, aber er [= Osiander] nimmt aus unserer Translation ein Wort oder zwei; reformiret und meistert dieselbigen also, daß ers viel besser wollt verdeutscht haben, da doch der Christenheit an einem solchen Handel und Vocabel nichts liegt. Und er probirts dennoch nicht gar, daß unsere Translation unrecht sei, ärgert also die Kirche, da er doch mit mir ingeheim hätte handeln oder disputiren können; aber er kann nicht an sich halten noch seine Kunst verbergen.»⁶ Wenn Luther sich sachlich mit Osiander auseinandersetzt, dann kritisiert er dessen «sudare in grammatica et verbis, non in rebus»⁷. Gelehrsamkeit, vor allem hinsichtlich seiner Sprachkenntnisse, gestand er ihm gerne zu⁸. Aber das Verhältnis zwischen den Wittenbergern und dem fränkischen Reformator war durch dessen Ton, den er in der Harmonie anschlug, und der als taktlos und hochmütig empfunden wurde, schwer getrübt⁹. Hier wurden schon die ersten Weichen für die späteren Auseinandersetzungen gestellt. Es ist aus dieser Konstellation heraus verständlich, aber doch bedauerlich, daß es zu keiner Sachdiskussion über die von Osiander aufgeworfenen Fragen kam — weder über seine in der Harmnonie manifesten theologischen Grundsätze und deren Implikationen, noch über exegetische Einzelheiten, wie sie in den Annotationen in großer Fülle enthalten sind. Man muß Osiander selbst die Hauptschuld an dieser unbefriedigenden Entwicklung zusprechen. Nach seinem Tode, als über die persönlichen Aversionen und Verärgerungen die Zeit hinweggegangen war, verstand man sich

---

⁵ WATR 4, S. 476 f., Nr. 4763; eine Variante in WATR 3, S. 491, Nr. 3654 d (25. 12. 1537).

⁶ WATR 4, S. 478 (ohne Datum); in einer Variante dazu ist ein Vorschlag Amsdorfs überliefert, wie man den Übermut Osianders dämpfen könne: «Amsdorff dixit: Si ego essem princeps, tum concluderem istos sciolos seorsim in cellam et praeciperem, ut verterent biblia sine inspectione Lutheri bibliorum. Da wolten wir sehen, was sie kunden!» (WATR 4, S. 609, Nr. 5504 — Mai/Juni 1540).

⁷ WATR 3, S. 491, Nr. 3654 b (25. 12. 1537), vgl. o. S. 117 bei Anm. 84.

⁸ Vgl. WATR 5, S. 167, Nr. 5465 (vgl. o. S. 119 Anm. 98); S. 170, Nr. 5469; WA 48, S. 691, Tischrede Nr. 7117.

⁹ Äußerungen Luthers wie: «Osiander mus altzeit was sonderlichs haben» (weil er — anders als die Wittenberger — die Existenz von Poltergeistern leugnete! — WATR 5, S. 87, Nr. 5358 b), zeigen, daß Osianders Bild als eigensinniger und besserwisserischer Mensch festgelegt war und selbst in peripheren Dingen bestätigt gesehen wurde.

leichter zu einer sachlichen Würdigung der Evangelienharmonie – und das, obwohl Osiander als Ketzer gebrandmarkt war. Es gelang vielen, zwar die ‹falsche› Rechtfertigungslehre zu verurteilen, deswegen aber die anderen Verdienste um Kirche und Theologie dieses Vertreters der ersten Generation der Reformation nicht zu unterschlagen[10].

Calvin, der seiner Auslegung der synoptischen Evangelien eine Harmonie von Matthäus, Markus und Lukas zugrunde legt[11], bezieht mit seinen Auffassungen über die evangelische Akoluthie eine grundsätzlich gegensätzliche Position zu Osiander. Dennoch führt er mit dem Nürnberger keine detaillierte Auseinandersetzung, sondern gibt nur in einigen verstreuten Sätzen sein Mißfallen über dessen harmonistische Entscheidungen kund. Der Name Osiander fällt dabei überhaupt nur zweimal, im Zusammenhang mit der Ankunft der Magier[12] und mit den Blindenheilungen bei Jericho[13]. «Lächerlich» und unseriös erscheinen dem Genfer die Einfälle des deutschen Theologen; kein vernünftiger Mensch brauche sich damit abzugeben. Der Begriff «Harmonie» allerdings hat Calvins Gefallen gefunden. Er übernimmt ihn, ohne dabei Osianders zu gedenken[14].

4.10.3. Katholische Stellungnahmen im 16. Jahrhundert

Daß Osiander als prominenter Anhänger Luthers in vielen der katholischen Aufstellungen verbotener Autoren generell, d. h. mit all seinen Werken indiziert worden ist, ist selbstverständlich. Von seinen Büchern hat aber offensichtlich besonders die Evangelienharmonie in katholischen Kreisen Beachtung gefunden; denn sie wird in mehreren Indices gesondert aufgeführt[1]: Auf dem Index der Löwener theologischen Fakultät vom Jahr 1546 stehen seine Annotationen (nur diese, nicht der Text der Harmonie)[2]. Ebenso verhält es sich mit dem Index der gleichen

---

[10] Vgl. dazu u. S. 163 ff.

[11] Harmonia ex tribus evangelistis composita, Genf 1555 (= Calvin, Opera 45, vgl. dazu u. S. 238 und Schellong, Calvin.

[12] Calvin, Opera 45, Sp. 100: «Magis ridicula sunt quae affert Osiander quam ut refutatione egeant.»

[13] Calvin, Opera 45, Sp. 560: «Argute sibi Osiander visus est ex caeco uno quatuor facere. Atqui eius commento nihil est magis frivolum. Quia videbat evangelistas in nonnullis verbis discrepare, finxit uni caeco in ipso urbis ingressu redditum esse visum, secundum vero et duos alios illuminatos esse, quum illinc Christus discederet. Atqui sic conveniunt omnes circumstantiae, ut nemo sanus credat diversas historias tractari.»

[14] Vgl. Schellong, Calvin, S. 58 f., Anm. 73 – in dieser Anmerkung auch Hinweise auf das Verhältnis Calvins zu Osiander.

[1] Diese ‹Ehre› ist meines Wissens keinem anderen Werk Osianders widerfahren.

[2] Reusch, Indices, S. 38; betroffen waren also nur die Basler Erstausgabe und der Druck von Robert Estienne, Paris 1545. Die Antwerpener, die Venediger und die anderen Pariser Ausgaben haben die Annotationen nicht abgedruckt.

Fakultät von 1550–1558[3]. Etwas später, nämlich auf dem Index des spanischen Generalinquisitors Valdes von 1559, wird dann das ganze Werk geächtet[4]. Man war sich inzwischen wohl bei den für die Zusammenstellung dieser Listen verantwortlichen Theologen darüber klar geworden, daß nicht nur die Anmerkungen Osianders mit ihren zahlreichen Seitenhieben auf kirchliche Autoritäten einen Angriff auf die katholische Tradition darstellten, sondern nicht minder die Komposition der Harmonie selbst. Im übrigen ist die Aufnahme der Evangelienharmonie in die genannten Indices ein schönes Zeugnis für die Verbreitung dieses Werkes außerhalb der deutschen Grenzen, vor allem in den Niederlanden[5].

Der Katholik des 16. Jahrhunderts, der am kompetentesten über die Leistung Osianders urteilen konnte, war Cornelius Jansen d. Ä. mit seiner ‹Concordia evangelica›[6]. Er äußert sich erstaunlich objektiv, wenn auch entschieden über die Arbeit des Nürnbergers: Auf dem ersten Blick schien sie das zu bringen, was er, Jansen, sich erhofft habe – eine vollständige Berücksichtigung des gesamten evangelischen Stoffes in einer fortlaufenden und vor allem geordneten (d. h.: zeitlich geordneten) Erzählung. «Verum quamquam hic [= Osiander] sua laude frustrandus non sit, quod satis ostendat se in eo opere pertulisse labores, in animum tamen inducere nequeo, cuiquam non omnino rudis ingenii illius iudicium probari posse. Praeterquam enim, quod novam nobis obtrudit evangeliorum versionem (ex quo plurimum fructus decedit lectori assueto versioni receptae), contra omnium iudicium, contra communem sensum pleraque in evangelistis diversa facit, quae nemo non eadem esse comprobat, quamvis in evangelistarum narratione nonnulla videatur esse diversitas.» Osianders grundlegender Fehler sei es gewesen, daß er glaubte, alle Evangelisten hätten stets in ihren Erzählungen die tatsächliche Reihenfolge der Geschehnisse beachtet. Warum habe er das, was er an einigen Stellen selbst zugestanden habe, nicht häufiger für möglich gehalten[7]? Das Hauptargument Jansens gegen Osiander ist also dessen Widerspruch zur Tradition, speziell zu den augustinischen Grundsätzen über die Arbeitsweise der Evangelisten. Daß der Niederländer Osiander nicht aus vordergründiger konfessioneller Polemik diskreditieren wollte, zeigt die Tatsache, daß er nicht nur die osiandrischen «literae» (d. h. die Siglen zur Kennzeichnung des Anteils der einzelnen Evangelisten) übernimmt, sondern diese Entlehnung in seiner Vorrede auch ausdrücklich als solche

[3] Reusch, Indices, S. 52.
[4] Reusch, Indices, S. 216: «Andreae Osiandri harmonia evangelica cum scholiis eiusdem».
[5] In Antwerpen erschienen in den Jahren 1538–1540 allein drei Ausgaben der Evangelienharmonie (Seebaß, Bibliographie, S. 111, Nr. 24.2.1–2; 24.3).
[6] Löwen 1549 (= Jansen, Concordia); vgl. u. S. 209 ff.
[7] Jansen, Concordia, Bl. a 2 b–a 8 b (epistula dedicatoria).

kenntlich macht. Auch in den Erläuterungen zur Evangelienkonkordie kommt es vor, daß Jansen sich positiv auf Osiander bezieht[8].

In der Folgezeit macht sich die konfessionelle Scheidung auch auf dem Gebiet der Evangelienharmonistik immer deutlicher bemerkbar. Mit dem Werk Jansens hatten die Katholiken ihre eigene ‹Normalharmonie›, so daß Bezugnahmen auf Osiander selten wurden. Ein bezeichnendes Beispiel liefert Caesar Baronius. In seinen «Annales Ecclesiastici» bringt er im ersten Band zu Beginn der Darstellung der öffentlichen Wirksamkeit Jesu einen ganz kurzen Rückblick auf die Geschichte der Evangelienharmonien. Theophilus von Antiochien wird genannt, Tatian, Ammonius, Euseb und von den neueren nur Jansen, dem sich Baronius in seiner Darstellung der evangelischen Geschichte weitgehend anschließen will. Andreas Osiander wird mit keinem Wort erwähnt[9].

4.10.4. Stellungnahmen späterer Verfasser von Evangelienharmonien zur ‹osiandrischen Methode›

Unter der ‹osiandrischen Methode› verstehen wir mit David Solbrig den «methodus harmoniae evangelicae ἀμετάθετος»[1], d. h. diejenige Art, eine Evangelienharmonie zu gestalten, die von dem von Osiander formulierten Grundsatz ausgeht, daß die Evangelisten genau auf die Reihenfolge der Geschehnisse geachtet hätten und daß deshalb keine Umstellungen von evangelischen Perikopen in einer Evangelienharmonie vorgenommen werden dürften. Dieser Grundsatz hatte regelmäßig zur Folge, daß eine erhebliche Anzahl von Parallelperikopen dissimiliert werden mußte.

Die Autoren des 16. Jahrhunderts, die entsprechend diesem osiandrischen Prinzip eine Evangelienharmonie verfaßt haben[2], werden wir in unserem folgenden Kapitel behandeln. Sie können deshalb in dieser Übersicht zunächst ausgeklammert werden. Bei dem Material, das wir über die Diskussion der osiandrischen Methode im Rahmen der Geschichte der Evangelienharmonistik vorlegen, handelt

---

[8] Z. B. zu den beiden Genealogien: «Et haec quidem magna ex parte ex Osiandro sunt desumta, ne quem frauderemus sua laude» (Jansen, Concordia, Bl. 17b). Den Nachweis, daß die ganze Concordia Jansens in ständiger Auseinandersetzung mit der Evangelienharmonie Osianders entstanden ist, werden wir bei der Behandlung des Werkes Jansens führen (u. S. 217ff.).

[9] Baronius, Annales 1, Sp. 103.

[1] Vgl. Solbrig, Harmonia, Titelblatt: «. . . dissertatiuncula de methodo harmoniae evangelicae ἀμεταθέτῳ s. Osiandrino eiusque fatis.»

[2] Es handelt sich um Molinaeus, Codmann und Wirth, vgl. u. S. 180–208.

es sich keineswegs um einen vollständigen Überblick. Dazu wäre eine viel eingehendere Beschäftigung mit der einschlägigen Literatur des 17. und 18. Jahrhunderts nötig, als es mir im Zusammenhang dieser Arbeit möglich war. Es soll und kann aber gezeigt werden, daß die Wirkung von Osianders Werk keineswegs auf die Lebenszeit seines Autors beschränkt war, sondern daß es — in gewissem und begrenztem Sinne — sogar epochale Bedeutung hatte[3].

Martin Chemnitz bespricht im 2. Kapitel der von ihm begonnenen voluminösen Evangelienharmonie[4] die Arbeiten seiner Vorgänger. Sein Urteil über Osiander lautet: «Andreas Osiander . . . maximo labore et singulari ingenii accumine nova prorsus ratione harmoniam historiae evangelicae contexuit. . . . Et valde concinna videtur haec ratio, quod nullius evangelistae contextus turbatur nec transpositione historiarum sursum deorsum quasi desultare cogitur sicut fit in aliis harmoniis. Unum tantum incommodum habet, quod historias, quae consensu totius antiquitatis et circumstantiis hoc manifeste testantibus apud diversas evangelistas eaedem sunt, ipse cogitur alias seu diversas facere et longo temporis intervallo divellere, qua ratione ferme perit illa collatio evangelistarum.»[5] Der Grund, warum Chemnitz nicht den Weg Osianders beschreiten will, ist also der gleiche wie bei dem Katholiken Jansen.

Für etwa ein halbes Jahrhundert konnte sich die von Chemnitz, Leyser und Gerhard erarbeitete Harmonie, die auf protestantischer Seite noch einmal die augustinisch-gersonsche Tradition hoch zu Ehren brachte, unangefochten behaupten[6]. Dann kam ein Jahrhundert der Blüte der osiandrischen Methode. David Solbrig kann 1716 in seiner «Dissertatiuncula»[7] acht Autoren aufzählen, die sich Osiander angeschlossen haben[8].

---

[3] Nämlich für die Epoche der orthodoxen Theologie und des Pietismus, vgl. u. S. 169.
[4] Chemnitz, Harmonia.
[5] Chemnitz, Harmonia, S. 8. Die Siglen Osianders lobt Chemnitz als «excogitatae ingeniosissime literae.»
[6] Aus Lamy, Commentarius, S. IV sei jedoch folgende Notiz mitgeteilt, die auf eine Arbeit mit osiandrischen Grundsätzen hinweist: «Postea [am Rand: 1610] prodiit harmonia Jacobi d-Auzoles a'la Peyre, sub hoc titulo: Sancta D. N. J. C. evangelia secundum evangelistas. Hic auctor induxerat animum ut crederet, hunc quem quisque evangelista ordinem sequitur esse a Spiritu sancto. Temere, ut opinor; nam constat cum re ipsa tum auctoritate veterum non habitam esse ab omnibus evangelistis temporis rationem. Hoc tamen cum crederet, religio illi fuit ordinem, quo quisque evangelista scribit non servare. Itaque opus suum quinque columnis distinxit; in unaquaque ex quatuor primis videre est singulos evangelistas integros dispositis capitibus eodem qui in evangelio sunt ordine, in quinta vero columna ex quatuor unum evangelium contexitur.»
Weder über den Verfasser noch übr das Werk ist mir Näheres bekannt.
[7] Solbrig, Harmonia, Bl. (A) 3a–(C) 1b.
[8] Darunter aus dem 16. Jahrhundert Molinaeus und Codmann.

Den Anfang macht Johannes Cluver[9] mit einer kleinen Evangelienharmonie[10]. Wichtiger ist die Arbeit des berühmten Abraham Calov[11]. Der erste Band seiner «Biblia illustrata Novi Testamenti» enthält eine Evangelienharmonie[12], in der der Verfasser — wie Osiander — versucht, Umstellungen zu vermeiden und überdies Fehler, die er bei dem Nürnberger erkannt zu haben glaubt, zu verbessern[13]. Der Lüneburger Superintendent und nachmalige Oberhofprediger beim Herzog auf Gottorf (Schleswig-Holstein), Caspar Herrmann Sandhagen[14], setzte sich so nachdrücklich für die osiandrischen Prinzipien ein[15], daß Johann Albrecht Bengel im folgenden Jahrhundert resümierte: «Es hat Andreas Osiander die Zeitordnung der Evangelisten ohne Versetzungen . . . auf die Bahn gebracht; und zu neueren Zeiten hat Herr Sandhagen . . . solche Meynung mit ungemeinem Fleiß zu vertheidigen getrachtet . . . Von der Zeit an ist es dahin gekommen, daß diejenigen, die sich auf die Harmonie der Evangelisten befleißigen, es fast als eine ausgemachte Sache annehmen, es gebe keine Versetzungen.»[16]

Solbrig weiß zu berichten, daß August Hermann Francke und Johann Georg Pritius Sandhagen Beifall gespendet haben[17]. Johann Franz Budde hat zu einer der späteren Ausgaben der Sandhagenschen Harmonie eine Vorrede geschrieben[18].

[9] 1593—1633; zuletzt Superintendent in Dithmarschen, vgl. Jöcher, Gelehrtenlexikon 1, Sp. 1974 f.

[10] «Harmonia evangelistarum paulo accuratius, quam vulgo solet, secundum paschata et itinera Domini digesta et brevissime delineata» (Titelangabe nach Clericus, Harmonia, dissertatio, § 23), hg. v. Johann Cluvers Sohn Michael Cluver; Solbrig, Harmonia, dissertatiuncula, Nr. 10.

[11] 1612—1686; über ihn vgl. RGG³ 1, Sp. 1587 (Lit.).

[12] Calov, Biblia illustrata, Tomus 1 «exhibens harmoniam evangelistarum et annotata ad libros evangeliorum ut et acta apostolica». Die Evangelienharmonie in Calov, Biblia illustrata 1, S. 22—138.

[13] Calov unterscheidet z. B. die Berufungen des Matthäus/Levi nach Mt 9 von der nach Mk 2/Lk 5 und er läßt auch die Schwiegermutter des Petrus zweimal von Jesus geheilt werden (Calov, Biblia illustrata 1, S. 14, 40 und 50)!

[14] 1639—1696; über ihn vgl. ADB 30, S. 335 f.

[15] «Kurtze Einleitung in die Geschichte unseres Herrn Jesu Christi, der Apostel wie auch den Faden des N. T. nach der Zeitordnung aus den vier Evangelisten, der Apostelgeschichte und Briefen, wie auch Offenbarung Johannis zu betrachten», Lüneburg 1684, 2. Aufl. 1688, wieder abgedruckt und mit Zusätzen aus seinen anderen Schriften, Berlin, 1702—1711, Halle 1716 (die Angaben nach ADB; vgl. Clericus, Harmonia, dissertatio, §§ 26—28). Zum gleichen Thema veröffentlichte Sandhagen etliche Sendschreiben (vgl. Bengel, Harmonie, S. 208).   [16] Bengel, Harmonia, S. 208.

[17] Solbrig, Harmonia, dissertatiuncula, Nr. 15, Solbrig bezieht sich auf ein Vorwort Franckes zur Harmonie des Jakob Usser (= James Ussher; vgl. auch Clericus, Harmonia, dissertatio § 29; vollständig Titelangabe bei Mälzer, Bengel, S. 432, Anm. 1. zu diesem Werk vgl. auch Wallmann, Spener, S. 328 f., Anm. 105 f. 110) und auf die «Introductio in lectionem Novi Testamenti» des Pritius (Leipzig 1704; mehrere Auflagen; zu Pritius vgl. ADB 26, S. 602—604).   [18] Nach Jöcher, Gelehrtenlexikon 1, Sp. 1454.

Von den lutherischen Theologen nennt Solbrig weiterhin Jakob Dornkrell von Eberhertz[19] als Verfasser einer osiandrischen Harmonie. Dieser veröffentlichte 1686 eine «Biblia historico-harmonia sive opus divinae consonantiae integrum»[20]. Dornkrell war es nicht gelungen, das Werk seines Lehrmeisters in der Originalausgabe in die Hände zu bekommen. Er kannte nur die deutsche Übersetzung[21], in der ja die Anmerkungen nicht enthalten sind. Auch Sandhagen hatte ähnliche Schwierigkeiten gehabt, die Harmonie Osianders zu Gesicht zu bekommen[22]. Die Theologen seiner Zeit kannten sie meist aus der Sekundärliteratur, z. B. aus der Rezension bei Chemnitz[23].

Als einzigen Reformierten, der zu den Nachfolgern Osianders zu rechnen ist, nennt Solbrig den Niederländer Abraham Covet du Vivier[24]. Seine 1706 in Den Haag auf Französisch erschienene «l'Histoire evangelique dans son ordre naturel, ou nouvelle Harmonie des quatre Evangelistes»[25] wurde von Hektor von Geyersberg und Osterburg ins Deutsche übersetzt und von Georg Serpilius mit einer Vorrede, die eine Geschichte der Evangelienharmonistik beinhaltet, versehen[26].

David Solbrig[27] selbst hat seine «dissertatiuncula de methodo harmoniae evangelicae Osiandrico eiusque fatis» als Einleitung zu seiner «Harmonia evangelistarum ὀρθότακτος» verfaßt[28]. Er macht sich Osianders Prinzipien zu eigen[29] und unterscheidet diese richtige Methode von der falschen Anschauung, die behauptet, die Evangelisten hätten die Reihenfolge der Geschehnisse nicht exakt beachtet. Die Vertreter dieser irrigen Ansicht bezeichnet er als «Harmosten»[30].

---

[19] 1643–1704; Jöcher, Gelehrtenlexikon 2, Sp. 195f.
[20] Erschienen in Lüneburg; die Angaben nach Jöcher und Solbrig, Harmonia, dissertatiuncula, Nr. 16.
[21] Strubberg, Osiander, S. 370.
[22] Strubberg, Osiander, S. 369f.
[23] Vgl. o. S. 164.
[24] Zu ihm vgl. Jöcher, Gelehrtenlexikon, Ergänzungsbd. 2, Sp. 491.
[25] Titelangabe nach Jöcher.
[26] Serpilius, Harmonia evangelica. Zu Georg Serpilius (1668–1723) vgl. Jöcher, Gelehrtenlexikon 4, Sp. 522.
[27] Solbrig war 1692 Inspektor in Seehausen, danach Inspektor in Salzwedel, vgl. Dunkel, Nachrichten 1, S. 495f., Nr. 647 und Nachrichten 2, S. 760.
[28] Leipzig und Gardeleben 1716. 4°. Ich benutzte das Exemplar Soest StA und Wissenschaftliche StB H. h. 9. 8.
[29] Dies geht schon eindeutig aus dem Titel hervor: «Harmonia ss. evangelistarum ὀρθότακτος, . . . ex sanctorum evangelistarum monumentis θεοπνεύστοις, servato cuiuslibet evangelistae ordine et sacro textu nusquam transposito, perpetua serie concinnata, maioris operis πρόδρομος.» Ebrard kann dieses Buch nicht in der Hand gehabt haben, wenn er behauptet, noch 1716 habe sich Solbrig zu einer Polemik gegen Osianders Methode veranlaßt gesehen (Ebrard, Kritik, S. 91, Anm. 1).
[30] Solbrig, Harmonia, dissertatiuncula, Nr. 1.

Die Ausgabe der Harmonie des Johannes Clericus[31] von 1700[32] enthält eine «dissertatio historico-theologica de potioribus scriptoribus harmoniarum evangelicarum» eines ungenannten Verfassers, in der die Geschichte der Harmonistik von Tatian bis Clericus skizziert und die Werke nach dem «fundamentum textuale»[33] sowie dem «fundamentum chronotacticum»[34] geordnet werden[35]. Dabei wird auch die Harmonie Osianders gewürdigt: «Sine dubio autem ex hoc studio magnum meretur nomen dici Andreae Osiandri . . . Neque dubito Osiandrum tanto invento suo plures ὁμοψήφους reperturum fuisse, nisi maculum variis opinionibus heterodoxis, quas alibi defenderat, hincque odium plurium sibi contraxisset, quamquam brevi simus deprehensuri, qui etiam seculo superiori iam venerati atque secuti fuerant Osiandri vestigia harmonica.»[36]

Daß sich die Nachfolger Osianders nicht nur auf das 17. Jahrhundert beschränkt haben, hat schon die «Histoire evangelique» des Abraham Covetus gezeigt. Auch die bedeutende Arbeit Leclercs, die hinsichtlich ihrer Auffassung über das Verhältnis der Evangelisten zur historischen Zeitordnung in die augustinische Tradition zu rechnen ist, konnte die ‹Osiandristen› nicht zum Verstummen bringen. Johann Anton Strubberg setzte es sich zur Aufgabe, seinen Zeitgenossen die Arbeit des Nürnbergers vertraut zu machen[37]. In mehreren Veröffentlichungen wirkte er in diesem Sinne. Er plante sogar, die Annotationen Osianders neu zu edieren[38]. Zur Verwirklichung dieser Absicht ist es nicht mehr gekommen. In Strubbergs Nachlaß fand sich eine kurze Abhandlung über Osianders Harmonie, die nicht nur einige

---

[31] = Leclerc, 1657—1736; Erstausgabe seiner Harmonia evangelica: Amsterdam 1699. Zu Clericus vgl. RGG³ 1, Sp. 1839 (Lit.). Nach Zahn bezeichnet dieses Werk des Clericus «den Uebergang von den Harmonien zu den Synopsen» (RE³ 5, S. 661). Wie Zahn zu diesem Urteil kommen kann, ist mir unverständlich. Synopsen gab es längst vor Clericus, Harmonien noch lange nach ihm (vgl. Schellong, Calvin, S. 58, Anm. 72).

[32] Erschienen in Lyon (= Clericus, Harmonia); zur Einrichtung dieser Ausgabe im Vergleich zur Erstausgabe vgl. RE³ 5, S. 661.

[33] D. h.: Entweder werden die Texte der einzelnen Evangelien in ihrem Zusammenhang beibehalten und in Kolumnen nebeneinandergestellt oder aus den vier Evangelien wird ein fortlaufender Text gestaltet, der in verschiedene Teile, Bücher, Kapitel usw. geteilt werden kann, oder der Evangelientext wird einfach beibehalten und die Harmonie durch Canones, Indices, Paraphrasen oder Kommentare dargestellt.

[34] D. h.: Die Evangelisten haben entweder überhaupt nicht oder so gut wie nicht oder unbedingt auf die Zeitordnung ihrer Darstellung geachtet.

[35] Clericus, Harmonia, Bll.)0(2a—)0()0()0()0()0(4b. Der Verfasser dieser Abhandlung ist Johann Michael Lang(e) (1664—1731; über ihn vgl. Will, Gelehrtenlexikon 2, S. 399—405 und ADB 17, S. 601f.), vgl. Jöcher, Gelehrtenlexikon, Ergänzungsbd. 3, Sp. 1230, Nr. 25.

[36] Clericus, Harmonia, dissertatio, § 9.

[37] Strubberg starb 1731, vgl. Dunkel, Nachrichten 2, S. 195f.

[38] Strubberg, Osiander, S. 368.

Informationen über Aufbau und Inhalt der Arbeit wiedergibt, sondern auch eine kleine ‹Blütenlese› von positiven Urteilen verschiedener Theologen enthält[39].

Einer der letzten, der das Lob der Harmonie Osianders in barocker Wortfülle angestimmt und versucht hat, in den vorgezeichneten Pfaden zu wandeln, war der Gräflich-Schaumburgische Superintendent Eberhard David Hauber[40]. Seiner «Harmonie der Evangelisten, das ist Uebereinstimmung und Vereinigung ihrer Beschreibungen des Lebens Jesu Christi»[41] schickte er eine von der damaligen Fachwelt gebührend beachtete «allgemeine Einleitung in die Harmonie der Evangelisten» voraus[42]. Wie viele seiner Vorgänger blickt er darin auf die Geschichte der Evangelienharmonistik von Tatian bis in seine Gegenwart zurück[43]. Für Osiander ist die Schlüsselposition reserviert. Er hat als erster «in dieser wichtigen Sache den rechten Weg getroffen und eine mit Grund und Wahrheit also genannte Harmonie der Evangelisten zu Stande gebracht und ausgefertigt»[44]. Freilich, der Nürnberger war in der Ausführung seiner Harmonie nicht so unfehlbar wie in den von ihm formulierten Grundsätzen. Er hat «auf den von ihm gelegten unverbesserlichen Grund ein Gebäude gebauet, welches noch gar grosse Fehler hatte und seinen eigenen Grundsätzen entgegen war»[45]. Doch der weitere Verlauf der Forschungsgeschichte hat die ursprünglich noch vorhandenen Mängel immer mehr beseitigt. Es «hat die von Osiandern nur in der Morgenröthe erblickte Wahrheit nach und nach mehreres Licht und Glantz bekommen und es ist mit der folgenden Zeit von den Wolcken, die sie bedeckten, eine nach der anderen getrennet worden»[46]. Mit Hauber selbst, so soll man wohl schließen, ist der Himmel wolkenleer geworden und die osiandrische Methode hat den Zenit erreicht.

In Wirklichkeit aber flackerte – genau zweihundert Jahre nach Erscheinen der Basler Erstausgabe – das Abendrot am Horizont. Für den Zeitgenossen Haubers, Johann Albrecht Bengel, ist Osianders Methode pure Willkür: «Seit der Reformation haben die pure Zeitordnung etliche Lehrer angenommen und in der Einleitung Haubers werden vornehmlich oben ermeldter Osiander, Calovius und Sandhagen gerühmet. . . . An den übrigen namhaften Männern, die diesen Weg

---

[39] Diese Abhandlung Strubbergs wurde 1734 in die FSATS aufgenommen (= Strubberg, Osiander).

[40] 1695–1765; über ihn vgl. ADB 11, S. 36f.

[41] Lemgo 1737 = Hauber, Harmonie; ich benutzte das Exemplar Stuttgart LB, Biblia germ. 40. 1737.

[42] Hauber, Harmonie, S. 1–36.

[43] Derlei Überblicke über die harmonistische Literatur, die gewöhnlich in den Einleitungen zu den Evangelienharmonien des 17. und 18. Jh. zu finden sind, basieren meist nicht auf eigener Forschungsarbeit, sondern sind weithin aus den jeweils früheren Arbeiten übernommen.

[44] Hauber, Harmonie, S. 6.

[45] Hauber, Harmonie, S. 8f.   [46] Hauber, Harmonie, S. 9.

gehen, spüret man nicht, daß sie selbst eine genugsame Untersuchung angestellt hätten. Man hat einen zureichenden Grund, eine Harmonie für purwillkürlich zu halten und ihre Richtigkeit in den größesten Zweifel zu ziehen, wenn sie bey allen bisher gezeigten Zeitspuren vorbeygehet, als ob sie vergebens oder gar nicht geschrieben stünden, welches von Osiandern und Sandhagen geschieht.»[47]

Der Biblizist Bengel kann sich deshalb von Osiander distanzieren, weil er sorgfältige Beachtung der Heiligen Schrift höher wertet als die Treue gegenüber einem orthodoxen System, in diesem Falle gegenüber der orthodoxen Schriftlehre[48]. So lange letztere – in Verbindung mit der orthodoxen Inspirationslehre – die Theologie prägte, war eine Harmonie im Sinne Osianders eine angemessene, ja man kann sagen: eine charakteristische Konkretisierung der herrschenden theologischen Grundsätze. Sobald sich die Exegese aus ihrer rein dienenden Funktion befreien konnte und ihr die Thesen und Antworten nicht mehr vom theologischen Lehrsystem vorgegeben waren, mußten die Harmonien Osianders und seiner Nachfolger als Vergewaltigung des Bibeltextes erscheinen. Es ist nicht etwa der Pietismus Bengels, der ihn zur Abkehr von Osianders Methode getrieben hat. Denn der Pietismus entwickelte im Vergleich zur Orthodoxie keine spezifische Schriftlehre. Der bengelsche Biblizismus war jedoch mit Osianders Wort- und Schriftlehre nicht zu vereinbaren. Es wäre deshalb auch falsch, Osiander als Biblizist zu bezeichnen. Osianders Orientierungspunkt war nicht der Bibeltext, sondern sein Gottesbild.

Endgültig «ad actas» gelegt wurde die osiandrische Methode der Evangelienharmonistik von den Vertretern der aufgeklärten historischen Bibelkritik, die in der zweiten Hälfte des 18. Jahrhunderts auch in Deutschland zum Zuge kam[49]. Gleichzeitig kam – zumindest auf protestantischer Seite – überhaupt das Ende der wissenschaftlich zu nennenden Bemühungen, das Leben Jesu als Evangelienharmonie zu schreiben[50]. Albert Schweitzers «Geschichte der Leben-Jesu-Forschung»,

---

[47] Bengel, Harmonie, S. 227. Eine Besprechung von Bengels «Richtiger Harmonie» mit einem Blick auf andere gleichzeitige Harmonien enthält Mälzer, Bengel, S. 189–197; bibliographische Angaben bei Mälzer, a. a. O., S. 465, Nr. 47 und S. 468, Nr. 70.

[48] Mälzer über Bengels Schriftverständnis: «Die entscheidende Bindung an das orthodoxe Schriftverständnis liegt bei Bengel in der unbesehenen Übernahme der Inspirationslehre. Im übrigen rückt er energisch ab: Die Schriftauslegung erhält . . . unbestritten Vorrang vor aller anderen theologischen Arbeit; die Bibel wird nicht als Sammlung von dicta probantia . . ., sondern als Organismus verstanden» (Mälzer, Bengel, S. 352; zur Schriftlehre und Hermeneutik Bengels vgl. auch Mälzer, a. a. O., S. 357–368).

[49] Zur Verdeutlichung: 1771–1775 erschien Johann Salomo Semlers «Abhandlung von freier Untersuchung des Canon», 1778 gab Lessing des Hermann Samuel Reimarus Schrift «Vom Zwecke Jesu und seiner Jünger» heraus.

[50] Die Arbeiten von Dankó, Historia; Pesch, Evangelienharmonien und Vogels, de consensu sind Belege dafür, daß dieses Urteil für die katholische Seite nicht gilt (für Pesch und

die mit Reimarus einsetzt, berücksichtigt keine einzige Evangelienharmonie[51].
Harmonien gab es auch noch nach Reimarus und Semler. Sie wurden nun meist
in Form einer Synopse erstellt und sollten nicht mehr der Darstellung des Lebens
Jesu dienen, sondern als Hilfsmittel zum Textvergleich der Evangelien[52].
In der synoptischen Literatur des 19. Jahrhunderts blickte man auf Osianders
Harmonie wie auf eine ausgestorbene exotische Gattung zurück, so etwa Constan-
tin Tischendorf in der Einleitung zu seiner «Synopsis evangelica»: «Osiander, qui
talem contexuit historiae evangelicae harmoniam, ut unum omnium ordinem faceret
et tamen nullius ordinem turbaret. Quod ut fieri posse crederet, quum revere esset
ultra posse, perversa quaedam de divina evangelistarum inspiratione opinio fecit.»[53]
Als ob diese «perverse» Inspirationslehre nicht zwei Jahrhunderte lang in der
Theologiegeschichte Gültigkeit besessen hätte!

4.10.5. Weitere Urteile aus der theologischen Literatur über Osianders Harmonie[1]

Schon Strubberg hat eine kleine Sammlung von zumeist positiven Äußerungen
verschiedener Theologen über Osianders Harmonie zusammengetragen[2]. Er zitiert

Vogels ist es das Kriterium einer richtigen Harmonisierung, daß man der Lukasanordnung
folgt!).

[51] In der Zeit bis zur Mitte des 18. Jh. setzte man im allgemeinen Evangelienharmonien mit
Leben-Jesu-Darstellungen gleich, vgl. z. B. die vollständigen Titel von Clericus, Harmonia («Iohannis Clerici Harmonia Evangelica. Cui subiuncta est historia Iesu Christi ex
quatuor evangeliis concinnata»); Serpilius, Harmonia («Harmonia evangelica, das ist: unsers
Heylandes Jesu Christi Lebensbeschreibung . . .»); Solbrig, Harmonia («Harmonia ss.
evangelistarum . . . h. e. summa capita omnium quae Iesus Christus filius Dei et salvator
mundi in his terris egit, dixit et perpessus est . . .»); Hauber, Harmonie («Harmonie der
Evangelisten, das ist Uebereinstimmung und Vereinigung ihrer Beschreibungen des Lebens
Jesu Christi»); Sandhagen (vgl. o. S. 165 Anm. 15).

[52] Als erste Synopse wird oft die von J. J. Griesbach (1745–1812. Synopsis evangeliorum,
Halle 1774 u. ö.) bezeichnet (vgl. z. B. RE[3] 19, S. 277–281; LThK[2] 9, Sp. 1293f.).
Griesbach ist aber weder der Schöpfer des Begriffs (vgl. u. S. 250f.) noch der Sache. Neu ist
bei Griesbach höchstens die Beschränkung der Zielsetzung. Seine Synopse diente nicht
mehr auch (wie alle Synopsen vor ihm), sondern ausschließlich dem synoptischen
Vergleich (zu Griesbachs Synopse vgl. Kümmel, Geschichte, S. 88f.). Für die nun ent-
stehenden Synopsen gilt der Satz Mälzers: «Die Synopse will nicht die Unterschiede harmonisieren, sondern vielmehr zum vollen Bewußtsein bringen» (Mälzer, Bengel, S. 190).

[53] Tischendorf, Synopsis, S. VIIf.

[1] Während der vorangegangene Abschnitt die Diskussion der osiandrischen Methode
im speziellen Bereich der Evangelienharmonistik zum Inhalt hatte, sollen die folgenden
Seiten noch einige Belege aus dem weiteren Bereich der theologischen Literatur hinzufügen.
Hierbei ist noch weniger an Vollständigkeit gedacht als bei der bisherigen Darstellung.

[2] Strubberg, Osiander, vor allem S. 370f.

aus Molinaeus, Chemnitz und Calov und schreibt dann: «Ja Richard Simon, dem sonst so leicht nichts recht ist, hat gestehen müssen, daß Os. sich durch seine H. E. nicht allein bey denen Lutheranern, sondern auch bey denen Papisten berühmt gemachet. Daher auch Herr D. Buddeus[3] in Proleg. ad Collegium in H. Evang. saget, daß Osiander mit seiner H. E. was besonders gethan, ist nicht zu läugnen, und Rich. Simon muß es selbst gestehen. Andere Elogia des Pritii[4], Maji[5], Langii[6], Fechtii[7] etc. etc. übergehe ich mit Willen, weilen sie mit den angeführten übereinstimmen.»[8] Von den von Strubberg genannten Autoren interessiert besonders das Urteil Richard Simons aufgrund dessen exponierter geistesgeschichtlicher Stellung[9]. Wir finden die Stelle, auf die Strubberg anspielt, in der deutschen Übersetzung der «Histoire critique des principaux commentateurs du Nouveau Testament»[10]. Simon äußert sich vor allem über die Annotationen Osianders: «Er hatte einen aufgeweckten Kopf, allein seine subtilen Gedancken gehen zuweilen von denen gemeinen Auslegungen ab, welches auch seine eigene Glaubens-Brüder nicht haben vertragen können. Doch ist es ihm leichter gewesen etwas umzustossen als wieder etwas zu bauen. Darinne aber ist er zu loben, daß er denen Oertern Altes Testament, die im Neuen Testament angeführet und mehr scheinen Applicationes als Explicationes zu seyn, einen rechten Sensum literalem zu geben bemühet gewesen. Ob er es aber allen Lesern und sonderlich denen Juden werde recht gemachet und ein Genüge gethan haben, welche diese Erklärungen für gezwungen halten werden, lasse ich dahin gestellet seyn.[11]»

Es ist verständlich, daß Simon Osiander auf dem Gebiet besonders würdigt, wo er ein gemeinsames Anliegen mit ihm zu vertreten meint: bei der Praktizierung philologischer Exegese des Alten Testamentes. Für einen Mann wie Simon, der sich nicht scheute, an Augustin dessen mangelhafte Kenntnisse der biblischen Sprachen und seine Vorliebe für allegorische Schriftauslegung zu tadeln[12], mußte

---

3   Johann Franz Budde, 1667–1729.
4   Johann Georg Pritius, 1622–1732; vgl. o. S. 165 bei Anm. 17.
5   Johann Heinrich May (?), 1653–1719, RE[3] 12, S. 471–474.
6   Johann Michael Lange, vgl. o. S. 167, Anm. 35.
7   Johann Fecht, 1636–1716, RE[3] 5, S. 788.
8   Strubberg, Osiander, S. 371.
9   Zu Richard Simons (1638–1712) Bedeutung für die Erforschung des NT vgl. Kümmel, Geschichte, S. 41–50; zur Bedeutung Simons für die europäische Geistesgeschichte vgl. Hazard, Krise, S. 217–234.
10   Rotterdam, 1693. Die deutsche Übersetzung (= Simon, Historia Critica) erschien 1713, verfertigt von Leonhard Christoph Rühl. Dieser Band enthält auch eine «Historia critica Veteris Testamenti», entnommen aus Simons «Histoire critique du Vieux Testament». Aus dem Wortlaut des Zitats bei Strubberg ist deutlich, daß dieser die deutsche Übersetzung Simons zur Hand hatte.
11   Simon, Historia Critica, S. 452f.
12   Vgl. Hazard, Krise, S. 228f.

Osiander mit seinen soliden Hebräisch- und Griechischkenntnissen und seinen Vorbehalten gegen Allegorese und Typologie[13] respektabel erscheinen.

Wir tun einen Schritt ins 19. Jahrhundert, in die Zeit, als man Osianders Harmonie verständnislos als ein Kuriosum betrachtete. Karl August Hase hat in seinem Leben-Jesu auch einen Überblick über die ihm bekannte Leben-Jesu-Forschung vorgelegt[14]. Einen Abschnitt darin bilden die harmonistischen Darstellungen des Lebens Jesu[15]. Osiander wird mit Worten bedacht, die das Gefühl der Überlegenheit des aufgeklärten Wissenschaftlers gegenüber der alten und neuen Orthodoxie zum Ausdruck bringen: «Man hält diesen Unsinn, daß so individuelle Begebnisse genau auf dieselbe Weise sich wiederholt haben sollten, kaum für möglich. . . . Fast alle Evangelienharmonien zumal in der lutherischen Kirche bis um die Mitte des vorigen Jahrh. sind in diesem Sinne verfaßt. Es ist lehrreich als Exempel, bis zu welchen Abgeschmacktheiten es die bloße Orthodoxie bringen kann, wenn sie ihre Consequenzen gegen die Natur und Geschichte durchzusetzen wagt . . . Natürlich mußte solcher Aberwitz vor der anbrechenden Wissenschaft des 18. Jahrh. weichen.»[16] Vergleicht man diese Worte mit den oben zitierten Sätzen E. D. Haubers[17], dann hat man einen anschaulichen Beleg für die geschichtliche Bedingtheit theologischer Urteile.

Aus Hase schöpft Albert Schweitzer für seine «Geschichte der Leben-Jesu-Forschung» seine Kenntnis von Osianders Harmonie. Mit wenigen Worten übergeht er solche «schlimmen» Produkte, um möglichst rasch von Reimarus sprechen zu können[18]. Auch hier erscheint Osiander als Repräsentant eines vergangenen, über-

---

[13] Vgl. o. S. 136.

[14] Das Leben Jesu, 1829; 5. Aufl. 1865; ders.: Geschichte Jesu. Nach akademischen Vorlesungen, Leipzig 1876 (= Hase, Geschichte Jesu).

[15] Hase, Geschichte Jesu, S. 111ff., § 18.

[16] Hase, Geschichte Jesu, S. 112f.

[17] Vgl. o. S. 168 bei Anm. 44 und 46.

[18] Schweitzer, Leben-Jesu-Forschung, S. 56: «Vor Reimarus hatte niemand das Leben Jesu historisch zu erfassen versucht. Luther hatte nicht einmal das Bedürfnis empfunden, in der Reihenfolge der berichteten Ereignisse klarzusehen . . . Schlimmer wurde es noch, als die lutherischen Theologen über die Zusammenstimmung der Ereignisse zu reflektieren anfingen.» Es wird von Schweitzer nicht klargestellt, daß Osiander, an den er bei der Erwähnung der «lutherischen Theologen» denkt, im Gegensatz zu Luther sehr wohl das Bedürfnis empfunden hatte, in der Reihenfolge der Ereignisse klarzusehen. Und nicht nur Osiander, sondern auch noch viele andere Theologen vor Reimarus. Wenn Schweitzer seine Darstellung mit Reimarus beginnt, dann hat das gewiß ein sachliches Recht, denn mit diesem beginnt zweifellos ein neuer Abschnitt in der Leben-Jesu-Forschung. Es ist aber schwer zu rechtfertigen, die Geschichte dieses Forschungsgebietes auf ihre Spätperiode beschränken zu wollen. Wenn Schweitzer behauptet, «das einzige interessante Leben-Jesu vor Reimarus» sei von dem Jesuitenmissionar Hieron. Xavier in persischer Sprache verfaßt worden (Schweitzer, Leben-Jesu-Forschung, S. 56), dann kann man sich ein solches Fehl-

wundenen Zeitalters. Nicht anders ist es bei Friedrich Nippold in seiner Kirchengeschichte. Er tadelt die «absurde Harmonistik» und erhebt den Vorwurf, Osiander habe damit die geschichtliche Erforschung des Lebens Jesu für beinahe zwei Jahrhunderte verstummen lassen[19]. Ich kann die Berechtigung dieses Urteils nicht einsehen: Erforschung des Lebens Jesu, wie es sie vor Osiander gegeben hat, gab es auch nach ihm noch im Überfluß. Und die Annahme, die historisch-kritische Forschung wäre ohne Osianders Harmonie früher zum Zuge gekommen, als es tatsächlich der Fall war, würde denn doch die Bedeutung Osianders überschätzen!

In ganz überraschende Verwandtschaft wird Osiander von Johann Heinrich August Ebrard[20] eingereiht. Ebrard wollte in seiner «Wissenschaftlichen Kritik der evangelischen Geschichte»[21] nach seinen eigenen Worten eine «Rüstkammer» zum Kampf gegen die «negative Kritik» bereitstellen. Einer der von ihm meistgehaßten Vertreter solcher historischen Kritik war David Friedrich Strauß, den er nicht einmal mit persönlichen Verunglimpfungen verschonte[22]. Osiander wird von Ebrard zur Waffe degradiert, mit der Strauß verwundet werden soll. Deswegen werden zunächst einmal Osianders harmonistische Grundsätze als «pseudoharmonistischer Zwang»[23] disqualifiziert und dann wird der Begriff des «osiander-strauss'-schen Axioms»[24] eingeführt. Denn D. F. Strauß habe in seinem Bestreben, den Evangelien jeden historischen Kern abzusprechen, die osiandrischen Voraussetzungen vertreten, daß die Evangelisten «akoluthistisch» zu schreiben gemeint hätten. Diese Voraussetzung habe Strauß gebraucht, um im Neuen Testament die gewünschten chronologischen Widersprüche konstatieren zu können[25]. Der Erlanger Polemiker hat der Sache, die er verfechten wollte, mit solch oberflächlicher Diagnose keinen guten Dienst erwiesen[26].

---

urteil nur dadurch erklären, daß Albert Schweitzer für die Jahrhunderte vor der Zeit, die er sich zum Forschungsgegenstand gemacht hat, sich nicht auf eigene Quellenkenntnis, sondern auf die Urteile anderer (hauptsächlich Hases) gestützt hat. Vor Reimarus sind den Bearbeitungen des Lebens Jesu engere Grenzen gezogen als ihm; denn eine kritische Haltung zu den Evangelien war noch nicht möglich. Im Rahmen dieser Grenzen gibt es aber Zeugnisse für eine enorme Vielfalt von Versuchen, das Leben Jesu darzustellen.

[19] Nippold, Kirchengeschichte 1, S. 21 f.
[20] 1818—1888; über ihn vgl. RGG³ 2, Sp. 300 f.
[21] Frankfurt/M. 1842; 3. Aufl. 1868 (= Ebrard, Kritik).
[22] Strauß seinerseits charakterisiert Ebrards Buch als «restaurierte Orthodoxie auf dem Standpunkt der Frechheit.» Albert Schweitzer konstatiert, daß die «rabulistische Haltung dieses Werkes» auch in konservativen Kreisen verletzte (Schweitzer, Leben-Jesu-Forschung, S. 150 f., Anm. 29).
[23] Ebrard, Kritik, S. 90.
[24] Vgl. z. B. Ebrard, Kritik, S. 102.
[25] Ebrard, Kritik, S. 98 f.
[26] Es ist überflüssig, die Unterschiede zwischen Osianders und Straußens Umgang mit den Evangelien im einzelnen aufzuzeigen, um zu beweisen, wie fragwürdig Ebrard argumen-

Zu den unhistorischen Urteilen über Osianders Harmonie gehören auch solche Äußerungen wie die von Michelsen[27], daß Osiander «durch seine unnatürliche Verfassungsweise die Harmonistik im allgemeinen» diskredidiert habe. Daß der Nürnberger zweihundert Jahre lang mit seiner «Harmonia evangelica» die harmonistische Diskussion mitbestimmte und bei Anhängern und Gegnern in hoher Achtung stand, scheint nicht von Belang zu sein. Nicht Osiander hat die Harmonistik diskredidiert, sondern neue historische und theologische Einsichten haben sich durchgesetzt und eine Weiterarbeit unter den alten Voraussetzungen verboten.

In den monographischen Arbeiten der letzten Jahrzehnte, die Andreas Osiander zum Thema haben, spielt seine Evangelienharmonie eine bescheidene Rolle. Möller widmet ihr einige Seiten[28], in denen er hauptsächlich die Vorrede referiert. Die Harmonie selbst und die Annotationen scheint er nur flüchtig zur Kenntnis genommen zu haben[29]. Er nennt das Ganze «eine Arbeit, die, so einseitig und undurchführbar die Gesichtspunkte sind, von welchen sie ausgeht, doch immer eine hervorragende literarische Erscheinung bleibt und den sprachgelehrten Theo-

tiert. Es sei nur auf drei Punkte hingewiesen, die von Ebrard selbst angesprochen worden sind:
1. D. F. Strauß hatte keinesfalls die Absicht, den Evangelien «jeden historischen Kern» abzusprechen (vgl. Kümmel, Geschichte. S. 148).
2. Es stimmt zwar, daß Strauß annimmt, die Evangelisten hätten eine chronologisch geordnete Erzählung geben wollen (vgl. Schweitzer, Leben-Jesu-Forschung, S. 127). Diese Voraussetzung spielt aber für die Straußsche Kritik an den evangelischen Berichten nur eine untergeordnete Rolle, sie trägt nicht die Straußsche Argumentation.
3. Der wesentliche Unterschied zwischen Strauß und Osiander hinsichtlich der Auffassung über die Akoluthie der Evangelien liegt darin, daß Osiander – wie alle älteren Theologen – selbstverständlich die Identität von subjektiven Wollen der Evangelisten und objektiver Durchführung ihres Werkes voraussetzte (wobei die «Subjektivität» unter dem Vorzeichen der Inspiration zu sehen ist!): Wenn die Evangelisten in der richtigen chronologischen Ordnung schreiben wollten, dann haben sie auch so geschrieben. Wer von den alten Theologen annahm, die Evangelisten hätten nicht bzw. nicht immer akoluthistisch geschrieben, der setzte seinerseits voraus, daß jene gar nicht bzw. nicht immer akoluthistisch hatten schreiben wollen. Strauß aber sieht diese Einheit nicht mehr: Obwohl «sich die Verfasser noch schmeichelten, eine chronologisch geordnete Erzählung zu bieten», ergibt sich «aus dem Inhalt des Erzählten und aus den unbestimmten und monotonen Verbindungsformeln . . ., daß eine klare Anschauung von einem wirklich und organisch zusammenhängenden Ganzen bei ihnen nicht vorausgesetzt werden darf. Anhaltspunkte, die chronologische Ordnung auch nur einigermaßen zu rekonstruieren, besitzen wir nicht» (so die Paraphrase Schweitzers, Leben-Jesu-Forschung, S. 127). Dieser Bruch zwischen der bekundeten und der ausgeführten Absicht der Evangelisten bezeichnet auch den Bruch zwischen den beiden theologischen Zeitaltern, die Osiander und Strauß repräsentieren.
[27] In RE² 4, S. 434.
[28] Möller, Osiander, S. 204–207.
[29] Vgl. o. S. 138f., Anm. 49f.

logen zeigt, freilich auch den seine Lieblingsgesichtspunkte mit rücksichtsloser Einseitigkeit verfolgenden und im Vertrauen auf sein Prinzip vor keiner Künstelei zurückschreckenden Mann»[30]. In den Annotationen findet Möller «manches, worin sich jene Neigung Osianders offenbart, in grammatischer und etymologischer Forschung zu einer beinahe rabbinischen Mikrologie auszuschweifen, besonders wo es seinen mystischen Lieblingsideen dienen kann»[31]. Daß die Anmerkungen Osiander als Mystiker zeigen sollen, ist einigermaßen überraschend. Sein Biograph denkt dabei wahrscheinlich an seine Spekulation über den Jesus−Namen[32]. Aber mystische Ideen im eigentlichen Sinne wird man auch in diesem Kapitel nur schwer finden können, in den anderen schon gleich gar nicht.

Bei Hirsch wird die Evangelienharmonie in den Prolegomena einige Male angesprochen[33]. Hirsch hat manche wichtige Beobachtung notiert[34] und er hat sogar die Evangelienharmonie Osianders Hauptwerk genannt[35]. Aber dieses Prädikat bleibt unreflektiert; denn Hirsch zeigt weder, worin Osiander die Bedeutung seiner Harmonie sah, noch kann er die Evangelienharmonie als Konkretion von Osianders theologischen Grundsätzen verständlich machen. Das Fazit von Hirschs Überlegungen über Osiander als Schrifttheologen lautet: «Vor allem erweist sich Osiander in seiner Stellung zur Schrift als Humanist.»[36] Von einem spezifisch humanistischen Standpunkt aus lassen sich aber die Eigentümlichkeiten der «Harmonia evangelica» gerade nicht erklären. Und wenn Hirsch es als typisch humanistisch bezeichnet, «daß das Wissen dem Gelehrten zum Selbstzweck wird und dem Arbeitseifer scharf umrissene Arbeitsziele fehlen»[37], dann gilt für Osianders Arbeit an seiner Harmonie gerade das Gegenteil.

Ernst Barnikol stellt in seinem Werk «Das Leben Jesu der Heilsgeschichte»[38] «Luthers menschliche weil heilsgeschichtliche Jesus-Christus-Auffassung und seine Ansätze zur Individualisierung des Lebens Jesu»[39] «Osianders mechanischer Evangelien-Harmonie . . . als pseudoreformatorischen Typus des Lebens-Jesu-Dogmatismus»[40] gegenüber. Bei dieser Konfrontation bleibt an Osiander nicht viel

---

[30] Möller, Osiander, S. 204 f.
[31] Möller, Osiander, S. 207.
[32] Vgl. o. S. 134.
[33] Hirsch, Theologie, S. 6−12; S. 28 ff. greift Hirsch mehrfach auf Osianders Namen-Jesu-Spekulaion zurück.
[34] Z. B. daß Flacius in seiner Lehre von der Verbalinspiration in Osiander einen Vorläufer gehabt hat, Hirsch, Theologie, S. 9, Anm. 23.
[35] Hirsch, Theologie, S. 7.
[36] Hirsch, Theologie, S. 10.
[37] Hirsch, Theologie, S. 11.
[38] Barnikol, Leben Jesu.
[39] Barnikol, Leben Jesu, S. 73 = Überschrift zu § 23.
[40] Barnikol, Leben Jesu, S. 76 = Überschrift zu § 24.

Gutes. Er erscheint ganz als abschreckendes Beispiel, der mit seiner Arbeit mehr Schaden als Nutzen angerichtet hat: «Osianders naive apologetische Methode wirkt bis heute in zahllosen unkritischen Evangelien-Harmonien nach, wenngleich verfeinert und modernisiert; diese Art der Leben-Jesu-Darstellung im Namen der gesetzlichen Orthodoxie war seit jeher keine wirkliche Förderung des Glaubens, sondern oftmals des Unglaubens, da diese wissenschaftliche Rückständigkeit willkommene Angriffsobjekte dem Unglauben und der Aufklärungssucht der Freidenker bat und bietet.»[41] Für Barnikol war es die «geschichtlich kritisch arbeitende, erkennende und darstellende Theologie der protestantischen Leben-Jesu-Forschung», die schließlich die verhängnisvolle, von Osiander initiierte «alles glaubende und jede Perikope verwertende Verbalinspiration»[42] überwunden und das reformatorische Anliegen Luthers einer geschichtlichen und menschlichen Darstellung Jesu verstanden und durchgeführt hat, «so daß es heute mehr oder minder alle theologischen Richtungen der evangelischen Theologen ergriffen hat, wenigstens in der praktisch theologischen Arbeit»[43].

Einerseits überzeichnet Barnikol die Unterschiede zwischen Luther und Osiander, andererseits mißt er Osiander einfach an Luther, ohne den Versuch zu machen, Osianders Arbeit aus seinen eigenen theologischen Prinzipien heraus zu erklären. Auf diese Weise kann man zwar zu einem scharfen, aber kaum zu einem verstehenden Urteil kommen. Barnikol hat auch Osianders Rolle in der Vorgeschichte der historischen Kritik nicht angemessen gewürdigt. Osiander war ja nicht einfach die Verkörperung der zu überwindenden «wissenschaftlichen Rückständigkeit», sondern er hat durchaus auch den wissenschaftlichen Fortschritt gefördert[44].

In Gottfried Seebaß' «Das reformatorische Werk des Andreas Osiander» kann man entsprechend der Aufgabenstellung dieses Buches[45] keine Ausführungen über den Inhalt der Evangelienharmonie und ihre Bedeutung für die Theologie ihres Autors erwarten. Dasselbe gilt für die Dissertation von Martin Stupperich, der sich auf Osianders Königsberger Zeit beschränkt[46]. Fligge hat in seiner Arbeit über Herzog Albrecht und den Osiandrismus zwar einen Abschnitt «zu Osianders Nürnberger Theologie»[47], darin wird jedoch die Evangelienharmonie nicht erwähnt.

---

[41] Barnikol, Leben Jesu, S. 77.
[42] Barnikol, Lebn Jesu, S. 76.
[43] Ebd.
[44] Vgl. u. S. 178f.
[45] Vgl. Seebaß, Osiander, S. XXI. Seebaß bringt auf S. 13f. einige wichtige Angaben zur Entstehungs- und Wirkungsgeschichte der Harmonie.
[46] Stupperich, Osiander. Wir haben versucht, Stupperichs Hinweise zum theologischen Ansatzpunkt Osianders in unserer Arbeit für die Evangelienharmonie zum Tragen zu bringen, vgl. o. S. 94ff.
[47] Fligge, Osiandrismus, S. 22–48.

Auch Wrightsman macht sich in seiner Dissertation Gedanken über die Grundlagen von Osianders Theologie – er sieht neben der Nähe zu Luther vor allem Einflüsse des Neuplatonismus des Nicolaus von Cusa und kabbalistische Elemente[48] – ohne dabei die Evangelienharmonie gebührend zu berücksichtigen. Schon aus diesem Grund können die Darlegungen Wrightsman's zu Osianders theologischen Fundamenten nicht befriedigen.

Dieter Schellong stellt im Zusammenhang seiner Untersuchungen über Calvins Synoptikerauslegung auch die Osianderharmonie vor[49]. Er versteht es, in Kürze Wesentliches über Form und Inhalt zusammenzufassen. Natürlich kann auch er nicht dem Zusammenhang zwischen Theologie und Harmonie Osianders nachgehen. Er zeigt sich aber von dem Werk des Nürnbergers beeindruckt: «Die ganze Arbeit überwältigt – ebenso durch die Konsequenz und die mühevolle Sorgfalt, mit der die harmonistische Idee bis in die letzte Verästelung durchgeführt wird, wie durch den Erfindungsreichtum und die Sinnfälligkeit, mit der die komplizierte Angelegenheit dem Leser übersichtlich vor Augen gestellt wird.»[50] Bei allem Respekt vor dem Werk Osianders zweifelt Schellong aber an dem Sinn des Unternehmens: Die ganze Arbeit sei ebenso grandios wie nutzlos[51]. Dieses Statement ist aus der Sicht der heutigen exegetischen Situation verständlich, steht jedoch im Widerspruch zur Wirkungsgeschichte dieser Harmonie.

4.11. Die Bedeutung der Evangelienharmonie Osianders

Es bleibt uns noch die Aufgabe, die Bedeutung der Osianderharmonie für die Geschichte der Evangelienauslegung zu umreißen. Eine sachgerechte Bewältigung dieser Aufgabe könnte nur geleistet werden, wenn die Impulse, die diese Schrift nach verschiedenen Seiten vermittelte, möglichst vollständig registriert und in den Kontext der Theologie- und Geistesgeschichte eingeordnet würden. Wir begnügen uns mit einigen vorläufigen Erwägungen, die wir im Anschluß an Merkels Urteil[1] anstellen. Er schreibt: «So wird man Osianders Versuch, über die Position Augustins hinauszugelangen, als einen Rückschritt betrachten müssen. Aber die mißglückten Bemühungen um den consensus evangelistarum haben letztlich sachgemäßerer Erkenntnis zum Durchbruch verholfen.»[2]

---

[48] Wrightman, Osiander, v. a. S. 137–162.
[49] Schellong, Calvin, S. 43–46.
[50] Schellong, Calvin, S. 45.
[51] Schellong, Calvin, S. 46.
[1] Merkel wirft bei seiner Untersuchung über die Evangelienharmonistik in der alten Kirche in dem Abschnitt «Augustin und die harmonistische Tradition» auch einen Blick auf Osianders Harmonie (Merkel, Widersprüche, S. 258–261).
[2] Merkel, Widersprüche, S. 261.

Bezeichnet Osiander gegenüber Augustin einen Rückschritt? Gewiß muß uns heute die flexiblere Haltung Augustins sympathischer erscheinen als die starren Grundsätze Osianders. Man ist leicht dazu verleitet, Augustin oder auch Luther zuzubilligen, daß sie unsere Erkenntnis der «kerygmatischen Dimension» der Evangelien teilweise vorweggenommen haben. Aus dieser Perspektive betrachtet hat dann Osiander «die Nüchternheit Augustins seiner überspannten Verbalinspiration geopfert. Dabei hat . . . er auf jede kerygmatische Aussageabsicht der Evangelisten verzichtet»[3]. In Wirklichkeit aber sind Augustin, Osiander und Luther durch den gleichen Graben von uns getrennt: Für sie ist es unbestrittene Voraussetzung, daß zwischen den Evangelien keine Widersprüche bestehen, die nicht zu harmonisieren wären, daß weiterhin die Evangelien historisch zuverlässige Berichte über die evangelische Geschichte darstellen (wenn sie auch durch die Art ihrer Darstellung den Blick von den Worten auf die Sache, von der Geschichte auf den «Nutzen»[4] richten wollen). Eine kerygmatische Auslegung war damals immer an diese Voraussetzung gebunden. Osiander hatte erkannt, daß es verantwortungslos war, diese Voraussetzungen stillschweigend, unreflektiert oder ungenügend abgesichert zu übernehmen und darüber hinweg zur Auslegung der Evangelien überzugehen. Er sah höchste Gefahr für die Autorität der Evangelien und damit für die Autorität Gottes und das Fundament des christlichen Glaubens, würde die Harmonie der Evangelien nur postuliert und nicht umfassend und abschließend aufgezeigt. Man kann sagen, Osiander war seiner Zeit insofern voraus, als er künftige Angriffe gegen die Widerspruchslosigkeit der Evangelisten dadurch ins Leere stoßen lassen wollte, daß er die Widersprüche selbst zugab, ja mit unbestreitbarem Scharfsinn auch verborgene Widersprüche aufspürte, um sie anschließend durch Dissimilierung der betreffenden Erzählungen aus der Debatte zu nehmen. Die spätere Diskussion um die Historizität der Evangelien, auch die Leben-Jesu-Forschung seit Reimarus, wie sie von Albert Schweitzer dargestellt worden ist, setzt eine vollständig ausgebaute Gegenposition voraus. Die augustinischen Ansätze und die auf ihnen basierenden Konkretisierungen genügten nicht, um das ganze Feld dessen abzustecken, was jenseits des Grabens möglich war. Osianders Harmonie war eine notwendige Alternative zu den von Augustin bestimmten Lösungen des Problems. Hätte er sie nicht verfaßt, dann hätte ein anderer sie nach ihm verfassen müssen. Die stattliche Zahl von Vertretern, die die «osiandrische Methode» über zwei Jahrhunderte hinweg gefunden hat, spricht für diese These. Denn es war weniger das Vorbild Osianders, das eine solche Ausstrahlungskraft besessen hätte, sondern vielmehr die theologische Konstellation, die eine derartige Harmonie forderte. Das Erstaunliche an Osiander ist, daß er

---

[3] Merkel, Widersprüche, S. 261.
[4] Vgl. WA 17.1, S. 183f.

schon so früh diese Arbeit geleistet und die dazu erforderlichen Grundsätze so präzise vorgelegt hat, daß sich Spätere nur noch zu bedienen brauchten. Zumindest auf diesem Sektor seines Wirkens muß man Osiander als Initiator, nicht als Rückschritt würdigen. Daß er «letztlich sachgemäßerer Erkenntnis zum Durchbruch verholfen» hat, wird man demzufolge bestätigen können.

Das Ausmaß von Osianders Bedeutung für die Entwicklung der biblischen Wissenschaften ist nicht genau anzugeben. Sicher hat er bei den Lesern seiner Harmonie und besonders der Annotationen den Blick geschärft für die Unterschiede zwischen den Parallelberichten der Evangelien und auf die Notwendigkeit einer philologisch exakten Exegese hingewiesen. Wenn ein Mann wie Richard Simon Osiander gelesen und gelobt hat[5], dann darf man vermuten, daß dieser auch einen − nicht näher analysierbaren − direkten Einfluß auf die Entstehung und Entwicklung der historisch-kritischen Bibelforschung genommen hat.

[5] Vgl. o. S. 171.

5. Osiandrische Evangelienharmonien des 16. Jahrhunderts[1]

5.1. Die «Collatio et unio» des Charles Dumoulin

Der Lebenslauf des Carolus Molinaeus[1] war unruhig wie das Jahrhundert, in dem er lebte. Er war ein vielseitig gebildeter Jurist, der schon in jungen Jahren eine Stelle als Advokat beim Pariser Parlament bekleidete. Wegen eines Sprachfehlers konnte er diese Position nicht behalten, doch er «ersetzte seine verdrießliche Aussprache durch seine Gelehrsamkeit»[2] und machte sich als Rechtsgelehrter durch Gutachten und Abhandlungen auf verschiedene Weise nützlich. Er wurde einer der berühmtesten Juristen seiner Zeit. Schon zu Beginn seines Werdeganges zeigte er sich als Verfechter der Rechte des Pariser Parlaments gegen den römischen Einfluß. Sein immer stärker werdender Haß gegen die römische Kurie ließ ihn 1542 den Schritt zum Calvinismus vollziehen – später wandte er sich von dieser Partei wieder ab und zeigte sich als Lutheraner[3]. 1552 stand in Paris gegen ihn ein Inquisitionsprozeß an, der ihn zur Flucht nach Deutschland veranlaßte. Er las einige Semester unter beträchtlichem Zulauf an der Universität Tübingen. 1557 ermöglichte ihm die Vermittlung deutscher Fürsten die Rückkehr in sein Vaterland, wo er aber keinen Frieden finden konnte. Der Kampf mit dem Papsttum und den Jesuiten einerseits[4], die Auseinandersetzungen mit den ihn als Apostat betrachtenden Calvinisten andererseits[5] verdunkelten seine letzten Lebensjahre. Er starb im Dezember 1566, nachdem er auf dem Sterbebett sich mit der katholischen Kirche ausgesöhnt und die Sterbesakramente empfangen hatte.

---

[1] Vgl. o. S. 163 bei Anm. 1.

[1] = Charles Dumoulin, 1500–1566; zur Biographie und seinen Werken vgl. Jöcher, Gelehrtenlexikon 3, Sp. 590f.; Jöcher, a. a. O., Ergänzungsbd. 4, Sp. 1924–1929 (Werkverzeichnis und ältere Lit.); WWKL 4, Sp. 9f.; Haag, France 4, S. 411–419; ADB 22, S. 96–105 (in erster Linie über die Jahre, die Molinaeus in Deutschland verbracht hat); DDC 5, Sp. 41–67 (Werke und Lit.); LThK[2] 3, Sp. 599.

[2] Jöcher, Gelehrtenlexikon 3, Sp. 590.

[3] Filhol in DDC 5, Sp. 47 vermutet als Datum für die Konversion vom Calvinismus zum Luthertum das Jahr 1566; vgl. aber zum »Luthertum« Dumoulins das u. S. 184f. im Exkurs Gesagte.

[4] Er wurde z. B. im Jahr 1564 wegen einer polemischen Schrift gegen das Tridentinum in Haft genommen.

[5] 1563 kam er z. B. in Lyon auf Drängen der Calvinisten in Haft.

Die Evangelienharmonie Dumoulins, mit der wir es hier zu tun haben, ist eine Frucht seiner letzten Jahre und gleichzeitig ein Dokument seiner Feindschaft mit Katholiken wie Calvinisten. Für den Leser dieses Buches ist es einigermaßen erstaunlich, wenn er erfährt, daß der Autor, der sich hier mit so entschiedenen Worten zu reformatorischen Grundsätzen bekennt, wenig später zum Katholizismus zurückgekehrt ist. Man wird aber diese Nachricht gerade bei einem so umhergetriebenen und leidenschaftlichen Mann für vertrauenswürdig halten.

Molinaeus widmete seine Harmonie im August 1565 dem jungen König Karl IX[6], demselben, der einige Jahre später dem Drängen seiner Mutter Katharina von Medici nachgeben und in die Bluthochzeit der Bartholomäusnacht von 1572 einwilligen wird[7].

Das Jahr 1565 bezeichnet die Mitte zwischen den ersten beiden Hugenottenkriegen, bestenfalls eine Zeit des Waffenstillstandes, nicht des Friedens. Im März 1562 hatte mit dem Blutbad von Vassy der erste Waffengang begonnen. Im Winter des gleichen Jahres suchte Molinaeus vor den Kriegswirren Zuflucht in Orleans. Diesen unfreiwilligen Urlaub von seinen juristischen Geschäften verwendete er zu Studien für seine Harmonie, zunächst vor allem dazu, um die Werke seiner Vorgänger durchzumustern:

Ammonius und Euseb — so das Resultat dieses Arbeitsganges — haben nichts Beachtenswertes zustande gebracht[8]. Augustins Arbeit ist unvollständig geblieben, Gersons Monotessaron ist überreich an «erroribus et perplexitatibus»[9]. Nach Gerson haben sich einige ans Werk gemacht, «homines obscuri, indocti . . ., quos indignos puto qui recitentur»[10]. Dann kam endlich Andreas Osiander, der alle seine Konkurrenten weit übertroffen hat[11]. Auch sein Werk kann jedoch nicht befriedigen. Es teilt vielmehr mit allen früheren den gleichen Kardinalfehler: Mißachtung des Willens des Heiligen Geistes.

Dieser hat sich vier verschiedene Männer gesucht[12], die zu verschiedenen Zeiten und an verschiedenen Orten schreiben sollten, so daß ihre Schriften ohne vorher

---

[6] 1560–1574; geb. 1550.

[7] Der Jurist fühlte sich dem französischen Königshaus verbunden und verpflichtet. Er erzählt in der Vorrede seines Buches, daß er es weiblichen Angehörigen des königlichen Hauses zu verdanken hatte, daß er vor einiger Zeit aus dem Kerker freikam. Er denkt dabei wohl in erster Linie an Jeanne d'Albret, die Königin von Navarra, die Mutter des späteren Königs Heinrich IV. und spielt auf die in Anm. 4 genannte Verhaftung an, vgl. DDC 5, Sp. 49.

[8] Ammonius hat «maiori labore quam foelicitate» gearbeitet, Euseb «nec magnum operae pretium dedit», Molinaeus, Collatio, Vorrede, Bl. + 3 b.

[4] Ebd.

[10] Ebd.

[11] Ebd.: «Nullus enim maiore cura, industria et diligentia incubuit.»

[12] «Scriptores seu notarii evangelii Christi», ebd.

miteinander abgesprochen zu sein doch wunderbar miteinander übereinstimmten. Wenn nun der Heilige Geist vier separate Evangelien haben wollte, «quae est ista praesumptio humana, si omnes alii quatuor evangelia, solus Calvinus tria, in unum confundere et reducere voluerunt!»[13] Die Folgen dieser Dreistigkeit liegen auf der Hand: Da diese Arbeiten gegen einen offenkundigen Beschluß des Heiligen Geistes gerichtet waren, konnte die Sache keinen guten Erfolg haben. Damit ist klar, welchen Weg Molinaeus bei der Darstellung seiner Evangelienharmonie gehen wird. Für ihn kommt nur die Form einer Synopse in Betracht. Das ist für ihn keine Frage der Zweckmäßigkeit und des freien Ermessens, sondern der Gottesfurcht[14]. Mit Molinaeus haben wir den leidenschaftlichsten Anwalt der Synopsen vor uns, den diese in der Geschichte ihrer Gattung gefunden haben. Der berühmte Rechtsgelehrte postuliert damit einen genau entgegengesetzten Plan des Heiligen Geistes zu dem von Osiander behaupteten. Dieser verstand die vier Einzelevangelien nur als Bauelemente für eine von Gott vorgesehene Harmonie, jener vertritt die These, daß die vier Evangelien ein für alle Mal getrennt bleiben müssen.

Während sich an diesem Punkt Dumoulin von Osiander deutlich absetzt, teilt er ansonsten dessen Grundsätze über die Behandlung, die den Evangelisten bei der Gestaltung einer Harmonie anzugedeihen ist. Bereits auf dem Titelblatt wird dies dokumentiert, wenn er sein Werk als «Collatio et unio quatuor evangelistarum . . . eorum serie et ordine absque ulla confusione, permistione vel transpositione servato»[15] vorstellt.

---

[13] Ebd.

[14] Vgl. Molinaeus, Collatio, Vorrede, Bl. + 4a: «Ego solum honorem Dei et regni eius promotionem prae oculis habens . . . hanc tandem rationem inveni collationis et unionis, ut nullius evangelistae textus cum alio permisceretur . . .».

[15] Molinaeus, Collatio, Bl. + 1 a.
Bibliographische Beschreibung des Druckes:
COLLATIO // ET VNIO QVA- // TVOR EVANGELISTA- // RVM DOMINI NOSTRI IESV // CHRISTI, EORVM SERIE ET ORDINE // absque ulla confusione, permistione vel // transpositione, servato: cum exacta // textus illibati recognitione, // Per Do. CAROLVM MOLINÆVM, Iurium Doctorem, // sacrarúmque Literarum professorem, Consiliarium, Li- // bellorúmque supplicum magistrum illustriss. Reginae // Nauarrae. // Cum breuibus eiusdem Annotationibus ad // finem operis. // Esaiae 12. a. 3. // Haurietis aquas in gaudio de fontibus Saluatoris. // Daniel. 12. b. 4. // Plurimi pertransibunt, & multiplex erit scientia. // M. D. LXV. 176 Bll., 4°.
Ich verwendete das Exemplar Erlangen UB, Thl. XII, 534, das der Altdorfer Professor Georg Sigel aus der Bibliothek des Predigers von St. Egidien in Nürnberg, Laurentius Durnhofer, gekauft hatte (vgl. handschriftliche Eintragung Sigels auf der Innenseite des Einbandes). Die «Collatio et unio» Dumoulins wurde in die Gesamtausgabe seiner Werke, Paris 1681, aufgenommen (Bd. 5, 477ff.). Die Behauptung bei Jöcher, Gelehrtenlexikon, Ergänzungsbd. 4, Sp. 1927, Nr. 31, die «Collatio et unio» sei ursprünglich französisch geschrieben, ist falsch.

Man darf also auch bei Molinaeus erwarten, daß die Abfolge innerhalb der Einzelevangelien unberührt bleibt und daß demzufolge ähnliche Dissimilationen erforderlich sein werden wie in Osianders Harmonie. Der Leser hat es noch erheblich leichter als bei der Arbeit des Nürnbergers, einen bestimmten Evangelisten in seinem ursprünglichen Kontext zu lesen, «sine ullo metu vel suspitione textus distorti, transpositi vel variati, sed in genuina sua puritate manentis»[16]. Er braucht sich nur auf die betreffende Kolumne zu konzentrieren und hat es nicht nötig, sich vor der Lektüre mit einem komplizierten Siglensystem vertraut zu machen.

Eine beabsichtigte Folge der molinaeischen Textdarbietung ist es, daß die Verschiedenheit der neutestamentlichen Zeugen innerhalb der Einheit der evangelischen Geschichte deutlicher vor Augen tritt als in einer monotessaristischen Textform[17]. Es ist aber nicht so, daß sich Molinaeus über die Bedeutung dieser Verschiedenheit große Gedanken gemacht hätte – der Heilige Geist hat es so gewollt, das genügt. Während Osianders Harmonie den Versuch der Entfaltung seines theologischen Kernsatzes für einen bestimmten Bereich bedeutet, basiert die Arbeit Dumoulins auf der isoliert dastehenden Einsicht, der Heilige Geist habe vier separate Evangelien vorgesehen, was lediglich eine theologische Stilisierung eines offenkundigen Befundes im neutestamentlichen Kanon darstellt. Aus der Sicht Osianders wäre die Arbeit des Franzosen ein ausgesprochener Rückschritt; denn das Nebeneinanderordnen von Perikopen («Collatio») kann nur die Vorbereitung für die Durchführung einer Harmonie sein. Das Entscheidende ist erst dann geleistet, wenn jedes Wort der Evangelien seinen passenden Platz in einem zusammenhängenden Kontext hat. Die Kleinarbeit an den einzelnen Wörtern hat sich Molinaeus erspart. Aus unserer Sicht wird man anerkennen, daß der Jurist einen wichtigen Beitrag dafür geleistet hat, die für die exegetische Praxis so wichtige Gattung der Synopse zu etablieren. Er war meines Wissens der erste, der eine zusammenhängende Synopse über den vollen Wortlaut aller vier Evangelien vorgelegt hat.

Wenn so zwischen Osiander und Molinaeus auch eine Reihe von Differenzen bestehen, die Letzteren gelegentlich zu einem Tadel an der einen oder anderen Entscheidung des Deutschen provozieren[18], so ist doch deutlich, daß Dumoulin der Leistung dieses seines Vorgängers große Achtung entgegenbringt: Mehrmals betont er, daß Osiander bei bestimmten Problemen als erster die richtige Lösung gefunden habe[19] und zahlreich sind die Anlässe, wo er ihn zustimmend zitieren kann. Das gegenteilige Bild ergibt sich, wenn man die Bezugnahmen Dumoulins auf Calvin

---

[16] Molinaeus, Collatio, Vorrede, Bl. + 4a.
[17] Ebd.: «. . . ut ita partes collocarentur e regione cuiusque, ut et temporum et locorum differentia, miraculorum et sententiarum diversitas vel repetitio aperte velut in rem praesentem sub oculos adducta, perspici posset» (Sperrungen von mir).
[18] Vgl. u. S. 186–188.
[19] Z. B. Molinaeus, Collatio, Bl. 115b; 116a; 117a; 120a; 140a.

unter die Lupe nimmt. Es sind so gut wie ausschließlich negative Urteile, die über den Genfer in der «Collatio et unio» gefällt werden. Das Werk des berühmten Reformators, das dem Rechtsgelehrten so mißfällt, sind Calvins «In harmoniam ex Matthaeo, Marco et Luca compositam commentarii» von 1555[20]. Molinaeus verargt es Calvin besonders häufig, daß dieser sich so oft – ausgesprochen oder stillschweigend – von Osiander distanziert hat[21].

Exkurs: Dumoulins «Collatio et unio» und sein Verhältnis zu den Calvinisten

Man kann sich des Eindrucks nicht erwehren, daß nicht nur sachliche Gründe Molinaeus bewogen haben, seinen Landsmann so ausgiebig zu kritisieren, sondern daß sich dabei auch die persönliche Animosität gegen die calvinistischen Prediger, die ihm in den letzten Jahren das Leben schwer gemacht hatten, niedergeschlagen hat. Man kann es für entschuldbar halten, daß solche Erfahrungen ein objektives Urteil Dumoulins über die Evangelienharmonie des Genfers, mit dem er in früheren Jahren in freundschaftlichem Briefverkehr gestanden hatte, erschwerten. Anders ist es nicht zu erklären, daß Molinaeus in seiner Vorrede Calvins Arbeit unter die Schriften zählt, die gegen den Willen des Heiligen Geistes die verschiedenen Evangelien zu e i n e m Text zusammengeschmolzen haben[22], wo Calvin dies doch gerade nicht tut, sondern seinen Kommentaren jeweils die etwaigen Parallelperikopen in ihrem vollen Wortlaut und säuberlich getrennt voranstellt.

Durch das Erscheinen der «Collatio» wurden die Spannungen zwischen dem Juristen und den calvinistischen Predigern noch verschärft. Diese sahen in dem Buch offenbar in erster Linie ein anticalvinistisches Pamphlet und reagierten entsprechend: In Genf wurde es den Flammen übergeben und noch im gleichen Jahr 1565 wurde es von der französischen Nationalsynode indiziert[23]. Molinaeus wollte der anderen Seite nicht das letzte Wort in dieser Sache gönnen. Er strengte gegen seine Gegner einen Prozeß an und beschuldigte sie in einer Schrift[24] in einer Weise, wie er früher mit den Jesuiten umgesprungen war – bis hin zu dem Vorwurf zersetzender politischer Untergrundtätigkeit und Landesverrat.

Die wütende Reaktion der Calvinisten auf Dumoulins Harmonie kann eigentlich nur in der Person des Autors, nicht im Inhalt der Schrift selbst begründet sein. Denn dieses Buch ist – falls man es unvoreingenommen liest – bestimmt nicht einseitig anticalvinistisch. Gewiß, Calvin wird häufig kritisiert, aber nur als Verfasser seines Kommentars zur Evangelienharmonie,

---

[20] Vgl. dazu o. S. 161 bei Anm. 11.

[21] Z. B. «Calvinus hic longo multiloquio nisus sit eam [nämlich die von Osiander vertretene sententia über Lk 3,23] convellere et subsannare, studio (ut multis videtur) Osiandrum de sacris studiis benemeritum proscindendi», Molinaeus, Collatio, Bl. 97b; vgl. Molinaeus, Collatio, Bl. 112b; 115a («recte sensit Osiander . . ., quamvis eum ut ridiculum tacito nomine reprehendat Calvin. in sua harmonia»); 116a; 117a («Osiander . . . primus omnium clare docuit diversas esse historias, ut mirer, Calvinum postea maluisse communem sequi»); 120b («satis mirari nequeam Calvinum fere ubique Osiandrum refutare»); 121a; 142b.

[22] Vgl. o. S. 182 bei Anm. 13.

[23] Haag, France 4, S. 448, Nr. 35; vgl. auch DDC 5, Sp. 49f.

[24] «La défense de Charles Du Molin contre les calomnies des Calvinistes et ministres de leur secte».

nicht in Punkten seiner Lehre. Und Calvins Nachfolger, Theodor Beza, erfährt mehrfach freundliche Erwähnung.

Besonders beachten muß man Dumoulins Äußerungen in seinen Annotationen zu den Evangelientexten, die in der Abendmahlsdiskussion eine Rolle spielten. Ausgehend von der üblichen Annahme, daß der Jurist in den letzten Jahren vor seinem Tode auf dem Boden des Augsburger Bekenntnisses stand, und von der Tatsache, daß die Pariser Nationalsynode ihm auch Irrtümer «touchant la Cène» ankreidete, muß man vermuten, daß Molinaeus in der Gretchenfrage zwischen beiden Konfessionen, also vor allem in der Frage der Realpräsenz, eine lutherische Position vertreten hat. Das Gegenteil ist der Fall: In zwei längeren Passagen seiner Harmonie wendet er sich ausdrücklich gegen die Rede von der praesentia realis[25]. Aufgrund dieser Ausführungen fällt es sehr schwer, Molinaeus als Lutheraner einzustufen. An dem Punkt, wo zwischen Lutheranern und Calvinisten am lautesten gestritten wurde, stand er jedenfalls auf Seiten der Gegner der lutherischen Lehre und war sich dessen auch bewußt. Sein Konflikt mit den Calvinisten muß also anderen Nährstoff gehabt haben[26].

Kehren wir zu dem umstrittenen Buch selbst zurück und versuchen wir, unsere Kenntnis über Aufbau und Inhalt zu vervollständigen: Den ersten großen Hauptteil bildet der in Synopsenform abgedruckte Text der vier Evangelien. Zweifellos wird durch die synoptische Anordnung der Überblick über den evangelischen Stoff erleichtert. Ein wenig beeinträchtigt wird die Übersichtlichkeit aber dadurch, daß Molinaeus in der Zahl der Kolumnen wechselt: Vierspaltig ist der Druck nur da, wo auch in allen vier Evangelien von Molinaeus akzeptierte Parallelen vorliegen. Kommen in einer Perikope aber nur zwei oder drei oder gar nur ein Evangelist zu Wort, dann bleibt nicht die dem zur entsprechenden Stelle schweigenden Evangelisten zugewiesene Spalte leer, sondern die zu Wort kommenden Autoren teilen die Breite der ganzen Seite unter sich auf.

Das Gesamtkorpus der Harmonie ist in 125 Kapitel unterteilt, die mit Überschriften versehen sind. In Randnotizen wird gelegentlich durch ein Stichwort der Inhalt markiert oder eine knappe Erläuterung geliefert. Der Evangelientext ist nach der Vulgataversion abgedruckt, wobei Molinaeus jedoch oft umfangreiche Textvergleiche mit einer Vielzahl von Bibeleditionen vornimmt[27] und sich auch nicht scheut, hin und wieder den Vulgatatext durch eine andere Übersetzung zu revidieren.

Wie Osiander stellt der Franzose der Harmonie eine Epitome voran; diese erfüllt jedoch keine eigenständige Aufgabe. Sie stellt lediglich eine Liste der 125 Kapitel-

---

[25] Molinaeus, Collatio, Bll. 133b−135b; 153b−155a.

[26] Richard Simon, der die Harmonie des Molinaeus gelesen hat, reiht ihren Verfasser in seiner «Histoire critique» unter die calvinistischen Autoren ein (Simon, Histoire critique, S. 772f., Kap. 51), obwohl er dessen Antipathie gegen Calvin zur Kenntnis genommen hat. Auch das ist ein Beleg dafür, daß diese Schrift, wenn man lediglich ihren Inhalt betrachtet, nicht als anticalvinistisch erscheint. Sie konnte es aber unter den bestimmten historischen und persönlichen Bedingungen ihres Erscheinens.

[27] Vgl. z. B. Molinaeus, Collatio, Bl. 90a; 92b; 101b; 105b.

überschriften dar und übernimmt nur die Rolle eines ausführlichen Inhaltsverzeichnisses zur «Collatio».

Eine weitere formale Gemeinsamkeit zwischen Osianders und Dumoulins Arbeiten besteht darin, daß beide als zweiten Hauptteil der Schrift eine Sammlung von
Annotationen vorgelegt haben. Der Charakter dieser Anmerkungen ist aber bei
beiden Autoren unterschiedlich. Während Osiander sich darauf konzentrierte, die
Komposition seiner Harmonie zu rechtfertigen und scheinbare Widersprüche zwischen den Evangelien aufzulösen, geht sein Nachfolger weit über dieses Ziel hinaus
und nähert sich einem Kommentar zu den vier Evangelisten. Historische und dogmatische[28] Exkurse haben darin ebenso ihren Platz wie knappe Verweise auf alttestamentliche Bibelstellen oder textkritische Erwägungen. In großem Stil betreibt
Molinaeus Bezugnahme auf andere Autoren. Er dokumentiert, daß ihm die ganze
abendländische Geistesgeschichte zu Gebote steht[29]. Besonders stark vertreten sind
dabei die Autoritäten des 16. Jahrhunderts. Daran zeigt sich, daß sich Molinaeus
betont in die zeitgenössische wissenschaftliche Diskussion einschalten will. Sein
Werk ist von einem Wissenschaftler für Wissenschaftler geschrieben.

Durch die Vielzahl der Anmerkungen zieht sich als roter Faden die Frage nach
dem Ablauf des Lebens Jesu, die identisch ist mit dem Bemühen um die richtige
Komposition der Evangelienharmonie. Der Hauptgesprächspartner für Molinaeus
ist bei diesem Thema Andreas Osiander. Die Akoluthie, die der Franzose erarbeitet
hat, ist ein Versuch, von einer gemeinsamen Basis aus[30] die Konstruktion des Nürnbergers zu verbessern. Für uns genügt es deshalb, zur Skizzierung der evangelischen
Geschichte in der «Collatio» auf die wichtigsten Unterschiede zu ihrer Vorlage aufmerksam zu machen.

1. Osiander sah die Berichte über die Sabbatkontroversen bei den drei Synoptikern als echte Parallelen an und war deshalb genötigt, an dieser Stelle in die Mat-

---

[28] Gerne konkretisiert Molinaeus an der evangelischen Geschichte die reformatorische Rechtfertigungslehre, z. B. bei Lk 1,28 zu «ave gratiosa» (Vg.: «Ave gratia plena»): «Non enim
ex eius meritis, sed ex mera Dei electione et gratia» (Molianeus, Collatio, Bl. 89b; vgl. auch
Bl. 114a; 133b u.öfter). Der Johannesprolog gibt Molinaeus Anlaß zu ausführlichen
Erörterungen über die Trinitätslehre (Molinaeus, Collatio, Bl. 97b—102b).

[29] Unter den Namen, die er in den in seinen Annotationen geführten Auseinandersetzungen
zitiert, sind Plato, Cicero, Josephus, Plinius, Plutarch, Strabo, Tertullian, Chrysostomus,
Euseb, Augustin, Hieronymus, Gregor, Orosius, Theophylakt, Hilarius, Euthymius Zigabenos, Bernhard, Nikolaus von Lyra, Ockam, Gabriel Biel, Gerson, Faber Stapulensis,
Johann Eck, Erasmus, Vadian, Melanchthon, Luther, Osiander, Zwingli, Bucer, Brenz,
Bullinger, Oekolampad, Wolfgang Musculus, Johann Funck, Sebastian Munster, Heinrich
Pantaleon, Santes Pagnino, Calvin, Beza, Jakob Ziegler, Georg Major, Castellio und
manche andere, nicht zuletzt er selbst mit früheren Werken.

[30] Nämlich von der Annahme, die Evangelisten hätten sich bei ihren Berichten streng an die
historische Geschehensfolge gehalten. Über diesen Punkt diskutiert Molinaeus nicht — er
setzt ihn einfach voraus.

thäusabfolge einzugreifen und nach einer Rechtfertigung des Evangelisten zu suchen[31]. Molinaeus macht diese Transposition nicht mit, sondern er dissimiliert auch
hier und wendet das Verfahren, das er von Osiander gelernt hat, gegen diesen selbst
an[32]. Er stellt Mk 2,23–3,6/Lk 6,1–11 nach Joh 5 (wie Osiander), Mt 12,1–23
aber nach Lk 7,35–50.

So hat Molinaeus eine der drei Inkonsequenzen Osianders beseitigt. Auf die anderen beiden Stellen, an denen dieser entgegen seinen Grundsätzen umstellen
mußte[33], braucht er nicht einzugehen; denn die von ihm bevorzugte synoptische
Anordnung enthebt ihn der Notwendigkeit, sich auf eine Wortfolge innerhalb von
Parallelperikopen festzulegen.

2. Der große lukanische Reisebericht Lk 9,51–18,14 war bei Osiander durch
Joh 11 unterbrochen worden. Lk 9,51–10,37 folgte auf Joh 10,42; Lk 10,38–
18,14 auf Joh 11. Das bedeutete, daß Jesus im letzten Vierteljahr seines Lebens,
nämlich vom winterlichen Enkänienfest (Joh 10,22) bis zu seinem Todespassa, die
ausgedehnten Reisen mit der Vielzahl von Begebenheiten von Lk 9–18 unternommen hätte. Molinaeus hält dies für ganz ausgeschlossen, vor allem, daß zwischen der
Auferweckung des Lazarus, als ja das Passafest schon nahe war (Joh 11,55), und
dem Einzug Jesu in Jerusalem der gesamte Stoff von Lk 11–18 untergebracht werden kann. Er bestreitet auch, daß Jesus während des dritten Passafestes nach seiner
Taufe (Joh 6,4) Jerusalem besucht habe, wie es Osiander annimmt. Jesus sei vielmehr seit dem zweiten Passa in der Zeit seiner Wirksamkeit (Joh 5) rund einehalb
Jahre nicht mehr nach Jerusalem gekommen. Erst zum Laubhüttenfest (Joh 7,
2ff.) habe er sich wieder auf die Reise zur Hauptstadt gemacht. Vor den Ereignissen
von Joh 7–10 wird der geschlossene lukanische Reisebericht (Lk 9,51–18,14) eingeschoben. Die in Lk 9,51 begonnene Reise endet also auf dem Laubhüttenfest in
Jerusalem. Von da an sei Jesus nicht mehr nach Galiläa zurückgekehrt[34].

Molinaeus läßt also Jesus zweimal weniger von Galiläa nach Jerusalem reisen als
Osiander: Es entfällt der Tempelbesuch während des dritten Passafestes, und die
große Reise von Lk 9–18 mündet in die von Joh 7,2ff. und ist dieselbe, die in
Mt 19,1 in einen Satz zusammengefaßt wird[35].

---

[31] Vgl. o. S. 128–130.
[32] Molinaeus, Collatio, Bl. 123a: «Sunt ergo duae diversae historiae . . . Arida ergo illa manus
R 3,1–5; L 6,6–10 sanata fuit in una synagogarum Iudaeae, altera autem fuit arida manus
M 12,11–13 post aliquot menses sanata in Galilaea. Nec est inconveniens Christum
diverso tempore et loco manus aridas in synagoga vel alibi sanasse, prout certum est eandem
poenitentiam et doctrinam et plurima similia sed diversa miracula variis locis et temporibus
aedidisse.»
[33] Vgl. o. S. 128 und 130f.
[34] Vgl. Molinaeus, Collatio, Bl. 138b–139b.
[35] Molinaeus, Collatio, Bl. 148a.

Um den Unterschied zwischen beiden Harmonien zu veranschaulichen, geben wir den Ablauf des Lebens Jesu von der Speisung der 5000 bis zum Einzug in Jerusalem, also das letzte Jahr seines Wirkens zwischen dem dritten und vierten Passafest, in einer Grafik wieder[36].

Neben diesen beiden wichtigsten Korrekturen Dumoulins an Osiander finden sich noch eine Anzahl von kleineren Änderungen[37], die aber nicht so einschneidend sind und die Tatsache nicht verwischen können, daß die Harmonie von 1565 keinen neuen Entwurf, sondern eine Überarbeitung der von 1537 darstellt.

Das Bild, das Molinaeus vom Leben Jesu zeichnet, vervollständigen zahlreiche Angaben zur Zeitgeschichte und seine Erläuterungen zum Verständnis der evangelischen Berichte.

Als Molinaeus sein Manuskript beim Drucker ablieferte, war er bereits ein schwerkranker Mann. Nur mit Hilfe seines Sohnes war es ihm gelungen, seine Arbeit abzuschließen. Er schreibt am Ende seiner Vorrede, daß er noch viele Annotationen vorbereitet hatte − besonders zu den letzten Kapiteln der Harmonie −, die er wegen seines schlimmen Asthmas (an dem er ein Jahr später starb) nicht mehr ausarbeiten habe können. Mit seiner Krankheit entschuldigt es der Jurist auch, daß er nicht viel Worte über den Nutzen und die Notwendigkeit seines Werkes machen wolle[38]. Das klingt allerdings nicht sehr überzeugend. Soviel Aufwand an Kraft und Zeit kann es doch nicht kosten, ein paar Sätze, über deren Inhalt man sich seit langem klar ist, im Wortlaut zu fixieren! Der Verdacht ist nicht unbegründet, daß Molinaeus diesen Schritt deshalb unterlassen hat, weil er sich über das Ziel seiner Arbeit selbst nicht hinreichend Rechenschaft abgelegt hat. Wir wissen, warum er eine Harmonie als Synopse konzipiert hat. Warum aber hat er überhaupt eine Harmonie geschrieben? Wem wollte er damit dienen? Wozu sollten die Leser sie gebrauchen? Diese Fragen bleiben offen. Man vermißt ein klares Konzept des Autors

---

[36] Grafik VI; vgl. dazu die Grafik für Osiander (Grafik V).

[37] Z. B.: a) Osiander bezieht Lk 4, 14 f. auf die erste Reise Jesu nach Galiläa (parallel zu Joh 1, 43 ff.), Molinaeus bezieht diese Verse auf die zweite Reise (parallel zu Joh 4).
b) Molinaeus bringt die Heilung des Aussätzigen Mk 1, 40−45/Lk 5, 12−16 vor Mt 8, 13, Osiander nach Mt 8, 34.
c) Molinaeus hat Mt 9, 35−38 nach Mk 3, 6 (parallel zu Mk 3, 7−12), also bezogen auf das Umherziehen Jesu in Galiläa nach seiner Rückkehr von seiner zweiten Reise nach Jerusalem (Joh 5), Osiander hingegen hat Mt 9, 35 als Abschluß von Mt 9, 18−34 vor Joh 5 und Mt 9, 36−38 als Einleitung zu Mt 10, 1 ff. par.
d) Molinaeus schiebt Mk 3, 20 f. zwischen Lk 7, 2−10 und Lk 7, 11−17 ein; Osiander hat Mk 3, 20 nach Lk 8, 1−3, Mk 3, 21 nach Mt 12, 22.
e) Molinaeus stellt Lk 8, 1−3 zwischen Mt 12 und Mt 13.
f) Molianeus verarbeitet nicht die Stellen aus Act 1 f. und I Kor 15, die Osiander in seine Harmonie miteinbezieht.

[38] Molinaeus, Collatio, Bl. +3 b.

auch für die Annotationen: Was war sein leitendes Interesse bei seiner Kommentierungsarbeit? Wodurch ist die Auswahl der Themen bestimmt, zu denen er sich
äußert? Seine Anmerkungen sind ja weit mehr als eine Rechtfertigung für die Komposition seiner «Collatio». Sie sind aber weit weniger als ein vollständiger Kommentar. Es ist vielerlei, was zur Sprache kommt, aber auf keinem Gebiet etwas Erschöpfendes. Das Ganze ist höchst disparat.

Man wird Molinaeus den Respekt nicht versagen können: für seinen Scharfsinn,
der immer wieder erkennbar wird, und für seine Belesenheit. Es wird erstaunliche
Willenskraft erforderlich gewesen sein, das Werk unter den obwaltenden Umständen zu Ende zu bringen, als kranker, angefeindeter Mann, als Flüchtling, nach dem
Verlust eines großen Teils der eigenen umfangreichen Bibliothek, umgeben von
Kriegslärm – in Orleans mußte er «sub strepitu bombardarum» arbeiten[39]! Daß die
Harmonie unter solchen Bedingungen doch zustande kam, spricht dafür, daß dem
Autor diese Arbeit besonders wichtig war.

Das Ergebnis dieses Bemühens, die «Collatio et unio», stellt gegenüber der «Harmonia evangelica» Osianders jedoch keinen Fortschritt dar. Sie bietet zwar in einigen harmonistischen Entscheidungen Alternativen zu dem älteren Werk, aber keine
deutlichen Verbesserungen. Die Inkonsequenz Osianders bei seiner Umstellung von
Mt 12 kann Molinaeus nur mit einem Gewaltakt beseitigen, der nicht durch biblische Aussagen gedeckt ist. Er hat es sich dabei leichter gemacht als der Nürnberger,
der an dieser Stelle bereit war, seinen Grundsatz preiszugeben – bezwungen von
dem Befund der Evangelien. Dumoulins Lösung ist epigonal, sie ist technisch gekonnt, aber nicht inhaltlich verantwortet. Sein ganzes Werk ist mehr ein Beleg für
die Bedeutung, ja für die Faszination, die von Osianders Konzept ausging, als daß es
für sich selbst sprechen würde.

5.2. Die «Harmonia evangelistarum» des Lorenz Codmann

Auch der nächste Autor, mit dem wir zu tun bekommen, mußte von den Calvinisten einige Ungelegenheiten erfahren. Es ist Lorenz Codmann[1] aus der fränkischen Stadt Hof. Er war – nach einem Studium in Wittenberg – in der ersten
Periode seiner beruflichen Tätigkeit Schulmann. Aus Amberg, wo er seit 1561 das
Konrektorat bekleidete, mußte er 1566 vor den Calvinisten weichen. Im gleichen

---

[39] Molinaeus, Collatio, Bl. + 4 a.
[1] Auch Codomann, Kodmann, Kotmann; 1529–1590. Die Lebensdaten in Simon, Bayreuthisches Pfarrerbuch, S. 40, Nr. 304; vgl. auch Jöcher, Gelehrtenlexikon 1, Sp. 1989. Die
Angaben in Biundo, Pfälzisches Pfarrerbuch, S. 172 sind fast alle falsch; richtig hingegen
Biundo, Geistliche, S. 70, Nr. 795.

Jahr erhielt er in Hof die Stelle des Rektors. Seit 1573 versah er mehrere Pfarrstellen und Superintendenturen, darunter seit 1581 die im rheinpfälzischen Germersheim, wo er 1584 zum zweitenmal vor den Calvinisten das Feld räumen mußte. In seinen letzten Lebensjahren war er Superintendent in Bayreuth.

Anders als Molinaeus hat Codmann seine Harmonie von den konfessionellen Streitigkeiten seiner Zeit auf Distanz gehalten. Weder finden sich in ihr Spuren dieser Auseinandersetzungen, noch hat sie irgendeine polemische Reaktion hervorgerufen. Der Verfasser hat es verstanden, eine streng sachbezogene Arbeit zu schreiben, die sich ganz auf die gestellte Aufgabe konzentriert, die evangelische Geschichte als Evangelienharmonie darzustellen, die dafür getroffenen Entscheidungen zu verantworten und Material zur weiteren Verdeutlichung des Lebens Jesu beizubringen.

1568, während er Rektor in Hof war, erschien die Erstausgabe von Codmanns «Harmonia evangelistarum». 1586 ließ er das Werk noch einmal in Druck gehen – unverändert in der Gesamtkomposition, doch mit Verbesserungen in der Anordnung einzelner Wörter[2]. Beide Auflagen dedizierte er seinem Landesherrn, dem Markgrafen Georg Friedrich von Brandenburg[3].

Welche Absicht verfolgt Codmann mit seiner Harmonie? Nach seinen eigenen Worten ist es in erster Linie ein apologetisches Interesse, das ihn zu dieser Arbeit getrieben hat: Die Gegner des Christentums, Juden und Türken, wären imstande, einfache Leute in ihrem Christenglauben wankend zu machen, «wenn sie auß den Evangelisten widerwertige Meynung oder Historien mit Grundt herfürbringen köndten oder ihnen nur allein das eingeraumet solte werden, daß die Evangelisten schlechte Leut gewesen, die es etwan hetten auß der Acht gelassen, was sich in den vierthalb Jharen nach der Tauffe Johannis zugetragen habe oder hettens sonst nicht der Mühe werd geachtet, daß ihres Herrn Christi Historia ordentlich beschrieben

---

[2] HARMONIA EVANGE- // LISTARUM. // Das ist: // Gründtliche // vnd eygendtliche Verglei= // chung der gantzen Euangelischen Histori/ // Von vnsers lieben HERRN vnd Heylands Jesu Christi // Empfengnuß / Geburt / Leben / Lehr / Wunderzeichen / Ley= // den / Sterben / Begräbnuß / Aufferstehung / vnd Himmelfahrt. // Alles auß den H. vier Euangelisten in vier // vnterschiedliche Bücher abgetheilt / vnd also zusammen // gefasset / daß an Worten vnd Geschichten gar nichts auß= // gelassen / sondern jedes an seinen ort / vnd zu der zeit / da // es geschehen / gesetzet worden. // Sampt angehenckter Erklärung vnd Verantwortung // der wichtigsten vnd notwendigsten Puncten in dieser Har- // monia, Auff das fleissigst vnd treuwlichste ge= // stellet / durch // LAVRENTIVM CODOMAN-NVM, Pfarr= // herrn zu Marckscheimfeld. // Zu Franckfurt am Mayn / durch Johan Spies. // ANNO M. D. LXXXVI.
208 Bll., 4°.
Ich benutzte ein Exemplar dieser Ausgabe von 1586, Erlangen UB, Thl. X 39ᵃᵗ.
[3] Codmann, Harmonia, Bl.)(4a: Dem Markgrafen wußte er sich zu Dank verpflichtet, weil dieser seinem Sohn ein Stipendium gewährt hatte.

wůrde, sondern hetten offt dz hinderst unachtsamer Weiß zufȯrderst gekehret und
es so verwirret gemacht, daß sie niemand widerwertiger Zeugnůß kȯndte unbe-
schuldiget lassen, er wolte denn auß lauter christlicher Eynfalt sie fůr eintrechtig
halten»[4]. Um diesen «Widersachern das Maul zu stopfen», sei es erforderlich, die
vier Evangelisten zu einer Harmonie zusammenzufassen und damit zu beweisen,
daß sie «so fein ordentlich und eintrechtig in Geschichten und Worten miteinander
uberein stimmen, daß keine heidnische Historien gefunden wird, die von vier Ge-
schichtschreibern so richtig und einhellig jemals beschrieben were»[5].

Diese Frontstellung gegen Feinde des Christentums, die in ihrer Polemik mit
Widersprüchen zwischen den Evangelien argumentieren, ist uralt. Sie ist im Grunde
identisch mit der Position, in die sich Augustin bei der Abfassung seiner vier Bücher
«de consensu evangelistarum» gestellt sieht[6], nur daß die damaligen Gegner[7] aktuelle Namen bekommen haben.

Man darf aus den Worten Codmanns nicht folgern, daß er tatsächlich jemals auf
derartige jüdische oder islamische Propaganda gestoßen ist. Es ist aber auch nicht
einfach anzunehmen, daß er solche Angriffe gegen das Christentum aus der Literatur entnommen hat als bloßen zur Gattung gehörenden Topos, hinter dem keine
eigene Erfahrung steht. Für wahrscheinlicher halte ich es, daß eifrige und gründliche
Bibelleser wie Codmann bei ihrem Studium der Heiligen Schrift die Anfechtungen,
denen sie die «einfältigen Leute»[8] ausgesetzt sahen, selbst verspürt haben; daß ihnen
klargeworden ist, daß das alte Postulat, zwischen den Evangelien gebe es keine
Widersprüche, noch viel fester untermauert und stärker befestigt werden müsse, als
es bisher der Fall war, wenn man nicht an diesem Punkt große Gefahren für die
Gewißheit des christlichen Glaubens aufziehen lassen wollte. Für die Zeitgenossen
Codmanns war es naheliegend, die als Erzfeinde des Christentums angesehenen Juden und Türken als mögliche Nutznießer einer solchen ungeschützten Stelle zu
sehen. Sie ahnten noch nicht, daß einmal Christen selbst viel Scharfsinn darauf verwenden würden, Widersprüche innerhalb der Heiligen Schrift aufzuzeigen.

Es geht Codmann in Wirklichkeit nur vordergründig darum, Vorbeugemaßnah-
men gegen die menschlichen Widersacher der christlichen Lehre zu treffen. Der
eigentliche Kampf, der auf diesem Felde ausgefochten werden muß, geht gegen den
«leidigen Teufel», der sich der menschlichen Schwachheit bedient, um den Aufweis
der harmonia evangelistarum zu verhindern. Codmann weiß davon aus eigener Er-

---

[4] Codmann, Harmonia, Bl. (. ˙ .) 1 b.
[5] Ebd.
[6] Vgl. Merkel, Widersprüche, S. 224−227.
[7] Nach Merkel, Widersprüche, S. 227 waren die Gegner Augustins in seiner Schrift «de
consensu evangelistarum» Manichäer.
[8] Gerade die «einfältige Leute» dürften von solchen Skrupeln am sichersten und längsten
verschont geblieben sein.

fahrung zu berichten[9]. Die Arbeit an der Evangelienharmonie ist also kein fröhliches Waffenschmieden, um gerüstet zu sein für eine später zu liefernde Auseinandersetzung, sondern sie ist selbst schon Kampf, Kampf gegen den Feind der Christen.

Ist auf diesem Gebiet aber nicht schon genug geleistet worden? Kann man sich nicht mit all den Harmonien zufriedengeben, die schon im Druck vorliegen? Codmann nimmt seinen Lesern diese Frage aus dem Munde. Seine Antwort ist ein Dank an seine Vorgänger, «daß sie mir den Weg gewiesen und die Ban gebrochen haben»[10]. Er selber habe nur zu Ende geführt, «was sie angefangen und zum Theil verfertiget haben».

Das ist eine hinter Höflichkeiten getarnte Kritik. Die früheren Werke haben das anzustrebende Ziel eben nicht erreicht! An anderer Stelle wird Codmann noch deutlicher: Er sei es der Kirche schuldig, seine Harmonie in Druck zu geben, «daß man sehe, wie der Evangelisten Ordnung in Historien und Worten bestehe, und sich niemand irr machen lasse, daß die, so nach ihrem Sinn die Evangelisten, als weren sie verwirret, richtig machen wöllen, nicht eins werden können»[11].

Die vielen Bemühungen um den consensus evangelistarum haben die Sache nur verschlimmert, weil bei den erzielten Lösungen keine Einigkeit erreicht worden ist. Zu den scheinbaren Widersprüchen in den Evangelien sind nun noch die offenkundigen Widersprüche in den Harmonien getreten.

Wenn Codmann seinerseits seine Harmonie veröffentlicht, dann ist schon klar, daß er der Meinung ist, in dieser Sachlage das klärende Wort gesprochen zu haben. Freilich, er will niemandem verwehren zu versuchen, es noch besser zu machen. «Jedoch so viel mir bey meinem unmüssigen Schul- und Kirchendiensten durch Gottes Gnad müglich gewesen ist, hab ich mich treulich beflissen, es dahin zu bringen, daß sich forthin niemand mit dieser Arbeit bekümmern und drüber andere auch nötige studia versaumen dörfte.»[12]

Eine Harmonie muß, wenn sie den Anforderungen, an denen sie zu messen ist, genügen soll, ganz bestimmte Bedingungen erfüllen: Es muß gewährleistet sein, «daß eim jeden Evangelisten sein Text unverrucket bleibe und nichtsdesterweniger, soferrn er nicht zu pausieren hat, auff der andern Evangelisten Text also gerichtet und gefüget werde, daß man kein Widerwertigkeit, sondern eytel Eintracht nicht

---

[9] Vgl. Codmann, Harmonia, Bl. (. ˙ .) 2 b: «. . . ichs offt erfahren, wie bald es durch menschliche Gebrechligkeit in solchem thun, das den leidigen Teuffel zum Feind hat, kann versehen werden . . .».
[10] Codmann, Harmonia, Bl. (. ˙ .) 2 b.
[11] Codmann, Harmonia, Bl.)(4 a.
[12] Codmann, Harmonia, Bl. (. ˙ .)2 b.

allein der Geschichten, der Zeit und des Orts, sondern auch der wôrter spü-re»[13].

Es ist also das gleiche Programm wie das, das sich Osiander gesetzt hatte. Des-wegen bedient sich Codmann auch der gleichen, d.h. der monotessaristischen Form; denn nur sie kann die Übereinstimmung auch in den Wörtern vorführen. Ausdrücklich unterstreicht er, daß es zum Nachweis des Konsensus nicht genügt, Parallelstellen am Rande zu verzeichnen oder sich einer Konkordanz zu bedie-nen[14].

Codmann sieht sehr deutlich den ästhetischen Mangel, der einer Harmonie an-haftet, die versucht, den gesamten Wortbestand der vier Evangelien in einem fort-laufenden Text unterzubringen: Es sind die unvermeidlichen Tautologien. Er geht deshalb bereits in der Vorrede auf die zu erwartende diesbezügliche Kritik ein: Man kann doch an einem solchen Werk nicht tadeln, was man bei den Evangelisten gelten läßt; denn diese gebrauchen ja selbst derartige Formulierungen[15]. Weiterhin soll der, welcher «solche Tautologias so gar nicht dulden kan und deßhalben auch die gantze Composition verâchtlich machet», einmal sein eigenes Reden überprüfen, ob er nicht selbst immer wieder gegen das von ihm verfochtene stilistische Gebot verstößt. «Will er nun, daß mans im und andern zugut halte, so lasse ers in solchem Werck auch passieren, da die Kunst Tautologiam zu meiden wûrde manches Evan-gelisten Wort hindansetzen und die harmoniam evangelistarum verderben.»[16] Denn die Probe, ob eine Harmonie gelungen ist oder nicht, besteht darin, ob es möglich ist, aus ihr den vollen Wortlaut eines jeden Evangeliums zu entnehmen[17]. Um dies zu garantieren, sind Tautologien unvermeidlich: «In summa, ob gleich sonst in der Redner Kunst Tautologia durchauß verbotten oder unnûtz were und keinem ge-lehrten weisen Mann widerfûhre, so were sie doch in harmonia evangelistarum zu dulden, da keines Evangelisten Wort sollen vertuschet werden, weil sie sonder-lich sich so fein zusammenbringen lassen, daß man sich mit Lust darob verwundern kan und Gott dem Herrn drumb zu dancken hat.»[18]

Man muß annehmen, daß Codmann mit diesem Plädoyer für die Tautologien einer Kritik entgegnen will, die tatsächlich geäußert worden ist, entweder anläßlich

---

[13] Codmann, Harmonia, Bl. (. ˙ .) 1 a; Sperrung von mir.

[14] Codmann, Harmonia, Bl. (. ˙ .) 2 a.

[15] Codmann, Harmonia, Bl.)(2 b.

[16] Codmann, Harmonia, Bl.)(3 a.

[17] Vgl. Codmann, Harmonia, Bl. (. ˙ .) 1 a: «Wie man auß jener Tabulatur widerumb eine jede Stimm außsetzen kan, also solle man auß einer harmonia evangelistarum widerumb durch Anleitung etlicher Merckbuchstaben einem jeden Evangelisten seinen Text vollkômlich außscheren kônnen.»

[18] Codmann, Harmonia, Bl.)(3 a f.

von Osianders Harmonia evangelica oder nach Erscheinen der Erstausgabe seiner eigenen «Harmonia evangelistarum» vom Jahr 1568.

Den Titel seiner Schrift hat Codmann von Osiander entlehnt[19], aber nicht nur ihn, sondern auch das Bild aus der Welt der Musik, das den Titel illustrieren soll[20]. Das Befremdliche dabei ist, daß er den Namen des Nürnbergers mit keiner Silbe erwähnt – in der Vorrede ebensowenig wie in den übrigen Partien des Buches. Er hielt es wohl nicht für opportun, öffentlich dieses Ketzers zu gedenken. Gelesen hat er dessen richtungweisende Arbeit jedenfalls sehr gründlich!

Die Harmonie, so wie er sie vorgelegt hat, soll nicht nur apologetische Aufgaben wahrnehmen, sondern – so versichert Codmann – sie wird auch den Glauben der Leser stärken. Wenn diese nämlich daraus ersehen, wie genau die Evangelisten in ihren Zeugnissen übereinstimmen, dann werden sie «mit desto grösserm Lust und Verstand die Historien unsers Heylandts Jesu Christi lesen», werden dadurch im Glauben befestigt werden und «so wirdt darneben auch sich finden und dester besser mit Lust gefasset, behalten und in die Ubung gebracht werden alles, darzu sonst die Schrifften der heiligen vier Evangelisten dienen sollen». So ist der Autor überzeugt, daß er sein Buch «zum gemeinen Nutz der Christenheit» verfaßt hat[21].

Wir begegnen bei Codmann den schon von Osiander bekannten vier Buchteilen: einem Vorwort, der Harmonie, den Anmerkungen und einem Elenchus. Überdies hat der Verfasser seine Schrift durch zwei Register, nämlich ein Stichwortregister und ein Verzeichnis der Sonn- und Feiertagsevangelien aufgeschlüsselt. Das Corpus der Harmonie wird in vier große Abschnitte mit insgesamt 85 Kapiteln gegliedert[22].

Der harmonisierte Bibeltext wird in deutscher Sprache geboten und zwar auf der Grundlage der Lutherübersetzung in Gestalt der letzten von Luther durchgeführten Revision. Um die Herkunft der Wörter von den verschiedenen Evangelien zu bezeichnen, bedient sich Codmann des osiandrischen Siglensystems, das er – darin typischer Epigone – noch zu überbieten versucht: Die bei Osiander zum vollstän-

---

[19] Vgl. aber Anm. S. 106 Nr. 4.

[20] Codmann, Harmonia, Bl. (. ˙ .) 1 a. Das Bild des vierstimmigen Musikstückes, das bei Osiander sechs Zeilen beanspruchte (Osiander, Harmonia, Bl. α 4 a f.), nimmt bei Codmann fast eine ganze Seite ein!

[21] Codmann, Harmonia, Bl. (. ˙ .) 1 b und (. ˙ .) 3 a.

[22] Das 1. Buch (18 Kapp.) reicht von den Geburtsgeschichten bis zum Passafest im 31. Lebensjahr Christi (Lk 6,1), das 2. Buch (14 Kapp.) beinhaltet das nächste Jahr der Wirksamkeit Jesu bis zum nächsten Passa (Joh 6,4), das 3. Buch (24 Kapp.) beschreibt wiederum ein Jahr, und zwar bis unmittelbar vor den Palmsonntag, an dem Jesus in Jerusalem einzieht, und das 4. Buch schließlich (29 Kapp.) schildert die Ereignisse der Karwoche und endet mit Pfingsten.

digen Alphabet fehlenden Buchstaben werden ebenfalls mit einer Bedeutung belegt[23].

Der auffälligste Unterschied zu Osiander im äußeren Textbild ist das Fehlen der Randvarianten; denn Codmann hat es geschafft, alles was an Wörtern von den Evangelisten geboten wird, im Text selbst unterzubringen. Daß dies noch einmal eine Zunahme der Pleonasmen und Tautologien bedeutet, versteht sich von selbst.

In der Komposition der Harmonie hat Codmann den von Osiander vorgelegten Aufbau an mehreren Stellen korrigiert. Dabei hat er zunächst einmal die drei bekannten Inkonsequenzen Osianders[24] eliminiert:

a) Bei der Versuchung Jesu zeigt Matthäus durch die von ihm verwendeten Partikel τοτε (Mt 4, 5. 11) und πάλιν (Mt 4, 8), daß er die drei Bemühungen des Satans entsprechend dem tatsächlichen Geschehensablauf geschildert hat. Aber auch von Lukas weiß man ja, daß er ein zuverlässiger Historiker war[25] Folglich muß man annehmen, daß Christus zu verschiedenen Zeiten je dreimal vom Teufel versucht worden ist. Da Lukas berichtet, daß der Diabolus von Jesus eine Zeitlang gewichen sei (Lk 4, 13), während Matthäus kategorisch festhält, daß der Teufel Jesus verlassen habe (Mt 4, 11), ist auch klar, daß der erste Evangelist die letzte Versuchung Jesu mitteilt. Daß die beiden von Matthäus und Lukas verzeichneten Anläufe des Teufels inhaltlich identisch sind, ist nicht verwunderlich, denn der Widersacher Jesu hat gleich beim erstenmal seine drei besten Stückchen ausgespielt. Später fiel ihm nichts Neues mehr ein, so daß er noch einmal auf seine alten Finten zurückgreifen mußte.

Aus dieser Duplizität der Ereignisse gewinnt Codmann auch noch eine gute Moral: Auch wir sind, wenn wir einmal den Teufel aus dem Felde geschlagen haben, nicht vor neuerlichen Versuchungen sicher[26]. Codmann macht sich aber nun selbst einer Inkonsequenz schuldig; denn er hat diese Erörterungen, die er in den Anmerkungen über mehrere Seiten hin ausbreitet, im Text der Harmonie nicht

---

[23] a−o stimmen mit den osiandrischen Definitionen überein; p = Paulus; q = alle vier Evangelisten; r = «was nicht in den Evangelisten stehet, jedoch zur Erfüllung oder Erklärung deß Texts dienet» (Osiander hatte dafür kleinere Typen verwendet); s = Paulus und Lk; t = Paulus, Mt und Mk; u = Paulus, Mt und Lk; v = Paulus, Mt, Mk und Lk; x = Act; y = Lk und Act; z = «bedeutet, daß wenn man dem Marco und Lucae seinen Text außscheren will, so sol man inen vom folgenden Wort nur den ersten Buchstaben geben, das gantze Wort aber dem Mattheo allein lassen» (z kommt in der ganzen Harmonie überhaupt nur in Buch 4, Kap. 1, beim Einzug in Jerusalem, vor: «ˡlöset ᶻsie ˡauff und bringet ᶻsie ᵇher ᵃzu mir . . . E so wirdt er ᶻsie E bald ᵇher E senden»; Codmann, Harmonia, S. 164). Die Zusammenstellung der Siglen bei Codmann, Harmonia, Bl. (. ˙ .) 3 b f.

[24] Vgl. o. S. 128−131.

[25] Codmann verweist auf die Vorrede des Erasmus zum Lukasevangelium (Erasmus, Opera 6, Sp. 217).

[26] Codmann, Harmonia, S. 258−264.

realisiert. Nach seinen eigenen Worten wäre es richtig und notwendig, die Lukas-
perikope vor den entsprechenden Matthäusversen einzuordnen. In der Harmonie
jedoch begegnet nur der Matthäustext — die Lukasversion sucht man vergeblich[27].

b) Wie schon Molinaeus[28] unterscheidet auch Codmann die Ereignisse von
Mk 2,23−3,6/Lk 6,1−11 einerseits von denen Mt 12,1−14 andererseits: Bei der
Heilung des Mannes mit der verdorrten Hand, wie sie von Markus und Lukas be-
richtet wird, erkennt Jesus die Gedanken der Umstehenden und kommt ihnen mit
seiner Frage zuvor, bei Matthäus wird er aber ausdrücklich gefragt (Mt 12,11).
Außerdem waren an dem Anschlag von Mt 12,14 nicht die Diener des Herodes be-
teiligt wie in Mk 3,6[29]. Den «Aftersabbat» von Lk 6,1 nimmt Codmann — wie
Osiander und Molinaeus — für ein Passafest in Anspruch[30]. Aber im Unterschied zu
den beiden anderen Arbeiten verlautet bei ihm nichts davon, daß Jesus zu diesem
Fest in Jerusalem gewesen sei. Vielmehr wird das Kapitel Joh 5, das bei den beiden
Vorgängern Codmanns einen Passabesuch Jesu in Jerusalem beschreibt, an den sich
die Geschehnisse von Mk 2,23ff./Lk 6,1ff. anschließen, auf das Laubenhütten-
oder Kirchweihfest im Jahr zwischen den beiden Passas von Lk 6,1 und Joh 6,4
datiert[31]. Damals war Jesus ohne seine Jünger in Jerusalem, denn die waren zu jener
Zeit gerade zum Predigen ausgesandt (Joh 5 wird nach Mk 6,7−13/Lk 9,1−6 gestellt). Die Sabbatstreitigkeiten von Mt 12,1−14 werden nach Lk 7,36−8,3 angesetzt, wobei die Sünderin, die Jesus salbt, als Maria Magdalena identifiziert und die
Geschichte deshalb nach Magdala, zwischen Tiberias und Bethsaida lokalisiert
wird[32].

c) Mit Dissimilierung rückt Codmann auch der dritten Stelle zu Leibe, wo Osiander seinem Prinzip untreu geworden ist: der Kreuzigungsszene mit dem bei den
einzelnen Evangelisten unterschiedlichen Szenenwechsel. Osiander hatte diesen
gordischen Knoten durchschlagen, indem er sich auf die Gleichzeitigkeit der verschiedenen Vorgänge berief. Codmann scheut sich nicht, auch hier mit aller Pene-
tranz die Berichte über die Kreuzigung Jesu mitsamt den Übeltätern und über den
Kreuzestitulus zu wiederholen und auf diese Weise die Perikope aufgebläht, unan-
schaulich und verwirrend zu gestalten[33].

---

[27] Vgl. Codmann, Harmonia, S. 20f.
[28] Vgl. o. S. 187.
[29] Codmann, Harmonia, S. 278f.
[30] Codmann, Harmonia, S. 276f.
[31] Codmann, Harmonia, S. 284.
[32] Codmann, Harmonia, S. 279.
[33] Ganz nebenbei gesteht Codmann in den Anmerkungen zu, daß er bei dem Bericht über den
   Kreuzestitulus auch nicht ganz ohne Umstellungen ausgekommen ist: «Daß wir aber deß
   Matthei und Marci Wort nicht an ihrem Ort stehenlassen, sondern besser herabrücken und
   sie mit dem Luca zusamtreffenlassen, geschicht darumb, daß sie . . . deutlicher zuverstehen

Von diesen drei Operationen abgesehen hat Codmann noch weitere Eingriffe in die osiandrische Komposition vorgenommen. Wie sich nach diesen Änderungen der Ablauf des Lebens Jesu von seiner Taufe bis zu seinem Einzug in Jerusalem zu Beginn der Karwoche darstellt, ist aus der Grafik sichtbar[34].

geben, es haben nicht allein Leute, sondern auch geschriebene Worte deß Herrn Jesu gespottet» (Codmann, Harmonia, S. 317f.).

[34] Vgl. Grafik VII.

Die öffentliche Wirksamkeit Jesu erstreckt sich zwar bei Codmann über die gleiche Zeitspanne von ca. dreieinviertel Jahren wie bei Osiander, Jesus war aber an den darin enthaltenen vier Passafesten nur zweimal in Jerusalem. Bei den Kindheitsgeschichten läßt Codmann die Weisen aus dem Orient noch vor der Darstellung des Jesuskindes im Tempel zu Jerusalem in Bethlehem eintreffen. Sie konnten schon so früh an Ort und Stelle sein, weil der Stern ja bereits bei der Empfängnis, nicht erst bei der Geburt aufleuchten konnte (Codmann, Harmonia, S. 246–248).

In der Passionserzählung hatte Osiander den Joh 12,20–50 geschilderten Auftritt Jesu im Tempel auf den Tag seines Einzugs in Jerusalem, also auf den Sonntag datiert. Codmann entnimmt aus Lk 19,47 («und er lehrte täglich im Tempel») die Notwendigkeit, auch für Mittwoch und Donnerstag der Karwoche eine Predigt Jesu im Tempel anzusetzen. So wird Joh 12,20–43 auf den Mittwoch verlegt (nach Mt 26,1–16 par.); denn die traurigen Worte dieser Rede passen nicht zu dem von Sonntag bis Dienstag Verkündeten. Und für den Gründonnerstag bleibt die kurze Predigt Joh 12,44–50 (Codmann, Harmonia, S. 306). Nach der Einsetzung des Abendmahles wurde der Lobgesang gesprochen (Mt 26,30a/ Mk 14,26a), dann stand Jesus auf, um seinen Jüngern die Füße zu waschen. Entgegen der Vorschrift von Ex 12,11 hatte sich nämlich Jesus beim Essen des Osterlammes zu Tische gesetzt, um zu demonstrieren, daß das Alte Testament nun aufhören werde (Codmann, Harmonia. S. 307f.).

Nach der Komposition Osianders fanden die Verleugnungen des Petrus teils vor und teils nach dem Verhör Jesu vor dem Hohenpriester (Joh 18,19–23) statt, alle aber nach dem Verhör vor dem Synhedrium mit dem Auftritt der falschen Zeugen (Mt 26,57–68/ Mk 14,53–65). Codmann macht die Sache noch etwas komplizierter: Das erstemal verleugnet Petrus seinen Herrn gegenüber der Türhüterin noch vor irgendeinem Verhör. Dann wird Jesus erst von dem Hohenpriester, dann vor dem Hohenrat befragt. Als diese Untersuchungen abgeschlossen sind, verleugnet der Jünger, der mit den Knechten am Kohlefeuer sitzt, Jesus erneut. Petrus verzieht sich in den Vorhof – der Hahn kräht zum erstenmal. Im Vorhof des Palastes kommt es, bevor der Hahn zum zweitenmal kräht, zu drei weiteren Verleugnungen. Petrus hat also Christus an drei verschiedenen Orten verleugnet, und zwar vor jedem Hahnenschrei dreimal (Codmann, Harmonia, S. 310–315).

Bei der Geschichte des Ostersonntags besteht der wesentlichste Unterschied zwischen Codmann und Osiander darin, daß letzterer die Erscheinung des einen Engels (Mt 28,5–7; Mk 16,5–7) als erste Verkündigung der Auferstehungsbotschaft ansieht (vgl. o. S. 148), während nach Codmann die Frauen, als sie zum erstenmal ins Grab hineingehen, das von Lk 24,3–7 berichtete Erlebnis haben. Die Begegnung mit dem Engel von Mt 28/Mk 16 findet erst statt, als Jesus schon der Maria Magdalena erschienen ist. Daß die Frauen nach Mk 16,3 fragen, wer ihnen den Stein vom Grab wegwälze, obwohl sie doch schon einmal im leeren Grab gewesen sind (Lk 24,3), ist für Codmann kein Grund,

Daß trotz all dieser Änderungen die Harmonie Codmanns in ihrer Komposition in hohem Grade von der Arbeit Osianders abhängig ist, zeigen nicht nur die weiten Passagen, in denen beide Entwürfe konform gehen, sondern auch die Tatsache, daß Codmann immer dann, wenn er von seiner Vorlage abweicht, in den Anmerkungen mehr oder weniger ausführlich seine Entscheidung begründet, was jedoch unterbleibt, wenn er sich Osiander anschließt. So finden z. B. die Dissimilierungen der Erzählungen von der Besessenenheilung, von der Auferweckung der Tochter des jüdischen Obersten, vom Hauptmann zu Kapernaum und von der Tempelreinigung keine Rechtfertigung. Auf einen Leser, der nur das Buch Codmanns kannte, mußte die Lektüre dieser Harmonie und vor allem der Erläuterungen befremdlich wirken, da der Verfasser ständig die Schöpfung Osianders vor Augen hat, aber nie davon spricht.

Wie schon der volle Titel seiner Schrift zeigt[35], möchte Codmann sein Werk auch als Leben-Jesu verstanden wissen. Um diesen Eindruck zu bestärken, läßt er in den Erläuterungen gerne die historischen Hilfswissenschaften zum Zuge kommen und äußert sich zu geographischen, genealogischen, astronomischen und chronologischen Fragen und setzt Währungs- und Maßangaben in bekannte Werte um. Ganz anders als Osiander ist er bemüht, das Leben Jesu in die Weltgeschichte einzubetten. Dabei kommt es ihm nicht darauf an, seine Belehrungen in den Kontext der Diskussion der Fachgelehrten zu stellen. Nur selten wird einmal der Name eines anderen Autors genannt. In den meisten Fällen, in denen Codmann eine Ansicht aus der Literatur übernimmt, serviert er sie so, daß man den Eindruck gewinnen kann, er selbst sei für diese Information oder Interpretation verantwortlich. Man muß ihm deshalb nicht vorwerfen, er wolle sich mit fremden Lorbeeren schmücken – es kann für dieses Verfahren auch der Vorsatz, möglichst kurz und sachbezogen zu schreiben, ausschlaggebend gewesen sein. Man könnte auch sagen, die «Harmonia evangelistarum» zeigt ihren Verfasser nicht als gelehrten Wissenschaftler, sondern als Mann der Schule und der Kirche. Er will Forschung vermitteln, nicht selbst betreiben. Diese Charakterisierung gilt für die Teile seiner Anmerkungen, in denen er die biblischen Geschichten mit den unterschiedlichsten Materialien bestückt. Sie gilt nicht in gleichem Maße für seine Arbeit an der Komposition der Harmonie; denn dabei gibt es immer wieder Punkte, wo er in dem Gefühl spricht, Pionierarbeit geleistet zu haben. Daß es ihm aber grundsätzlich wichtiger war, eine Leserschaft

---

seine Theorie aufzugeben. Markus hat eben die Ereignisse des Ostermorgens zunächst bis zum Gang der Trauernden zur Grabesstätte beschrieben, dann hat er die von Lukas mitgeteilten Vorgänge ausgelassen und das, was sich in Wirklichkeit erst etwas später zugetragen hat, so in seiner Erzählung angeschlossen, daß man jetzt den Eindruck hat, er spreche von einer ununterbrochenen Geschehensfolge (Codmann, Harmonia, S. 325–329).

[35] Vgl. o. S. 190 Anm. 2.

unter weiten Teilen des Kirchenvolkes zu finden[36] als um Beachtung in der Gelehrtenwelt zu heischen, zeigt die Wahl der deutschen Sprache sowohl für die Harmonie als auch für die Erläuterungen. Andererseits spricht die gelegentliche Verwendung von lateinischen Worten und Sentenzen dafür, daß es Codmann klar war,
daß nur Leute sein Buch lesen würden, die ein gewisses Bildungsniveau erreicht
haben. Vielleicht dachte er in erster Linie an seine Kollegen unter den Pfarrern und
Lehrern. Vom «Elenchus», dem dritten Teil seines Werkes, schreibt er, er habe ihn
verfaßt, um «denen, so gern einen kurtzen ordentlichen Innhalt der evangelischen
Historien wissen und der Jugend oder inen selbst ins Gedächtnüß bilden wolten»,
behilflich zu sein[37].

Von einem solch populärwissenschaftlichen Lehrbuch wird man keine großen
Anregungen für die weitere wissenschaftliche Behandlung des Themas erwarten.
Man hat Codmanns Arbeit in der Fachwelt zur Kenntnis genommen und ihn zu
Recht als Nachfolger Osianders eingestuft[38]. Aber er blieb natürlich immer im
Schatten dieses seines Vorgängers. Doch die «Harmonia evangelistarum» ist ein Do-
kument für das immer weiter um sich greifende Interesse an den Fragen der Evan-
gelienharmonistik und des Lebens Jesu, die nicht einem exklusiven Zirkel von
Spezialgelehrten vorbehalten bleiben, sondern immer stärkere Publizität auch bei
wissenschaftlichen Außenseitern und in breiteren Kreisen des Kirchenvolkes finden.

5.3. Die «Vita Iesu Christi» des Georg Wirth

Zu den wissenschaftlichen Außenseitern kann man auch Georg Wirth[1] rechnen[2].
Diese Einstufung soll jedoch nichts über den Umfang seines theologischen Wissens

[36] Vgl. Formulierungen wie: «Denn daß ichs umb der Eynfeltigen willen auffs deutlichst
mache . . .», Codmann, Harmonia, Bl. (. ˙ .) 1 a.

[37] Codmann, Harmonia, Bl. (. ˙ .) 2 b f. Der «Elenchus», auch «Summe» genannt, ist sowohl
ein ausführliches Inhaltsverzeichnis für die einzelnen Kapitel der vier Bücher der Harmonie als auch – im Zusammenhang gelesen – eine Epitome des Lebens Jesu. Er para-
phrasiert den Inhalt der gesamten evangelischen Geschichte. Auch die beiden Register der
Harmonie eignen sich am besten als Hilfsmittel für Predigt und Unterricht.

[38] Vgl. z. B. Clericus, Harmonia, Bl.)0( )0(3 b f.: «Iisdem temporibus prodiit idiomate
Germanico harmonia alia evangelistarum ad vestigia Osiandri satis luculenter in plerisque
omnibus adorata . . . Auctor harmoniae illius est Laurentius Codmannus . . . Conceptum,
quem ipse (ut res ipsa loquitur) cum Osiandro de harmonia evangelistarum communem sibi
formavit, egregie ex foro musico illustravit.»
Auch Solbrig gedenkt natürlich in seiner «Dissertatiuncula» des Codmann als Nachfolger
Osianders.

[1] 1524–1613. während seines Studiums in Wittenberg war er Tischgenosse Luthers. Über
ihn vgl. Freher, Theatrum, S. 1331; Jöcher, Gelehrtenlexikon 4, Sp. 2021. Einige auto-

besagen, sondern nur, daß er seine berufliche Laufbahn nicht als Theologe, sondern als Mediziner absolviert hat. Er war als solcher eine beachtete Kapazität, wie seine Stellung als Leibarzt Kaiser Karls V. und König Philipps II. bezeugt.

Wie kommt ein Arzt dazu, eine Evangelienharmonie zu schreiben? Möchte man von Georg Wirth eine Antwort auf diese Frage bekommen, dann muß man sie in einen weiteren Rahmen stellen: Wie kommt er dazu, sich so ausführlich mit der Heiligen Schrift zu beschäftigen? Denn die Evangelienharmonie, die in seinem Buch «Vita vel Evangelium Iesu Christi»[3] enthalten ist, will sich — wie wir noch sehen werden — nicht in die harmonistische Diskussion einschalten, sondern will Grundlage und Zeugnis einer intensiven Begegnung mit den Evangelien sein und steht in Zusammenhang mit der aufmerksamen Lektüre des ganzen Neuen Testamentes.

In der Widmungsvorrede seines Buches, einer Mischung aus theologischer Prinzipienlehre und autobiographischen Aufzeichnungen, legt der Verfasser klar, warum er nach langen Jahren medizinischer Tätigkeit sich an seinem Lebensabend ganz dem Studium der Heiligen Schrift verschrieben hat. Seine Ausführungen spiegeln die Aussagen der lutherischen Dogmatiker in dieser Zeit der beginnenden Orthodoxie wider und erweisen Wirth zwar nicht als originellen Denker, aber als einen Mann, der die Schultheologie seiner Zeit in sein Leben integriert hat.

Die orthodoxen Dogmatiker pflegten die Theologie als eine «scientia practica» zu bestimmen, die man nach der analytischen Methode behandeln müsse: Ziel des Theologietreibens ist das ewige Leben; unter diesem Aspekt haben alle Teile der Theologie zu stehen[4]. Dies ist auch der Ausgangspunkt für Wirths Überlegungen[5]: Jeder, der das ersehnte Ziel, das ewige Leben, erreichen will, kann dies nur auf dem Weg über die Gotteserkenntnis[6]. Diese steht dem Menschen aus zwei Quellen offen: aus dem Buch der Natur, der Schöpfung, und aus der Heiligen Schrift. Wenn sie auf dem ersten dieser beiden Wege gewonnen wird, bleibt sie

---

biographische Notizen finden sich in der epistola dedicatoria von Wirths «Vita Iesu Christi».

[2] Man muß sich aber dabei klar darüber sein, wie unbefriedigend eine solche Qualifizierung ist, zumal wenn man unsere heutigen Vorstellungen von «Fachgelehrten» auf das 16. Jahrhundert überträgt. Die Grenzen zwischen den verschiedenen wissenschaftlichen Fächern waren damals unscharf.

[3] Der vollständige Titel u. Anm. 9.

[4] Vgl. dazu Ratschow, Lutherische Dogmatik 1, S. 27–57 (§ 2), vor allem S. 35 und S. 43–45.

[5] Vgl. zum folgenden: Wirth, Vita, Bl. A 2a–A 3b.

[6] Vgl. Chemnitz, Loci theologici, 1591, Teil 1, c I 1: «Quia summa totius theologiae, iuxta vocabuli etymologiam, est dei notitia, ideo illa quaestio merito primum obtinet locum. Haec enim est vita aeterna (inquit Christus), ut cognoscant te solum verum deum, et quem misisti Iesum Christum, Joh 17,3» (zitiert nach Ratschow, Lutherische Dogmatik 2, S. 16).

unvollkommen[7]. Hingegen ist Gotteserkenntnis, die aus der Heiligen Schrift bezogen wird, abgesichert durch deren Autorität, die sich in mehreren Punkten dokumentiert: durch die Autorschaft Gottes, durch die coelestis materia, von der in der Heiligen Schrift gehandelt wird, durch das Alter der biblischen Zeugnisse, durch die unvergleichlichen göttlichen Wunder, von denen sie berichten und durch die Menge der Märtyrer, die mit ihrem Blut die biblische Wahrheit bekräftigt haben[8]. Jesus selbst hat sich in den Streitgesprächen mit seinen Gegnern auf die Schrift berufen.

Die Heilige Schrift lehrt, daß Gotteserkenntnis einen vierfachen Inhalt hat: Erkenntnis des Wesens und des Willens Gottes, der Person und des Amtes Christi. Das Wesen Gottes behandelt die Trinitätslehre, von Gottes Willen reden Gesetz und Evangelium, die Person Christi ist das Thema der Zweinaturenlehre und das officium Christi bewirkt die Versöhnung des Menschen mit Gott.

So ist der Inhalt der Gotteserkenntnis nach Wirth identisch mit den Hauptpunkten der christlichen Lehre. Und eingedenk des Grundsatzes, daß die notitia Dei, die zur Erlangung des ewigen Lebens erforderlich ist, aus den Schriften des Alten und Neuen Testamentes gewonnen wird, hat der Arzt, nachdem er vom Hof in Brüssel nach Leipzig übersiedelt ist, die medizinischen Bücher beiseite gelegt und sich ganz der Heiligen Schrift, den Kommentaren und den «alten und neuen rechtgläubigen Auslegern» zugewandt. Als Frucht dieser Arbeit legt er in einem stattlichen Folianten seine «Vita Iesu Christi» vor[9].

Der Titel dieses Buches kann falsche Vorstellungen über den Inhalt erwecken. Es handelt sich nämlich nicht um eine zusammenhängende Darstellung des Lebens Jesu, sei es mit den Worten der Evangelisten oder in eigener Formulierung, sondern um einen fortlaufenden Kommentar zum Neuen Testament. Allerdings sind dabei die Gewichte eindeutig auf die Evangelien verlagert: Während diese sehr eingehend besprochen werden, werden die Apostelgeschichte, die Briefe und die Apokalypse jeweils in einer «Epitome» zusammengefaßt[10].

---

[7] Vgl. Ratschow, Lutherische Dogmatik 2, S. 18—28 und S. 41 f.

[8] Vgl. Ratschow, Lutherische Dogmatik 1, S. 98 ff.; vor allem das Zitat aus Heerbrand auf S. 115.

[9] Frankfurt/M. bei Johann Spieß, 1594.
Bibliographische Angaben:
VITA VEL EVANGELIUM // IESV CHRISTI, // DEI ET MARIÆ FILII, // SALVA-TORIS MVNDI, EX QVA- // TVOR EVANGELISTIS ITA CONSCRI- // ptum, vt æquus & pius Lector nihil vel in // ordine, vel in rebus ipsis iure // desiderare possit. 418 Bll., 2°. Ich benutzte die Exemplare Neuburg a. D. SlB (2° Bibl. 182) und Nürnberg StB (Solg. 256.2°).

[10] Von den 792 Textseiten entfallen 540 auf die evangelische Geschichte!

Es werden aber nicht die vier Einzelevangelien im Text wiedergegeben und kommentiert, sondern als Grundlage für die Kommentierung dient eine von Wirth eigens für diesen Zweck verfertigte Evangelienharmonie.

Das Motiv für die Gestaltung dieser Harmonie ist von vornherein ein ganz anderes als bei Osiander, Molinaeus oder Codmann. Bei diesen Autoren ist die Harmonie selbst das Ziel der Arbeit, die Anmerkungen dienen der Begründung der Entscheidungen, die in der Harmonie getroffen worden sind. Sie sind auf die Harmonie bezogen. Bei Georg Wirth ist die Harmonie auf die Anmerkungen bezogen, sie ist nicht um ihrer selbst willen da, sondern um die Begegnung mit der evangelischen Geschichte zu erleichtern. Sie verweist regelmäßig auf die Auslegungen, in denen der Gehalt der Verse ausgebreitet wird.

Diese Zwecksetzung der Harmonie bestimmt ihre äußere Form. Es werden nicht wie bei den drei früheren Arbeiten Überlegungen angestellt, in welche Gestalt eine richtige Harmonie gebracht werden müsse, sondern die formalen Entscheidungen ergeben sich sozusagen automatisch aus der Zwecksetzung des Buches, die im Titel formuliert ist: «. . . ut et methodus s. scripturae non tantum facilius observetur et impensius ametur, sed etiam maiori cum voluptate et utilitate ad eius lectionem accedatur».

Der Zwecksetzung entspricht es, wenn die Erklärungen nicht als eigener Buchteil vom Bibeltext getrennt, sondern mit diesem verbunden sind. Wirth druckt in jedem einzelnen Paragraphen zunächst einen Abschnitt eines harmonisierten Evangelientextes ab und gleich darauf – durch kursives Schriftbild kenntlich gemacht – den dazugehörigen Kommentar[11]. Er rechnet offenbar nicht damit, daß seine Leser einen längeren Abschnitt der evangelischen Geschichte in ununterbrochenem Zusammenhang lesen wollen, sondern er setzt voraus, daß sie Schritt für Schritt dem Evangelium entlanggehen, stets sorgfältig den Lehrgehalt der Verse bedenkend. Diese Schritte von einem nachdenklichen Verweilen zum nächsten können sehr klein sein; oft umfassen sie nur wenige Verse. Der Bibeltext wird dadurch manchmal stark zerstückelt, der Zusammenhang kann leicht aus dem Blickfeld verschwinden.

Wirth legt weder Wert darauf, den gesamten Wortbestand der Evangelien in seine Harmonie einzubringen, noch denkt er daran, die Herkunft der Textteile von den vier Evangelisten zu kennzeichnen. Für sein Anliegen ist derlei nicht erforderlich. Er kann deshalb auch ohne Schwierigkeiten die Pleonasmen und Tautologien vermeiden, die anderen Harmonien das Gepräge geben, und er benötigt keinen komplizierten Siglenapparat[12]. Sein Text ist glatter, klarer und besser lesbar als der von Osiander, ja auch als der von Gerson gebotene[13].

[11] Ähnlich hatten auch Calvin und Lutz ihre Harmonien angeordnet, vgl. u. S. 238 und S. 242ff.
[12] Auch bei Wirth erscheinen im Text Verweisbuchstaben. Sie beziehen sich auf die dazugehörigen Anmerkungen.
[13] Wirth gibt den Evangelientext meist nach Vg., gelegentlich aber auch nach Erasmus.

Die Tatsache, daß die Evangelienharmonie bei Wirth vorwiegend dienende Funktion hat, hindert ihn nicht, sie mit Sorgfalt zu gestalten und eigenes Nachdenken auf ihre Komposition zu verwenden. Freilich ist dieses Nachdenken weniger ein schöpferisches als ein kritisches: Georg Wirth versucht sich nicht an einer selbständigen Konstruktion der evangelischen Geschichte, sondern er überprüft ihm bekannte Entwürfe, wieweit er sie übernehmen kann. Dabei ergibt es sich, daß er den weitaus größten Teil seiner Harmonie nach der Vorlage Osianders aufbaut: Von Beginn an bis zu den Ereignissen von Gründonnerstag entdecken wir nur ganz wenig bedeutendere Abweichungen gegenüber der Harmonia evangelica des Nürnbergers:

1. Joh 1,1−4 kommt gleich nach den Lukasprolog, also zwischen Lk 1,4 und Lk 1,5. Joh 1,5−14 bleibt an der Stelle, wo bei Osiander der gesamte Johannesprolog steht (nach der Taufe Jesu).

2. Lk 3,19f., die lukanische Notiz von der Gefangennahme des Täufers, wird in Verbindung mit Mk 1,14a zwischen Joh 4,43 und Joh 4,44 eingeschoben. Auf diese Weise ist der Widerspruch beseitigt, den man bei Osiander darin sehen kann, daß die Inhaftierung des Täufers schon vor Joh 4,1, wo doch offenbar noch eine freie Wirksamkeit dieses Predigers vorausgesetzt wird, berichtet ist.

3. Der lukanische Bericht über die Predigt Jesu in seiner Heimatstadt Nazareth (Lk 4,16−30), bei Osiander vor der Heilung des Sohnes des Königischen in Kapernaum (Joh 4,43−54) angesetzt, wird von Wirth erst im Anschluß an diese Erzählung gebracht. In seinem Kommentar dazu erklärt der Autor, daß diese Anordnung deshalb erforderlich sei, weil Jesus sich nach seinem Auftreten in Nazareth und nachdem er die Nachricht von der Gefangennahme des Täufers erhalten hat, nach Kapernaum (Mt 4,12−17), nicht nach Kana (Joh 4,46) begeben habe[14].

4. Lk 4,31f. lesen wir bei Osiander nach der Bergpredigt, bei Wirth aber unmittelbar vorher (parallel zu Mt 4,23−25/Mk 1,21).

5. Lk 5,1−11 wird mit Mt 4,18−22/Mk 1,16−20 kombiniert und demzufolge vor die Bergpredigt datiert. Diese Berufung ist nicht nur «Berufung zum Glauben» (wie Joh 1,25ff.), sondern «ad discipulatum». Die Betroffenen kehren nie mehr zu den Ihren zurück. Deshalb verbietet sich eine Trennung der Lukaserzählung von der in den ersten beiden Evangelien.

◆ 6. Am Tage des Einzugs in Jerusalem wird in der Vita Iesu Joh 12,20−36 noch vor Lk 19,41−44, d. h. also noch auf dem Weg zur Stadt eingeordnet, während der Rest dieses Johanneskapitels nach der von Matthäus und Lukas erzählten Tempelreinigung seinen Platz behält. Bei Osiander steht Joh 12,20−50 geschlossen nach dieser Tempelreinigung.

---

[14] Wirth, Vita, S. 94.

Aus den ersten fünf der genannten Änderungen wird deutlich, daß Wirth trotz
der außerordentlich engen Anlehnung an Osiander sich nicht an dessen Grundsatz,
die Akoluthie der Evangelisten müsse erhalten bleiben, gebunden fühlt[15]. Die
Anpassung Wirths an Osiander geschieht aus praktischen, nicht aus grundsätzlichen Erwägungen. Der Mediziner unternimmt deshalb auch keine Bemühung, an
den Punkten, wo Osiander sein Prinzip nicht konsequent durchgehalten hat, ihn zu
korrigieren. Andererseits finden die bekannten Dissimilierungen des Nürnbergers
bei Wirth ihre Entsprechung, ohne daß sie von seinen Voraussetzungen her eigentlich erforderlich wären. Offenbar erfreute sich die osiandrische Arbeit schon solchen Ansehens, daß man sie als Autorität in Sachen Evangelienharmonie aner-
kannte, ohne deswegen ausdrücklich Osianders prinzipielle Vorentscheidungen
anzuerkennen.

In der Aufteilung von Joh 12,20−50 in zwei voneinander getrennte Teile mag
man eine Angleichung an die Passionsharmonie Bugenhagens sehen, der ebenfalls
Joh 12,20−36 und Joh 12,37−50 durch die Tempelreinigung getrennt hat[16]. Diese
Vermutung wird dadurch bestätigt, daß sich zeigt, daß Wirth in der engeren Passionsgeschichte, d. h. in den Ereignissen von Gründonnerstag und Karfreitag, sich
ganz an die verbreitete Harmonie der Leidensgeschichte anschließt. Für die Geschichte von der Verleugnung des Petrus erklärt er dies ausdrücklich[17]. Er unter-
treibt dabei jedoch, denn nicht nur dieser eine Abschnitt, sondern auch die vorhergehenden und nachfolgenden Kapitel orientieren sich an Bugenhagen[18]. Bei den
Ostergeschichten entscheidet sich Wirth hingegen wieder für die Osianderkom-
position.

Es besteht kein Zweifel, daß die Harmonie des königlichen Leibarztes auch
Leben-Jesu-Darstellung sein soll. Schon der Titel macht dies deutlich[19]. Und in

---

[15] Für den ersten Teil des Lukasevangeliums ergibt sich in der «Vita» nach Vornahme der
     Umstellungen folgender Ablauf: Lk 1,1−3,18; 3,21−4,14a; 3,19f.; 4,14b−30; 5,1−11;
     4,31−44; 5,17ff.
[16] Vgl. Mülhaupt, Luthers Evangelienauslegung, S. 34*f.; bei Bugenhagen steht allerdings
     Lk 19,41−44 vor Joh 12,19ff.
[17] Wirth, Vita, S. 458: «Quod autem ad historiam Petri attinet, secuti sumus in ecclesiis
     nostris receptum historiae ordinem a Doctore Bugenhagio descriptum.» Wirth meint
     damit die Passionsharmonie Bugenhagens, nicht etwa die von Paul Krell bearbeitete Fas-
     sung der Harmonie der gesamten evangelischen Geschichte, die ja gerade bei den Ver-
     leugnungen von der Passionsharmonie abweicht, vgl. u. S. 247.
[18] Die Änderungen im Vergleich zu Bugenhagen sind ohne Gewicht. Es wird z. B. Joh 13,1
     im Zusammenhang mit Joh 13,2ff. gelassen (und steht deshalb nach der Einsetzung des
     Abendmahles), während dieser Vers bei Bugenhagen den Bericht über die Ereignisse des
     Donnerstagabends einleitet.
[19] Daß im Titel «Vita» und «Evangelium» als gleichwertige Begriffe erscheinen, zeigt, daß sich
     in den Augen des Verfassers das «Leben» Jesu nicht auf die bloßen historischen Fakten

den Prolegomena zum ersten Band der «Vita» wird erklärt, daß man das Neue Testament in vier Teile gliedern könne: Evangelien, Apostelgeschichte, Briefe und Apokalypse. Die Evangelien seien «vita vel historia Iesu Christi»[20]. Die evangelische Geschichte ist von Wirth, wie er selbst beteuert, in der richtigen Ordnung verfaßt[21]. Der Ablauf der Ereignisse, wie er aus der Rezeption von Osiander und Bugenhagen resultiert, ist also kein beliebiger, etwa für die Bedürfnisse des Lesers zurechtgerückter, sondern er beansprucht historische Korrektheit. Auch die Gliederung des Werkes in fünf Bücher soll keine literarische, sondern eine historische sein[22].

Der historische Rahmen des Lebens Jesu wird in den Kommentaren vervollständigt. Dabei bedient sich Wirth der verschiedenen Materialien. Fleißig wird aus Josephus geschöpft[23], aber auch aus Euseb, Hieronymus, Epiphanius, Chrysostomus, Abdias und Nikephorus, Beda, Bernhard, Lyra und der glossa ordinaria. Die jüngeren Autoren finden dagegen keine Berücksichtigung[24]. Aus diesen genannten Quellen fließt viel legendarischer Stoff in die «Vita»[25], der dem Lutheraner Wirth keineswegs suspekt ist.

beschränkt, sondern daß der gesamte Inhalt der vier Evangelien als das Evangelium bzw. als das Leben Jesu gewertet wird.

[20] Wirth, Vita, S. 1.

[21] Wirth, Vita, S. 5.

[22] Das 1. Buch umfaßt die Vor- und Kindheitsgeschichten (bis Lk 2,52), das 2. Buch beschreibt das erste Jahr der Wirksamkeit Jesu von seiner Taufe bis Mt 9,38. Das 3. Buch beinhaltet das zweite Jahr der Predigt Jesu, beginnend mit der auf das Passafest datierten Jerusalemreise von Joh 5 und endend unmittelbar vor der Speisung der 5000. Das 4. Buch entspricht dem dritten Jahr des Auftretens Jesu von der Speisung der 5000 bis zum Beginn der letzten Reise nach Jerusalem. Das 5. Buch setzt ein mit der Reise zum Todespassa (Lk 18,31ff.; Joh 11,55ff.) und vollendet die evangelische Geschichte. Für die Dauer des Lebens Jesu ergibt sich bei Wirth somit der gleiche Befund wie bei Osiander (vgl. o. S. 126ff.), allerdings meint Wirth im Unterschied zu Osiander, daß Jesus bei dem Passafest, von dem Joh 6,4 spricht, nicht in Jerusalem gewesen ist (Wirth, Vita, S. 205).

[23] Z. B. die Nachrichten über Herodes und seine Söhne (Wirth, Vita, S. 10f.). Solches profanhistorische Material dient der Eingliederung des Lebens Jesu in die Weltgeschichte. Wirth versucht sogar, auf die Gleichzeitigkeit von Ereignissen der deutschen Geschichte mit Daten des Lebens Jesu aufmerksam zu machen. Er behauptet, daß zu der Zeit, als der zwölfjährige Jesus im Tempel weilte, im Germanien die von Quintilius Varus geführten römischen Legionen von Arminius niedergemacht wurden (Wirth, Vita, S. 43). Diese Gleichzeitigkeit war z. B. von Funck in seiner Chronologie festgehalten worden (Funck, Chronologia 1545, Bl. 66B).

[24] Wie Codmann (vgl. o. S. 194) erwähnt auch Wirth Osiander mit keinem Wort.

[25] Z. B.: Maria gebar ohne Schmerzen (Wirth, Vita, S. 28); zur Zeit, als die Heilige Familie nach Ägypten floh, verbarg sich Elisabeth — inzwischen verwitwet — mit dem Johannesknaben in einer Höhle jenseits des Jordan (Wirth, Vita, S. 41); Joseph starb, als Jesus 12 Jahre alt war, im Alter von 92 Jahren (Wirth, Vita, S. 44); im Zusammenhang mit Mt 4,24a wird auf die Abgarsage verwiesen (Wirth, Vita, S. 102); der Thabor ist der Ort

Überhaupt ist Wirth, der lange Jahre unter katholischen Majestäten gedient hat, kein konfessioneller Fanatiker. Er vertritt seinen reformatorisch-lutherischen Standpunkt mit ruhigem Nachdruck[26], wird aber im Ton nie polemisch und führt auch keine Diskussion mit Verfechtern anderer Ansichten.

Die Anmerkungen zur Stellung der Texte innerhalb der Harmonie und zur Historie Jesu nehmen im Rahmen des Kommentars nur einen vergleichsweise bescheidenen Platz ein. Sie werden an Umfang und Gewicht weit übertroffen von dogmatischen und ethischen Ausführungen. Wirth fragt stets nach dem Lehrgehalt, nicht nur bei den einzelnen Perikopen, sondern auch bei den in den Geschichten vorkommenden Personen und bei den Einzelheiten der Handlung. Man kann sagen: Im Mittelpunkt des Interesses steht nicht so sehr das berichtete Geschehen, sondern der Leser. Ihm will der Text etwas sagen. Wirth tritt dem Evangelium grundsätzlich lernend und fragend gegenüber: Was heißt das? Worauf bezieht sich das? Was sagt es mir[27]? Er ist kein Historiker. Er will nicht Geschichte schreiben, sondern die evangelische Geschichte auslegen. Dabei bedient er sich gerne der allegorischen und typologischen Methode oder er sieht in der Geschichte lehrreiche Exempel für die vita Christiana.

Damit hängt es zusammen, daß das Reden und Handeln Jesu und der Personen um ihn herum stets von überindividueller und überzeitlicher Bedeutung ist. Wenn Jesus z. B. geheilt hat, dann hat er das nicht getan, um einen in Not geratenen Menschen zu helfen, sondern um den Christen aller Zeiten ein Lehrstück zu demonstrieren. Die Predigten Jesu machen seine Lehre explizit. Sie stellen eine Art Katechismus dar. Das gilt in erster Linie für die Bergpredigt[28]. Aber man könnte im Sinne Wirths auch das ganze Evangeliums als einen umfassenden Katechismus bezeichnen. Wenn der Verfasser der «Vita» auf menschliche Züge an Jesus hinweist, dann sind dies nicht Charakteristika, die dem Nazarener ein individuelles

---

der Bergpredigt, der Verklärung und der Erscheinung Jesu vor den 500 Jüngern (Wirth, Vita, S. 103, 228, 530); die Blutflüssige von Mt 9,20–22 ist die Frau, die laut Euseb ein Haus in Caesarea Philippi hatte, vor dem sie für Christus eine Statue aus Erz errichten ließ (Wirth, Vita, S. 139); die Liste der 12 Apostel wird durch Nachrichten aus der kirchlichen Tradition über deren Predigttätigkeit und ihren Tod ergänzt (Wirth, Vita, S. 154–157).

[26] Z. B. über den «modus praesentiae Christi» beim Abendmahl (Wirth, Vita, S. 395), zum Petrusbekenntnis (Wirth, Vita, S. 226), zu Lk 7,47 (die große Liebe der Sünderin kommt aus großem Glauben – Wirth, Vita, S. 180).

[27] In der Auslegung heißt es regelmäßig: discamus oder ähnlich, z. B.: «discamus ex leproso recte orare» (Wirth, Vita, S. 133); «Discamus a Christo constantiam confessionis» (Wirth, Vita, S. 460); «docemus etiam exemplo Petri ex devotione lachrymare volentes, secretum locum quaerere et pro peccatis commissis in tempore amare flere» (Wirth, Vita, S. 462).

[28] Vgl. Wirth, Vita, S. 103: In der Bergpredigt lehrt Christus «catechismi partes, legem, symbolum et orationem».

Gepräge verleihen, sondern er verkörpert all die Tugenden, die einem Christen nach Meinung Wirths gut anstehen[29].

Wie wenig das historische Beiwerk, das zur Illustrierung des Lebens Jesu vorgelegt wird, zur Erklärung der Geschehnisse, zur Kenntlichmachung von Ursachen und Zusammenhängen Verwendung findet, zeigt der Kommentar zu der doppelten Verurteilung Jesu vor der jüdischen und römischen Obrigkeit, die nicht aus den damaligen Gegebenheiten, sondern direkt aus dem Heilsplan Gottes begründet wird[30]. Zwar hat Wirth Jesusgeschichte und Menschheitsgeschichte mehrfach durch Zahlen und Namen miteinander verknüpft[31], doch es bleibt bei einer Parallelität von zwei Strängen, die zu keiner organischen Verbindung gelangen.

Es wäre voreilig, diesen Umgang mit Jesus in der Art, wie er von Wirth geübt wird, als lehrhaft im negativen Sinne, als doktrinär abzuqualifizieren. Vielmehr wird man zugestehen, daß wir es hier mit einer Exegese zu tun haben, die an der Gegenwartsbedeutung der evangelischen Geschichte nachdrücklich festhält und die mit der ständig neu gestellten Frage: «Was sagt mir der Text?» den Pro-me-Bezug der biblischen Botschaft anhaltend realisiert. Daß als Antwort auf diese Frage so oft kirchliches Lehrgut formuliert wird, entspricht dem Bewußtsein dieser Menschen, nicht vereinzelt, sondern als membra ecclesiae auf Gottes Wort zu hören. Dieses kirchliche Bewußtsein ist in Wirths Arbeiten an vielen Punkten manifest. Die individuelle Konfrontation des Einzelnen mit der Heiligen Schrift wird dadurch nicht ausgeschlossen, sondern ordnet sich diesem Kontext ein. Orthodoxia und pietas sind nicht notwendig Gegensätze, sondern können verschiedene Aspekte ein und derselben Sache sein. Das bestätigt sich uns, wenn wir uns klarmachen wollen, für wen der Arzt im Ruhestand sein Buch geschrieben hat. Gewiß rechnet Wirth damit, daß sein Opus Leser findet. Aber man hat den Eindruck, daß er in erster Linie für sich selbst schreibt, daß er sozusagen das Protokoll seiner persönlichen Begegnung mit dem Neuen Testament vorlegt[32]. Er sucht Gotteserkenntnis, weil davon das große Ziel, das ewige Leben abhängt. Wenn er seine Gedanken veröffentlicht, dann dokumentiert er damit, daß er den Weg zu diesem Ziel nicht

---

[29] So ist etwa Lk 4,16 für den Arzt gegebener Anlaß darauf hinzuweisen, daß zu den menschlichen «Affekten», die Christus angenommen hat, auch ein «dulcis amor patriae» gehörte (Wirth, Vita, S. 96).

[30] Wirth, Vita, S. 469: «Supra coram consistorio ecclesiastico Christus accusatus fuit haereseos, hoc loco coram magistratu politico accusatur seditionis, ut et haereticorum peccata et seditiosorum seditiosas cogitationes, conatus atque consilia expiaret.»

[31] Vgl. z. B. o. Anm. 23.

[32] So sind z. B. in den Kommentar auch Gebetsformulierungen in der Ichform eingegangen, etwa: «Domine Iesu Christe, qui sponte a Iudaeis propter salutem meam capi et ligari voluisti, absolve me a peccatorum meorum vinculis et da mihi omnes sensus viresque in obsequium tuum iugiter captivare, ut a morte perpetua tua bonitate merear praeservari» (Wirth, Vita, S. 457).

alleine gehen, sondern daß er anderen dabei zur Seite stehen will. Daß Wirth
diesen Weg an einer Evangelienharmonie entlangführt, hat eine zweifache Bedeutung:

1. Besser als die vier Einzelevangelien ermöglicht eine Harmonie ein geordnetes
und gegliedertes Bedenken der evangelischen Geschichte. Wiederholungen und
durch die Verschiedenheit der Berichte bedingte Verwirrungen werden vermieden.
Es wird deutlicher, daß die vier Evangelien ein Evangelium verkünden, als wenn
sie unharmonisiert nebeneinander stehenbleiben würden.

2. Die Harmonie ermöglicht die Vorstellung einer zusammenhängenden und in
ihrer Abfolge geklärten Vita Jesu. Dadurch wird gegenüber der «coelestis materia»,
von der die Evangelien handeln und die die Tendenz mit sich bringt, Jesus nur in
seiner Gottheit zu sehen, die Menschheit Jesu festgehalten und der Gefahr vorge-
beugt, daß der christliche Glaube sich von der Gebundenheit an den irdischen
Jesus lösen könnte. Gerade im Zusammenhang mit dem bei Wirth schon nachweis-
baren orthodoxen Umgang mit den Glaubensinhalten, mit den aus einer Vielzahl
von Distinktionen aufgeführten Lehrgebäuden, ist ein als Evangelienharmonie
gestaltetes Leben-Jesu ein wichtiges Korrektiv.

In der weiteren Geschichte der Evangelienharmonistik bleibt die Arbeit Wirths
so gut wie unbeachtet[33]. Sie erhebt ja selbst auch keine Ansprüche, die Forschung
auf diesem Gebiet weitergeführt zu haben. Sie ist aber ein Dokument lebendiger
Rezeption vorhandener Harmonien und sollte deshalb im Rahmen unserer Untersuchung nicht unberücksichtigt bleiben.

---

[33] Sie erscheint zwar in mehreren der einschlägigen Verzeichnisse, jedoch ohne näher
besprochen zu werden, vgl. Calov, Biblia illustrata 1, S. 13; Lipenius, Bibliotheca,
Bl. 637a; Alard, Bibliotheca, S. 122 (bei Alard, a.a.O., ist zusätzlich ohne Verfasser-
angabe eine Schrift «Vita seu evangelium Iesu Christi ex quatuor evangelistis, Frankfurt
1594» verzeichnet, die sicher mit Wirths Arbeit identisch ist); Serpilius, Harmonia evangelica.
Auf die Abhängigkeit Wirths von Osiander ist meines Wissens bisher niemand aufmerksam
geworden. Auch Solbrig erwähnt in seiner Dissertatiuncula Wirth nicht.

6. Die «Concordia evangelica» des Cornelius Jansen d. Ä.

6.1. Grundsätze der Harmonisierung und Zielsetzung Jansens

Der nachmalige erste Bischof von Gent, Cornelius Jansen[1], wirkte in den Dreißiger- und Vierzigerjahren des 16. Jahrhunderts als theologischer Lehrer für die jungen Kleriker an der niederländischen Praemonstratenserabtei Tongerloo[2]. Dort sah er sich genötigt, Überlegungen anzustellen, wie er seinen Schülern die evangelische Geschichte mit größtmöglichem Nutzen vor Augen stellen könne. Einerseits sei es wünschenswert, nichts von dem, was die Evangelisten tradiert haben, zu übergehen. Andererseits koste es nicht nur viel Zeit, wenn man die einzelnen Evangelien jeweils für sich auslege, sondern es berge auch wegen der mannigfachen Wiederholungen die Gefahr des Überdrusses. Deshalb machte sich Jansen, der sich schon vorher für seine privaten Studien eine Evangelienharmonie konzipiert hatte, an die Ausarbeitung seiner «Concordia evangelica», «ut quatuor evangelistarum seorsum conscriptos libros ita in unum redigeremus, ut si quando plures unum aliquid idemque concorditer narrarent una omnes ennarratione simul explicarentur nec quicquam in singulis esset praetermissum atque ordo quoque et concordia omnium ab eis confuse et varie narratorum intelligi posset»[3].

Dieses Werk, das mit der Verknüpfung seiner Entstehungsgeschichte in die praktische kirchliche Lehrtätigkeit eine gewisse Parallele zu Osianders Harmonie aufweist[4], darf auch in seiner Wirkungsgeschichte als katholisches Pendant zur Arbeit des deutschen Lutheraners gelten[5]. 1549 erschien der Band im Druck: Das Ergebnis mehrjähriger Arbeit war in einem handlichen Büchlein zusammengefaßt[6].

---

[1] 1510–1576; 1568 Bischof von Gent. In der Literatur wird er gelegentlich «der Ältere» genannt, um ihn von dem gleichnamigen Haupt der Jansenisten (Cornelius Jansen d. J., 1585–1638) zu unterscheiden. Zu Cornelius Jansen d. Ä. vgl. WWKL 6, Sp. 1216 f.; RGG¹ 3, Sp. 248; NNBW 7, Sp. 655–665; LThK² 5, Sp. 869; ADB 13, S. 703 f.; CathEnc 8, S. 284.

[2] Ca. 40 km östlich von Antwerpen.

[3] Jansen, Concordia, epistola dedicatoria, Bl. a 3 b.

[4] Vgl. o. S. 84–86.

[5] Und gehört gleichzeitig in die Wirkungsgeschichte der Osianderharmonie! Vgl. u. S. 219.

[6] Löwen, Bartholomäus Grav, 1549: CONCORDIA // EVANGELICA, //IN QVA PRAETERQVAM // QVOD SVO LOCO PO- // NVNTVR QVAE EVANGELI-STAE // non seruato recensent ordine, etiam nullius // verbum aliquod omittitur, literis autem o- //mnia sic distinguuntur, vt quid cuiusq; pro- // prium, quid cum aliis et cum

Jansen hat sich einen Überblick über die Evangelienharmonien, die vor ihm geschrieben worden sind, zu verschaffen versucht. Er kann dabei keine einzige Arbeit finden, die ihn voll zufriedenstellt: Ammonius, dessen Werk von Zacharias Chrysopolitanus kommentiert worden ist[7], und Gerson haben weder den gesamten Stoff der vier Evangelien in ihren Text aufgenommen noch die Ordnung des Geschehens sichergestellt[8]. Aus der zweiten Hälfte des 15. Jahrhunderts kennt Cornelius Jansen aus der Feder von Löwener Theologen zwei Harmonien, die beide nur handschriftlich erhalten seien. Die eine sei das Werk eines gewissen Johannes Vernacker[9] und habe große Ähnlichkeit mit Gersons Monotessaron. Die andere stamme von dem durch eine philosophisch-theologische Kontroverse bekannt-gewordenen Petrus de Rivo[10] und falle dadurch auf, daß sie das Lukasevangelium den übrigen dreien in puncto historischer Zuverlässigkeit vorziehe[11]. Jansen beur-teilt dies als eine äußerst unglückliche Entscheidung; denn Lukas habe in Wirk-lichkeit von allen vier Evangelisten am wenigsten den tatsächlichen Ablauf der Historie beachtet. Das «καθεξῆς» im Lukasprolog (Lk 1, 3), auf das Petrus de Rivo seine Theorie stütze, übersetze man besser mit «deinceps» als mit «ex ordine»[12].

In Paris sei 1535 unter dem Titel «Tetramonon evangeliorum» eine Harmonie des dort lehrenden Theologieprofessors Robert Goulet erschienen[13]. Diese biete aber

---

quibus com- // mune, etiam ad singulas dictiones mox de- // prehēdatur, per CORNE-LIVM // IANSENIVM Hul- // stensem.
288 Bll., 12°.
Ich benutzte das Exemplar des Franziskanerklosters St. Anna in München (12° Script. N. T. 13).

[7] Jansen hält also die durch Viktor von Capua tradierte Harmonie, die Zacharias kom-mentierte, nicht wie Viktor für eine Schöpfung Tatians, sondern für ein Werk des Ammo-nius, vgl. o. S. 12.

[8] Jansen, Concordia, Bl. a 4 a.

[9] = Jean Varenacker, Professor in Löwen 1443−1475; über ihn einige Notizen in Wils, Louvain, S. 347; de Jongh, Louvain, S. 49 und S. 78 f., Anm. 1. Vernackers Harmonie hat Jansen «in praeclarissimo illo, quod est Lovanii, theologorum collegio» eingesehen (Jansen, Concordia, Bl. a 4 a).

[10] Ca. 1420−1500; über ihn vgl. LThK[2] 8, Sp. 379 (Lit.).

[11] Jansen, Concordia, epistola dedicatoria, Bl. a 4 b.

[12] Jansen, Concordia, Bl. a 4 b f. Vg. hat an dieser Stelle «ex ordine», Erasmus und Osiander «deinceps».

[13] Robert Goulet (zu ihm vgl. Jöcher, Gelehrtenlexikon 2, Sp. 1101 f.) ist als Herausgeber der Werke des Josephus (Paris 1519) bekanntgeworden. Es ist mir nicht gelungen, das von Jansen genannte Tetramonon in die Hand zu bekommen. Auch in BNP ist unter den Werken Goulets das gesuchte Buch nicht genannt. In der von Goulet besorgten Josephus-ausgabe Paris 1519 ist allerdings ein «Tetramonon» enthalten, nämlich ein «Tetramonon ex Iosepho, biblia, Historia scholatica et Egesippo conciliatum» (Goulet, Iosephus, Bl. Aa 3 a−Hh 3 a). Es ist dies eine Art Synopse zwischen Josephus und den genannten ande-ren Büchern, wobei der entsprechende Inhalt bei Josephus in Stichwörtern angegeben ist,

keine fortlaufende Erzählung, sondern bei Parallelstücken «integri evangeliorum textus sibi concordes sub una rubrica connectantur». Abgesehen von dieser formalen Beschaffenheit, die eine mangelnde Praktikabilität des Buches bedinge, sei auch die Ordnung der evangelischen Geschichte durcheinandergebracht[14].

Das «Tetramonon» Gabriel Dupuyherbaults schließlich und die «Pandecta legis evangelicae» des Simon von Corroy[15], zwei Werke, die in der Nachfolge Gersons entstanden seien, würden auch einen Ungelehrten erkennen lassen, daß in ihnen die Erzählungen der Evangelisten mehr in Verwirrung gebracht als geordnet seien. Außerdem finde man in diesen beiden Büchern nicht alle Worte der Evangelisten, sondern nur die geläufigeren Erzählungen.

Osiander schließlich gehe von der falschen Voraussetzung aus, daß alle Evangelisten in ihren Berichten stets die Reihenfolge der Geschehnisse eingehalten hätten, und komme deshalb zu falschen Ergebnissen[16].

Aus diesen Urteilen Jansens über seine Vorgänger lassen sich bereits einige klare Anhaltspunkte entnehmen, wie er über die Evangelisten und ihre Arbeiten sowie über die Komposition einer Evangelienharmonie denkt:

1. Aus den vier Evangelien läßt sich nach Meinung Jansens eine fortlaufende Erzählung konstruieren, in der der «ordo historiae» gewahrt ist.
2. Bei dieser Konstruktion darf man nicht eklektisch vorgehen, sondern man muß den gesamten Evangelienstoff berücksichtigen.
3. Man darf nicht davon ausgehen, daß alle vier Evangelisten bei ihren Berichten sich stets an der historischen Ordnung orientiert haben. Sie haben vielmehr «confuse et varie»[17] erzählt.

Aus der «Concordia» selbst und aus der «ratio concordiae» bekommt Jansens Einschätzung der Evangelien noch deutlichere Konturen:

Immer wieder lasse es sich nachweisen, daß die Evangelisten «per anticipationem»[18] bzw. «per recapitulationem»[19] die damaligen Geschehnisse eingeordnet haben. Ausgenommen sei bei diesem Verfahren das Johannesevangelium: «Semper Iohannes prae aliis historiae servavit ordinem.»[20] Den Gegenpol zu Johannes stelle

---

von den anderen Büchern aber nur die Zahlen der Kapitel o. ä. genannt sind. Das NT kommt fast nicht vor.

[14] Jansen, Concordia, epistola dedicatoria, Bl. a 5a.
[15] Vgl. o. S. 70f. und u. S. 231ff.
[16] Zu Jansens Urteil über Osiander vgl. o. S. 162.
[17] Vgl. o. S. 209 bei Anm. 3.
[18] Z. B. der lukanische Bericht über die Gefangennahme des Täufers Lk 3,19f. (Jansen, Concordia, Bl. Y 1 b).
[19] Z. B. der matthäische Bericht über die Heilung der Schwiegermutter des Petrus Mt 8,14f. (Jansen, Concordia, Bl. Y 8a).
[20] Jansen, Concordia, Bl. Kk 1b; vgl. auch Jansen, Concordia, Bl. a 7a und Bl. Ff 6a. Allerdings gibt es bei Jansen eine Ausnahme von diesem Grundsatz: Joh 18,19−24. Jan-

sozusagen Lukas dar, der am großzügigsten mit der historischen Geschehensfolge umgehe[21]. Bei Matthäus lasse sich die Tendenz erkennen, Worte, die Jesus zu verschiedenen Zeiten gesprochen hat, zu größeren Redeeinheiten zusammenzukomponieren — das markanteste Beispiel dafür sei die matthäische Fassung der Bergpredigt, die der erste Evangelist zu einer «summa evangelicae doctrinae» ausgestaltet habe[22]. Außerdem bemühe sich Matthäus ganz offensichtlich bei der Darstellung der Taten Jesu um Kürze, um dafür seine Worte um so ausführlicher wiederzugeben[23].

Alle Evangelisten berücksichtigen bei der Abfassung ihrer Werke die Konzeption der anderen Evangelien. Sie lassen aus, was anderweitig mitgeteilt wird und sie füllen die Lücken aus, die die anderen gelassen haben. Und zwar üben sie dieses Verfahren sowohl innerhalb der einzelnen Perikopen[24] als auch bei der Gesamtdarstellung des Lebens Jesu[25]. Daraus resultiere, daß der in den getrennten Evangelien vorliegende Zusammenhang einen falschen Eindruck erwecken kann. Vieles, was hintereinander erzählt wird, sei in Wirklichkeit mit großem zeitlichen Abstand geschehen[26]. Es ist deshalb eine der Hauptaufgaben, deren sich Jansen in seiner «ratio concordiae» unterzieht, nachzuweisen, daß der von den einzelnen Evangelien vorgelegte Kontext nicht notwendig den historischen Zusammenhang wiedergibt und daß in ihnen verzeichnete Zeitangaben in einem weiteren Sinne verstanden werden können, als man zunächst annehmen möchte[27]. Man müsse zugeben, daß durch solche Eigenarten der evangelischen Berichterstattung leicht der Anschein eines Dissensus zwischen den Evangelisten entstehen könne: «Dicendum evangelistas saepe ob id videri non consentire, quod unam eandemque rem narraturi diversis eam introducant modis uno scribente quae alius praetermisit.»[28] Es sei deshalb

---

sen ordnet in der Concordia diese Passage folgendermaßen ein: Joh 18,12—16. 19—24. 17f. 25ff. (Jansen, Concordia, S. 265—270, Kap. 138f.).

[21] Vgl. o. S. 210 vor Anm. 12.

[22] Jansen, Concordia, Bl. Bb 1af.

[23] Jansen, Concordia, Bl. Aa7a.

[24] Z. B. berichte Lukas bei der Jüngerberufung (Lk 5,1—11) das, was Matthäus und Markus (Mt 4,18—22/Mk 1,16—20) ausgelassen haben und umgekehrt (Jansen, Concordia, Bl. Y 6b).

[25] So habe z. B. nur Johannes die Ereignisse des ersten Jahres der Wirksamkeit Jesu beschrieben (Joh 1,15—4,54); die Synoptiker wollten ihrerseits nur eine Reise Jesu nach Jerusalem, und zwar die zum Todespassa, berichten. Deshalb lassen sie z. B. Joh 7—10 aus (Jansen, Concordia, Bl. Y 1a und Bl. Dd 8a).

[26] So muß nach Jansen z. B. zwischen Lk 2,39a und 39b die Erzählung von der Flucht nach Ägypten (Mt 2,13—22) eingeschoben werden (Jansen, Concordia, Bl. X 3bf.).

[27] Z. B. betont Jansen, daß die Wendung «in illo tempore» nicht einen ganz bestimmten Zeitpunkt innerhalb der Wirksamkeit Jesu meinen muß, sondern häufig allgemein den «tempus praedicationis Christi» bezeichnet (Jansen, Concordia, Bl. Aa 6a).

[28] Jansen, Concordia, Bl. Dd 5bf.

angemessen, bei der Evangelienauslegung mehr auf die Intention als auf den Wortlaut zu achten[29]. Damit ist keineswegs die Möglichkeit eines Widerspruches zwischen den Evangelisten zugestanden. Ein solcher wäre ganz undenkbar; denn die Evangelisten sind «organa Spiritus sancti»[30]. Sie erzählen zwar «diversimode», nie aber «repugnantia»[31].

Wir erkennen in diesen Ausführungen deutlich die augustinische Position wieder[32]. Das theoretische Fundament für Jansens «Concordia» ist aus den «libri quatuor de consensu evangelistarum» entnommen. Der Niederländer versucht das gleiche, was Gerson in seinem Monotessaron praktiziert hat[33]: mit den von Augustin bereitgestellten Werkzeugen das vollständige Modell einer Evangelienharmonie auszuarbeiten. Worin liegt aber der Fortschritt der «Concordia evangelica» gegenüber der Arbeit des Franzosen? Man kann es kurz so sagen: Das Montessaron genügte nicht mehr den Ansprüchen, die man nach dem Erscheinen der Harmonie Osianders an ein derartiges Werk stellen mußte. Zwei Mängel waren es vor allem, die Gersons Opus den Vergleich mit dem Entwurf des Nürnbergers nicht standhalten ließen: Der Pariser Kanzler hatte seinem Monotessaron keine «ratio», keine Rechtfertigung der Anordnung des Stoffes beigegeben. An vielen Punkten blieb deshalb Unklarheit über die Gründe, die für die Stellung einzelner Perikopen im Ganzen der Harmonie verantwortlich waren. Deshalb moniert Jansen an Gerson, daß er den ordo historiae nicht sichergestellt habe. Gerade im Hinblick auf die oft provozierenden, aber immer begründeten Entscheidungen Osianders mußte dieses Versäumnis gravierend erscheinen.

Und zum anderen konnte Gerson nicht mit der gleichen Konsequenz und Gründlichkeit aufwarten[34], wie sie Osiander demonstrierte. Seine unbezweifelbare und bis dahin unvergleichliche Sorgfalt waren von diesem in den Schatten gestellt worden.

Für Jansen mußte sich die Szenerie so darstellen, daß die alte augustinische Tradition der Evangelienharmonistik, der er sich selbst zugehörig wußte, nahezu schutzlos der Konkurrenz der osiandrischen Methode ausgesetzt war. Bis zum Jahre 1537 blieb Gerson im Grundsätzlichen unangefochten und konnte die Funktion, die Richtigkeit von Augustins Thesen unter Beweis zu stellen, leicht erfüllen, weil daran sowieso nicht gezweifelt wurde. Seit dem Erscheinen der Harmonie Osianders fehlte ein Werk, das in adäquater Weise diese Aufgabe hätte wahrnehmen können. Es bedurfte deshalb einer Arbeit, die die Vorzüge Gersons

---

[29] Jansen, Concordia, Bl. Dd 6b: «In quibus [Mt 18,1–5/Mk 9,33b–41/Lk 9,46–50] et similibus magis est inspicienda evangelistarum intentio quam verborum significatio.»
[30] Jansen, Concordia, Bl. Ii 8b.
[31] Jansen, Concordia, Bl. X 1a.
[32] Vgl. o. S. 5.
[33] Vgl. o. S. 15ff.
[34] Wir erinnern z. B. an die Unzulänglichkeit des Gersonschen Siglensystems, vgl. o. S. 18.

(nämlich in der augustinischen Tradition zu stehen) und die Osianders (seine Konsequenz und Klarheit) in sich vereinigte. Diesem Desiderat wollte Jansen abhelfen und das ist ihm in den Augen vieler Zeitgenossen auch gelungen.

Jansen wollte aber auch – und das wohl sogar in erster Linie – ein für seine Leser gewinnbringendes Buch schreiben. Er zählt die Vorteile auf, die seine Konkordie ihren Benutzern bieten kann[35]: Sie enthebe der Notwendigkeit zur Lektüre der Einzelevangelien. Der Konsensus, der bei allen Unterschieden zwischen den Evangelien herrsche, trete ans Licht. Die Abfolge des Geschehens um und mit Christus werde ersichtlich. Die Evangelien erklären sich wechselseitig. Und mit Hilfe der «nota», der Siglen, lasse sich aus der Gesamterzählung der Anteil eines jeden Evangelisten eruieren, so daß man – wenn man wolle – auch jedes Evangelium für sich lesen könne.

Wir haben bei der Besprechung von Osianders Harmonie darauf hingewiesen, daß dieser Theologe die vier Einzelevangelien nicht als individuelle Schriften gewürdigt, sondern sie von vornherein als auf eine Harmonie hin angelegt gewertet hat[36]. Die Meinung Jansens zu dieser Frage ist offenbar nicht wesentlich anders. Zwar erfährt man von ihm mehr als von dem Nürnberger zur Charakteristik der einzelnen Evangelisten[37]. Doch diese Eigenheiten sind stets auf das Ganze der überlieferten evangelischen Geschichte bezogen: Der eine erzähle ausführlich die Wunder Jesu, dafür konzentriere sich der andere mehr auf seine Lehre. Der eine schweige über den ersten Abschnitt der Wirksamkeit Jesu, über den dafür der andere berichte. Da diese Arbeitsteilung nicht zufällig ist, sondern der Heilige Geist dafür die Verantwortung trägt[38], steht vor der Niederschrift der verschiedenen Evangelien bereits das Konzept eines Gesamtevangeliums[39]. Deshalb werden, wenn dieses Gesamtevangelium in der Konkordie realisiert worden ist, die Einzelevangelien überflüssig. Auf ihre Lektüre kann verzichtet werden. Zu einer Würdigung der verschiedenen evangelischen Schriften als jeweils besondere theologische Zeugnisse ist auch von Jansen aus der Weg sehr weit.

---

[35] Jansen, Concordia, Bl. b 1 a f.
[36] Vgl. o. S. 99.
[37] Vgl. o. S. 211 f. bei Anm. 20–23.
[38] Vgl. o. bei Anm. 30.
[39] Allerdings nicht so wie bei Osiander, der auch den Wortlaut der vorliegenden Evangelien bereits auf eine Evangelienharmonie festgelegt sieht (vgl. o. S. 98), sondern im Sinne einer inhaltlichen Disposition.

6.2. Die Gestaltung der Harmonie

Den Titel «Concordia» kann der Niederländer von dem Druck des Werkes des Zacharias Chrysopolitanus, der 1535 in Köln erschienen ist, übernommen haben[1]. Während dort jedoch «de concordia evangelistarum» gehandelt wurde, nennt Jansen seine Schrift «concordia evangelica» und zeigt damit — änlich wie es seinerseits Osiander getan hatte[2] —, daß er nicht über den Einklang zwischen den Evangelisten schreibt, sondern daß er aus den Evangelien eine Konkordie, eben eine «concordia evangelica» geschaffen hat.

Auf dem Titelblatt macht Jansen bereits deutlich, wo sein Werk Gemeinsamkeiten mit Osianders Harmonie hat und was beide voneinander trennt. Osiander hatte drei Charakteristika seiner Schöpfung besonders hervorgehoben: Der Wortschatz der vier Evangelien ist vollständig erfaßt, die Akoluthie aller Evangelisten ist unverändert gelassen und durch besondere Zeichen ist die Herkunft jedes Teils der Harmonie deutlich markiert[3]. Den ersten und den letzten dieser Punkte nimmt auch Jansen für seine Concordia in Anspruch[4]. Anstatt «nullius ordo turbatur, nihil non suo loco positum» heißt es bei ihm jedoch: «Suo loco ponuntur, quae evangelistae non servato recensent ordine», womit die entscheidende Differenz zwischen Osianders und Jansens Entwurf festgehalten ist.

Bei der Textgestaltung bedient sich der Holländer der osiandrischen Technik: Er übernimmt unter Nennung seiner Quelle die Siglen des Nürnbergers[5], um in dem monotessaristischen[6] Text die Beiträge der verschiedenen Evangelisten zu kennzeichnen. Werden Varianten nicht in den Text selbst aufgenommen, sondern am Rande plaziert, dann wird durch zusätzliche Zeichen auf sie aufmerksam gemacht[7]. Ergibt sich für Jansen die Notwendigkeit, geringfügige Eingriffe in den Bibeltext vorzunehmen, dann werden diese verantwortungsbewußt gekennzeichnet[8]. Durch

---

[1] Zachariae episcopi in unum ex quatuor sive de concordia evangelistarum libri quatuor. Köln, E. Cervicornus, 1535, 2°; vgl. PL 186, Sp. 9f. Davon abgesehen wird der Begriff «concordia» auch schon in Augustins «de consensu evangelistarum» verwendet, vgl. das Register in CSEL 43, S. 446.

[2] Vgl. o. S. 106.

[3] Vgl. das Titelblatt von Osianders Harmonie, Seebaß, Bibliographie, S. 108—110, Nr. 24. 1.

[4] Dabei schließen sich die Formulierungen im Titel zum Teil eng an Osiander an, vgl. Jansen: «. . . literis autem omnia sic distinguuntur, ut quid cuiusque proprium, quid cum aliis et cum quibus commune etiam ad singulas dictiones mox deprehendatur» mit Osiander: «. . . omnia vero literis et notis distincta sint, ut quid cuiusque evangelistae proprium, quid cum aliis et cum quibus sit primo statim aspectu deprehendere queas.»

[5] Und zwar von A—P, vgl. o. S. 125.

[6] Vgl. zur Verwendung dieses Begriffes o. S. 100, Anm. 5.

[7] Es sind dies die Zeichen +, ▷, //.

[8] Durch ein [ ] (Hinzufügungen Jansens) bzw. durch ein * (Weglassungen Jansens).

die Anwendung dieser Hilfsmittel und durch den Vorsatz, Wort für Wort der Evangelien zu berücksichtigen, ergibt sich ein Textbild, das dem von Osiander gebotenem sehr ähnlich sieht. Es besteht allerdings ein grundlegender Unterschied: Osiander hat seine Harmonie am griechischen Text erarbeitet und lediglich als Zugabe ein lateinisches Korrelat zur Verfügung gestellt. Jansen legt seinem Werk den lateinischen Text zugrunde und zwar in der Vulgataversion[9]. Er will bewußt in der kirchlichen Tradition stehen; deshalb legt es sich für ihn nahe, auf die in der Kirche seit langem gebräuchliche «recepta versio»[10] zurückzugreifen. Überdies will er ja sein Buch als Gebrauchsliteratur verstanden wissen – dabei würde das Griechische beträchtliche Schwierigkeiten machen[11]. Um in seiner Konkordie auch auf inhaltliche Parallelen, die die chronologische Anordnung nicht zusammenzustellen erlaubt, aufmerksam machen zu können, hat sich Jansen noch ein zusätzliches Verweissystem mit einer Kombination aus Buchstaben und Zahlen ausgedacht[12].

Das gesamte Corpus seiner Harmonie wird von Jansen in 150 Kapitel unterteilt, die durchlaufend numeriert sind[13]. Einen Überblick über die Anordnung des Stoffes kann unsere Grafik vermitteln[14].

[9] Jansen hat die von Osiander geschaffene lateinische Übersetzung lebhaft kritisiert, vgl. o. S. 162.

[10] Jansen, Concordia, epistola dedicatoria, Bl. a 7 b.

[11] Jansen hat aber die lateinische Version am griechischen Text kontrolliert; falls er Abweichungen erkannt hat, hat er darauf durch ein o hingewiesen.

[12] Wie bei anderen Harmonien soll auch bei Jansens Concordia die Methode der Textgestaltung an einem Beispiel veranschaulicht werden (Jansen, Concordia, S. 23 f.):
«Ieiunat et tentatur in deserto Christus. Matthaei 4. Marci 1. Lucae 4. Caput XV.
^{c}Iesus autem plenus Spiritu sancto regressus est a Iordane, et
^{a}tunc Iesus $+^h$ductus est a Spiritu ^{b}et statim Spiritus expulit $+^c$agebatur in Spiritu
eum ^{l}in desertum ^{a}ut tentaretur a diabolo. ^{b}Et erat in deserto
^{h}quadraginta diebus ^{b}et quadraginta noctibus, ^{h}et tentabatur a
▷ satana, ^{b}eratque cum bestiis ^{c}et nihil manducavit in diebus ▷^{c}diabolo
illis. ^{f}Et ^{c}consummatis illis, ^{a}cum ieiunasset quadraginta
diebus et quadraginta noctibus postea ^{f}esuriit. ^{a}Et accedens
tentator // ^{c}diabolus ^{f}dixit illi: Si filius Dei es, dic $+$ut // ^{c}dixit autem illi diabolus
lapides isti panes fiant. ▷ Et respondit ad illum Iesus: $+$ ^{c}lapidi huic ut panis fiat
Scriptum est, ^{c}quia ^{f}non in solo pane vivet homo, sed in omni ▷^{a}Qui respondit dixit
verbo, ^{a}quod procedit de ore ^{f}Dei. ^{a}Tunc assumpsit eum
diabolus in sanctam civitatem ^{c}et duxit illum in Hierusalem
^{f}et statuit eum super $+$pinnaculum templi et ▷ dicit ei: Si $+^c$ ^{o}pinna   ▷^{c}dixit
filius Dei es, mitte te ^{c}hinc ^{f}deorsum. Scriptum est enim,
// quia angelis suis $+$mandabit de te, ^{c}ut conservet te ^{f}et //^{c} ^{o}quod $+^c$ ^{o}manduit
^{c}quia ^{f} in manibus tollent te, ne forte offendas ad lapidem
pedem tuam. ^{c}Et respondens ^{f}Iesus ait illi: ^{a}Rursum $+^f$scrip- $+^c$dictum est
tum est: Non tentabis dominum Deum tuum . . .»

[13] Auch Gerson hatte sein Monotessaron in 150 Kapitel gegliedert, vgl. o. S. 18.

[14] Vgl. Grafik VIII.

Ein genaueres Studium der von Jansen vorgelegten Akoluthie der evangelischen Perikopen führt zu dem Ergebnis, daß der Niederländer seine Konkordie auf die Weise erarbeitet hat, daß er Osianders Komposition im wesentlichen aufgrund der ihn verpflichtenden Traditionen korrigiert hat. Wir wollen diese Behauptung durch eine Tabelle belegen, aus der die Unterschiede in der Abfolge der beiden Harmonien erkennbar werden[15].

Auf dem ersten Blick scheinen die Differenzen zwischen Osiander und Jansen so gravierend zu sein, daß sich ein weiterer Vergleich erübrigt. Es läßt sich jedoch hinter dem verwirrenden Gestrüpp ein klares System erkennen. Die aus der Tabelle ersichtlichen Eingriffe in die Osianderabfolge lassen sich nahezu vollständig auf zwei Gruppen verteilen, die durch ein ganz bestimmtes Motiv geprägt sind:

1. Die erste Gruppe umfaßt die Vorgänge, in denen die für Jansen anstößigen Dissimilierungen Osianders rückgängig gemacht worden sind; d. h. jedesmal wenn der Nürnberger gegen die exegetische Tradition aufgrund von Parallelberichten verschiedener Evangelisten zwei oder mehr zeitlich voneinander getrennte Geschehnisse postuliert hat, hat Jansen die einander ähnlichen Erzählungen auf ein Ereignis bezogen[16] Stets hat der Niederländer dabei so operiert, daß er die Parallelstellen da eingeordnet hat, wo bei Osiander mindestens eine der von ihm dissimilierten Erzählungen zu finden ist — ein deutlicher Hinweis, daß wirklich die Harmonia evangelica als Vorlage für die Concordia evangelica benutzt worden ist[17].

2. Die zweite Gruppe betrifft die Verteilung des Stoffes von Lk 9,51–18,30. Osiander hat bekanntlich diesen ganzen Komplex zwischen Joh 10,42 und Joh 11,55 eingeordnet, d. h. zwischen dem Tempelweihfest (Joh 10,22) und dem darauffolgenden Passafest (Joh 11,55). Dabei nahm der Nürnberger überdies an, daß die meisten der in diesen Kapiteln berichteten Ereignisse, nämlich der Stoff von Lk 11–18, erst nach der Flucht Jesu nach Ephrem (Joh 11,54) geschehen sind[18]. Jansen hält diese Konstruktion aus zwei Gründen für falsch: Erstens führe der Weg vom Ostjordanland (Joh 10,40) nach Jerusalem nicht über Galiläa und Samarien. Das müsse man aber annehmen, wenn man wie Osiander Lk 9,51ff. und Lk 17,1ff. nach Joh 10,40 ansetze. Und zweitens sei die Zeitspanne vom Tempelweihfest bis

---

[15] Grafik IX. Die Nummern in der Tabelle entsprechen denjenigen, die von uns in den Grafiken zur Bezeichnung der Perikopen gebraucht werden. Natürlich können aus dieser Übersicht nur die Unterschiede in der Perikopenanordnung, nicht jedoch die Strukturen innerhalb der Perikopen deutlich werden.

[16] Zu den einschlägigen Korrekturen gehören die in unserer Tabelle vermerkten Änderungsnummern 4–9. 11. 13. 15. 18–20. 22 und 25 (–).

[17] Zu dieser Gruppe kann man gut auch die Änderungen Nr. 21. 23 und 24 rechnen (–.–.–): Sowohl die Bezeichnung des Verräters als auch die Verleugnungen des Petrus sind bei Osiander in jeweils zwei Episoden aufgeteilt worden, die Jansen wieder zu je einer zusammenzieht.

[18] Vgl. Grafik V und o. S. 143f. und 187.

zum Passafest für die zahlreichen Erzählungen von Lk 9−18 einfach zu kurz[19].
Nachdem Jesus − wie in Mt 19,1a/Mk 10,1a/Joh 7,2−10 berichtet − von Galiläa
aufgebrochen war, sei er nie mehr dorthin zurückgekehrt. Deshalb sei es nötig,
Lk 9,51−56 und Lk 17,11−19 gleich im Anschluß an Mt 19,1apar. zu bringen.
Der übrige Stoff von Lk 9−18 wird auf zwei Blöcke verteilt: zwischen Laub-
hütten- und Tempelweihfest (Lk 10−14) und zwischen dem Tempelweihfest und
der Auferweckung des Lazarus (Lk 15−18,30). Für die Zeitspanne von Jesu Aufenthalt in Ephrem bis zu seinem letzten Zug über Jericho nach Jerusalem, die von
Osiander so reichlich ausgestattet worden ist, bleibt bei dem Niederländer nichts
übrig: Lk 18,31ff.par. schließt unmittelbar an Joh 11,57 an[20].

Es bleiben nur noch wenige Unterschiede in der Akoluthie der beiden Harmo-
nisten, die nicht den beiden genannten Gruppen zuzurechnen sind. Doch auch für
sie lassen sich die Gründe nennen, aus denen heraus Jansen sich anders als sein
Vorgänger entschieden hat:

a) Die «recepta ab ecclesia opinio»[21] nötigt den Katholiken, die Ankunft der
Magier vor die Darstellung im Tempel zu datieren[22].

b) Da für Jansen nicht das Prinzip gilt, die Akoluthie jedes Evangelisten zu
wahren, kann er ohne weiteres den Bericht über die Gefangennahme des Täufers,
der bei Lukas deutlich «per anticipationem» (Lk 3,19f.), bei Matthäus und Markus
ebenso deutlich «per recapitulationem» (Mt 14,3−5/Mk 6,17−20) erzählt ist[23],
an der Stelle einordnen, wo er gemäß des ordo historiae hingehört, nämlich vor
Mt 4,12/Mk 1,14a[24].

c) Da Jansen auch nicht Osianders Vorstellung einer in ihrem Wortlaut prästa-
bilierten Evangelienharmonie teilt[25], kann für ihn die Stellung des Johannesprologes
nach der Taufe Jesu[26] nicht recht plausibel sein. Viel naheliegender ist es, diese Verse
der eigentlichen Erzählung von Jesus vorzuordnen, wie man es in den Darstellungen des Lebens Jesu herkömmlicherweise zu tun pflegte[27].

d) Jansen bringt die apokalyptische Perikope von Lk 17,22−37 zusammen mit
Mt 24/Mk 13/Lk 21, also herausgelöst aus dem Lukaskontext[28]. Das Gleichnis

---

[19] Jansen, Concordia, Bl. Dd 7a−Ee 2b.
[20] Die Gestaltung des letzten halben Jahres der Wirksamkeit Jesu, wie sie Jansen in ausdrück-
licher Auseinandersetzung mit Osiander vorschlägt, ergibt in unserer Tabelle die Änderungen 10. 12. 14 und 17 (−−−−).
[21] Jansen, Concordia, Bl. X 2a.
[22] Änderungsnummer 1 (..−..−).
[23] Vgl. dazu für Osiander o. S. 130 Anm. 16.
[24] Änderungsnummer 2a und 2b (....).
[25] Vgl. o. S. 214 Anm. 39.   [26] Vgl. o. S. 98.
[27] Z. B. in CF und bei Zacharias Chrysopolitanus, bei Gerson und Luscinius.
Die Umstellung des Johannesprologs ergibt Änderungsnummer 3 (++++).
[28] Änderungsnummer 15, vgl. o. Anm. 16.

vom Richter und der Witwe (Lk 18,1−8) sieht der Niederländer in einem engen Zusammenhang mit den vorangegangenen Versen − offenbar wegen Lk 18,7f. Deshalb wird bei der Umstellung von Lk 17,22−37 auch Lk 18,1−8 berücksichtigt. Diese Passage finden wir in der Concordia jetzt zwischen Mt 24 par. und Mt 25[29].

Die Zusammenstellung der kompositorischen Unterschiede zwischen der Schrift von 1537 und der von 1549 sollte zweierlei gezeigt haben: Zum einen, daß die verbliebenen Gemeinsamkeiten beträchtlich und auffällig sind[30], und zum anderen, daß sich der Aufbau der jüngeren Arbeit zwanglos als Ergebnis planmäßiger Bearbeitung des älteren Entwurfes verstehen läßt, wobei die bei den Änderungen leitenden Motive klar ersichtlich sind. Jansen hat also nicht wie Osiander die evangelische Geschichte von Anfang bis Ende anhand der Evangelien neu zusammengestellt, sondern er hat die osiandrische Ordnung als in gleicher Weise verbesserungswürdig wie verbesserungsbedürftig zugrundegelegt.

6.3. Die «ratio concordiae»

Jansens «ratio concordiae» dient dem gleichen Zweck wie in Osianders Harmonie die Annotationen: Probleme des consensus evangelistarum werden erörtert und dabei sowohl die Anordnung des Stoffes in der Konkordie begründet als auch Fragen der Historie Jesu diskutiert[1].

6.4. Jansen und die Tradition

Ein Überblick über die in Jansens «ratio concordiae» verhandelten Themen erlaubt es uns, einige Bemerkungen über das Verhältnis des Niederländers zur exegetischen, spezieller noch: zur harmonistischen Tradition anzufügen.

Vogels hatte gemeint sagen zu können, daß Jansen «bei der Vereinigung der Diskrepanzen durchgängig auf ‹De consensu›» fuße, d. h. auf Augustins bekannter Schrift[1]. Diese Behauptung kann in dieser Form nicht unwidersprochen

---

[29] Änderungsnummer 16 (~~~).

[30] Vgl. z. B. die Stellung von Joh 5 zwischen Mt 9,27ff. und Mt 12,1ff.; die Verbindung von Joh 7,1 mit Mt 15,1/Mk 7,1; die Stellung von Joh 7,2−10 nach Mt 18,35 jeweils in beiden Harmonien.

[1] An dieser Stelle ist die Arbeit gegenüber dem Manuskript um einen längeren Abschnitt gekürzt worden, in dem aus Beispielen aus den Annotationen die Verankerung Jansens in der exegetischen Tradition verdeutlicht und die gelegentlich bis in den Wortlaut hineinreichende Abhängigkeit von Osiander belegt worden ist.

[1] Vogels, de consensu, S. 141.

bleiben. Zwar wurde schon klargestellt, daß Jansen die theoretischen Grundsätze für die Harmonisierung von dem großen lateinischen Kirchenvater übernommen hat[2]. Und es kann auch gar nicht bestritten werden, daß der Bischof von Gent dem Bischof von Hippo in vielen Einzelfällen Entscheidungshilfen verdankt. Jedoch finden sich in der «Concordia» genug Beispiele für ausgesprochene oder unausgesprochene Ablehnung der augustinischen Vorschläge. Man wird deshalb sagen dürfen, daß Jansens «Concordia» in ständiger Auseinandersetzung mit Augustins libri quatuor de consensu evangelistarum und mit Osianders Harmonia evangelica entstanden ist. Die harmonistischen Grundsätze, die zur Anwendung kommen, stammen von Augustin. Die Komposition ergibt sich im wesentlichen aus der Anwendung dieser Grundsätze auf die von Osiander vorgelegte Anordnung der Evangelientexte. In der «ratio concordiae» zeigt sich Jansen sehr oft, aber nicht regelmäßig, von Augustin, nicht selten jedoch auch von Osiander abhängig, wobei die Anlehnung an Osiander bis zu wörtlichen Zitaten führen kann.

In der Selbsteinschätzung der eigenen Stellung zur Tradition erkennt man einen tiefgreifenden Unterschied zwischen dem Katholiken und dem Protestanten. Während dieser nicht versäumt, sich gegenüber der Tradition zu exponieren[3], sieht sich jener als Repräsentant der langen und breiten Tradition kirchlicher Bibelwissenschaft. Die «communis sententia», die «recepta ab ecclesia opinio» ist für ihn maßgebliches Kriterium bei der Entscheidung strittiger Fälle[4]. Gegen die Bestreitung der Identität der Erzählungen nach Matthäus, Markus und Lukas von der Dämonenaustreibung (Mt 8,28ff. par.) bzw. von der Auferweckung des Mädchens (Mt 9,18ff. par.) durch Osiander setzt Jansen «quod omnibus semper creditum est»[5]. Es ist nicht zu überhören, wie hier die alte Formel des Vincentius von Lerinum nachklingt[6]. Der Spielraum, der durch dieses Creditum umschrieben ist, ist immer noch beachtlich groß. Festgelegt ist dadurch in erster Linie das Urteil über die Arbeitsweise der Evangelisten. Es bleibt jedoch für den Niederländer die Möglichkeit, hier und da vom eindeutigen Befund der Tradition abzuweichen[7], ohne deswegen sich in Gegensatz zur Tradition zu sehen.

---

[2] Vgl. o. S. 213.
[3] Vgl. o. S. 115f.
[4] Vgl. auch Jansens Kritik an Osiander, o. S. 162.
[5] Jansen, Concordia, Bl. Z 1a.
[6] Vincentius von Lerinum in seinem «commonitorium pro catholicae fidei antiquitate»: «Curandum est ut id teneamus, quod ubique, quod semper, quod ab omnibus creditum est.»
[7] Z. B. bei der Datierung der Tempelreinigung entsprechend Mk auf den Tag nach dem Einzug in Jerusalem, vgl. Jansen, Concordia, Bl. Gg 2b–Gg 4b.

6.5. Das Leben Jesu in Jansens Concordia

Weit deutlicher als bei Osiander ist bei Jansen der Vorsatz zu erkennen, den Ablauf des Lebens Jesu bzw. der evangelischen Geschichte klarzulegen[1]. Auch die Harmonie des Nürnbergers stellt in den Augen ihres Verfassers das Leben Jesu in der historisch richtigen Abfolge dar. An diesem Ergebnis muß nicht extra gearbeitet werden; es ergibt sich quasi automatisch aus den beiden Voraussetzungen, daß bereits jeder einzelne Evangelist sich in seiner Schilderung korrekt an den Ablauf der Ereignisse gehalten habe und daß der Harmonist keine Umstellungen innerhalb der Einzelevangelien vornehmen dürfe. Ein Interesse von eigenem Gewicht hat Osiander auf den cursus vitae Iesu nicht gerichtet.

Anders Jansen: Er teilt bekanntlich nicht die Auffassung Osianders über die Arbeitsweise der Evangelisten. Er sieht es deshalb von vornherein als eine seiner Hauptaufgaben bei der Gestaltung seiner Concordia an, den ordo evangelicae historiae herauszuarbeiten[2]. Man kann pointiert so sagen: Während Osianders Harmonie Anwendung seiner Gotteslehre auf die Evangelien ist, hat Jansen starkes Interesse am irdischen Leben, also an der menschlichen Natur Jesu. Jansen geht davon aus, daß die Kenntnis des Ablaufs der evangelischen Geschichte für die Leser von Bedeutung und von Nutzen ist. Das sei gerade einer der Vorzüge seiner Konkordie, daß durch sie die Abfolge des Geschehens um und mit Jesus Christus ersichtlich werde[3]. Worin der Nutzen dieser Erkenntnis liegt, darüber läßt sich der Niederländer allerdings nicht weiter aus. Er macht jedoch deutlich, in welcher Haltung das Leben Jesu betrachtet werden müsse: in der Haltung des Nachfolgers, der sein eigenes Leben gemäß dem Vorbild Jesu gestaltet. Jansen faßt die Vorbildlichkeit des Lebens Jesu in zwei Worten zusammen: oratio und doctrina, Gebet und Lehre. Dadurch, daß Jesus nahezu sein gesamtes Leben mit oratio und doctrina zugebracht habe, habe er seinen Nachfolger gezeigt, daß auch ihr Leben nichts anderes sein soll als ständiger Wechsel von Gebet und Lehre[4]. In den Augen Jansens sind also die genuinen Nachfolger Jesu unter den Menschen zu suchen, die nicht nur fleißig beten, sondern — wie er selbst — auch aktiv als theologische Lehrer wirken. Oder umgekehrt gesagt: Das, was Jansen als entscheidenden Inhalt seines eigenen Lebens und des Lebens seiner Schüler, der jungen Kleriker in Tongerloo, ansieht, prägt sein Bild vom Leben Jesu.

[1] Vgl. dazu o. S. 148–152.
[2] In seiner Vorrede zur Concordia umreißt Jansen mehrfach diese Aufgabe.
[3] Vgl. o. S. 214.
[4] Diesen Gedanken formuliert Jansen zu Beginn seiner Widmungsrede: Jansen, Concordia, Bl. a 2 b.

Man wird bei Jansen tatsächlich mit weit größerem Recht als bei Osiander davon sprechen dürfen, daß er ein «Bild» vom Leben Jesu hatte. Als Leben-Jesu gesehen ist die Concordia (unter Zuhilfenahme der ratio concordiae) viel anschaulicher als die Harmonia evangelica. Wenn Jansen sich so bewußt in die kirchliche Tradition stellt, dann ist diese Tradition eben selbst schon reich an Anschaulichem, gehören doch zur Tradition nicht nur Äußerungen theologischer Autoritäten, sondern z. B. auch der kirchliche Festkalender, die kirchlichen Gesänge und die Liturgie und auch die Fülle der bildlichen Darstellungen von Ereignissen aus der Lebensgeschichte Jesu. Diese reiche Tradition in ihren verschiedenen Ausprägungen ist der Garant dafür, daß Cornelius Jansen am irdischen Jesus nicht ähnlich desinteressiert sein konnte wie Osiander.

6.6. Zur Wirkungsgeschichte der Konkordie Jansens

Jansens Werk hat im katholischen Lager großen Anklang gefunden. In Nachdrucken[1] und verschiedenen Bearbeitungen konnte es bis weit ins 17. Jahrhundert hinein mit Lesern rechnen. Keine andere Harmonie eines Katholiken hat in dieser Zeit eine ähnlich dichte Wirkungsgeschichte aufzuweisen[2].

Jansen selbst hat nach dem Erscheinen seiner Concordia daran gearbeitet, dieses Handbuch zu einem umfangreichen Kommentarwerk auszugestalten. 1571, wenige Jahre vor seinem Tode, war diese Arbeit abgeschlossen. Die Frucht der Bemühungen lag in den «commentariorum in suam concordiam ac totam historiam evangelicam partes IV» vor. Zu den Erörterungen über die Disposition der Harmonie waren ausführliche dogmatische und erbauliche Auslegungen der evangelischen Texte hinzugekommen. Die beachtliche Zahl der Auflagen dieses großen Werkes[3] spricht dafür, daß man den Verfasser nicht nur als gründlichen Exegeten, sondern vor allem auch als achtbaren theologischen Lehrer schätzte.

Ebenfalls im Jahre 1571 erschien eine andere Bearbeitung der Konkordie Jansens, die ihre Herkunft aber verschleiert. Es ist die «historia ac harmonia evangelica» des

---

[1] BNP 77, Sp. 93ff. enthält unter den Werken Jansens eine Auflage der Konkordie aus Antwerpen, 1558, sowie zwei in Deutschland erschienene Ausgaben: Dillingen 1576 und Köln 1592. Tischendorf, Synopsis, S. X erwähnt sogar eine Auflage von 1825.

[2] Einige Nachrichten zu Evangelienharmonien katholischer Verfasser aus dem 17. Jahrhundert bringt Lamy in der Vorrede zu seinen «Commentarius»: Lamy, Commentarius, S. IVff.

[3] BNP 77, Sp. 93ff., kennt folgende Auflagen dieses Kommentarwerkes: Löwen 1571/72, 2 Bde. in 1 Vol., fol.; Löwen 1577; Venedig 1578; Venedig 1586; Antwerpen 1613; Lugduni 1684. Dies sind aber noch nicht alle Auflagen dieses Werkes, wenn man etwa Joh. Michael Lang glauben darf, der in Clericus, Harmonia, Bl.)0()0(4b f. eine Ausgabe «in folio, Anno 1582. Lugduni apud Carolum Pesnat» und «Moguntiae Anno 1624» anführt.

Johannes Rubus[4]. Der Verfasser verspricht, er habe die biblischen Texte so zusammengeordnet, «ut corpus narrationis ordine omnia dicta et facta vitam denique totam Domini Iesu, ut eam quatuor evangelistae descripserunt, comprehenderet». Was sind Sinn und Ziel dieses Werkes? Es soll den Lesern zu salus, vera religio und pietas verhelfen. Der Weg zu diesem Ziel ist die ständige Betrachtung und das unablässige Bedenken des Lebens Jesu, gipfelnd in der imitatio Christi[5]. Und dabei soll das Büchlein Hifsmittel sein. Rubus gibt methodische Hinweise, wie man auf fruchtbare Weise mit der Geschichte Jesu vertraut werden könne: Tagtäglich solle man sich einen Abschnitt daraus vornehmen und ihn mit dem eigenen Leben in Verbindung bringen[6]. Buisson macht selbst mehrere Vorschläge, wie man die Lektüre der historia evangelica auf die einzelnen Wochentage verteilen könne[7].

[4] Johannes Rubus = Jean Buisson, gest. Douai 1595 (vgl. Jöcher, Gelehrtenlexikon 3, Sp. 2281 und NBG 7, Sp. 760). Einige Notizen zu dieser Harmonie bringt Lamy, Commentarius, S. V; Freher, Theatrum, S. 294; Aigran, Vies de Jésus, S. 1125. In der älteren Literatur ist mehrfach die Identität von Rubus und Buisson nicht beachtet worden, z. B. bei Fabricius und Lipenius. Nach Aigran, a.a.O., S. 1125, lautet der Titel der 1571 in Douai erschienenen Harmonie: «Historia et harmonia evangelica», sowie der Untertitel: «seu Vita Iesu Christi ex quatuor evangelistis in unum caput congesta.»
Mir lag folgende Ausgabe vor (Dillingen SuB II 163. 8°):
HISTORIA // AC HARMO- // NIA EVANGELICA, SEV // QVATVOR EVANGELISTÆ IN VNVM // historiæ corpus congesti. Adiecta // suis locis ordinis & consen- // sus ratione // Ioanne Rubo Hannonio Authore . . . Ex Officina Ioannis Bogardi, Typo- // graphi Iurati. // CVM PRIVILEGIO AD SEXENNIVM // Anno 1575. 246 Bll., 12°.
Kolophon (Bl. Hh 8a): «Duaci, excudebat Lodovicus de Winde typographus iuratus An. 1571 [!]».
Der Unterschied zwischen Kolophon und Titelblatt bei dem mir vorliegenden Exemplar läßt vermuten, daß bei der Ausgabe von 1575 gegenüber der Erstauflage von 1571 nur die Anfangsbögen neu gesetzt worden sind.
[5] Rubus, Historia, Bl. A 2a–A 4a.
[6] «Quotidieque partem aliquam aut particulam assumamus, quam expendamus, in qua meditemur, de qua gratias agimus, eamque ad vitam nostram et actiones accomodemus, sentiremus profecto fructum admirabilem et progressum in re Christiana.»
[7] Sein Hauptvorschlag lautet:
Montag: Kindheit und Jugend Jesu bis zum öffentlichen Auftreten in Galiläa
Dienstag: 2. Jahr der Wirksamkeit Jesu bis zum Auftritt in Nazareth
Mittwoch: bis zum Laubhüttenfest (Joh 7)
Donnerstag: bis zur Auferweckung des Lazarus oder bis zum Palmsonntag
Freitag: bis zur Gefangennahme
Samstag: bis zur Auferstehung
Sonntag: bis zum Ende der evangelischen Geschichte
Diese Einteilung samt Alternativvorschlägen sowie das Zitat in Anm. 6 bei Rubus, Historia, Bl. B 8a–C 1a.
Die Verteilung des Stoffes auf verschiedene Tage erinnert an das Verfahren, das Ignatius von Loyola in seinen «Geistlichen Übungen» vorgeschrieben hat. Dort wird die Betrachtung des Lebens Jesu auf drei Wochen verteilt.

Es ist keine Frage, daß für solche fortlaufende Lektüre und für die damit verbundenen Betrachtungen die monotessaristische Textform samt den dabei unvermeidlichen Pleonasmen und zahlreichen Siglen, wie sie etwa Jansen geboten hat, eher hinderlich ist. Auch Rubus möchte – wie Jansen – kein Wort der Evangelien verlieren und auch nichts hinzufügen. Er schlägt jedoch, um dies zu garantieren, ein anderes Verfahren ein als sein Vorgänger, ein Verfahren, das Verwandtschaft mit einer Synopse hat: In das fortlaufende Corpus der Geschichte übernimmt er – falls die Evangelisten Parallelen zeigen – jeweils die Darstellung des Evangelisten, der die betreffende Perikope am ausführlichsten erzählt hat. Am Rande erscheinen in Kleindruck die etwaigen Parallelen der anderen Evangelisten. Ebenfalls in Kleindruck werden jeweils am Kapitelende[8] kurzgefaßte Anmerkungen eingeschoben, die über die «ratio ordinis» und andere Fragen Rechenschaft geben.

Während man die äußere Gestaltung der «historia ac harmonia evangelica» dem Konto Buissons zuschreiben kann, verbietet sich dies bei der Komposition der evangelischen Geschichte. Die Abfolge der Perikopen innerhalb seiner Harmonie hat Rubus – ohne das mit einem Wort zu erwähnen – von Cornelius Jansen übernommen[9]. Das gleiche gilt für die Anmerkungen, die weithin Extrakte der von Jansen in seiner «ratio concordiae» gebotenen Erläuterungen darstellen[10].

Man sollte annehmen, daß das Interesse der Leser für ein solch epigonales Werk nicht sonderlich groß gewesen sein kann. Gegen diese Vermutung spricht jedoch die stattliche Auflagenhöhe, die von diesem Büchlein bezeugt ist[11]. Weil Rubus seiner Arbeit bei aller Abhängigkeit von der Jansens doch einen anderen Zuschnitt gibt und sich nicht so sehr auf die Probleme der Harmonistik als vielmehr auf eine geordnete Darstellung des Lebens Jesu konzentriert – schon der Titel macht es deutlich, daß dieses Buch in erster Linie Historie und erst in zweiter Linie Harmonie sein will – findet er seinen eigenen Leserkreis, zumal im Zeitalter der Gegen-

---

[8] Buissons Historia hat wie Jansens Concordia 150 Kapitel.

[9] Selbst die Überschriften über die 150 Kapitel sind weithin mit denen in Jansens Concordia gleich. Nur ganz wenige Änderungen in der Abfolge der evangelischen Geschichte hat Rubus gegenüber Jansen vorgenommen, darunter bezeichnenderweise die Datierung der Tempelreinigung, die Rubus wieder auf den Palmsonntag legt.

[10] Daß Buissons «historia ac harmonia» auf der Arbeit Jansens basiert, ist nicht verborgen geblieben, vgl. z. B. Lamy, Commentarius, S. V und Freher, Theatrum, S. 294.

[11] Le Long, Bibliotheca sacra II, S. 380 zählt allein acht Auflagen auf: Duaci 1571 und 1575; Coloniae 1572 und 1608; Romae 1575; Leodii 1593; Parisiis 1608 und 1609. Weitere Auflagen werden genannt bei Fabricius, Bibliotheca, S. 215; Lipenius, Bibliotheca 1, Bl. 633 b; Draud, Bibliotheca classica, S. 274. NBG 7, Sp. 760 erwähnt Auflagen von Rom, 1576 und Liège, 1693. Vgl. auch Lamy, Commentarius, S. V, der von einer Neubearbeitung der Harmonie Jansens durch einen Pariser Theologen aus dem Jahr 1654 spricht und der bemerkt, «tribuitur hoc opus Arnaldo» (dem berühmten Jansenisten!). Dankó, Historia, S. XXI f. greift diese Notiz wieder auf.

reformation, das man mit einer gewissen Berechtigung auch «Zeitalter der Leben-Jesu-Betrachtung» nennen könnte[12].

Daß die Konkordie Jansens ein zwar nützliches, aber dem Benutzer auch sehr viel Mühe zumutendes Werk sei, war auch die Meinung des Engländers Alanus Copus[13]. Er sah es deshalb als seine Aufgabe an, ein Buch vorzulegen, das «weniger Mühe, doch nicht weniger Nutzen»[14] als die Harmonie des Niederländers garantiere. In seiner «Syntaxis historiae evangelicae», die 1572 in Loewen erscheint[15], glaubt er, dieses Ziel durch eine von der Jansens unterschiedene «ratio» erreicht zu haben: durch die Form einer vierspaltigen Synopse. Durch diese Darstellungsweise der evangelischen Geschichte will der Engländer seinen beiden ihn bei der Arbeit leitenden Prinzipien gerecht werden: Die «res Domini nostri Iesu Christi» sollen in der tatsächlichen Geschehensfolge aufgezeichnet und die Anteile der einzelnen Evangelisten an der Erzählung dieses Geschehens sollen dem Leser auf den ersten Blick deutlich werden[16]. Wir haben es also bei der Syntaxis Copus' mit einer Umarbeitung der Konkordie Jansens von der monotessaristischen in die synoptische Form zu tun. Copus macht keinen Hehl daraus, daß sein Buch Jansens Werk zur Vorlage hat, ja er setzt bei seinen Lesern offenbar voraus, daß ihnen die grundlegende Arbeit des Niederländers vertraut ist; denn er schreibt ausdrücklich, daß er seiner Syntaxis keine Annotationen beigegeben habe, weil Jansen hier bereits das Nötige getan habe[17].

---

[12]   Begründen kann man diese Bezeichnung nicht nur mit der großen Bedeutung, die die «Geistlichen Übungen» des Ignatius gewonnen haben, sondern z. B. auch mit den verschiedenen «Betrachtungen» des Lebens Jesu, die in dieser Zeitspanne veröffentlicht worden sind, darunter Neuausgaben älterer Schriften, wie z. B. die in Dillingen(!) mehrfach gedruckte Arbeit des Adam Wallaser (Bucher, Dillingen, S. 164, Nr. 384; S. 178, Nr. 427; S. 183, Nr. 446; S. 218f., Nr. 576; S. 247, Nr. 688; S. 271, Nr. 788), eine Neubearbeitung der Schrift eines Franziskaners vom Anfang des 16. Jahrhunderts (Leben unsers Erledigers; vgl. dazu AFranc 7, S. 853), die so eine Renaissance erlebte.

[13]   Gest. 1578; über ihn vgl. DNB 4, Sp. 1090. Knappe Notizen über ihn auch in Le Long, Bibliotheca sacra, Register, S. 623 und Jöcher, Gelehrtenlexikon 1, Sp. 181 sowie Jöcher, Gelehrtenlexikon 2, S. 1375.

[14]   Copus, Syntaxis, Bl. a 3 b.

[15]   SYNTAXIS // HISTORIÆ EVANGELICÆ, // In qua res Domini nostri Iesu Christi, quo // ordine gestæ fuerant, ipsis quatuor Evangelistarum // verbis ita partite et distincte collocatis, nar- // rantur, ut quid singulorum proprium, // quid duorum, pluriumvé, et // quorum commune sit, sub // aspectum Lectoris // statim cadat: // Labore et industria Alani Copi Londinensis // concinnata // ... // LOVANII, // Apud Johannem Foulerum Anglum, // Sub Capite Deaurato. // M. D. LXXII. / CVM PRIVILEGIO. 128 Bll., 4°.
        Mir lag das Exemplar Augsburg SStB, B II 50. 4° vor.

[16]   Vgl. den vollständigen Titel in der vorigen Anmerkung.

[17]   Copus, Syntaxis, Bl. a 4 b. Aus den 150 Kapiteln Jansens werden bei Copus 169 Kapitel. Der Ablauf der evangelischen Geschichte ist dabei im Vergleich zu Jansen nicht verändert.

Alanus Copus schätzt die Leistung Jansens angesichts der Problematik des Stoffes recht nüchtern ein; er ist weit davon entfernt, zu behaupten — wie es einige seiner Vorgänger und Nachfolger hinsichtlich ihrer eigenen Werke keine Skrupel hatten —, daß Jansen oder gar er selbst auf dem so schwierigen Felde schon Endgültiges geleistet hätten. Man könne nicht einmal sicher sein, daß überhaupt jemals die Schwierigkeiten beim Erarbeiten einer Evangelienharmonie bewältigt werden könnten. Von allen, die bisher daran gearbeitet hätten, habe aber doch Cornelius Jansen das beste Ergebnis vorgelegt[18]. Aus diesen Bemerkungen kann man eine gewisse Skepsis gegenüber dem Bemühen heraushören, auf dem Gebiet der Harmonistik zu viel leisten zu wollen, eine Reserviertheit gegenüber einer innerharmonistischen Fachdiskussion. Was in den Augen des Engländers eine Harmonie, seine Harmonie nützlich, ja erforderlich macht, sind die praktischen Notwendigkeiten, wie sie durch Predigt, Unterricht und private Lektüre vorgegeben sind[19]. Diese Notwendigkeiten waren offenbar so stark, daß für das Buch Alanus Copus' — rund dreißig Jahre nach seinem Ersterscheinen! — auf dem immer reichhaltiger werdenden Markt von Evangelienharmonien noch Platz für eine Neuauflage war[20].

Ein weiterer Beweis für die Beliebtheit der Konkordie Jansens in katholischkirchlichen Kreisen ist die von dem flandrischen Theologen Matthäus a Castro[21] 1593 erarbeitete «Epitome»[22]. Es handelt sich dabei um eine gekürzte Bearbeitung des Jansenschen Kommentarwerkes[23] in der Form, daß der von Jansen erarbeitete harmonisierte Evangelientext in Originalgestalt, also mit allen Siglen, abgedruckt ist, und daß dieser Bibeltext Schritt für Schritt von einem Kommentar begleitet wird, der von Cornelius Jansen stammt. Dabei ist von dem reichen Material, das der Bischof von Gent vorgelegt hat, all das weggelassen worden, was sich auf die «ratio» der Konkordie selbst bezieht oder was exegetische Kontroversen zum Gegenstand hat. Auch die mystischen und moralischen Auslegungen Jansens werden nur spar-

---

[18] Copus, Syntaxis, Bl. a 3 b.

[19] Vgl. Copus, Syntaxis, Bl. a 4 a: «Sive enim quis ad populum concionem habere, sive in scholis evangelia publice interpretari, sive eadem privatim sibi legere voluerit: omnia hic suo instituto convenientia, sic in promptu ante oculos collocata inveniet, ut omni prope quaerendi et conferendi labore illi supersedendum sit.»

[20] Douay 1603, 4°, vgl. DNB 4, Sp. 1090 und Duthilloeul, Bibliographie, S. 56.

[21] Gest. 1597; einige wenige Nachrichten über ihn in Le Long, Bibliotheca sacra, Register, S. 616, und Jöcher, Gelehrtenlexikon 1, Sp. 1764.

[22] DN. // CORNELII // IANSENII EPISCOPI // GANDAVENSIS COMMEN- // TARIORVM IN SVAM CONCOR- // DIAM, AC TOTAM HISTORIAM // EVANGELICAM EPITOME // Opera, & industria F. Matthæi à Castro Insulen- // sis, in Coenobio Falempinensi Canonici. . . . // ANTVERPIAE. // In Ædibus Petri Belleri, sub scuto // Burgundiæ. A. 1593. // Cum gratia & Privilegio.
504 Bll., 8°.
Ich benutzte das Exemplar München SB, Exeg. 531. 8°.

[23] Vgl. o. S. 222.

sam herangezogen. Denn wichtig ist dem Redaktor der Epitome, daß der Literalsinn der Schrift klar hervortritt[24]. Zur gegenwärtigen Zeit, so betont er, sei in erster Linie die «solida totius evangelicae doctrinae explicatio» gefordert[25]. Matthäus a Castro liegt bei seiner Arbeit wenig an den aufgeworfenen Fragen der Evangelienharmonistik und offenbar auch nicht sehr viel an einem meditierenden Nachvollzug des Lebens Jesu, sondern an einer klaren Entfaltung der im Evangelium enthaltenen Lehre. Der flandrische Ordensgeistliche rechnet damit, daß die Lektüre des von ihm zusammengestellten Buches vor allem für Theologiestudenten und «Pastoren» fruchtbar sein wird[26]. Diejenigen unter diesem Personenkreis, die sich an das Studium des so umfangreichen Originalwerkes Jansens wegen der allzugroßen Quantität nicht heranwagen, und die, die es sich nicht leisten können, ein solch teures Buch zu erwerben, finden in Matthäus a Castros Ausgabe einen passenden Ersatz[27]. Auch hier wird deutlich, daß man in der katholischen Kirche bei allem Vertrauen, das man auf das Werk Jansens setzte, klar das Handicap erkannt hat, das seiner Breitenwirkung wegen des beträchtlichen Umfangs entgegenstand, und daß man auf Abhilfe aus war. Die ungewöhnlich zahlreichen Empfehlungen kirchlicher Autoritäten, die in der Epitome Matthäus a Castros abgedruckt sind[28], sprechen dafür, daß von dem Redaktor tatsächlich kirchliches Interesse betrieben wurde und daß er nicht seinen privaten Ambitionen nachgegangen ist[29].

Nicht nur die genannten Auflagen und Bearbeitungen sind ein Beleg für das hohe Ansehen, das man der Konkordie Jansens im ausgehenden 16. Jahrhundert und noch einige Zeit darüber hinaus in der katholische Kirche zuerkannte – die gleiche Sprache sprechen auch die Spuren, die Jansens Concordia in gewichtigen Werken der katholischen wissenschaftlichen Literatur dieser Zeit hinterlassen hat[30]. Selbst

---

[24] Matthäus a Castro, Epitome, praefatio, Bl. *3b: «ut . . . haberes ubique literalem et proprium, hoc est illum Scripturae sensum, quem author Spiritus sanctus principaliter et maxime propositum habuit.»

[25] Matthäus a Castro, Epitome, praefatio, Bl. *4a.

[26] Matthäus a Castro, Epitome, epistola dedicatoria, Bl. *2b.

[27] Matthäus a Castro, Epitome, Bl. Qqq 8b.

[28] Vgl. Matthäus a Castro, Epitome, Bl. *3b–*8b und Bl. Qqq 8b. In der an Ludwig von Barlaymont, Erzbischof von Cambrai, gerichteten epistola dedicatoria behauptet Matthäus, daß ihn der Bischof von Tournay, Johannes Vendevilius, um die Erstellung der Epitome gebeten habe (Matthäus a Castro, Epitome, epistola dedicatoria, Bl. *2b).

[29] Auch von diesem Werk gibt es mehrere Auflagen. BNP 77, Sp. 93ff. nennt neben der Erstauflage von 1593 zwei weitere: Lugduni 1594 und Lugduni 1684 (!).
Eine weitere Bearbeitung der Concordia Jansens wird mehrfach in der einschlägigen Literatur erwähnt (ich habe sie nicht zu Gesicht bekommen): Die Historia evangelica des Portugiesen Caspar Serrano, Köln 1593. 8° (vgl. z. B. Alard, Bibliotheca, S. 116; Dankò, Historia, S. XIX und Serpilius, Harmonia evangelica.

[30] Einige Beispiele: Der Jesuit Alfonsó Salmeron (über ihn: LThK² 9, Sp. 270f.) nennt in seinem Monumentalwerk «Commentarii in evangelicam historiam» Jansen einen «vir pro-

von evangelischen Fachleuten erfuhr der Niederländer anerkennende Kritiken[31]. Unbestritten galt Jansens Konkordie für einige Jahrzehnte bei Anhängern und Gegnern als das katholische Wort in Sachen Evangelienharmonie. Bei aller Wertschätzung hat dieses Buch bei den Lesern und Kritikern keine Emotionen wachgerufen – anders als die Harmonie Osianders[32]. Dazu war es wohl bei aller Gelehrsamkeit zu wenig profiliert, zu sehr epigonal, was es ja – in einem positiven Sinne verstanden – auch sein wollte. So ist es nicht verwunderlich, daß Jansens Konkordie im Laufe der Zeiten fast in Vergessenheit geraten und auch von den Spezialisten auf dem einschlägigen Felde kaum noch diskutiert worden ist. Das liegt gewiß auch daran, daß katholischerseits die Diskussion um eine Evangelienharmonie nach Ablauf des Reformationsjahrhunderts – verglichen mit den protestantischen Anstrengungen – stark in den Hintergrund getreten ist. Da fehlte der katholischen Kirche einfach auch das Movens, das besonders die lutherische Orthodoxie mit ihren so vorrangig traktierten dogmatischen Grundsätzen vom Wort Gottes und von der Verbalinspiration prägte.

In den Nachschlagewerken, in denen Cornelius Jansen d. Ä. ein Stichwort hat, ist seine Konkordie stets nur am Rande, manchmal freilich mit einem schmückenden

fecto mirifice eruditus et in concordia Evangelica concinnanda diligentissimus» (Salmeron, Commentarii 1, S. 584). Baronius schließt sich in seinen «Annales ecclesiastici» bei der Darstellung des Lebens Jesu der von Jansen erarbeiteten Abfolge an (Baronius, Annales 1, Sp. 103; vgl. o. S. 163). Johannes Boudinus (über ihn: Jöcher, Gelehrtenlexikon 1, Sp. 1289) verweist in seinem sehr bemerkenswerten Buch «De Iesu Christi claritate et gloria» für die Reihenfolge der Ereignisse des Lebens Jesu ebenfalls auf Jansen (Boudin, De Iesu Christi, S. 188; vgl. auch Boudin, a. a. O., S. 11). Diesem Werk Boudins müßte bei einer Darstellung der Leben-Jesu-Literatur des 16. Jh. ein hervorragender Platz eingeräumt werden.

Thomas Beauxamis (= Bellamicus, OCarm, 1524–1589; Hofprediger unter Katharina von Medici, Karl IX. und Heinrich III., über ihn: DHGE 7, Sp. 320–322 und LThK[2] 2, Sp. 38) legt seinen 4 Bänden «Commentariorum in evangelicam harmoniam» (Paris 1583 = Beauxamis, Commentaria) stillschweigend die Harmonie Jansens zugrunde.

Dieses vierbändige Opus ist ein Kommentar zur evangelischen Geschichte, die ihrerseits als Evangelienharmonie wiedergegeben ist. Jeder Abschnitt des Kommentars bietet nach einer Überschrift den Evangelientext gemäß der Vg. in vier nebeneinanderstehenden Kolumnen, also in synoptischer Form. Nach dem Evangelientext folgt die meist recht umfangreiche Auslegung. Das ganze Werk ist eine große Sammlung von Zitaten und Auslegungsbeispielen gemäß einem vielfachen Schriftsinn. Es imponiert durch die Fülle des Stoffes, ist aber weder auf dem Gebiet der Exegese noch gar speziell auf dem Gebiet der Evangelienharmonistik als eigenständige Arbeit von Bedeutung.

[31] Vgl. z. B. Clericus, Harmonia, Bl.)0()0()0(a: «B. D. Georgius Calixtus in Prolegom. Concord. Evangl. p. 6 appelat hunc autorem [= Jansen] non minus eruditum quam modestum. Quid? Ipse B. Martinus Chemnitius cit. log. pag. 16 agnovit Iansenium in hoc genere, in quo harmoniam suam scripsit, bonam et diligenter operam navasse.»

[32] Vgl. o. S. 158ff.

Attribut erwähnt[33]. In den neueren Lexikonartikeln zum Stichwort «Evangelien-harmonie» wird die Concordia des Niederländers entweder nur in einer Aufzählung erwähnt[34] oder ganz übergangen[35]. Etwas ausführlicher gestreift wird die Concordia evangelica in den Arbeiten von Pesch, Vogels[36] und Schellong[37].

6.7. Würdigung der Concordia Jansens

Bei einer abschließenden Würdigung der Konkordie Jansens möchte man zunächst die sympathische Gelehrsamkeit dieses Mannes betonen. Sympathisch deshalb, weil sie auf ihren Gegenstand konzentriert und von ihm fasziniert ist, andere dafür zu interessieren vermochte und frei ist von unsachlicher Polemik. Jansen war ein beachtlicher Lehrer der Kirche. Seine Schüler lernten bei ihm sorgfältige Exegese und wohl auch persönlichen Umgang mit der Bibel. Jansens Schüler waren «Schriftgelehrte» im besten Sinne des Wortes. Bei der Würdigung der katholischen Theologie des ausgehenden 16. Jahrhunderts ist diese Schriftgelehrsamkeit zu beachten und nicht etwa als Monopol der Kirchen der Reformation zu sehen. Es läßt sich im einzelnen nicht nachweisen, darf aber doch als wahrscheinlich gelten, daß Jansen mit seiner theologischen Lehrtätigkeit auf exegetischem Feld und mit seiner Betonung des Vorbildes Jesu[1] zur Konsolidierung und zur Belebung der Frömmigkeit der katholischen Kirche beigetragen hat, die dieser die Kraft zu ihren gegenreformatorischen Erfolgen verliehen. Die katholische Kirche hat auf den verschiedenen Gebieten ihrer Lehre und ihres Lebens nach N o r m e n gesucht[2] und Jansen hat ihr auf

---

[33] Vgl. z. B. CathEnc 8. S. 284 (P. Schlager): «Cornelius Jansen was one of the most distinguished among the exegetes of the sixteenth century, and his masterpiece, the aforesaid ‹Concordia Evangelica› was epoch-making in the history of Catholic exegesis.» Vgl. auch ADB 13, S. 703 f. und die anderen auf S. 209 in Anm. 1 genannten Lexika.

[34] Z. B. in LThK² 3, Sp. 1233 und in DB 2. 2, Sp. 2113 f.

[35] So in dem ausführlichsten Lexikonartikel über dieses Thema, in Zahns Beitrag in RE³ 5, so auch in RGG³ 2, Sp. 796 f.

[36] Pesch, Evangelienharmonien, S. 463 und Vogels, de consensu, S. 141 bewerten einhellig, Jansen habe das geleistet, «was mit augustinischen Mitteln zu leisten war.» Vogels schreibt sogar, daß die Evangelienharmonie durch Jansen einen «beträchtlichen Schritt weiter» gekommen sei. Für Pesch wie auch Vogels liegen die Grenzen Jansens darin, daß er von der auf Augustin zurückgehenden Anschauung beherrscht war, daß kein Evangelist in chronologischer Reihenfolge geschrieben habe (vgl. Vogels, a.a.O., S. 136). Nach Meinung dieser beiden katholischen Autoren muß man auf die Lukasabfolge bauen!

[37] Schellong, Calvin, S. 57.

[1] Vgl. o. S. 221.

[2] Bedeutendste Aktion bei diesen Bemühungen war das Tridentinum, zu dem Jansen 1563 von Philipp II. entsandt wurde und dessen Dekrete er veröffentlichte, vgl. LThK² 5, Sp. 869.

einem Gebiet, wo durch protestantische Arbeiten, vor allem durch die Harmonie Osianders, beträchtliche Irritierung drohte, nämlich auf dem Felde der Evangelienharmonistik[3], eine solche Norm zur Verfügung gestellt, oder genauer gesagt: eine bereits vorhandene Norm (die augustinische) zeitgemäß aufgearbeitet[4]. Jansen war Exponent des Konservativen und Maßvollen. Er sah sich im Strome der Tradition schwimmen und er konnte dabei bei all den einsetzenden Gegenströmungen auch anderen Halt gewähren. Aber er schwamm zu sehr im Strom, als daß er neue Wege hätte führen können. Er war nicht nur konservierender, sondern auch retardierender Faktor. Wenn Osiander die augustinische Position bekämpfte, dann deshalb, weil er sah, daß diese Position nicht genügte, um künftige Angriffe auf die Autorität der Evangelien (und damit auf die Autorität Gottes) abzuweisen[5]. Osianders eigentliche Gegner waren also nicht die «Augustiner», sondern etwaige Kritiker der biblischen Überlieferung. Er hat damit gewissermaßen eine Frontstellung vorweggenommen, wie sie später zwischen Orthodoxie und kritischer Aufklärung wirklich wurde. Jansen sieht nur die augustinische Tradition angefochten und möchte sie wieder in Kraft setzen. Die künftigen Auseinandersetzungen mit den Kritikern der Evangelien klingen bei ihm noch nicht an. Osiander − so darf man aus späterer Betrachtung heraus sagen − war hier hellsichtiger. Er hat gewiß Einfluß genommen auf die Entstehung der historisch-kritischen Bibelforschung, wenn auch in dialektischer Weise[6]. Von Jansen dürfte es schwerfallen, Ähnliches zu sagen.

Die Bastion, die die Widerspruchslosigkeit der Evangelien auf ihre Fahnen geschrieben hatte und auf der sich auch Jansen stehen sah, steht und fällt mit der Harmonie Osianders, nicht mit der Konkordie Jansens. Deshalb ist es, bei aller Anerkennung der Arbeit, des Fleißes und der Gelehrsamkeit des Niederländers, doch folgerichtig, daß sein Werk ziemlich in Vergessenheit geraten ist, während jeder, der sich mit der Geschichte der Evangelienharmonien befaßt, an der Harmonie Osianders und an ihrer Wirkungsgeschichte (in die ja auch Jansens Konkordie gehört) nicht vorbeikommt. Osiander war Protagonist, Jansen Epigone.

---

[3] Die Bemühungen um die Evangelienharmonistik darf man im 16. Jahrhundert eben nicht als periphere Erscheinung im Bereich der Theologie ansehen.
[4] Vgl. o. S. 213f.
[5] Vgl. o. S. 178.
[6] Vgl. o. S. 178f.

7. Weitere nachosiandrische Harmonien des 16. Jahrhunderts

Auf den folgenden Seiten werden noch einige Harmonien des Reformationsjahrhunderts kurz vorgestellt, die nach dem Erscheinen der Harmonia evangelica Osianders verfaßt wurden, die aber nicht unter dem beherrschenden Einfluß der Arbeiten Osianders und Jansens stehen.

7.1. Simon du Corroy: Pandecta legis evangelicae, 1547

Simon du Corroy[1], ein Franzose und Angehöriger des strengen Coelestinerordens[2], in dem er hohe Ämter bekleidete, trat mit einigen theologischen Werken hervor, darunter eine Evangelienharmonie mit dem ungewöhnlichen Titel «Pandecta legis evangelicae», die erstmals 1547 zu Lyon erschien[3]. Dieser so juristisch klingende Titel täuscht etwas über das Anliegen des Verfassers hinweg; denn diesem geht es in erster Linie um den Aufweis der richtigen zeitlichen Ordnung der evangelischen Geschichte. Auf diesem Felde − so meint er − haben ihm seine Vorgänger noch Arbeit übrig gelassen[4]. Er sieht sich dabei offenbar eingereiht in eine alte, aber gleichwohl aktuelle Frontstellung gegen die Bestreiter der Zuverlässigkeit der Evangelisten[5]. Von den Vorgängern lobt er besonders Gerson[6], dessen Monotessaron

---

[1] 1500−1569; über ihn vgl. Jöcher, Gelehrtenlexikon, Ergänzungsbd. 2, Sp. 427; DBF 11, Sp. 1288f.; DSp 3, Sp. 1749.

[2] Seit 1527. Über die Coelestiner vgl. LThK[2] 2, Sp. 1256.

[3] PANDECTA //LEGIS // EVAN // GELI- // CAE. // * // SIMONE A'COR- // roy, professione Celesti- // no, autore, // [Druckersignet] // APVD SEB. GRY- // PHIVM LV- // GDVNI, // 1547.
176 Bll. 12.°.
Diese Ausgabe enthält als weiteres Werk ein «Monopanton» des Kartäusers Dionysius Rickel (112 Bll.), das ist eine Zusammenstellung von Stellen aus den Paulusbriefen zu verschiedenen Topoi, die Simon deshalb seinem eigenen Werk beifügt, «quod cum huius argumenti naturae quam optime congruere videbatur» (Simon, Pandecta, S. 3f.).
Ich benutzte von Simons Pandecta das Exemplar Trier StB, A VI 73[8] bzw. Regensburg StB 155.

[4] Simon, Pandecta, S. 3f.

[5] Simon, Pandecta, S. 2.

[6] Simon, Pandecta, S. 3.

gleichwohl einige Mängel aufweise, vor allem unpassende Entscheidungen hinsichtlich der Ordnung und die unnötigen Wiederholungen[7]. Simon unternimmt nun den Versuch, die Sache besser zu machen, und zieht dabei nicht nur Gerson, sondern auch «Ammonii fragmentum, Eusebii canones et Augustinum de evangeliorum concordia» zurate[8]. Seine Auffassung über den von den Evangelisten beachteten «ordo rei gestae» entspricht augustinischer Tradition: Die Verfasser der Evangelien haben entweder die Ereignisse in der Zeitfolge des Geschehens berichtet oder aber «per praeoccupationem» bzw. «per commemorationem» erzählt[9]. Wenn bei sehr ähnlichen Ereignissen die zeitlichen oder örtlichen Gegebenheiten differieren, dann, so betont Simon, solle der Leser davon ausgehen, daß es sich um verschiedene, nicht um identische Geschehnisse handle[10]. Dieser Grundsatz erinnert an Osianders Dissimilierungsmethode[11], zeitigt jedoch ganz andere Ergebnisse als bei Osiander[12], da ja Simon auch nicht von dem Prinzip ausgeht, daß die Evangelisten unbedingt auf die zeitliche Abfolge geachtet hätten.

In der Komposition zeigt sich Simon du Corroy über weite Strecken von Gerson abhängig, trifft aber doch auch Entscheidungen, die weder durch diesen noch durch einen der anderen von Simon selbst genannten Gewährsmänner gedeckt sind[13]. Das

---

[7] «Sunt enim in eius viri [= Gerson] Monotessaro . . . quaedam prorsus hiulca, quaedam intempestiva et alieno loco inferta, quaedam etiam reduntantia et citra ullam necessitatem repetita, adeo ut non immerito a Theodorico quodam, ordinis Carthusianorum monacho, resectis iis quae superflua videbantur, in compendium redactum esse existimetur», Simon, Pandecta, S. 3.
Diese Notiz über das «Kompendium» der Gersonschen Harmonie, das ein Kartäuser namens Theodoricus erstellt habe, ist interessant; mir ist es bisher nicht gelungen, diese Mitteilung zu verifizieren. Das Werk könnte einen ähnlichen Charakter gehabt haben wie die Harmonie des Wilhelm Branteghem (ebenfalls ein Kartäuser!), vgl. o. S. 67f.

[8] Simon, Pandecta, S. 3f.

[9] Simon, Pandecta, S. 4.

[10] Ebd.

[11] Vgl. o. S. 103f.

[12] Corroy wagt keine der aufsehenerregenden «extremen» Dissimilierungen, wie sie sich gehäuft bei Osiander finden, sondern er dissimiliert lediglich in solchen Fällen, wo man es auch vor ihm schon immer wieder getan hat, z. B. : Jüngerberufung Mt 4/Mk 1 ≠ Lk 5 ≠ Joh 1; Salbung Lk 7 ≠ Mt 26/Mk 14; Mt 26/ Mk 14 = Joh 12! Blindenheilung bei Jericho Mt 20 ≠ Mk 10 ≠ Lk 18; Tempelreinigung Mt 21/Lk 19 ≠ Mk 11 ≠ Joh 2; Mt 25, 14−30 ≠ Lk 19, 12−27; Mt 22, 1−14 ≠ Lk 14, 16−24.
In anderen Fällen, in denen einige Vorgänger Simons mit verschiedenen Ereignissen gerechnet haben, sieht er diese als identisch an, z. B. Berpredigt Mt 5−7 = Feldrede Lk 6; Jesu Predigt in Nazareth Lk 4, 16ff. = Mt 13, 53ff./Mk 6, 1ff.

[13] Vor allem in der Einordnung einiger Joh- und Lk-Perikopen zeigt Simon Auffälligkeiten. Die Johannesabfolge gilt Simon nicht als unantastbar; Joh 6 findet beispielsweise seinen Platz vor Joh 5.

unwillige Urteil Cornelius Jansens über Simons Pandecta[14] ist nicht ganz unverständlich.

Die «Pandecta legis evangelicae» umfassen insgesamt 169 Kapitel, gegliedert in drei Bücher[15], wobei das zweite Buch nochmals vier Teile hat[16].

Als Textgrundlage bedient sich Simon der Vulgataversion. Gelegentlich vermerkt er Formulierungen neuerer Übersetzer am Rande. Durch besondere Zeichen wird auf die alttestamentlichen Zitate in den Evangelien aufmerksam gemacht. Die Herkunft der einzelnen Passagen seiner Harmonie aus den verschiedenen Evangelien notiert er mit den seit Gerson geläufigen Siglen M, R, L und I. Entsprechend seiner Kritik an Gerson versucht er, die Lektüre erschwerende Pleonasmen zu vermeiden[17]. Zweifellos sind seine Pandecta dadurch lesbarer geworden als das Monotessaron seines berühmteren Landsmannes. So ist es auch zu verstehen, daß das Büchlein Simons einige Neuauflagen erleben durfte[18].

Simon verzichtete darauf, seine Komposition durch Kommentare oder Anmerkungen zu erläutern. Gelegentlich flicht er in den Evangelientext, durch Klammern von diesem separiert, knappe Erläuterungen ein[19]. Als Beigabe zur Evangelienharmonie bietet er ein kleines Begriffslexikon[20] sowie ein Sachregister und ein Register der evangelischen Lesungen im Verlaufe des Kirchenjahres.

---

[14] Vgl. o. S. 211.

[15] 1. Buch: aeterna generatio Christi ac eius in hunc mundum ingressus. 2. Buch progressus Christi, hoc est conversatio, signa et doctrina. 3. Buch: egressus, id est passio, resurrectio et ascensio. Die Terminologie ist traditionell.

[16] Entsprechend den Ereignissen in den vier Jahren des Auftretens Jesu (von seinem 30. bis zum 33. Lebensjahr).

[17] Der Beginn der Versuchungsgeschichte liest sich bei Simon so (vgl. mit Gerson, o. S. 17, Anm. 14):
«[R]et statim [M]ductus est Iesus in desertum a spiritu, ut tentaretur a diabolo. [R]Eratque cum bestiis. [M]Et cum ieiunasset quadraginta diebus et quadraginta noctibus [L]nihil manducavit in illis diebus, et consummatis illis, [M]postea esuriit. Et accedens tentator [L]diabolus [M]dixit ei: Si filius Dei es, dic ut lapides isti panes fiant», Simon, Pandecta, S. 31 f.
Simon braucht also für diesen Abschnitt nicht viel mehr als halb so viel Wörter wie Gerson.

[18] In BNP 43, Sp. 307 ist neben der Erstauflage von 1547 noch eine Ausgabe Paris 1551 und eine weitere Lyon 1555 erwähnt. In der Literatur wird auch noch eine Auflage Antwerpen 1591 erwähnt (vgl. Lipenius, Bibliotheca 1, Bl. 638 a; Walch, Bibliotheca 4, S. 890).

[19] Ein Beispiel (Mt 2, 19): «Defuncto autem Herode (anno septimo ab huiusmodi fugi), ecce apparuit . . .», Simon, Pandecta, S. 22.

[20] «Vocabulorum ac locutionum aliquot obscuriorum interpretatio», Simon, Pandecta, Bl. t 8 a–u 3 b. Die Mehrzahl der rund 50 erläuterten Stichworte sind geographische Begriffe.

7.2. Die handschriftliche Harmonie des Jörg Vögeli, 1553

Von dem Konstanzer Reformator Georg (Jörg) Vögeli[1] befindet sich in der Zentralbibliothek Zürich eine handschriftliche Evangelienharmonie[2], die er der Vorrede zufolge seiner Tochter Gottlieben[3] gewidmet und 1553 vollendet hat[4].
Kurz vor Fertigstellung seines Werkes ist Vögeli ein Exemplar der Osianderharmonie in die Hände geraten, aber, so schreibt er, «dweil ich nach by dem end was, hab ich myn arbait gar ußgemacht»[5]. Vögeli hat also die Harmonie Osianders bei der Abfassung seiner eigenen Arbeit weder berücksichtigt noch gekannt — ja, er hat überhaupt von keinem Vorgänger Kenntnis gehabt[6]. Seine vermeintliche Pionierarbeit hat er geleistet, um seiner Tochter zur Förderung ihres Seelenheils das fleißige Studium des Neuen Testamentes zu erleichtern.
Die vier Evangelisten haben die Geschichten von Jesus Christus zwar «nit mit ainerlay worten, jedoch im grund ainerlay meinung beschriben». Bei allen Unterschieden in ihrer Art der Schilderung dieser Geschichten kann doch von den Gläubigen «kain unglichait noch widerwärtigs bewisen werden»[7]. Die Mühe jedoch, die es´ koste, wenn man aus den vier Evangelien sich etwas zusammensuchen muß, könne dadurch vermindert werden, «das dise vier historien in ain ainige histori zusammen gebracht» würden[8]. Jörg Vögeli hat in seine Gestaltung des fortlaufenden Textes der evangelischen Geschichte auch die zwei ersten Kapitel der Apostelgeschichte miteinbezogen. Er hat für seine Harmonie eine eigene deutsche Übersetzung der Evangelien geschaffen und er ist bei der Textgestaltung bemüht gewesen, von den Worten der Evangelien nichts zu unterschlagen[9]. Hin und wieder mußte er einige eigene Wörter einfügen, die er dann in Klammern gesetzt hat.
Vögeli hat sein Vorhaben einigermaßen konsequent durchgeführt[10]. Der Textbestand der vier Evangelien wird in vollem Umfang in die Harmonie übernommen.

---

[1] Gest. 1562; seit 1524 Stadtschreiber der Reichsstadt Konstanz. Zur Person Jörg Vögelis vgl. Nolte, Kontinuität, S. 331f.; Rublack, Einführung und Vögeli, Schriften.

[2] Zürich ZB, Ms. D 3 (Autograph); 105 Folien (1a−105b). Widmungsschreiben an die Tochter: 2af.; Harmonie: 3a−98b; Kurzer Begriff: 99a−105b.

[3] F. 2a; die Tochter ist 1539 geboren (Vögeli, Schriften 1, S. 31, Anm. 40).

[4] F. 2b.

[5] Nachtrag zur Widmungsrede, F. 2b.

[6] «Nie aber hab ich das beschehen sin vernommen noch dessen ainiche schrifft gesehen», F. 2a.

[7] F. 2a.

[8] Ebd.

[9] «. . . irer worten nichtz underlassen, damit die vier euangelische historien one verminderung oder underlassung ettliches zusamen in ain histori kummt», F. 2b.

[10] Seine Arbeitsweise zeigt am besten ein Textbeispiel (Kap. 15): «Und wie sy über das mer an das gstad ihenthalb in die gegen der Gergesener [oder] Gadarener, die gegen Galiläa ligt,

Dabei liegt ihm nichts daran, im Text die Herkunft der einzelnen Wörter oder Sätze zu bezeichnen. Es werden lediglich bei den einzelnen Abschnitten am Rand die darin enthaltenen Kapitel der Evangelien angegeben.

Es kommt sehr oft zu Addierungen[11]. Zu den daraus resultierenden Ungereimtheiten äußert sich Vögeli nicht. Manche Geschichten erscheinen doppelt[12], aber dahinter steht kein Prinzip; andere Geschichten, die man sonst gerne dissimilierte, identifiziert er[13]. In der Abfolge der Harmonie schließt sich Vögeli möglichst eng an die Evangelien an. Umstellungen werden äußerst zurückhaltend vorgenommen[14].

Insgesamt macht die Harmonie Vögelis den Eindruck einer Arbeit ohne jegliche Ambitionen gegenüber der Öffentlichkeit, ganz auf den privaten Gebrauch und letztlich auf die Förderung eines christlichen Lebens abzielend. Diese Selbstbeschränkung, die offenbar den Gedanken an eine Drucklegung gar nicht erst aufkommen ließ, brachte ein Ergebnis, das sich an Sorgfalt mit mancher gedruckten und für die Öffentlichkeit bestimmten Harmonie messen kann.

koment, ist im gleich bald, als er vom schiff uffs land gangen was, ain mensch, ain man, von der statt uß den grebern angegen geloffen, der vom unrainen gaist behaftet was, und jetzo vilzits tüfel ghept hat, auch mit häß nit angelegt ward, noch im huß pliben, sunder in grebern hat er sin wonung, niemands auch mochte ime mit ketten binden, von wegen das, so er gleichwohl oft mit füßband und ketten gebunden ward, die ketten durch ime zerzert und der fußband zerbrochen wurdet, niemands mochte ine paßgen, er was allwegen tags und nachts uff den bergen und auch in den grebern, schrayg auch und schlug sich selbst mit stainen.
[Ja] zwen tüfelhafftige, die uß den grebern giengent, loffent im engegen, die warent über die maß wütig, allso das niemands denselbigen weg gen mocht. Und so sy Jesum von wythen sahent, schrayg er, lufft anbattet ine, fiel vor im nider, schrayg mit großer stimen, sagende, was sach habent wir mit dir, Jesu du sun des höchsten Gottes. Was sach hab ich mit dir. Bist du heir komen uns zu pinigen vor der zit. Ich bitte dich, ich beschwor dich durch Gott, das du mich nit ängstigest, dann er hat dem unrainen gaist geboten, das er vom menschen herauß ginge, und gesagt, du unrainer gaist, gang heraus vom menschen, dann er hatt ine stets kestiget, er ward auch mit ketten und fußbanden gebunden und verhütet, auch vom tüfel, so die band gebrochen wurdent, in die wuste getriben», F. 25b.

[11] Vgl. das Textbeispiel in Anm. 10.
[12] Z. B. der «Hauptmann von Kapernaum» nach Joh, Mt und Lk.
[13] Z. B. die Salbung Mt 26/Mk 14 und Joh 12.
[14] Das Joh erfährt keine Umstellung.

7.3. Joachim Perion: De vita rebusque gestis Iesu Christi, 1553

Das Büchlein des französischen Benediktiners Joachim Perion[1] «De vita rebusque
gestis Iesu Christi»[2] gehört nur am Rande in die Geschichte der Evangelienharmonistik; denn der Übergang zu den erzählenden Leben-Jesu-Darstellungen ist hier
fließend. Da aber der Verfasser selbst sein Werk als eine Besonderheit den anderen
Evangelienharmonien gegenüberstellt[3] und so dieser Gattung zwar nicht ein-, aber
doch zuordnet[4], sei es hier kurz vorgestellt:

Nach den Verfassern der vier Evangelien haben sich viele Menschen mit dem
gleichen Gegenstand beschäftigt wie diese, keiner aber, so glaubt Perion zu wissen,
habe es bisher auf die Art und Weise getan, wie er es selbst angepackt habe. Viele
haben die Worte der vier Evangelisten vom ersten bis zum letzten Satz in einen Band
zusammengefaßt, ohne irgendetwas wegzulassen oder Worte zu verändern, und
haben angegeben, welches Detail von welchem Evangelisten stamme[5]. Er aber,
Perion, sei zwar auch den Sätzen der Evangelisten entlanggegangen, doch so, daß
von ihm die Ereignisse nach der Art derer erzählt würden, die die Viten der
Kaiser und berühmten Männer der Griechen und Lateiner aufgeschrieben haben[6].

Das sind große Worte für eine Sache, die so großartig nicht geraten ist. Als Programm scheint es sich Perion gesetzt zu haben, so etwas wie eine Kombination aus
einer Biographie im Stile Suetons[7] und einem Monotessaron zu erreichen. Was dabei
herausgekommen ist, hat recht wenig mit dem Vorbild der Antike gemein, dafür
bietet es umso mehr vom biblischen Stoff. Perion hat das Material der Evangelisten

---

[1] Joachim Perion «Cormoeriacenus» (aus Cormery/Touraine), 1499 bis 1559; seit 1542
Theologieprofessor in Paris; über ihn vgl. LThK[2] 8, Sp. 279; NBG 39, Sp. 613; Ziegelbauer, Historia 3, Kap. 37, S. 348–351.

[2] Erstmals erschienen Paris 1553, 16°. Ich benutzte eine spätere Ausgabe, die in Nürnberg
StB (Theol. 132. 12°) vorhanden ist: Ioachimi Perionii Benedictini Cormoeriaceni de vita
rebusque gestis Iesu Christi, generis hominum conservatoris ex quatuor iis, qui evangelia
scripserunt, quasi monotesson, id est unus ex quatuor. Eiusdem de B. Mariae virginis et
Ioannis Baptistae et praecursoris vita liber. Coloniae, excudebat Petrus Horst, anno 1576.
Auf diese Ausgabe beziehen sich im folgenden die Stellenangaben. Eine weitere Kölner
Ausgabe dieses Werkes vom Jahr 1571 (ex officina T. Graminaei) besitzt das Britische
Museum London (4806. aa. 6).

[3] Vgl. Perion, Vita, S. 10 f.

[4] Vgl. auch das «quasi monotesson, id est unus ex quatuor» im Titel der von mir benutzten
Ausgabe (o. Anm. 2).

[5] Perion kann hier an Gerson, Osiander und Jansen denken.

[6] So gibt Perion die Besonderheit seiner «Evangelienharmonie» an (Perion, Vita, S. 10 f.).
Wahrscheinlich sieht der mit den Schriften der Griechen und Römer vertraute Benediktiner
seine literarischen Vorbilder in Suetons Caesarenleben und Plutarchs «Vitae parallelae».

[7] Schon zwei Jahre früher (Paris 1551) hatte Perion ein Werk «De vitis et rebus gestis apostolorum» veröffentlicht.

vollständig, oft Satz für Satz übernommen und zu einer fortlaufenden Erzählung gestaltet, ohne die Varianten der Evangelisten im einzelnen zu berücksichtigen oder
gar zu kennzeichnen. Finden sich in den Evangelien Passagen direkter Rede, so hat
sie der Benediktiner in indirekter Rede umgewandelt und hat sich so gleichsam als
Erzähler zwischen die Evangelien und den Leser geschoben. Immer wieder werden
in seine «Vita» auch kürzere Eröterungen eingestreut, beispielsweise Anmerkungen
über den Ablauf des Lebens Jesu[8] oder angedeutete Applikationen auf den Leser.
Am auffälligsten wird der evangelische Rahmen am Ende der Vita Jesu Christi gesprengt, wo noch eine Art Wirkungsgeschichte Christi angeschlossen wird[9], in der
nicht nur Stoff aus der Apostelgeschichte, sondern auch aus außerbiblischen Über-
lieferungsquellen wiedergegeben wird[10]. Als selbständige Teile enthält das Buch
nach den 152 Kapiteln des Lebens Jesu ein Marienleben[11] und eine Vita Johannes des
Täufers[12].

Wenn Perion einmal einen Gewährsmann zitiert, dann sind es bekannte Autoritäten der alten Kirche[13]. In der Komposition der evangelischen Geschichte scheint
er eigene Wege gegangen zu sein und auf eigene Verantwortung Entscheidungen
getroffen zu haben. Er geht davon aus, daß er die zeitliche Ordnung des Lebens Jesu
nur annähernd wiedergeben könne und ordnet deshalb seinen Stoff gelegentlich
auch nach örtlichen und sachlichen Gesichtspunkten[14].

Das Interessanteste an der Arbeit Perions ist der Vorsatz, nicht die Durchführung: der Vorsatz nämlich, eine «Vita Jesu» nach Art der antiken Biographen zu
schreiben. Das heißt doch, daß auf Jesus eine historische Methode angewendet
werden soll. Natürlich ist sich Perion darüber im klaren, daß er eine Geschichte
besonderer Qualität beschreibt, nicht einfach ein Stück banaler Weltgeschichte. Er
schreibt gleich zu Beginn seines Buches: Die größte Wohltat Gottes ist die Sendung
seines Sohnes. Hier ist Gott selbst in Gestalt und Wesen eines Menschen Lehrer,

---

[8] Am ausführlichsten im Kap. 19: «Scholastice disputat de profectionibus Christi in Galilaeam aliisque eius gestis», Perion, Vita, S. 78–89.
[9] Die Kapitel 148–152.
[10] Z. B. das «Josephuszeugnis», der Briefwechsel zwischen Jesus und Abgar, der Bericht Ter-
tullians über den Brief des Pilatus an Tiberius und die Stellungnahme dieses Kaisers zum
Christentum. All dies konnte Perion aus Eusebs Kirchengeschichte entnehmen.
[11] Perion, Vita, S. 568–650 (20 Kapp.).
[12] Perion, Vita, S. 651–696 (11 Kapp.).
[13] Z. B. Chrysostomus, Euseb, Hieronymus, Augustin, Theophylakt, die «Meinung der
Kirche» (Kap. 6).
[14] Perion teilt die alte Auffassung, daß die Synoptiker im wesentlichen das letzte Jahr der
Wirksamkeit Jesu beschrieben haben, Johannes aber manches aus den früheren Jahren
berichtet habe. Gewährsmann für diese Auffassung ist Hieronymus. Perion läßt die Johannesabfolge unangetastet und zerlegt den Stoff des 4. Evangelisten in 6 große Blöcke, in und
zwischen die er das Material der Synoptiker einarbeitet.

Meister und Führer der Menschen geworden. Was könnte ich Besseres tun, als über die göttlichen Dinge zu schreiben, über die größten Wohltaten Gottes gegen das Menschengeschlecht, über die göttlichen Gesetze und Vorschriften, über die Hoffnung auf die unsterblichen Güter[15]!

Das Motiv, das der Mönch aus Cormery für die Abfassung seines Buches bekennt, ist es, angemessen auf Gottes Heilswerk zu reagieren. Er ist aber offenbar nicht der Meinung, daß die Besonderheit und Einmaligkeit der Geschichte Jesu Schaden leide, wenn sie gemäß den Kriterien antiker Geschichtsliteratur dargestellt werde. Im Gegenteil: Er scheint bei den Biographen des Altertums eine sozusagen kongeniale Methode für die literarisch-historische Wiedergabe des Lebens Jesu gesehen zu haben[16].

7.4. Calvin: Harmonia ex libris evangelistis, 1555

Jean Calvin erstellte für seine Auslegung der ersten drei Evangelien eine Synopse und legte diese seiner Kommentierung zugrunde. Der Drucker R. Stephan gab der Druckausgabe dieses Synoptikerkommentars, die 1555 in Genf erschien, einen Nachdruck des schon zwei Jahre vorher erschienenen Johanneskommentars des gleichen Verfassers bei[1]. Da dieses wichtige Werk des Genfer Reformators im Mittelpunkt einer ausführlichen Untersuchung über Calvins Synoptikerauslegung steht, braucht es hier nicht eigens besprochen zu werden, sondern es mag der Hinweis auf die Arbeit Dieter Schellongs genügen[2].

---

[15] Perion, Vita, S. 3—9 (Nuncupatio an Kardinal Franziskus Turnonius).
[16] In gewisser Weise korrespondiert das Anliegen Perions mit den Versuchen, das Leben Jesu im Stile des klassischen Epos mit Vergil als Vorbild zu gestalten, vgl. z. B. M. G. Vidas «Christias» (darüber Kindler, Literatur Lexikon 1, Sp. 2523f. und di Cesare, Vidas) oder Jakobus de Bonas «De vita et gestis Christi» (di Cesare, Vidas, S. 81 und S. 317).
[1] Titel dieser Ausgabe von 1555: Harmonia ex libris evangelistis composita, Mattheo, Marco et Luca, adiuncto seorsum Ioanne, quod pauca cum aliis communia habeat. Cum Ioh. Calvini commentariis. Genf, R. Stephan, 1555 fol.
Der «Commentarius in harmoniam evangelicam» ist abgedruckt in Calvin, Opera 45 (dort auf S. III—VI auch eine Zusammenstellung der verschiedenen Auflagen).
[2] Schellong, Calvin.
Im folgenden eine kurze Zusammenstellung von Merkmalen der Harmonie Calvins, wie sie Schellong charakterisiert (Schellong, Calvin, S. 58ff.):
Calvin entscheidet sich für das Vorgehen Bucers, Joh gesondert zu behandeln und den Stoff im wesentlichen in Anlehnung an die Mt-Reihenfolge aufzureihen. Bezüglich der synoptischen Evangelien geht Calvin davon aus, daß man in ihnen wirkliche Parallelevangelien sehen darf. Sie ergänzen sich, und erst alle drei zusammen ergeben ein volles Bild der Historie Jesu. Der Unterschied des Joh zu den Synoptikern ist für Calvin zu groß, als daß es für ihn einen Sinn hätte, alle vier Evangelien zusammen zu behandeln.

7.5. Christoph Freisleben: Iesu Christi evangelium, 1557

Christoph Freisleben[1] war Wanderer zwischen vielen geistlichen Welten, bis er schließlich seine Heimat doch wieder in der katholischen Kirche fand[2] und es dort sogar zu einer einflußreichen Stellung brachte[3]. In der Zeit, in der er seine Evangelienharmonie vorlegte[4], war er längst wieder — und mit Überzeugung! — treuer Diener der katholischen Kirche. Dennoch finden sich in dem Büchlein die Eindrücke wieder, die seine so bewegte Biographie ihm bleibend vermittelt hat: einerseits die Anfechtung durch «viel Sekten und groß Schwärmerei», andererseits seine Neigung zu den alten Sprachen und humanistisch-philologischer Beschäftigung.

Calvin erstellt eine Synopse («velut in tabula») und legt sie seinem Kommentar zugrunde. Der Leitgedanke dabei ist ein pädagogischer: So können die Leser am ehesten mit dem Stoff der ersten drei Evangelien vertraut werden.
Die Evangelisten haben aus den Geschehnissen solche ausgewählt, die in besonderer Weise Jesus in seiner Kraft und Wirkungsmacht zeigen und den Glauben an ihn fördern können. Es ist deutlich, daß die Evangelisten ihren Stoff nicht ausschließlich nach chronologischen Gesichtspunkten anordneten, sondern oft einer sachlichen Aufreihung den Vorrang gaben. Für Osianders Grundsätze und Methoden hat Calvin nichts übrig. Er kann darin nur ein Sichverzetteln in Äußerlichkeiten sehen. Da es auch bei der Auslegung nur auf den sachlichen Gehalt ankommt, kann man auch verwandte Vorgänge, die ursprünglich verschieden waren, synoptisch darbieten und auslegen. Calvin wertet zwischen Wichtigem und Unwichtigem in der evangelischen Geschichte. Freilich läßt auch Calvin in Äußerlichkeiten nur Unterschiede gelten, keine Widersprüche.
Die Zeiteinteilung der Vita Jesu, nach der er drei Jahre gewirkt habe, hält Calvin für wesentlich. Die Chronologie wird relativiert, aber keineswegs aufgelöst.
Fragen nach den Verfassern der Evangelien sind für Calvin uninteressant. Sie sind ja alle unter der Leitung des Heiligen Geistes entstanden.
Calvin bietet den biblischen Text in lateinischer Übersetzung und benutzt dazu die Vg. und die Übersetzung des Erasmus, daneben die Bucers; doch übernahm er keine genau, sondern er erarbeitete unter Anlehnung an diese Versionen eine neue Übersetzung vom griechischen Text aus.

[1] Auch Freiesleben, Phreisleben, Eleutherobios; über ihn vgl. QGT 11. 1, S. 66, Anm. 1; MennLex 1, S. 551; MennEnc 2, S. 183 f.; Bossert, Reformationsschriftsteller und Bossert, Eleutherobios; Seebaß, Müntzers Erbe.
[2] Freisleben war Schulmeister in Wels, wandte sich der Reformation zu, geriet ins Lager der Täufer (vgl. darüber SAMH 19, S. 141—154), verfaßte 1528 sogar eine programmatische Täuferschrift, war aber schon 1531 als Schulmeister in Augsburg wieder in der Gemeinschaft der katholischen Kirche. Das bezeugt ein Brief Freislebens vom 3. April 1531 an Erasmus, wo er von sich auch bekennt: «Nam hactenus omnibus pene sectis per decennium obortis mordicus innixus sum usque adeo, ut et nonnullis efflictim patrocinatus fuerim» (Allen, Opus 9, S. 247, Nr. 2475).
[3] Nach dem Studium beider Rechte (darüber Bossert, Eleutherobios, S. 4—8) wurde Freisleben 1545 Syndikus der Universität Wien; seit August 1547 sogar bischöflicher Offizial in Wien.
[4] Sie erschien im Januar 1557; auf die Harmonie geht Bossert, Eleutherobios, S. 10 ein.

Die Gründe, die er selbst als ausschlaggebend für die Veröffentlichung seiner Harmonie angibt, stehen mit diesen beiden Punkten in unmittelbarem Zusammenhang:

Einmal wolle er im Bereich der Kirche zu einer Wiedererweckung der griechischen Sprache beitragen, indem er in der lateinischen Wiedergabe der Evangelientexte der griechischen Vorlage besser gerecht werde[5]. Zum anderen komme es ihm darauf an, angesichts der Vielzahl der Orden und Sekten und ihrer Irrtümer den Menschen die einzigartige und einzig gewisse Lebensregel, deren Urheber Jesus Christus ist, in einer hilfreichen Form vorzulegen[6]. Gegenüber den Pseudochristi und Pseudopropheten brauchen die «Orthodoxen» eine gemeinsame, gewisse und beständige Verteidigungsbasis[7]. Natürlich, so gesteht Freisleben zu, könnten diesen Dienst auch die vier Evangelien oder andere, schon früher entstandene Evangelienharmonien leisten. Er wolle ja auch gar nicht an dem, was Frühere geschrieben haben, herumkorrigieren. Er wolle nur seinerseits auch durch sein Talent etwas Fruchtbares für die Kirche leisten. Es möge dazu kommen – und dazu, denkt Freisleben, könne sein Büchlein Hilfestellung leisten –, daß in der Kirche allenthalben das Evangelium ungekürzt nicht nur gesungen, sondern vorgelesen, gepredigt und dem Volk von orthodoxen Bischöfen und Priestern, die von Gott berufen und «rite et legitime» ordiniert sind, ausgelegt wird nach dem Beispiel Jesu Christi, der selbst täglich gelehrt hat[8].

Freisleben möchte also mit seiner Harmonie der Erbauung der Kirche dienen, indem er die Lektüre der Evangelien erleichtert. Es geht ihm um das Evangelium[9], das möglichst nachhaltig zur Geltung kommen soll. Kein besonderes Interesse hat Freisleben an den einzelnen Evangelien, an ihren Besonderheiten und Unterschieden. Er kümmert sich nicht um die Diskussion der bekannten harmonistischen Fragen; er bedient sich auch keiner Exkurse oder Anmerkungen. Und es liegt ihm auch nichts daran, den Ablauf des Lebens Jesu deutlich zu machen[10].

---

[5] Freisleben, Evangelium, S. 3f.

[6] Freisleben, Evangelium, S. 4f.: «Tanto pelago diversarum sectarum errore opiniumque varietate pleno fluctuantibus unica ista omnium regularum optima et certissima, cuius non anachoreta aliquis, sed Christus autor est, ad bene beateque vivendum regula gratia et veritate plena, observatu suavi ac facili, certis capitibus peculiaribusque de omnibus fidei articulis . . ., sermonibus distincta . . ., ad quam quasi ad sacram, ut aiunt, ancoram inter tot variantium indiesque emergentium ordinum, professionum dogmatumque discrimina confugiant succurrere consulereque visum est.»

[7] Freisleben, Evangelium, S. 5f.

[8] Freisleben, Evangelium, S. 7.

[9] Vgl. den Titel des Büchleins: «Iesu Christi filii Dei evangelium», u. Anm. 18.

[10] Dieses Desinteresse an einer Vita Jesu wird an einigen Stellen sehr deutlich, z. B. im Sermon 123, der von der Tempelreinigung handelt und aus Mt 21,12–16; Mk 11,15–18; Lk 19,45–48 und Joh 2,12–25 zusammenkomponiert ist. Durch Einbeziehung der Verse

In 172 «Sermone» teilt Freisleben die Evangelienperikopen auf und ordnet sie hintereinander an. Obwohl die Anordnung der Texte für ihn keine Frage eigenen Gewichtes ist, scheint er doch in der Komposition einen selbständigen Entwurf erarbeitet zu haben[11].

Er legt seiner Arbeit einen von ihm selbst gestalteten lateinischen Bibeltext zugrunde, der das Charakteristikum hat, daß zahlreiche griechische Ausdrücke nicht übersetzt, sondern einfach übernommen werden[12]. Innerhalb der einzelnen Sermone gestaltet Freisleben einen fortlaufenden Text, der aus den evangelischen Parallelperikopen harmonisiert ist. Weil Freisleben auf die Aufnahme reiner Wortvarianten in den Text verzichtet, wird dieser viel lesbarer als bei Gerson oder gar bei Osiander. Die Harmonie Freislebens sollte ja schließlich auch als Grundlage für gottesdienstliche Lesungen und Predigten dienen. Zum Beginn jedes Sermons werden die Evangelienkapitel angegeben, aus denen im folgenden der Text entnommen ist. Eine detailliertere Herkunftsbezeichnung (etwa mit Siglen) erfolgt nicht. Liegen zwischen evangelischen Parallelperikopen sachliche Differenzen vor, findet der Verfasser von Fall zu Fall verschiedene Methoden der Harmonisierung[13]. Man merkt, daß ihm diese Fragen wenig Sorge bereiten.

Das Büchlein hat am Ende drei Verzeichnisse: Einen «catalogus evangeliorum»[14], in dem festgehalten ist, auf welche Sermone die Kapitel der einzelnen Evangelien verteilt sind; einen «catalogus 172 sermonum»[15], der die Sermone der Reihe nach

---

Joh 2,12−25 in diesen Abschnitt würde, läse man das Ganze unter dem Gesichtspunkt der Vita Christi, der Eindruck entstehen, Jesus sei nach seinem Einzug in Jerusalem (Sermon 121) und nach der Verfluchung des Feigenbaumes (Sermon 122) am Montag in der Karwoche nach Kapernaum gezogen, einige Zeit dort geblieben und von dort aus nach Jerusalem gewandert (Freisleben, Evangelium, S. 201)!

[11] Jedenfalls konnte ich die Komposition nicht aus einer anderen mir bekannten Harmonie ableiten.

[12] Vgl. o. bei Anm. 5. Einige Beispiele: Mt 16,8: «Quid cogitatis intra vos ipsos oligopisti»; Lk 9,47: «At cum Iesus videret dialogismum cordis illorum»; Joh 11,14: «Tunc ergo Iesus dixit eis parrhesia».

[13] Freisleben kann verschiedene Möglichkeiten offenlassen, z. B. beim Beginn der Verklärungsgeschichte: «Factum est autem post sermones hos et post dies sex aut fere dies octo . . .» (Freisleben, Evangelium, S. 155; vgl. Mt 17,1/Mk 9,2 mit Lk 9,28). Er kann sich für eine Möglichkeit entscheiden: Bei der Blindenheilung bei Jericho gibt Freisleben die Fakten nach Mk 10,46−52 wieder: die Parallelen aus Mt 20 und Lk 18 werden nur soweit herangezogen, als sie sich damit vereinbaren lassen. Die Differenzen werden einfach verschwiegen (Freisleben, Evangelium, S. 175). Er kann aber auch die Harmonisierung mit Hilfe der Additionsmethode vornehmen, z. B. bei Mt 20,20f. und Mk 10,35f.: Zuerst tritt die Mutter zu Jesus und bittet ihn entsprechend Mt 20,21; dann kommen Jakobus und Johannes und äußern ebenfalls die Bitte. Dann antwortet Jesus den beiden (Freisleben, Evangelium, S. 173f.).

[14] Freisleben, Evangelium, S. 290−294.

[15] Freisleben, Evangelium, S. 294−305.

mit ihren Überschriften[16] aufzählt, und eine Liste von 107 Wörtern, die «ob linguarum energiam emphasin, proprietatem et gratiam singularem» in der Harmonie nicht ins Lateinische übersetzt worden sind, hier aber kurz erläutert werden[17].

Freislebens Harmonie erschien 1557 bei J. Oporinus in Basel[18]. Weitere Auflagen sind mir nicht bekannt geworden.

7.6. Reinhard Lutz, Harmonia: 1561

Reinhard Lutz[1] war Pfarrer in Schlettstadt, als er 1561 in einem Folianten eine Sammlung sechs von ihm verfaßter Schriften veröffentlichte[2]. Dieser Sammelband enthält auch eine Evangelienharmonie, die Lutz offenbar als sein Hauptwerk be-

---

[16] Diese Überschriften sind fast alle so formuliert, daß in einem kurzen Satz Christus als Subjekt erscheint.

[17] Freisleben, Evangelium, S. 305–316.

[18] Iesu Christi fi- // lii Dei Euangeliũ // E`QVATVOR EVANGE- // LISTIS, MATTHAEO, MARCO, LV- // ca & Ioanne, in centũ & septuagin- // ta duos Sermones, ad omniũ ex om // ni natione in Christo electo- // rum hominum salutem // conscriptum. // . . . // BASILEAE.
159 Bll., 8°.
Ich benutzte das Exemplar Tübingen UB, Gi 1590.

[1] Einige Daten über ihn bringt Paulus, Lutz; vgl. auch Bossert, Domprediger. Lutz nennt sich «Erythropolitanus», weil er aus Rottweil stammt (vgl. Paulus, Lutz, S. 139). Seit 1551 war Lutz Pfarrer in Schlettstadt. 1588 legte er dieses Amt nieder. In der Literatur wird Lutz immer wieder als Reformierter oder Calvinist bezeichnet (vgl. z. B. Jöcher, Gelehrtenlexikon, Ergänzungsbd. 4, Sp. 238; Le Long, Bibliotheca sacra 2, S. 656). In dem 1561 erschienenen Sammelband seiner Werke, in dem auch die Evangelienharmonie enthalten ist, gibt es aber keinen Hinweis darauf, daß Lutz mit der katholischen Kirche gebrochen hätte. Im Gegenteil: Das Werk ist dem Straßburger Domkapitel gewidmet. Reinhard Lutz steht auch in einem Verzeichnis empfehlenswerter Autoren, das auf Befehl Herzogs Albrecht V. von Bayern 1566 in München veröffentlicht worden ist (Paulus, Lutz, S. 145). Zur Zeit der Veröffentlichung seiner Evangelienharmonie ist Lutz also als Katholik anzusehen. Freilich fehlt in dem Band von 1561 jede konfessionelle Polemik und auffällig ist auch, daß dieser Foliant bei der Basler Druckerei Heinrich Petri erschienen ist. Bei verschiedenen Ereignissen während seines Lebens erscheint Lutz eher als Anhänger der protestantischen Seite (z. B. wenn er 1571 in einer Schrift über eine Hexenverbrennung aus Luthers Tischreden zitiert, die Hexenbulle Innozenz VIII. aber nicht erwähnt, vgl. Paulus, Lutz, S. 147–149). Die von Paulus, Lutz, S. 141f. mitgeteilten Fakten erwecken den Eindruck, als habe Lutz nach beiden Seiten seine Zugehörigkeit zu behaupten gewußt.

[2] HARMONIA, SEV // HISTORIA SAN- // cta omnium que uerissima, de Christo // IESV NAZARENO, FILIO DEI AC VERO HOMINE, // hominumq́; servatore, iuxta seriem atqve concen- // tum historiographorum divinorum Euan- // gelistarum quatuor. // CVI ADIECTI SVNT IN SINGVLA CAPITA COM- // mentarij, excerpti è multorum doctissimorum tum priscorum tum neoterico- // rum uirorum scriptis, summa qua unquam fieri

trachtet hat; denn nach ihr ist das ganze Buch betitelt. Die Harmonie, die Lutz aus den vier Evangelien zusammengestellt hat, ist nicht um ihrer selbst willen, auch nicht etwa aus wissenschaftlichen Neigungen heraus erarbeitet, sondern dient in erster Linie als Grundlage für die Auslegungen, mit denen der elsässische Pfarrer die evangelische Geschichte kommentiert. In diesem Kommentar ist reichlich Material aus alten kirchlichen Autoritäten, vor allem aus Augustin, Hieronymus und Theophylakt verwendet; von den neueren Theologen findet besonders Erasmus Beachtung. Die Auslegungen richten sich auf die Grundsätze für Glauben und Leben der Christen[3], nicht etwa auf die exegetischen Probleme und auch kaum auf die speziellen Probleme der Harmonisierung[4]. Lutz schreibt für die «Frommen» und für die Prediger[5], also nicht für die Fachgelehrten[6].

Demzufolge ist auch die Textgestaltung der zugrundegelegten Harmonie an den Bedürfnissen des Lesers, nicht an wissenschaftlichen Ansprüchen orientiert. Es wird nicht jedes Wort aus den vier Evangelien untergebracht[7]. Varianten werden oft im Text nicht berücksichtigt[8] und die Herkunft der einzelnen Passagen wird nicht durch irgendwelche Sigla vermerkt.

---

potuit diligentia: loca // obscuriora ita illustrantes, ut omnibus pijs, praesertim // Ecclesiastis, permagnam utilitatem // adferre possint: // PER RENHARDVM LVTZ // Erythropolitanum. . . . BASILEÆ, PER HENRI- // CVM PETRI.
336 Bll., 2°.
Ich benutzte das Exemplar München SB, 2° Exeg. 338.
Laut Jöcher, Gelehrtenlexikon, Ergänzungsbd. 4, Sp. 238 ist die Harmonie Lutzs später auch noch ohne den dazugehörigen Kommentar gedruckt worden. Mir ist kein solcher Band bekanntgeworden.

[3] Lutz spricht von den «dogmata fidei», Lutz, Harmonia, S. 103 f.

[4] An einigen Stellen des Kommentars wird das Desinteresse Lutzs an solchen Problemen sehr deutlich: Zur Diskussion über den Zeitpunkt, wann die Weisen zum Christuskind gekommen sind, nennt er zwar verschiedene Ansichten, meint dann aber: «At in hoc non magna salutis nostrae portio continetur» (Lutz, Harmonia, S. 22). Zur Perikope von der Salbung Jesu (Joh 12; Mt 26/Mk 14; Lk 7) betont Lutz: «Caeterum sive duae fuerint sive tres sive una parum aut nihil accedit et decedit dogmatibus fidei. Hoc maxime attendum, quod proponitur nobis poenitentiae et fidei imitandam exemplum eius peccatricis» (Lutz, Harmonia, S. 103 f.).

[5] Vgl. auf dem Titelblatt (Anm. 2): «. . . ut omnibus piis praesertim ecclesiastis permagnam utilitatem adferre possint.»

[6] Über den Lukasstammbaum will sich Lutz nicht weiter auslassen, «praesertim quod ipse Lucas multorum tantum nomina ponat, quorum expositionem scire non admodum refert. Docti videant ac legant Erasmum de iis doctissime disputantem in suis annotationibus» (Lutz, Harmonia, S. 24).

[7] Lutz kommt an einigen Stellen sogar mit einem «etc.» aus, z. B. bei Lk 11,1: «. . . dixit quidam ex discipulis eius etc.», Lutz, Harmonia, Buch 3, Kap. 7.

[8] Z. B. wird der Stammbaum Jesu nach Lukas in den Text nicht aufgenommen. Bei der Zeitangabe der Verklärung Jesu (Mt 17,1/Mk 9,2 contra Lk 9,28) gibt Lutz nur die Lukasangabe wieder (Lutz, Harmonia, Buch 2, Kap. 26).

Nach diesen Beobachtungen wäre es verwunderlich, wenn Lutz sehr viel Eigen-
arbeit in die Komposition der Harmonie investiert hätte. Eine genaue Analyse bestätigt diese Vermutung: Lutz hat sich an Osiander gehalten[9]; er übernimmt dessen
Anordnung der Perikopen, verzichtet aber darauf — ähnlich wie es auch Jansen
getan hat[10] —, die auffälligen Dissimilierungen evangelischer Parallelerzählungen
durch Osiander mitzumachen[11].

7.7. Bugenhagen — Krell: Monotessaron, 1566

Am 5. Juli 1554 begann Johann Bugenhagen[1] an der Universität Wittenberg mit
einer Vorlesung über das Markusevangelium. In diesem Zusammenhang wollte er
seinen Studenten auch eine Evangelienharmonie vorstellen[2]. Für Bugenhagen war
die Beschäftigung mit den Fragen der Evangelienharmonistik nichts Neues — war es
doch schon dreißig Jahre her, daß erstmals seine Passions- und Osterharmonie im
Druck erschienen war[3], die seitdem weit verbreitet und immer wieder aufgelegt
worden war[4]. Seine Schüler erwarteten sich deshalb von ihm auf diesem Gebiet
«Besseres und Vollkommeneres», als es andere Verfasser angeboten haben[5]. Bugenhagens Tod im Jahre 1558 verhinderte die Fertigstellung dieses Entwurfes. Jedoch
konnte er seinen Hörern noch die «idea ac διάθεσις» der versprochenen Harmonie

---

[9] Bis hin zur Einteilung und Gliederung der vier Bücher, in die die Harmonie bei Osiander
und Lutz gegliedert wird. In seiner epistola dedicatoria kommt Lutz kurz auf Osiander zu
sprechen: «Demum Andreas Osiander omnium, ut puto novissimus, concinnam scrip-
sisse videtur harmoniam, quemadmodum quoque in epistola ad lectorem palam profitetur
et promittit lectori evangelistarum inter se concordiam et consonantiam, quam ante ipsum
nemo ne suspicatus quidem sit. Nec tamen credo omnibus satisfaciet.»

[10] Lutz hat aber offenbar die Arbeit Jansens nicht gekannt.

[11] D. h. daß z. B. bei Lutz (anders als bei Osiander) Mt 8,1—13 und Lk 7,2—10 (Hauptmann von Kapernaum), Mt 9,18—26 und Lk 8,40—56 (Auferweckung des Mädchens)
und Mt 8,28—34 und Lk 8,26—39 (Besessenenheilung) auf ein Ereignis bezogen werden
und nur an einer Stelle in der Harmonie auftauchen.

[1] Über ihn vgl. RGG[3] 1, Sp. 1504 und BBKL 1, Sp. 805—807 (Lit.).

[2] Titel der Vorlesung: «Ordo historiae quatuor evangelistarum in evangelium Marci seu in
compendium aliquod congestum», Krell, Monotessaron, Bl. C 1a.

[3] Vgl. Geisenhof, Bibliotheca, S. 103 ff.; Ebeling, Evangelienauslegung, S. 212 und o. S. 54,
Anm. 57 f.

[4] Geisenhof, Bibliotheca, S. 105—180 führt für diese Passionsharmonie insgesamt 9 lateinische (Nr. 67—75), 33 hochdeutsche (Nr. 76—108), 21 niederdeutsche (Nr. 109—129),
5 dänische (Nr. 130—133+138), 1 isländische (Nr. 134) und eine polnische Ausgabe (Nr.
135) an.

[5] Krell, Monotessaron, epistola dedicatoria.

vortragen. Einer seiner Schüler, Paul Krell[6], später selbst Dozent in Wittenberg, hat es sich zur Aufgabe gesetzt, unter Beachtung der von Bugenhagen gelernten Grundsätze eine fertige Evangelienharmonie zu erstellen, und er hat diese Aufgabe auch zu Ende gebracht. 1566 erschien in Wittenberg sein «Monotessaron historiae evangelicae latinogermanicum». Im Vorwort berichtet er von den Bemühungen seines Lehrers und er läßt Bugenhagen auch selbst zu Wort kommen, indem er dessen διάθεσις, so wie sie dieser den Studenten diktiert hat, abdruckt[7].

Wir wollen im folgenden der Übersichtlichkeit halber zunächst das Wichtigste aus den Bugenhagenschen Erörterungen – wie wir sie von Krell kennen – referieren und dann die endgültige Gestalt der Krellschen Harmonie skizzieren.

Einer der Grundsätze Bugenhagens bei der Harmonisierung lautet: «Omnino necesse est, ut maiestas verborum in evangelistis integra servetur.»[8] Demzufolge entscheidet er sich für eine synoptische Form seiner Harmonie[9]. Der andere Grundsatz ist traditionell-augustinisch: Es sei damit zu rechnen, daß die Evangelisten gelegentlich «ὕστερον πρότερον» geschrieben haben[10]. Deswegen kann Bugenhagen natürlich nicht Osianders Prinzip teilen, in der Harmonie die Reihenfolge der Evangelisten überhaupt nicht zu verändern. Freilich hält es auch Pomeranus für erstrebenswert, so weit wie möglich die Abfolge der Evangelisten unberührt zu lassen.

Von den Arbeiten seiner Vorgänger lobt Bugenhagen die Gersons[11]. Vielen, die sich an einer Evangelienharmonie versucht haben, macht Bugenhagen den Vorwurf, sie hätten die evangelische Geschichte nicht harmonisiert, sondern zerstört, «quod suis abbreviationibus multa necessaria et salutifera Christi verba, in quibus est vita aeterna, omiserunt, quae praestabat potius retinere quam ullam unquam quaerere conciliationem»[12]. Offenbar denkt er dabei an Harmonien in Form einer Epitome, wie die «Gesta Christi» und die Arbeiten des Luscinius[13].

---

[6] Über ihn vgl. ADB 4, S. 588f.; NDB 3, S. 408 (Lit.).

[7] Krell, Monotessaron, Bl. C 1a–E 2a.

[8] Krell, Monotessaron, Bl. E 1a.

[9] Krell, Monotessaron, Bl. C 2a: «Ego autem per Christi gratiam sic intendo conciliare historias, non superstitiose [offenbar ein Seitenhieb auf Osiander!], sed ἐν πλάτει, ut singulis evangelistis sua maiestas et integritas in omnibus gestis et dictis relinquatur, ita ut liceat tibi ponere ante oculos hunc ordinem et sumere in manu libros quatuor evangelistarum et legere in singulis secundum hunc ordinem omnia ad verbum, ubi alia ex aliis sese mutuo declarabunt, ita ut gaudeas.»

[10] Damit ist das gemeint, wofür Augustin die Begriffe «praeoccupare» bzw. «recapitulare» verwendet hat, vgl. o. S. 5.

[11] Gerson habe sein Monotessaron «in multis satis feliciter, praecipue usque ad illud iter, quo Christus ex Galilaea toto tertio praedicationis suae anno pergit per Samariam in Iudaeam» geschrieben (Krell, Monotessaron, Bl. C 1b).

[12] Krell, Monotessarn, Bl. C 2a.

[13] Vgl. o. S. 21–59.

Seine eigene Harmonie will Bugenhagen in 5 Teile gliedern:

1. Teil: Vorgeschichte, Geburt und Kindheit Jesu
2. Teil: Vom Auftreten des Täufers bis zu dessen Gefangennahme
3. Teil: Von der Gefangennahme des Täufers bis zur Verklärung Jesu und den unmittelbar darauf folgenden Ereignissen (= etwa bis zum Passafest im 3. Jahr
   der Predigt Jesu)
4. Teil: Von der Reise Jesu durch Samarien nach Judäa bis zum Auftreten Jesu in
   Jerusalem während des Kirchweihfestes (Joh 10, 42)
5. Teil: Von der Auferweckung des Lazarus bis zum Einzug in Jerusalem

Für den Rest der evangelischen Geschichte, also für den gesamten Abschnitt, der
die Passion Jesu und die Ostergeschichten beinhaltet, verweist Bugenhagen auf seine
Passionsharmonie, und voller Stolz fügt er hinzu: «Hic libellus, et Latine et Ger-
manice excusus, iam dudum fuit in omnium fere manibus et in multis ecclesiis pro
concione Dei legitur iam ex eo passio et ressurectio Christi.»[14]

Paul Krell wollte bei der Ausarbeitung seiner Harmonie der «διάθεσις et de-
signatio» des verehrten Lehrers in allen Punkten folgen. Daneben fühlte er sich der
Ordnung der einzelnen Evangelisten sehr stark verpflichtet, kann aber dennoch urteilen, der Versuch, keine Stelle in der Ordnung der Evangelien zu verändern, «esse
vel impossibilem prorsus vel ineptum ac superstitiosum nimis, quem ipsa et refutet et
diluat narrationem evidentia et series dulcissima»[15].

Markus (!) und Johannes werden von Krell völlig unverändert in ihrer internen
Abfolge in die Harmonie übernommen. Der Stoff von Matthäus und Lukas wird in
die von den beiden Erstgenannten vorgegebene Folge eingefügt[16]. Der Markusab-

---

[14] Krell, Monotessaron, Bl. D 4b. Damit übertreibt Bugenhagen nicht, vgl. o. Anm. 4.
   Auch Luther pflegte seine Passions- und Osterpredigten auf der Grundlage der Bugenhagenschen Harmonie zu halten, vgl. Ebeling, Evangelienauslegung, S. 212; Mülhaupt,
   Luthers Evangelienauslegung, S. 29 sowie den Nachdruck der Passionsharmonie in WA 21,
   S. 165—188.
[15] Krell, Monotessaron, Bl. B 2b.
[16] Krell, Monotessaron, Bl. B 2b: «Marcum mihi et Ioannem praeceptore monstrante tan-
   quam ὁδηγούς ac duces delegi, quos ad finem usque ita retinui in ordine suo integros, ut
   nullo illi loco ne verbulo quidem extra capitum suorum seriem moverentur hisque adiunxi
   copiosissimas Matthaei et Lucae recitationes pari quidem fide, diligentia et conatu, sed ita
   tamen, ut paucis illi locis, ubi historiae evidentia ac consensu duorum coactum ac victum
   me intelligerem, ex ordine suo paulisper desiliant, nunc per anticipationem, nunc per
   ὑστερολογίαν, ut docti veteres et recentes hoc commemorationis genus appellant.»
   Krell stellt selbst die 7 Stellen zusammen, wo er zum Eingreifen in die Mt- und Lk-Reihenfolge gezwungen war:
   1. Gefangennahme des Täufers (in Lk 3 «per anticipationem» erzählt).
   2. Die Berufung der Jünger nach Lk 5 wird entsprechend Mk 1 vor die Heilung des
      Besessenen in Kapernaum (Lk 4, 33 ff.) gestellt.

folge wird deshalb solch auffallendes Gewicht beigelegt, weil Krell annimmt, Markus habe das Matthäusevangelium zu einer Kurzfassung überarbeitet und dabei die richtige historische Folge hergestellt, die bei Matthäus nicht in jedem Fall gegeben war[17].

Krell hat die Harmonie nicht in fünf, sondern in sechs Teile gegliedert. Der sechste Teil enthält den Stoff, den Bugenhagen als eigenes Buch in seiner Passionsharmonie geboten hatte. Angepaßt an die Gestalt seiner Gesamtharmonie legt Krell die Passions- und Ostergeschichten ebenfalls in synoptischer Form vor[18]. In der Abfolge der Geschehnisse dieses Abschnittes weicht er nur an einem Punkt von dem Entwurf seines Lehrers ab: bei der Verleugnung des Petrus. Hier, so sagt er, wolle er lieber mehrfach dasselbe erzählen als die von den Einzelevangelien gebotene Ordnung, um deren Unversehrtheit er sich sonst in der Harmonie so sehr bemüht habe, erneut ohne schwerwiegenden Grund anzutasten[19].

An dieser Stelle wird deutlich, daß Krell die Gestaltung seiner Harmonie nicht als historische Arbeit verstanden wissen möchte: Die Frage, ob ein Geschehen sich tatsächlich in dieser Folge abgespielt hat, wird für ihn nebensächlich im Vergleich zu der Frage, ob die Autorität der Evangelien — auch in puncto ihrer internen Anordnung — gewahrt bleiben kann. Nur wenn die Evangelien selbst die Begründung dafür liefern, darf in die Abfolge eines von ihnen eingegriffen werden. Krell steht zwar auf dem augustinischen Standpunkt, daß die Evangelisten sich nicht an die

---

3. Die Heilung der Schwiegermutter des Petrus nach Mt 8 wird entsprechend Mk/Lk nach der Besessenenheilung eingeordnet. Mt hat den gesamten Zusammenhang Kap. 5—7 davorgestellt.

4. Die Perikope vom Hauptmann zu Kapernaum nach Lk 7 wird entsprechend Mt/Mk vor Lk 5,17ff. gesetzt.

5. Die Geschichte von der Auferweckung des Mädchens ist in Mt 9 «per anticipationem» erzählt. Sie wird in Krells Harmonie nach Mk/Lk umgestellt.

6. Die Disputation über das Ährenausraufen am Sabbat (Mt 12) wird vor Mt 10 eingeordnet. Dazu zwingt der Zusammenhang bei Mk und Lk.

7. Die Heilung des blinden-stummen Besessenen (Mt 12) wird vor Mt 11 gestellt.

[17] Krell, Monotessaron, Bl. R 1 a.

[18] Bugenhagens Passionsharmonie hatte ja monotessaristische Form.

[19] Bei Bugenhagen liegt innerhalb dieser Perikope folgende Harmonisierung vor: Jesus wird gefangen vorgeführt — 1. Verleugnung des Petrus — Befragung vor dem Hohenpriester — 2. + 3. Verleugnung des Petrus — Verhandlung vor dem Hohenrat. Krell entscheidet sich für folgende Anordnung: Jesus wird gefangen vorgeführt — 1. Verleugnung des Petrus (Lk 22,56f.; Joh 18,17f.) — Befragung vor dem Hohenpriester (Joh 18,19—24) — 2. Verleugnung des Petrus (Lk 22,58; Joh 18,25) — Verhandlung vor dem Hohenrat (Mt 26, 59—66; Mk 14,55—64) — 3. Verleugnung des Petrus (Lk 22,59f.; Joh 18,26f.) — Mißhandlungen Jesu (Mt 26,67f.; Mk 14,65) — Wiederholung der Verleugnung Petri (Mt 26,69—75; Mk 14,66—71; Lk 22,61f.) — Fortsetzung der Mißhandlung Jesu (Lk 22, 63—65).

historische Geschehensabfolge binden ließen − und dadurch unterscheidet er sich
grundsätzlich von der Position Osianders −, aber er gebraucht die Freiheit, die die
Thesen Augustins für die Evangelienharmonistik anbieten, mit äußerster Zurückhaltung. Vermutlich ist das Pathos, mit dem Osiander seine Position verfochten hat,
nicht ohne Eindruck geblieben. Diese hier angedeutete Haltung Krells wird in
seinen Anmerkungen zu diversen Perikopen seiner Harmonie gelegentlich bekräftigt[20].

Für die Wirksamkeit Jesu ergibt sich bei Bugenhagen und Krell eine Dauer von
etwa dreieinviertel Jahren[21]. Vier Passafeste erlebt Jesu nach seiner Taufe. Nur an
zweien davon reist er nach Jerusalem: Gleich im ersten Jahr (Joh 2,13) und dann erst
wieder im vierten Jahr zum Todespassa. Diese Reise beginnt kurz nach dem Passafest des dritten Jahres, führt ihn durch Samarien nach Judäa und sieht ihn bereits
zum Laubhüttenfest und Kirchweihfest des dritten Jahres in Jerusalem (Joh 7−10).
Außerdem verbrachte Jesus das Pfingstfest im zweiten Jahr seiner Wirksamkeit in
Jerusalem (Joh 5,1).

Über den Zweck und angestrebten Nutzen seiner Harmonie gibt Krell in der
Vorrede zur deutschen Ausgabe von 1571 Auskunft[22]: Ziel einer solchen Arbeit ist
es, den Christen Lust zu machen, die Geschichte des Heilands mit Liebe und An-
dacht zu lesen und ihnen Nutzen damit zu verschaffen. Der Nutzen liegt vor allem
darin, daß die gegenseitige Erklärung der Evangelisten den Lesern das Verständnis
erleichtert und daß die «boshaften Schwärmer» widerlegt werden können, die behaupten, die Evangelisten seien in ihren Erzählungen uneins[23]. Aus der Kollation
der Evangelien kann man ersehen, wie wunderbar «in den nötigsten artickeln christlicher lere, in den nötigsten predigten und verheissungen, in den tröstlichen exempeln und zeugnissen die lieben evangelisten so gar fein miteinander übereinstimmen

---

[20] Z. B. schreibt Krell zur o. Anm. 16 unter Nr. 2 genannten Änderung der Lk-Reihenfolge:
«Doch wil ich hiemit eim jeden sein meinung gern gut sein lassen, sonderlich denen,
welche, damit sie die capitel der evangelisten nicht versetzen dörffen, nicht allein aus dieser
historien, sondern auch aus folgenden wunderwerck zweierley machen» (Krell, Monotessaron, Bl. R 1 a). Bei der Besessenenheilung Mt 8,23 ff. par. ist Krell der Meinung, daß
sich diese Geschichte zweimal zugetragen habe (nach Mt bzw. nach Mk/Lk). Er fährt
jedoch fort: «Doch so jemand ja meinet, es seien nicht zwo, sondern ein historien in allen
dreyen evangelisten, so halte ich dafür, das ich darin nicht so fast sündige, das ich einerley
historien lieber zwier setze, denn das ich die ordnung der capitel und historien in den
evangelisten so gar sehr solte verendern und ineinandermengen» (Krell, Monotessaron,
Bl. Z 4 a).

[21] Es ergibt sich das Schema des von Krell vorgelegten Ablaufes, wie es aus Grafik X zu
ersehen ist. Die Passionsgeschichte ist in der Grafik nicht berücksichtigt.

[22] Vgl. Krell, Evangelion, Bl.)(6 b f.

[23] Man muß nicht damit rechnen, daß mit den «boshaften Schwärmern» konkrete Personen
gemeint sind.

. . . und aus einem munde allesampt reden»[24]. Ja, in den besonders wichtigen Artikeln hält sich Gott selbst an seine eigene Anordnung, daß aus zweier oder dreier Zeugen Mund die Wahrheit bestehen soll[25].

1566 konnte Paul Krell seine Harmonie unter dem Titel «Monotessaron historiae evangelicae»[26] der Öffentlichkeit vorstellen. Sie erschien als zweisprachige Ausgabe: Auf der linken Seite steht jeweils der lateinische Text, auf der rechten Seite der entsprechende deutsche[27]. Jeder Vers ist abgesetzt gedruckt, so daß man auf den ersten Blick die Entsprechung in der anderen Sprache sehen kann. Nicht nur der Bibeltext, sondern auch alles andere[28] wird zweisprachig vorgelegt. Da die Harmonie in synoptischer Form gestaltet ist, finden sich auf jeder Seite vier Kolumnen. Gibt es bei einem Evangelisten keine Parallelen einer Perikope, bleibt die entsprechende Kolumne leer.

In einem Vorwort schreibt Krells Kollege Paul Eber, daß Kurfürst August[29] es war, der darauf gedrängt hat, daß dem lateinischen Text der deutsche zur Seite gestellt wurde, damit auch die des Lateinischen Unkundigen das Buch verwenden können. Er selbst, Eber, hoffe, daß Krell auch noch eine Ausgabe erstelle, in der der griechische Bibeltext neben dem lateinischen steht – «ad scholarum usum»[30]. Dazu ist es nicht gekommen.

Eine Neuauflage erlebte Krells Harmonie doch: die schon erwähnte von 1571[31]. Sie enthält nur noch den deutschen Text und demzufolge auch einen geänderten Titel: «Evangelion unsers Herrn Jhesu Christi.»[32] Es sieht also so aus, als habe Krells Werk weniger bei der Gelehrtenwelt als bei den interessierten Laien Interesse gefunden. In dem Fachbereich der Evangelienharmonistik hat die Harmonie des Wittenberger Professors keinen erkennbaren Eindruck hinterlassen.

---

[24] Krell, Evangelion, Bl.)(6 b f.

[25] Dtn 19,15. Als Beispiel für einen solch wichtigen Artikel führt Krell die Berufung des Matthäus mit dem anschließenden Gastmahl an, das die Sündenvergebung belegt (Mt 9,9–13; Mk 2,13.17; Lk 5,27–32), Vgl. Krell, Evangelion, Bl.)(8 b.

[26] Wittenberg, 4°. Die bibliographische Beschreibung bei Geisenhof, Bibliotheca, S. 174–176, Nr. 136. Ich benutzte das Exemplar Nürnberg StB Theol 776/777.4°. Diese beiden Bände der Nürnberger Stadtbibliothek tragen den Einband der Bibliothek des Hieronymus Baumgartner. Laut einem handschriftlichen Vermerk auf den Titelseiten waren sie ein Geschenk von Lorenz Dürenhoffer aus dem Jahr 1566, dem Erscheinungsjahr.

[27] Bei den Bibeltexten ist der lateinische Text nach Vg., der deutsche nach Luthers Übersetzung wiedergegeben.

[28] Z. B. Überschriften, Anmerkungen, Angaben der Sonntagsevangelien.

[29] Ihm ist die Harmonie gewidmet.

[30] Krell, Monotessaron, Bl. F 1 a und F 4 a.

[31] Vgl. o. bei Anm. 22.

[32] Wittenberg, Hans Luft, 1571.8° = Geisenhof, Bibliotheca, S. 176 f., Nr. 137. Ich benutzte das Exemplar Nürnberg StB Theol. 29.8°.

7.8. Georg Siegel: Synopsis, 1583 (?)

Schellong[1] hat energisch darauf hingewiesen, daß die Ansicht, J. J. Griesbach sei es gewesen, der als erster eine Synopse erstellt habe[2], einer Überprüfung nicht standhält. Wir hatten im Rahmen unserer Untersuchung mehrfach Gelegenheit, Evangelienharmonien des 16. Jahrhunderts, die in Form einer Synopse gestaltet sind, vorzustellen[3]. Wenn auch die meisten dieser Arbeiten das Johannesevangelium in die Wiedergabe des Evangelientextes miteinbeziehen und folglich den «Synoptikern» keine Sonderstellung einräumen, so ist doch Calvins Harmonie ein Beispiel für die besondere Behandlung, die man den ersten drei Evangelisten im Vergleich zum vierten Evangelium angedeihen lassen konnte[4].

Bleibt also für Griesbach wenigstens der Ruhm, den Begriff «Synopse» geprägt zu haben[5], wenn er schon in der Sache manche Vorgänger hatte? Man wird ihm auch diese Ehre streitig machen müssen!

Von dem Altdorfer Professor Georg Siegel[6] ist bezeugt, daß er 1583 oder 1585 einen Band, der den Titel «Synopse» trägt, veröffentlicht hat[7]. Da dieser Hinweis auf das Buch des fränkischen Theologen längst vor Griesbach nachzuweisen ist[8] und weil andererseits in der Zeit vor Griesbach der Begriff «Synopse» in der Fachliteratur noch nicht eingebürgert war[9], so daß man etwa annehmen dürfte, die Gewährsmänner hätten bei der ungenauen Zitierweise früherer Jahrhunderte eben

---

[1] Schellong, Calvin, S. 58, Anm. 72.

[2] Griesbach, Synopsis.

[3] Vgl. dazu o. S. 7f.

[4] Vgl. o. S. 238f.

[5] Wie noch Schellong, Calvin, S. 58, Anm. 72 annimmt.

[6] Geb. 1552 in Nürnberg; seit 1578 Professor an der Altdorfer Theologischen Fakultät; gest. 1598; über ihn vgl. Omeisius, Gloria, S. 23; Zeltner, Vitae, S. 11−25; Würfel, Diptycha, S. 5f.; Jöcher, Gelehrtenlexikon 4, Sp. 572; Will, Gelehrtenlexikon 3, S. 700−702; Schornbaum, Nürnberg, S. 61 und 74 und Anm. 193; von Scheurl, Altdorf, S. 94f. und S. 101−112; Simon, Nürnbergisches Pfarrerbuch, Nr. 1328.

[7] Vgl. vor allem Draud, Bibiotheca classica, S. 105 («M. Georg. Sigelii synopsis historiae Iesu Christi, quemadmodum eam S. Matthaeus, Marcus, Lucas descripsere, Noribergae in forma tabulae proposita studiosis Academiae Altorfinanae. 1583»); Lipenius, Bibliotheca, Bl. 914b; Walch, Bibliotheca 4, S. 869 (Nürnberg, 1585 fol.); Will, Gelehrtenlexikon 3, S. 702. Weitere Erwähnungen derselben Schrift, aber unter dem Titel «Historia Iesu Christi» oder ähnlich bei Alard, Bibliotheca, S. 116 (Nürnberg 1585); Lipenius, Bibliotheca, Bl. 636b (Nürnberg 1583); Serpilius, Harmonia evangelica (Nürnberg 1585); Omeisius, Gloria, S. 23 und öfter.

[8] Die älteste mir bekannte Erwähnung, die den Titel «Synopsis» angibt, ist die bei Draud (vgl. Anm. 7) − über 160 Jahre vor Erscheinen der Griesbachschen Synopse!

[9] In der einschlägigen Literatur des 17. und 18. Jh. ist mir die Bezeichnung «Synopse» ansonsten (abgesehen von Siegel) vor Griesbach nicht begegnet.

einen Gattungsbegriff und nicht einen präzisen Titel angegeben, muß man schließen, daß tatsächlich Georg Siegel als erster eine Synopse, die auch diesen Namen trägt, geschaffen hat.

Aus der Titelwiedergabe an einigen Fundorten läßt sich außerdem entnehmen, daß Siegel für seine Synopse auch die Synoptiker herangezogen hat[10]. Das Johannesevangelium scheint von ihm nicht berücksichtigt worden zu sein.

Leider ist es mir nicht gelungen, ein Exemplar dieses Buches zu Gesicht zu bekommen[11]. Die Angaben in der älteren Sekundärliteratur reichen jedoch aus, um mit Sicherheit den Begriff «Synopse» mindestens eineinhalb Jahrhunderte vor Griesbach anzusetzen[12] und mit hoher Wahrscheinlichkeit Georg Siegel als denjenigen anzusehen, der das Wort für die Sache geprägt und in die Fachliteratur eingeführt hat[13].

7.9. Gerhard Mercator: Evangelicae historiae monas, 1592

Gerhard Mercator gehört in der Geschichte der Kartographie zu den Größten[1]; die Tatsache, daß er auch in der Geschichte der Evangelienharmonistik einen Platz beanspruchen kann, zeigt die Breite seiner Interessen und seiner Gelehrsamkeit. Freilich verdankt die von ihm erstellte Evangelienharmonie[2] nicht einfach einem

---

[10] Vgl. die Titelwiedergabe bei Draud (Anm. 7), die mit den Angaben bei Lipenius, Walch und Will identisch ist: «Quemadmodum eam S. Matthaeus, Marcus, Lucas descripsere . . .».

[11] Eine wiederholte Umfrage im Zuge des Fernleihverkehrs der deutschen Bibliotheken blieb jeweils erfolglos. Am ehesten sollte man den gesuchten Band in Nürnberg StB oder Erlangen UB vermuten (die Siegelsche Bibliothek wurde Eigentum der Universität Altdorf und Grundstock der dortigen Bibliothek; die Altdorfer UB wiederum wurde in die UB Erlangen übernommen, vgl. Werner, Geschichte, S. 11 f.), aber auch dort ist er nicht zu finden.

[12] Der terminus ad quem ist das Jahr 1611, das Erscheinungsjahr von Draud, Bibliotheca classica.

[13] Wenn man davon ausgeht, daß Draud den Begriff nicht selbst geprägt (warum sollte er das gerade für das Werk Siegels tun?), sondern von Siegel übernommen hat.

[1] Geb. 5. 3. 1512 in Rupelmonde, gest. 2. 12. 1594 in Duisburg; «einer der größten und bedeutendsten geogr. und kartogr. Wissenschaftler der Renaissancezeit» (WLG 3, S. 302). Mercator gilt als Schöpfer der sogenannten «Mercator-Projektion». Über ihn vgl. ADB 21, S. 385–397 und WLG 3, S. 301 f. (Lit.).

[2] Duisburg 1592.
EVANGELI // CAE // historiæ quadriparti // ta Monas, // sive // Harmonia quatuor Evangelis // tarum, in qua singuli integri, in // confusi, impermixti et soli legi pos // sunt, et rursum ex omnibus una // universalis et continua // historia ex tempore // formari // Digesta et demonstrata per // Gerardum Mercatorem . . .
120 Bll., 4°.

«Interesse» des Verfassers ihre Entstehung. Dieses Alterswerk des großen Gelehrten steht vielmehr in einem strengen inneren Zusammenhang mit seinem gesamten wissenschaftlichen Bemühen, das Mercator selbst der Harmonisierung von Glauben und Wissen gewidmet sieht.

Rechenschaft über die Motive seines wissenschaftlichen Arbeitens legt Mercator in dem der genannten Evangelienharmonie vorangestellten Widmungsschreiben ab[3]:

Schon seit Beginn seiner Studien habe ihn die Erforschung der Natur besonders fasziniert, weil von daher die «causae rerum» und besonders die «fabrica totius mundi» erkennbar würden. Nachdem es ihm klargeworden sei, daß in vielen Punkten zwischen Aristoteles und den übrigen Physikern einerseits und dem biblischen Schöpfungsbericht andererseits keine Übereinstimmung zu finden sei, habe er an der Zuverlässigkeit der Philosophen zu zweifeln begonnen und sich mit eigenem Forschen in die Geheimnisse der Natur vertieft. Die Kosmographie schätze er dabei besonders hoch ein, «quae omni alteriori professioni ministra et sollers adiutrix esset». Auch die ihr nahestehenden Sparten der Wissenschaft habe er nicht vernachlässigt. So habe er der «ratio temporum» eingehende Untersuchungen gewidmet[4]. Bei seinen chronologischen Arbeiten sei er darauf gestoßen, daß ein Jahr im Ablauf der Weltgeschichte in der Berechnung fehle, und dies um die Zeit der Passion Christi. Diese Divergenz habe ihm so lange keine Ruhe gelassen, bis er schließlich gefunden habe, daß die evangelische Geschichte dieses eine vermißte Jahr nicht nur zulasse, sondern geradezu fordere. Die Zeit der öffentlichen Wirksamkeit Jesu erstrecke sich über fünf, nicht wie herkömmlich angenommen über vier Passafeste. Dem Aufweis dieser im Blick auf das Leben Jesu zu korrigierenden Chronologie diene seine Evangelienharmonie, in der er deswegen besonderen Nachdruck auf die Orts- und Zeitangaben gelegt habe.

Das Vertrauen zu den alten naturwissenschaftlichen Autoritäten, für die in erster Linie Aristoteles steht, ist bei Mercator gebrochen. Eine Harmonisierung von antiker Philosophie und biblischer Wahrheit scheint ihm nicht mehr möglich. Der Zweifel, der bei ihm aufbricht, gilt einseitig den Philosophen. Er gilt nicht der Naturwissenschaft als solcher. Ja man kann sagen, daß dieser Zweifel gerade erst eigene Beobachtung in der Naturwissenschaft ermöglicht. Dabei gilt a priori, daß die richtigen Ergebnisse naturwissenschaftlichen und historischen Studiums mit den

---

Ich benutzte das Exemplar Augsburg StB Bibl. 731, das laut Bücherzeichen der Bibliothek des Dominikanerkonvents Augsburg entstammt. Nach Mercators Tod erschien 1604 bei Zacharias Heym in Amsterdam eine 2. Auflage der Harmonie: «Gerardi Mercatoris harmonia quatuor evangelistarum».

[3] Mercator, Monas, Bl. +2a–+3a; in diesem Abschnitt finden sich die folgenden Zitate.

[4] 1569 hatte Mercator eine «Chronologia» veröffentlicht, in der auch schon eine Evangelienharmonie enthalten war. Die Chronologie wurde als das Werk eines «hominis Martino Lutheri nimium addicti» auf den Index gesetzt (nach ADB).

Aussagen der Bibel übereinstimmen. Es erweist sich freilich immer wieder als notwendig, diese Übereinstimmung zu demonstrieren. Dies tut Mercator mit seinen biblischen Studien, auch und gerade mit seiner Evangelienharmonie. «Quod erat demonstrandum» wäre der angemessene Schlußsatz bei dieser Arbeit. Nicht den Worten, wohl aber dem Sinne nach hat Mercator diesen Schlußsatz auch gesprochen[5].

Die Einheit von biblischer und wissenschaftlicher Wahrheit bleibt bei Mercator gewahrt. Man glaubt freilich sein Aufatmen zu spüren, als ihm der Nachweis dieser Einheit schließlich gelungen scheint. Die geistigen und geistlichen Anstrengungen, die diese Demonstration gekostet hat, lassen sich nur ahnen. Ein Zeitgenosse Mercators, der sich ebenfalls intensiv mit chronologischen Arbeiten beschäftigt hat, hat es ausgesprochen, daß es bei solchen Studien um eine direkte Auseinandersetzung mit dem Teufel gehe, der die gesuchte ἁρμονία hinter einer augenscheinlichen διαφωνία verschleiern wolle[6]. Einige Generationen später konnten viele Wissenschaftler, trotz gleicher Mühe und Sorgfalt, die ἁρμονία nicht mehr finden.

Das ist das eine, aber nicht das einzige, was Mercator mit seiner Harmonie möchte: Die Klarstellung des zeitlichen Ablaufs des Lebens Jesu. Das andere ist das Herausarbeiten des inneren Ablaufs dieser Geschichte. Er blickt sozusagen aufs «Stimmungsbarometer», auf die Emotionen, die hinter den von den Evangelisten berichteten Worten Jesu und seiner Gegner stecken. Er analysiert die Geschichte Jesu als Geschichte zunehmender Spannungen zwischen Jesus und den Pharisäern. Diese Klimax hilft ihm auch dabei, die Ereignisse in zeitliche Ordnung zu bringen[7]. Die «storgae» und «energiae», die die Personen und ihr Reden und Tun bestimmen, treten nur in einer Evangelienharmonie klar zutage, nicht aber bei der Lektüre der Einzelevangelien[8]. Genauer als viele andere legt Mercator über das methodische

---

5 Vgl. den letzten Abschnitt der Vorrede Mercators zur Evangelienharmonie: «Quadriennalis praedicationis Christi brevis demonstratio», Mercator, Monas, Bl. +++++1 a ff.

6 Funck, Chronologia, Vorrede.

7 So ist es z. B. für Mercator klar, daß Lk 6−8par. vor Joh 5 einzuordnen sind: «Habent affectiones humanae suas incrementi gradus, quibus paulatim intenduntur et in externos actus altius vehementiusque assurgunt, quos si observemus in scribis et pharisaeis, videbimus ea quae Lucae 6 et Marci 3 sunt, natura priora esse his quae Ioann. 5 scribuntur», Mercator, Monas, Bl. ++2 a.

8 «Plurimum interest multiplicem ac veluti dispersam historiam in unum continuum et harmonicum corpus redigere, non solum propter ordinem rerum actarum, qui in omni historia potissimumque universali requiritur, sed multo maxime propter admirandas uniuscuiuslibet personae, praecipue autem Christi, dictorum storgas et ·energias, quae exordinata quadruplicis historiae dispositione luce clarius emergunt, in singulis quantumvis studiose perscrutatis nequaquam deprehenduntur», Mercator, Monas, Bl. +3 b. «Vides quanta sit historiae universalis evangelicae non dicam utilitas sed quodamodo necessitas, ut quae sola actorum dictorumque origines et causas, affectuum et storgarum initia incrementa et exitus perfecte commonstrat», Mercator, Monas, Bl. +4 a.

Zustandekommen der Komposition seiner Harmonie Rechenschaft ab: Zuerst sind als Fixpunkte Stellen zu suchen, wo über die Übereinstimmung der vier Evangelisten Klarheit besteht. Nachdem so eine Gliederung der evangelischen Geschichte vorgegeben ist, ist der übrige Stoff in dieses Gerüst einzuordnen. Dabei ist immer auf den Grad der Verwandtschaft von Erzählungen mit Erzählungen eines anderen Evangelisten zu achten. Bei Geschichten, die miteinander korrespondieren, kann es sich um identische, ähnliche oder vergleichbare Ereignisse handeln. Identisch («eadem») ist, was sich in der Sache und im Zeitpunkt entspricht. Was zwar der Sache nach gleich ist, aber zu verschiedenen Zeiten gesagt oder getan wurde, ist ähnlich («similia»). Wenn eine Stelle zwar deutlich von einer anderen unterschieden ist, aber dennoch zu deren Verständnis beiträgt, muß sie zum Vergleich herangezogen werden[9].

Gewißheit über die Identität von Ereignissen kann man in verschiedener Abstufung haben: Volle Sicherheit hat man dann, wenn bei verschiedenen Evangelisten ein Ereignis mit derselben Zeitangabe bezeichnet ist. Die zweite «ratio identitatis» ist dann gegeben, wenn bei mehreren Evangelisten von denselben Personen oder Dingen eine Geschichte mit gleichen Umständen erzählt wird. Die dritte Möglichkeit ist, daß im Verlauf derselben Reise Jesu der nämliche Ort unter gleichen Umständen bei mehreren Evangelisten erwähnt wird. Auch dann darf mit Identität der Ereignisse gerechnet werden. Wenn nur dasselbe Geschehen oder dieselbe Lehre von verschiedenen Evangelisten erwähnt wird, ohne daß die Identität von Zeit, Ort und Personen feststeht, dann besteht zwar eine gewisse Wahrscheinlichkeit, daß es sich um identische Ereignisse handelt, aber der Eindruck kann auch täuschen; denn Christus hat öfters dasselbe getan oder gesagt[10].

Für die Form seiner Harmonie kommt für Mercator nur eine Synopse, kein Monotessaron infrage[11]. In vier Kolumnen wird der Stoff der vier Evangelisten nebeneinandergestellt, so daß jeder Evangelist auch für sich gelesen werden kann. Gleichzeitige Ereignisse kommen Seite an Seite zu stehen[12].

---

[9] Vgl. Mercator, Monas, Bl. +4b f. Mit den Sigla E (eadem), S (similia) und C (confer) bezeichnet Mercator in seiner Harmonie den jeweiligen Verwandtschaftsgrad.

[10] Vgl. Mercator, Monas, Bl. ++2a f.

[11] Mercator, Monas, Bl. +4a: «Certe non opinor quemquam sublata quaternitate et salva spiritus sancti, qui haec apostolis scribenda dictavit, sententia in unum contextum omnia apte posse contrahere. Multa enim sub ea compositionis forma incommode, ne dicam inepte subinde repetenda sunt, multorum ordo subvertendus, multae phrases mutandae, quaedam nonnunquam voces addendae, quaedam eximendae sunt, quo suis numeris et modis constet oratio, quae omnia quantum rerum narrandarum consequantiam et oeconomiam quantumque dictorum et sententiarum vim immutent, nemo est mediocris iudicii qui non intelligat.»

[12] Mercator, Monas, Bl. +4b: «Curandum imprimis est, ut unusquisque evangelista ordine suo integer, inconfusus impermixtusque et solus legi possit.»

Die Komposition, mit der Mercator den Ablauf der Geschichte darstellt, kann aus der Grafik deutlich werden[13]:

Mercator rechnet mit einer mehr als vierjährigen Dauer der Wirksamkeit Jesu, während der Jesus nicht weniger als neunmal Jerusalem aufgesucht hat. Dadurch nimmt er in der zeitlichen Beurteilung des Lebens tatsächlich eine Sonderstellung ein[14].

Man muß es Mercator zugestehen, daß er eine originelle Arbeit verfertigt hat. Er hat nicht – wie so manch anderer – eine der vielen vorgegebenen Evangelienharmonien mehr oder minder stark bearbeitet, sondern er hat von den Vorüberlegungen bis zur endgültigen Gestaltung auf eigene Verantwortung gehandelt und dabei den Mut zu ungewöhnlichen Entscheidungen aufgebracht. Besonders zeichnet ihn sein Interesse an der Geschichte Jesu aus, nicht nur an der literarischen, sondern an der gelebten Geschichte. Diese Haltung weist schon weiter auf spätere Leben-Jesu-Darstellungen, gerade auch sein Fragen nach den «storgae» und «energiae», also nach den Motiven, den Kräften und dem «roten Faden» im irdischen Leben Jesu.

Trotz ihrer Originalität ist die Evangelienharmonie des berühmten Geographen ziemlich unbeachtet geblieben[15], vielleicht sogar deshalb, weil sie in wenig zeit-

---

[13] Vgl. Grafik XI.

[14] Vgl. dagegen Osiander: Dauer der öffentlichen Wirksamkeit Jesu mehr als drei Jahre, 5 Jerusalemaufenthalte; Molinaeus: mehr als drei Jahre, 4 Jerusalemaufenthalte; Codmann: mehr als drei Jahre, 5 Jerusalemaufenthalte; Jansen: mehr als drei Jahre, 5 Jerusalemaufenthalte; Krell: mehr als drei Jahre, 4 Jerusalemaufenthalte; Gerson: mehr als zwei Jahre, 5 Jerusalemaufenthalte; Luscinius: mehr als zwei Jahre, 3 Jerusalemaufenthalte.

[15] Salmeron, Commentarii, S. 581f. geht in Kap. 39 seines großen Kommentarwerkes kurz auf die Vorstellungen Mercators bezüglich der Dauer des Lebens Jesu ein, die er aus der Chronologie des Duisburgers kannte, und hält ihr die «tradita nobis per patres veritas» entgegen.
Ein dem Anliegen Mercators vergleichbares Motiv steht hinter der Harmonie Heinrich Büntings (Bünting, Harmonia; über Bünting, 1545–1606, vgl. ADB 3, S. 552 und NDB 2. S. 741). Das Buch des Gronauer Pfarrers will die Übereinstimmung der Astronomie mit den Angaben der Evangelien demonstrieren. An dieser Übereinstimmung kann für ihn von vornherein kein Zweifel herrschen: «Die heilige Schrifft kan je nicht feilen, so kan der calculus mathematicus auch nicht triegen, weil die himlischen Liechter iren gewissen gang und ordnung halten» (Bünting, Harmonia, Bl. A 6af.).
Seinen Vorgängern habe es «an gewisser ausrechnung und abteilung der zeit gemangelt . . ., welche ohn die astronomische rechnung nicht gründlich mag ersucht werden.» Darum habe er «in dieser so nötigen und sehr nützlichen Arbeit ein sonderliches fürgenommen und habe die Ebreischen und Römischen Calender ausgerechnet auff die zeit der Empfengnis und Geburt Christi, auch auff ein jedes Jahr seines Predigtampts, das ich eigentlich erfaren möchte, auff welche tage alle Newmonden und Festage der Jůden damals gefallen weren, und also hab ich durch anweisung des Calculi Mathematici ersucht und gefunden die rechte zeit der Geburt und des Leidens Christi, darinnen die alten veter und auch etliche

gemäßer Weise die Aufmerksamkeit auf das Leben Jesu und nicht so sehr auf die Schriftlehre mit ihren Implikationen lenkte.

Mathematici zu unsern zeiten einander sehr widerwertig sind» (Bünting, Harmonia, Bl. A 4 a).

Das Problem stellt sich für Bünting so dar, daß gemäß unbestreitbarer astronomischer Berechnung Jesus Christus am 3. April gekreuzigt worden ist. Nach dem ebenso unbezweifelbaren biblischen Befund geschah dies im 34. Jahr seines Lebens. Der 3. April fällt aber nach der Berechnung der maßgeblichen Mathematiker im 33. und nicht im 34. Jahr Christi auf den Ostervollmond. Wie ist diese Differenz von einem Jahr zu beheben? Büntings Antwort: Der Fehler kommt daher, daß Dionysius Exiguus, der die Zählung der Jahre nach Christi Geburt eingeführt hat, sich um ein Jahr verrechnet hat. Um diesen Fehler wiedergutzumachen, müsse man, wenn man die übliche Zählung beibehalten wolle, die «anni aetatis Christi completi et non currentes» nehmen (Bünting, Harmonia, Bl. A 7 a). Das Jahr 33, das die Mathematiker als Todesjahr Christi behaupten, ist dann das Jahr, in dem Christus 33 jahre alt gewesen und im 34. Lebensjahr gestanden sei.

Bünting bietet zum Nachweis seiner Thesen nicht nur eine Harmonie in monotessaristischer Form, die auch den ganzen Stoff der Act miteinschließt, sondern auch ein Kalendarium, in dem alle Tage der Wirksamkeit Jesu verzeichnet sind und aus dem man nicht nur ersehen kann, an welchem Datum nach hebräischer und abendländischer Zählung einzelne Ereignisse des Lebens Jesu geschehen sind, sondern auch welcher Wochentag es war, bei welchem Mondstatus, und andere astronomische Angaben mehr. Büntings Harmonie erfährt von der Nachwelt kein günstigeres Urteil, als er es seinen Vorgängern zuzugestehen geneigt war. So schreibt Serpilius (Serpilius, Harmonia evangelica): «Jedoch scheinet es auch etwas keck zu eyn, wann M. Henricus Bünting, Pfarrherr der Kirchen zu Grunau im Lande Braunschweig in der einträchtigen Zusammenstimmung der heil. IV Evangelisten den Lebenslauf des Herrn Jesu nach den Jahren, Monath und Tagen, in welchen eine jede evangelische Historie geschehen sey, verfasset. Nun beruft er sich zwar hin und wieder auf die Chronologos, aber eben diese von ihm allegirte Judices werden seine so mühsam ausgesuchte Gründe am ersten verwerfen. Wiewohl ich, diese Punct ausgenommen, seiner Harmonie das ... Lob nicht entziehen will, genug, daß andre manchen conatum temerarium bey diesem Autore observirt haben.»

Summarisches Fazit

Es wurde bereits in der Einleitung gesagt[1], daß in unserer Arbeit nicht alle Evangelienharmonien, die im Reformationsjahrhundert verfaßt und gedruckt worden sind, vorgestellt werden sollten. Der Drang nach Vollständigkeit würde diese Untersuchung nur mit Ballast beschweren[2]. Die gewichtigen Stimmen im Konzert der Evangelienharmonistik des 16. Jahrhunderts haben wir wohl alle anklingen lassen; daneben wurde der Leser mit einer Reihe von typischen, interessanten und originellen Harmonien sowie mit Schriften besonders interessanter Verfasser bekanntgemacht[3].

---

[1] Vgl. o. S. 3.

[2] Hinweise auf Harmonien des 16. Jh., die in dieser Arbeit nicht besprochen wurden, finden sich im tabellarischen Anhang.

[3] Die monumentale Harmonie, die von Martin Chemnitz begonnen und nach seinem Tode von Polykarp Leyser und Johann Gerhard vollendet und herausgegeben wurde (Chemnitz, Harmonia), haben wir ganz ausgespart:

Martin Chemnitz (gest. 1586), der das große Werk begonnen hat, hatte für die Harmonie 5 Bücher, die sich an den Jahren des Auftretens Jesu orientieren, vorgesehen (Buch 1: Die Zeit bis zur Taufe Jesu; Buch 2–5 je 1 Jahr des «ministeriums Christi»). Er selbst kam mit dieser Arbeit nur bis zur Bergpredigt (Kap. 51 in Buch 3), ohne etwas davon veröffentlichen zu können.

Polykarp Leyser (gest. 1610) gab 1593 den von Chemnitz fertiggestellten Bruchteil heraus und machte sich in den folgenden Jahren an die Fortführung der Harmonie. In den Jahren 1603–1611 erschienen aus seiner Feder die Kapitel 52–140 (bis zur Auferweckung des Lazarus) des Gesamtwerkes; die letzte «Lieferung» wurde dabei bereits von seinen Söhnen nach seinem Tod herausgegeben.

Johann Gerhard (1582–1637) hatte 1617 2 Kommentare «in harmoniam historiae evangelicae de passione Christi» und «de ressurectione et ascensione Christi» veröffentlicht. Auf einem Konvent der sächsischen Theologen 1621 in Jena wurde an ihn die Bitte herangetragen, nun auch die noch zu einer Gesamtharmonie fehlende Lücke zu schließen und so das von Chemnitz begonnene Werk zu Ende zu führen.

1626 konnte Johann Gerhard die Kapitel 141–180 (bis einschließlich Joh 17) gedruckt vorlegen. Als Ganzes (einschließlich der Passions- und Ostertexte) erschien die Harmonie erst 1652 in 3 Foliobänden, also 15 Jahre nach Johann Gerhards Tod.

So liegt der Anfang des Werkes zwar im 16. Jh., die Entstehungsgeschichte reicht aber weit ins 17. Jh. hinein und führt damit ein gutes Stück über den uns gesetzten Betrachtungszeitraum hinaus. Für eine erste Orientierung seien hier die wichtigsten Besonderheiten dieses epochalen Werkes, an dem mehrere Theologengenerationen gearbeitet haben, genannt:

Wichtig ist für unsere Betrachtung nicht jede einzelne Evangelienharmonie, sondern wichtig ist der Eindruck, der von dem Gesamtbemühen auf dem Feld der Evangelienharmonistik des Reformationsjahrhunderts entstanden ist.

Unsere Untersuchung kann auch in der beschränkten Form, in der sie vorgelegt wird, abgesehen von zahlreichen Einzelbeobachtungen – drei Nachweise erbringen.

1. Sie kann die Bedeutung aufzeigen, die man im 16. Jahrhundert der Beschäftigung mit der Harmonisierung der Evangelien beigemessen hat. Diese Bedeutung wird unterstrichen durch die Fülle der vorgelegten Druckwerke mit oft mehreren Auflagen, durch die Vielzahl der angebotenen Formen und Techniken, durch die ganz unterschiedliche Herkunft der Autoren sowohl geographisch als auch fachlich gesehen, durch die Mannigfaltigkeit der Motive und Zielvorstellungen. Man kann die Evangelienharmonistik im 16. Jahrhundert als ein Sammelbecken ansehen, in das Strömungen von verschiedenen Seiten zusammengeflossen sind. In der Geschichte der Bibelexegese des Reformationsjahrhunderts hat man bisher den so vielfältigen Bereich der Evangelienharmonistik nicht genügend in den Blick bekommen. Dadurch – das wird man sagen dürfen – ist eine Lücke in der Auslegungsgeschichte entstanden, die durch unsere Arbeit nicht geschlossen, aber doch deutlich gemacht werden sollte.

2. Das Problem der Harmonisierung der Evangelien ist durch die Schriften, die wir im Verlauf dieser Untersuchung kennengelernt haben, nicht gelöst worden und es konnte unter den gegebenen Voraussetzungen auch nicht gelöst werden. Es wurde auch von den Menschen des 16. Jahrhunderts als unbewältigtes Problem empfunden. Daß es tatsächlich als Problem empfunden wurde, zu dessen Lösung man in einem fach-, konfessions- und grenzüberschreitenden Bemühen erstaunliche Energie aufwendete, das sollte durch unsere Arbeit klarwerden.

Die einzelnen Kapitel bieten nach der Überschrift zunächst eine «ratio ordinis», in der die Stellung der Perikope im Ganzen der Harmonie begründet wird. Es folgt der jeweilige Evangelientext auf Griechisch und Lateinisch (nach der Version des Erasmus). Falls evangelische Parallelüberlieferungen vorliegen, werden diese einfach nacheinander abgedruckt, also sozusagen in synoptischer Form, doch nicht n e b e n einander, sondern u n t e r einander gedruckt. Es folgt – soweit Parallelen vorhanden – ein harmonisierter Text, ebenfalls lateinisch und griechisch, wobei auf Siglen für die Herkunftsbezeichnung verzichtet wird (in Hinblick auf den zuvor abgedruckten originalen Evangelientext). Schließlich folgt eine recht ausführliche «Periocha» bzw. «Exegesis», also ein Kommentar zu dem Bibeltext. Bezüglich der Erarbeitung der Akoluthie der evangelischen Geschichte stellt Chemnitz 18 Regeln auf (in Kap. 5 der Prolegomena), die davon ausgehen, daß die von den Evangelisten angegebenen oder angedeuteten Zeitangaben zu beachten seien, daß aber andererseits damit zu rechnen sei, daß die Evangelisten gelegentlich auch «praeoccupando» bzw. «recapitulando» berichtet haben. Die Chemnitz–Leyser–Gerhardsche Harmonie steht also in der augustinischen Traditionslinie.
Zu dieser Harmonie vgl. RE³ 3, S. 803 und RE³ 6, S. 559.

3. Sie kann innerhalb der Bemühungen um eine Evangelienharmonie die Besonderheit und besondere Bedeutung der Harmonia evangelica Osianders aufzeigen,
die alle anderen derartigen Arbeiten an Anspruch und Wirkung übertraf, die
Interesse fand weit über den Arbeitsbereich der Evangelienharmonistik hinaus, an
der sich die Geister schieden, die viel Widerspruch, aber auch viel Zustimmung
und Nachfolge fand und die eine ganze «Schule» der Evangelienharmonistik
begündete.

Unsere Untersuchungen zur Harmonia evangelica Osianders wollen nicht nur
als Beitrag zur Geschichte der Evangelienharmonistik verstanden werden. Sie wollen
auch zu einer sachkundigeren Würdigung des Theologen und Bibelwissenschaftlers
Andreas Osiander beitragen.

Auf den beiden genannten Feldern möchte unsere Arbeit nicht eine Ernte ein-
bringen, sondern zum Weiterarbeiten anregen. Es könnten dabei noch manche
überraschenden Erkenntnisse und bessere Einsichten zutage treten.

Literaturverzeichnis

Die im Literaturverzeichnis verwendeten Sigel für Zeitschriften, Serien, Lexika und Quellenwerke entsprechen dem Internationalen Abkürzungsverzeichnis für Theologie und Grenzgebiete (IATG). Sie werden hier nicht eigens erläutert.

Aigran, Vies des Jésus = Aigran, René: Quelques «Vies de Jésus», in: Le Christ, S. 1119–1149.

Aland, Synopsis = Aland, Kurt (Hg.): Synopsis Quattuor Evangeliorum, Stuttgart 1964.

Alard, Bibliotheca = Alard, Nicolaus: Bibliotheca harmonicobiblica, quae praeter historiam harmonicam tradit notitiam scriptorum harmonicorum cuiuscunque aetatis et religionis, Hamburg 1725.

Allen, Opus = Opus epistolarum Desiderii Erasmi Roterodami, hg. v. P. S. Allen, 12 Bde., Oxford 1906–1958.

Altaner, Patrologie = Altaner, Berthold und Stuiber, Alfred: Patrologie. Leben, Schriften und Lehre der Kirchenväter, Freiburg 1978[8].

Anselm, Cur deus homo = Anselm von Canterbury: Cur Deus homo – Warum Gott Mensch geworden. Lateinisch und Deutsch. Besorgt und übers. von Franciscus Salesius Schmitt OSB, Darmstadt 1956 (mehrere unv. Nachdr.).

Antonius von Königstein, Monotessaron = Antonius von Königstein: Monotessaron evangeliorum, Köln 1542.

Armstrong, Estienne = Armstrong, Elizabeth: Robert Estienne. Royal Printer. An Historical Study of the Elder Stephanus, Cambridge 1954.

Barnikol, Leben Jesu = Barnikol, Ernst: Das Leben Jesu der Heilsgeschichte, Halle 1958.

Baronius, Annales = Annales Ecclesiastici auctore Caesare Baronio, 12 Bde. Novissima editio, postremum ab auctore aucta et iam denuo recognita, Köln 1624 (Erstausg. Rom 1588 ff.).

Bartoš-Spunar, Catalogus = Bartoš, F. M.–Spunar, B.: Catalogus fontium M. Iohannis Hus et M. Hieronymi Pragensis opera exhibentium Antonio Skarka moderantae. Pragae in Instituto Historico Academiae scientiarum Bohemoslovenicae anno 1965 editus.

Bauer, Leben Jesu = Bauer, Walter: Das Leben Jesu im Zeitalter der neutestamentlichen Apokryphen, Tübingen 1909 (Neudr. Darmstadt 1967).

Bauer, Wörterbuch = Bauer, Walter: Griechisch-Deutsches Wörterbuch zu den Schriften des Neuen Testaments und der übrigen urchristlichen Literatur, Berlin 1963[3].

Beauxamis, Commentaria = Beauxamis, Thomas: Commentariorum in evangelicam harmoniam sive concordiam ex antiquis ecclesiae patribus congestorum . . . tomi quatuor, Paris 1583, 2°.

Bengel, Harmonie = Johann Albrecht Bengels richtige Harmonie der vier Evangelisten, Tübingen 1766[3] (1736[1], 1747[2]).

Benzing, Buchdrucker = Benzing, Josef: Die Buchdrucker des 16. und 17. Jahrhunders im deutschen Sprachgebiet, Wiesbaden 1963 (= Beiträge zum Buch- und Bibliothekswesen 12).

Beringer, NT = Beringer, Jakob: Das nüw testament kurtz und grüntlich, Straßburg 1526.

Beyer, Dresden = Beyer, August: Arcana sacra bibliothecarum Dresdensium, Dresden 1738.

Biundo, Geistliche = Biundo, Georg: Die evangelischen Geistlichen der Pfalz seit der Reformation, Neustadt/Aisch 1968 (= Genealogie und Landesgeschichte. Publikationen der Zentralstelle für Personen- und Familiengeschichte, hg. v. Heinz F. Friederichs, Bd. 15).

Biundo, Pfälzisches Pfarrerbuch = Biundo, Georg: Pfälzisches Pfarrer- und Schulmeisterbuch, Kaiserslautern 1930 (= Geschichte der protestantischen Kirche der Pfalz Bd. 1 = Palatina Sacra 1).

BNP = Catalogue Général des livres imprimés de la Bibliothéque Nationale, Auteurs, Paris 1897 ff.

Bodenstedt, Ludolphus = Bodenstedt, Mary Immaculate: The Vita Christi of Ludolphus the Carthusian, Washington 1944 (= SMRL 16).

Bossert, Domprediger = Bossert, Gustav: Hedios Nachfolger als Domprediger in Straßburg, in: ZGO 20 (NS), S. 316.

Bossert, Eleutherobios = Bossert, Gustav: Christoph Eleutherobios oder Freisleben, in: JGPrÖ 29, 1908, S. 1−12.

Bossert, Reformationsgeschichte = Bossert, Gustav: Beiträge zur badisch-pfälzischen Reformationsgeschichte, in: ZGO 17 (NS), S. 37−89, 251−290, 401−449, 588−619 (Forts. in Bd. 18).

Bossert, Reformationsschriftsteller = Bossert, Gustav: Zwei Linzer Reformationsschriftsteller, in: JGPrÖ 21, 1900, S. 132−137.

Boudin, De Iesu Christi = Boudin, Johannes: De Iesu Christi Domini nostri rerum gestarum, cum in terris versaretur, claritate et gloria, Antwerpen 1591, 8°.

Branteghem, Vita = Branteghem, Wilhelm van: Iesu Christi vita, Antwerpen 1537 u. ö.

Bucher, Dillingen = Bucher, Otto: Bibliographie der deutschen Drucke des XVI. Jahrhunderts, T. 1: Dillingen (= Bibliotheca Bibliographica Bd. 5, T. 1), Wien, Zürich, Florenz 1960.

Bünting, Harmonia = Bünting, Heinrich: Harmonia evangelistarum, Magdeburg o. J. (Vorrede datiert auf 12. 1. 1588).

Bultmann, Johannesevangelium = Das Evangelium des Johannes, erklärt von Rudolf Bultmann, Göttingen 1941[10] (mehrere Nachdr.; = KEK, 2. Abt.).

Calov, Biblia illustrata = Calov, Abraham: Biblia illustrata Novi Testamenti, Frankfurt/Main 1676.

Calvin, Opera = Ioannis Calvini opera quae supersunt omnia, hg. v. Wilhelm Baum, Eduard Cunitz, Eduard Reuss, 59 Bde., Braunschweig−Berlin 1863−1900 (= CR 29−87).

Camerarius, Expositio = Camerarius, Ioachim: Historiae Iesu Christi filii Dei . . . summatim relata expositio, Leipzig 1566.

Carion, Chronica = Chronica durch M. Johann Carion fleißig zusammengezogen, 1555 (Bearbeitung durch Johann Funck).

Di Cesare, Vidas = Di Cesare, M. A.: Vida's «Christiad» and Vergilian Epic, New York und London 1964.

Chemnitz, Harmonia = Chemnitz, Martin: Harmonia quatuor evangelistarum, hg. v. Polykarp Leyser, Frankfurt 1593, vollendet von Johann Gerhard 1626 (Zitate in unserer Arbeit nach der Ausgabe Hamburg 1704).

Clericus, Harmonia = Clericus, Johannes: Harmonia evangelica, Lyon 1700.

Codmann, Harmonia = Codmann, Laurentius: Harmonia evangelistarum, Frankfurt/Main 1586 (Erstausg. Nürnberg 1568).

Copus, Syntaxis = Copus, Alanus: Syntaxis historiae evangelicae, Löwen 1572.

Dankó, Historia = Dankó, Jószef: Historia revelationis divinae Novi Testamenti, Wien 1867 (= Dankó, Jószef: Historia revelationis divinae Veteris et Novi Testamenti P. 2).

Draud, Bibliotheca classica = Draud, Georg: Bibliotheca classica sive catalogus officinalis, in quo singuli singularum facultatum ac professionum libri . . . ordine alphabetico recensentur, Frankfurt/Main 1611.

Dupuyherbault, Tetramonon = Dupuyherbault, Gabriel: Tetramonon sive symphonia et concentus quatuor evangeliorum, Paris 1547.

Dunkel, Nachrichten = Dunkel, Johann Gottlob Wilhelm: Historisch-Critische Nachrichten von verstorbenen Gelehrten und deren Schriften, 3 Bde., Coethen und Dessau 1753–1757 (Neudr. Hildesheim 1968).

Duthilloeul, Bibliographie = Duthilloeul, H.-R.: Bibliographie Douaisienne, Paris 1835.

Ebeling, Evangelienauslegung = Ebeling, Gerhard: Evangelische Evangelienauslegung. Eine Untersuchung zu Luthers Hermeneutik, München 1942 (= FGLP 10. R., Bd. 1; Neudr. Darmstadt 1963).

Ebrard, Kritik = Ebrard, Johann Heinrich August: Wissenschaftliche Kritik der evangelischen Geschichte, 1868[3] (1. Aufl. Frankfurt/Main 1842).

Eckert, Erasmus =Eckert, Willehad Paul: Erasmus von Rotterdam. Werk und Wirkung, 2 Bde., Köln 1967 (= Zeugnisse der Buchkunst, 4. Buch).

Erasmus, Opera = Desiderii Erasmi Roterodami opera omnia, hg. v. Johannes Clericus, 10 Bde., Leiden 1705 (Neudr. Hildesheim 1962).

Erlanger Handschriften = Katalog der Handschriften der Universitätsbibliothek Erlangen. Neubearbeitung. Bd. 1: Die lateinischen Pergamenthandschriften beschrieben von Hans Fischer, Erlangen 1928. Bd. 2: Die lateinischen Papierhandschriften beschrieben von Hans Fischer, Erlangen 1936.

Erlinger, Euangelion = Erlinger, Georg: Euangelion Christi, Wertheim 1524.

Euseb. h. e. = Eusebius von Caesarea: Historia ecclesiastica.

Euseb, Kirchengeschichte = Eusebius von Caesarea: Kirchengeschichte, hg. und eingel. v. Heinrich Kraft, München 1967.

Fabricius, Bibliotheca = Fabricius, J. Albert: Bibliothecae Graecae liber IV.: De libris sacris Novi Foederis, Philone item atque Iosepho et aliis scriptoribus claris a tempore nati Christi salvatoris nostri ad Constantinum M. usque, Hamburg 1708.

Flacius, Catalogus = Flacius, Matthias: Catalogus testium veritatis, Basel 1556.

Fligge, Osiandrismus = Fligge, Jörg Rainer: Herzog Albrecht von Preußen und der Osiandrismus 1522–1568 (Diss. phil. Bonn 1972).

Freher, Theatrum = Freher, Paul: Theatrum virorum eruditione clarorum, in quo vitae et scripta theologorum, iureconsultorum, medicorum et philosophorum . . . repraesentantur, Nürnberg 1688.

Freisleben, Evangelium = Freisleben, Christoph: Iesu Christi filii Dei evangelium, Basel 1557.

Fritzsche, NT = Fritzsche, O. F.: Das neue Testament deutsch, Speier 1526 fol., in: Serapeum 15, S. 333–335.

Funck, Chronologia = Funck, Johann: Chronologia, hoc est omnium temporum et annorum ab initio mundi usque ad ressurectionem Domini nostri Iesu Christi computatio, 1. T., Nürnberg 1545, 1. und 2. T., Königsberg 1552 u. ö.

Geisenhof, Bibliotheca = Geisenhof, Georg: Bibliotheca Bugenhagiana. Bibliographie der Druckschriften des D. Joh. Bugenhagen, Leipzig 1908 (= QDGR 6; Neudr. Nieuwkoop 1963).

Gerson, Monotessaron = Ioannes Gerson: Monotessaron seu unum ex quatuor evangeliis, abgedr. in: Gerson, Opera 4, Sp. 83–202.

Gerson, Opera = Ioannis Gersonii opera omnia, opera et studio M. Lud. Ellies du Pin, Antwerpen 1706.

Giese, Bibelübersetzung = Giese, Gottlieb Christian: Historische Nachricht von der Bibel-übersetzung Herrn D. Martin Luthers. Erster Theil, welcher die Jahre 1517 bis 1533 in sich fasset, hg. v. J. B. Riederer, Altdorf 1771.

GK = Gesamtkatalog der preußischen (deutschen) Bibliotheken, 14 Bde., Berlin 1930–1939.

Glossa = Biblia cum glossa ordinaria et expositione Lyrae litterali et morali necnon additionibus ac replicis, 5 Bde., Basel 1498.

Goez, Anfänge = Goez, Werner: Die Anfänge der historischen Methoden-Reflexion im italienischen Humanismus, in: Geschichte in der Gegenwart. Festschrift für Kurt Kluxen, hg. v. Ernst Heinen und Hans-Julius Schoeps, Paderborn 1972. S. 3–21.

Goldschmidt, Talmud dtsch = Der babylonische Talmud, neu übertragen durch Lazarus Goldschmidt, 12 Bde., Berlin 1930–1936.

Goulet, Iosephus = Iosephi Iudei Historici praeclara opera, hg. v. Robert Goulet, Paris 1519, 2°.

Griesbach, Synopsis = Griesbach, J. J.: Synopsis evangeliorum, Halle 1774.

Grotefend, Taschenbuch = Grotefend, Hermann: Taschenbuch der Zeitrechnung des deutschen Mittelalters und der Neuzeit, hg. v. Th. Ulrich, Hannover 1960[10].

Haag, France 4 = Haag, Eugène und Emile: La France Protestante ou vies des Protestants Francais, Bd. 4, Paris 1853.

Hain, Repertorium = Hain, Ludwig: Repertorium bibliographicum, in quo libri omnes ab arte typographica inventa usque ad annum MD typis expresse ordine alphabetico vel simpliciter enumerantur vel adcuratius recensentur, 2 Bde., Stuttgart–Paris 1826 bis 1838.

Hase, Geschichte Jesu = Hase, Karl: Geschichte Jesu nach akademischen Vorlesungen, Leipzig 1876.

von Hase, Erfurter Drucke = von Hase, Martin: Bibliographie der Erfurter Drucke 1501 bis 1550, Nieuwkoop 1968.

Hauber, Harmonie = Hauber, Eberhard David: Harmonie der Evangelisten, das ist Uebereinstimmung und Vereinigung ihrer Beschreibungen des Lebens Jesu Christi, Lemgo 1737.

Hazard, Krise = Hazard, Paul: Die Krise des europäischen Geistes. Aus dem Französischen übertr. v. Harriet Wegener, mit einer Einf. v. Carlo Schmid, Hamburg o. J.

Heimbucher, Orden Heimbucher, Max: Die Orden und Konkregationen der katholischen Kirche, 2 Bde., Paderborn 1933[3] (Neudr. 1965).

Hesychius, συναγωγή = Hesychius: Συναγωγὴ ἀποριῶν καὶ ἐπιλυσέων, abgedr. in PG 93, Sp. 1391–1448.

Hirsch, Theologie = Hirsch, Emanuel: Die Theologie des Andreas Osiander und ihre geschichtlichen Voraussetzungen, Göttingen 1919.

HL = Die von Lundström, Hussinetz edierte Evangelienharmonie der Handschrift Fol. T. 131 aus dem Archiv der SiB Linköping.

Hoyer, Rutze = Hoyer, Siegfried: Nicolaus Rutze und die Verbreitung hussitischer Gedanken im Hanseraum, in: Neue Hansische Studien, Berlin-Ost 1970, S. 157–170 (= FMAG 17).

Hummel, Epistolarum = Hummel, Bernhard Friedrich (Hg.): Epistolarum historica-ecclesiasticarum seculo XVI. et XVII. a celeberrimis viris scriptarum semicenturia altera, Halle 1780.

Hus, Historia = Historia gestorum Christi, ex quatuor evangelistis in unum collecta atque secundum tres annos praedicationis eius distincta, par Magistrum Ioannem de Hussinetz, in: Hus, Monumenta 2, Bl. 1a–6b.

Hus, Monumenta = Ioannis Hus et Hieronymi Pragensis confessorum Christi historia et monumenta, partim annis superioribus publicata, partim nunc demum in lucem prolata et edita, 2 Bde., Nürnberg 1558.

IATG = Schwertner, Siegfried: Internationales Abkürzungsverzeichnis für Theologie und Grenzgebiete, Berlin 1974.

Jachmann, Beringer = Jachmann, Johann Gottlieb: De Beringeri editione Novi Testamenti Germanica, Wratislaviae 1757.

Jansen, Concordia =Iansen, Cornelius: Concordia evangelica, Löwen 1549.

Jöcher, Gelehrtenlexikon = Jöcher, Christian Gottlieb: Allgemeines Gelehrtenlexikon, 4 Bde., 7 ErgBd., hg. v. Johann Christoph Adelung, Heinrich Wilhelm Rotermund und Otto Günther, Leipzig usw. 1750−1897 (Neudr. Hildesheim 1960−1961).

De Jongh, Louvain = De Jongh, H.: L'ancienne Faculté de Théologie de Louvain au premier siècle de son existence (1432−1540), Louvain 1911.

Jüssen, Hesychius = Jüssen, Klaudius: Die dogmatischen Anschauungen des Hesychius von Jerusalem, 1. T. 1931, 2. T. 1934 (die Einleitung zu T. 1, S. 1−47 − Lebensgang, die erhaltenen Werke − auch separat: München 1939).

Kapp, Buchhandel = Kapp, Friedrich: Geschichte des deutschen Buchhandels bis in das siebzehnte Jahrhundert, Leipzig 1886 (= Geschichte des deutschen Buchhandels Bd. 1).

Kenyon-Adams, Text = Kenyon, Frederic G.: Der Text der griechischen Bibel, 2. Aufl. erg. v. A. W. Adams, Göttingen 1961.

Kindler, Literatur Lexikon = Kindlers Literatur Lexikon, 7 Bde., Zürich 1965−1972.

Kist, Matrikel = Kist, Johannes: Die Matrikel der Geistlichkeit des Bistums Bamberg 1400 bis 1556, Würzburg 1965 (= Veröffentlichungen der Gesellschaft für fränkische Geschichte R. 4, Bd. 7).

Köhler, Leben Jesu = Köhler, Walter: Wie Luther den Deutschen das Leben Jesu erzählt hat, Leipzig 1917 (= SVRG 35, 1 und 2).

Köhler, Lexicon = Lexicon in Veteris Testamenti libros, hg. v. Ludwig Köhler, Leiden 1958.

Körner, Alber = Körner, Emil: Erasmus Alber, Leipzig 1910 (= QDGR 15).

Krell, Evangelion = Krell, Paul: Evangelion unsers Herrn Jhesu Christi, Wittenberg 1571. 8°.

Krell, Monotessaron = Krell, Paul: Monotessaron historiae evangelicae, Wittenberg 1566.

Kristeller, Bücherillustration = Kristeller, Paul: Die Straßburger Bücher-Illustration im XV. und im Anfange des XVI. Jahrhunderts, Leipzig 1888 (= Beiträge zur Kunstgeschichte NF 7).

Kümmel, Einleitung = Feine, Paul−Behm, Johannes: Einleitung in das Neue Testament, 12. völlig neu bearb. Aufl. v. Werner Georg Kümmel, Heidelberg 1963 (Heidelberg 1976[18]).

Kümmel, Geschichte = Kümmel, Werner Georg: Das Neue Testament. Geschichte der Erforschung seiner Probleme, Freiburg/München 1970[2].

L = Luscinius, Othmar: Evangelicae historiae narratio, Augsburg 1523.

Lamy, Commentarius = Lamy, Bernhard: Commentarius in harmoniam sive concordiam quatuor evangelistarum, Paris 1699.

Leben unsers Erledigers = Das Leben unsers Erledigers Jesu Christi, Nürnberg 1514.

Le Christ = Le Christ. Encyclopédie populaire des connaissances christologiques, Paris 1932.

Le Long, Bibliotheca sacra = Le Long, Iacobus: Bibliotheca sacra seu syllabus omnium ferme Sacrae Scripturae editionum ac versionum, bearb. v. Christian Friedrich Börner, 2 T., Leipzig 1709.

Lipenius, Bibliotheca = Lipenius, M. Martin: Bibliotheca realis theologica omnium materiarum, rerum et titulorum in universo sacrosanctae theologiae studio occurentium, 2 Bde., Frankfurt/Main 1685.

von Loewenich, Synoptiker = von Loewenich, Walther: Luther als Ausleger der Synoptiker, München 1954 (= FGLP 10. R., Bd. 5).

Ludolph, Vita = Ludolphus de Saxonia: Vita Iesu Christi ex evangelio et approbatis ab ecclesia catholica doctoribus sedule collecta, editio novissima curante L. M. Rigollot, 4 Bde., Paris—Rom 1870.

Lundström, Hussinetz = Magister de Hussinetz' historia gestorum Christi för första gången utgifven med inledning af Herman Lundström, Uppsala 1898.

Luscinius, evangelisch histori = Luscinius, Othmar: Dye evangelisch histori, Augsburg 1524.

Luscinius, evangelisch histori dtsch. = Luscinius, Othmar: Die gantz euangelisch hystori . . ., Augsburg 1525.

Luthard, Kompendium = Luthard, Christoph Ernst: Kompendium der Dogmatik, Leipzig 1933[13].

Lutz, Harmonia = Lutz, Reinhard: Harmonia seu historia sancta, Basel 1561.

Mälzer, Bengel = Mälzer, Gottfried: Johann Albrecht Bengel. Sein Leben und Werk, Stuttgart 1970.

Masser, Bibel = Masser, Achim: Bibel, Apokryphen und Legenden. Geburt und Kindheit Jesu in der religiösen Epik des deutschen Mittelalters, Berlin 1969.

Matthäus a Castro, Epitome = Matthäus a Castro: Cornelii Iansenii . . . commentariorum in suam concordiam . . . epitome, Antwerpen 1593.

Mercator, Monas = Mercator, Gerhard: Evangelicae historiae quadripartita Monas, Duisburg 1592. 4°.

Merkel, Widersprüche = Merkel, Helmut: Die Widersprüche zwischen den Evangelien. Ihre polemische und apologetische Behandlung in der Alten Kirche bis zu Augustin, Tübingen 1971 (= WUNT 13).

Micraelius, Historia = Micraelius, Johann: Historia ecclesiastica, Leipzig und Frankfurt 1699.

Möller, Osiander = Möller, Wilhelm: Andreas Osiander. Leben und ausgewählte Schriften, Elberfeld 1870 (= LASLK 5, Neudr. Nieuwkoop 1965).

Molinäus, Collatio = Molinäus, Karl: Collatio et unio quatuor evangelistarum Domini nostri Iesu Christi, Paris 1565.

MPO = Monumenta patrum orthodoxographa, Basel 1569.

Mülhaupt, Luthers Evangelienauslegung = D. Martin Luthers Evangelienauslegung, hg. v. Erwin Mülhaupt, 5. T.: Die Passions- und Ostergeschichten aus allen vier Evangelien, Göttingen 1961[3].

Müller, Osianders Evangelienharmonie = Müller, Gerhard: Osianders «Evangelienharmonie», in: Histoire de l'exégèse au XVIe siècle, Genf 1978, S. 256—264 (= Etudes de philologie et d'histoire 34).

MVGN = Mitteilungen des Vereins für Geschichte der Stadt Nürnberg.

Nagler, Monogrammisten = Nagler, G. K.: Die Monogrammisten, München und Leipzig 1881.

Nestle, NT graece = Novum Testamentum Graece cum apparatu critico curavit Eberhard Nestle novis curis elaboraverunt Erwin Nestle et Kurt Aland, Stuttgart 1963[25].

Nijhoff-Kronenberg, Bibliographie = Nijhoff, Wouter — Kronenberg, Marie E.: Nederlandsche bibliographie von 1500 tot 1540, 3 Bde., 's Gravenhage 1923—1966.

Nippold, Kirchengeschichte 1 = Nippold, Friedrich: Handbuch der neuesten Kirchengeschichte, 1. Bd.: Einleitung in die Kirchengeschichte des neunzehnten Jahrhunderts, Elberfeld 1880[3].

Nolte, Kontinuität = Kontinuität und Umbruch. Theologie und Frömmigkeit in Flugschriften und Kleinliteratur von der Wende vom 15. zum 16. Jahrhundert, hg. v. Josef Nolte u. a., Stuttgart 1978 (= Spätmittelalter und Frühe Neuzeit Bd. 2).

Omeisius, Gloria = Omeisius, Magnus Daniel: Gloria Academiae Altdorfinae, Altdorf 1683.

Osiander, Biblia Sacra = Biblia Sacra, hg. v. Andreas Osiander, Nürnberg 1522.

Osiander, Harmonia = Osiander, Andreas: Harmoniae evangelicae libri quatuor Graece et Latine, Basel 1537.

Osiander, Vom einigen Mittler = Osiander, Andreas: Von dem einigen Mittler, Königsberg 1551.

Osiander, Werke = Andreas Osiander d. Ä., Gesamtausgabe, hg. v. Gerhard Müller, Gütersloh 1975 ff.

Pannenberg, Wissenschaftstheorie = Pannenberg, Wolfhart: Wissenschaftstheorie und Theologie, Frankfurt/Main 1973.

Panzer, Annales typographici = Panzer, Georg Wolfgang: Annales typographici ab artis inventu ad unnum MDXXVI, 11 Bde., Nürnberg 1793–1803 (Neudr. Hildesheim 1963–1964).

Panzer, Augsburger Bibel = Panzer, Georg Wolfgang: Ausführliche Beschreibung der ältesten Augsburgischen Ausgaben der Bibel, Nürnberg 1780.

Panzer, katholische Bibelübersetzung = Panzer, Georg Wolfgang: Versuch einer kurzen Geschichte der römisch-catholischen deutschen Bibelübersetzung, Nürnberg 1781.

Paulus, Lutz = Paulus, Nikolaus: Reinhard Lutz, ein Schlettstadter Pfarrer des sechzehnten Jahrhunderts, in: AEKG 4, 1929, S. 137–150.

Perion, Vita = Perion, Joachim: De vita rebusque gestis Iesu Christi, Köln 1576 (Erstausg. Paris 1553).

Pesch, Evangelienharmonien = Pesch, Christian: Über Evangelienharmonien, in: ZKTh 10, 1886, S. 225–244; 454–480.

Pfälzisches Memorabile 4 = Pfälzisches Memorabile, 4. T., Westheim 1876.

Proctor, Index = Proctor, Robert: An Index to the Early Printed Books in the British Museum from the Invention of Printing to the Year MD with Notes of those in the Bodleian Library, Bd. 1, 1. Section (Germany), London 1898.

Pseudo-Bonaventura, Meditationes = Meditationes vitae Christi, 13./14. Jh. (fälschlich dem Bonaventura zugeschrieben).

Ranke, Codex = Ranke, Ernst: Codex Fuldensis, Marburg und Leipzig 1868.

Ratschow, Lutherische Dogmatik = Ratschow, Carl H.: Lutherische Dogmatik zwischen Reformation und Aufklärung, T. 1, Gütersloh 1964, T. 2, Gütersloh 1966.

Reuchlin, de arte cabalistica = Reuchlin, Johannes: de arte cabalistica, Hagenau 1517 (Faksimile Neudr. Stuttgart–Bad Cannstatt 1964).

Reuchlin, de verbo mirifico = Reuchlin, Johannes: De verbo mirifico, 1494 (Faksimile Neudr. Stuttgart–Bad Cannstatt 1964).

Reusch, Indices = Die indices librorum prohibitorum des sechzehnten Jahrhunderts, gesammelt und hg. v. Franz Heinrich Reusch, Tübingen 1886 (= BLVS 176; Neudr. Nieuwkoop 1961).

Ridley, Cranmer = Ridley, Jasper: Thomas Cranmer, Oxford 1967.

Riederer, Nachrichten = Riederer, Johann Bartholomäus: Nachrichten zur Kirchen-, Gelehrten- und Büchergeschichte, 4 Bde., Altdorf 1764–1767.

Roth, Augsburg = Roth, Friedrich: Augsburgs Reformationsgeschichte, 4 Bde., München 1901–1911².

Rublack, Einführung = Rublack, Hans-Christoph: Die Einführung der Reformation in Konstanz von den Anfängen bis zum Abschluß 1531, Gütersloh 1971 (= QFRG 40).

Rubus, Historia = Rubus, Johannes (= Buisson, Jean): Historia ac harmonia evangelica, Douai 1575 (Erstaufl. Douai 1571).

Salmeron, Commentarii = Salmeron, Alfónso: Commentarii in evangelicam historiam et in Acta Apostolorum, 12 Bde., Madrid 1597–1601.

Schelhorn, Amoenitates = Schelhorn, Johann Georg: Amoenitates literariae, quibus variae observationes, scripta item quaedam anecdota et rariora opuscula exhibentur, 12 Bde., Frankfurt und Leipzig 1725–1729.

Schellong, Calvin = Schellong, Dieter: Calvins Auslegung der Synoptischen Evangelien, München 1969 (FGLP 10. Ser. Bd. 38).

von Scheurl, Altdorf = Scheurl, Siegfried Freiherr von: Die theologische Fakultät Altdorf im Rahmen der werdenden Universität 1575–1623, Nürnberg 1949 (= EKGB 23).

Schild, Bibelvorreden = Schild, Maurice E.: Abendländische Bibelvorreden bis zur Lutherbibel, Gütersloh 1970 (= QFRG 39).

Schlager, Geschichte = Schlager, P. Patricius OFM: Geschichte der kölnischen Franziskaner-Ordensprovinz während des Reformationszeitalters, Regensburg 1909.

Schmidt, Grüninger = Schmidt, Charles: Jean Grüninger. 1483–1531 (= Répertoire Bibliographique Strasboergeois jusque vers 1530, Bd. 1), Straßburg 1893.

Schmidt, Histoire = Schmidt, Charles: Histoire littéraire de l'Alsace a la fin du XVe et au commencement du XVIe siècle, 2 Bde., Paris 1879 (Neudr. Nieuwkoop 1966).

Schmidt–Schornbaum, Fränkische Bekenntnisse = Die fränkischen Bekenntnisse. Eine Vorstufe der Augsburgischen Konfession, hg. v. Landeskirchenrat der Evang.-Luth. Kirche in Bayern. 1. T.: Untersuchungen, bearb. von Wilhelm Ferdinand Schmidt, 2. T.: Texte, bearb. von Karl Schornbaum, München 1930.

Schnorr von Carolsfeld, Alberus = Schnorr von Carolsfeld, Franz: Erasmus Alberus. Ein biographischer Beitrag zur Geschichte der Reformationszeit, Dresden 1893.

Scholder, Bibelkritik = Scholder, Klaus: Ursprünge und Probleme der Bibelkritik im 17. Jahrhundert. Ein Beitrag zur Entstehung der historisch-kritischen Theologie, München 1966 (= FGLP 10. Ser. Bd. 33).

Schornbaum, Nürnberg = Schornbaum, Karl: Nürnberg im Geistesleben des 16. Jahrhunderts. Ein Beitrag zur Geschichte der Konkordienformel, in: MVGN 40, 1949, S. 1–96.

Schottenloher, Erlinger = Schottenloher, Karl: Die Buchdruckertätigkeit Georg Erlingers in Bamberg von 1522–1541 (1543). Ein Beitrag zur Geschichte der Reformationszeit, Leipzig 1907 (= SBWA H. 21).

Schottenloher, Landshuter Buchdrucker = Schottenloher, Karl: Die Landshuter Buchdrucker des 16. Jahrhunderts, Mainz 1930 (= Veröffentlichungen der Gutenberg-Gesellschaft 21).

Schweitzer, Leben-Jesu-Forschung = Schweitzer, Albert: Geschichte der Leben-Jesu-Forschung, 2 Bde., München–Hamburg 1966 (Taschenbuchausg.; Erstaufl. Tübingen 1906: Von Reimarus zu Wrede. Eine Geschichte der Leben-Jesu-Forschung).

Schwenke–Lange, Silberbibliothek = Schwenke, Paul und Lange, Konrad: Die Silberbibliothek Herzog Albrechts von Preussen und seiner Gemahlin Anna Maria, Leipzig 1894.

Schwindel, Bibliotheca = Schwindel, Georg Jakob: Bibliotheca exegeticobiblica, in qua secundum seriem librorum capitumque biblicorum libri et dissertationes eo pertinentes . . . recensentur, Frankfurt 1734.

Seebaß, Bibliographie = Seebaß, Gottfried: Bibliographia Osiandrica, Nieuwkoop 1971.

Seebaß, Müntzers Erbe = Seebaß, Gottfried: Müntzers Erbe. Werk, Leben und Theologie des Hans Hut († 1527), theol. Habilitationsschrift (masch.), Erlangen 1972.

Seebaß, Osiander = Seebaß, Gottfried: Das reformatorische Werk des Andreas Osiander, Nürnberg 1967 (= EKGB 44).

Serapeum = Serapeum. Zeitschrift für Bibliothekswissenschaft, Handschriftenkunde und ältere Literatur, Dresden u. a. 1840ff.

Serpilius, Harmonia evangelica = Du Vivier, Abraham Covetus: Harmonia evangelica, das ist: unseres Heylandes Jesu Christi Lebensbeschreibung in richtiger Ordnung vorgestellet und aus denen vier Evangelisten zusammen gezogen . . . nebst einer Vorrede Georgii Serpilii, Regensburg 1711.

Short-Title Catalogue = Short-Title Catalogue of Books Printed in the German-Speaking Countries and German Books Printed in Other Countries from 1455 to 1600 now in the British Museum, London 1962.

Sievers, Tatian = Tatian. Lateinisch und altdeutsch mit ausführlichem Glossar. Hg. v. Eduard Sievers, Paderborn 1892² (= Bibliothek der ältesten deutschen Literatur-Denkmäler Bd. 5; unv. Nachdr. 1966).

Simon, Bayreuthisches Pfarrerbuch = Simon, Matthias: Bayreuthisches Pfarrerbuch. Die evangelisch-lutherische Geistlichkeit des Fürstentums Kulmbach–Bayreuth (1528/24 bis 1810), München 1930 (= EKGB 12).

Simon, Nürnbergisches Pfarrerbuch = Simon, Matthias: Nürnbergisches Pfarrerbuch. Die evangelisch-lutherische Geistlichkeit der Reichsstadt Nürnberg und ihres Gebietes 1524–1806, Nürnberg 1965 (= EKGB 41).

Simon, Historia critica = Richardi Simonii . . . Historia Critica commentatorum praecipuorum V. & N. T. . . . übersetzet von Leonhard Christoph Rühlen nebst einer beygefügten Vorrede Herrn Jacob Friderich Reimmanns, Goslar 1713.

Simon, Pandecta = Simon von Corroy: Pandecta legis evangelicae, Lyon 1547.

Solbrig, Harmonia = Solbrig, David: Harmonia ss. evangelistarum ὀϱθότακτος . . . Cum dissertatiuncula de methodo harmoniae evangelicae ἀμεταθέτῳ s. Osiandrina eiusque fatis, Leipzig 1716.

Stamer, Pfalz 2 = Stamer, Ludwig: Kirchengeschichte der Pfalz, 2. T. Vom Wormser Konkordat bis zur Glaubensspaltung (1122–1560), Speyer 1949.

Stegmüller, Repertorium = Repertorium biblicum medii aevi collegit, disposuit, edidit Fridericus Stegmüller, 7 Bde., Mailand 1940–1961.

Strieder, Hessische Gelehrtengeschichte = Strieder, Friedrich Wilhelm: Grundlage zu einer hessischen Gelehrten- und Schriftstellergeschichte seit der Reformation bis auf gegenwärtige Zeiten, Göttingen 1781.

Strobel, Versuch = Strobel, Georg Theodor: Versuch einer Lebensbeschreibung Ottmar Nachtgalls, nebst einer vollständigen Anzeige seiner Schriften, in: Strobel, G. Th.: Miscellaneen Literarischen Inhalts, 4. Sammlung, Nürnberg 1781, S. 3–70 und S. 232–234.

Strubberg, Osiander = Andr. Osiandri harmoniae evangelicae libri IV . . ., 1734 (aus dem Nachlaß von Johann Anton Strubberg), in: FSATS 15, S. 364–371.

Stupperich, Osiander = Stupperich, Martin: Osiander in Preußen 1549–1552, Berlin und New York 1973 (= AKG 44).

Tischendorf, Synopsis = Tischendorf, Constantin: Synopsis Evangelica, Leipzig 1864⁴.

TRE-Abkürzungsverzeichnis = Theologische Realenzyklopädie. Abkürzungsverzeichnis. Zusammengestellt von Siegfried Schwertner, Berlin und New York 1976.

Tross, Holzschneider = Tross, Edwin: Strassburger Holzschneider, in: Serapeum 25, S. 189f.

Vadianische Briefsammlung = Die Vadianische Briefsammlung V, 2. Hälfte, 1536–1540. Hg. v. Emil Arbenz und Hermann Wartmann, St. Gallen 1905 (= MVG 29, 3. F. 9, 2. Hälfte).

Verpoorten, Analecta = Verpoortenius, Albert Meno: Sacra superioris aevi analecta etc., Coburg 1708.

Vögeli, Schriften = Vögeli, Jörg: Schriften zur Reformation in Konstanz 1519–1538. Mit Gregor Mangolts Konstanzer Reformationsgeschichte von 1562 zum Vergleich. Erste

Gesamtausgabe bearb. und aus zeitgenössischen Quellen erg. und erklärt von Alfred Vögeli, 2 Halbbde., Tübingen 1972/73 (= SKRG 39−41).

Vogels, Beiträge = Vogels, Heinrich Joseph: Beiträge zur Geschichte des Diatessaron im Abendland, Münster 1919 (= NTA Bd. 8, H. 1).

Vogels, de consensu = Vogels, Heinrich Joseph: St. Augustins Schrift de consensu evangelistarum unter vornehmlicher Berücksichtigung ihrer harmonistischen Anschauungen, Freiburg im Breisgau 1908 (= BSt (F) Bd. 13, H. 5).

Walch, Bibliotheca = Walch, Johann Georg: Bibliotheca theologica selecta litterariis adnotationibus instructa, 4 Bde., Jena 1757−1765.

Wallmann, Spener = Wallmann, Johannes: Philipp Jakob Spener und die Anfänge des Pietismus, Tübingen 1970 (= BHTh 42).

Walther, Konkurrenten = Walther, Wilhelm: Die ersten Konkurrenten des Bibelübersetzers Luther, Leipzig 1917.

Weber, Reformation = Weber, Hans Emil: Reformation, Orthodoxie und Rationalismus, I 1, I 2, II, Gütersloh 1937, 1940, 1951 (= BFChTh. M 35, 45, 51).

Werner, Geschichte = Werner, Gunda: Geschichte der Universitätsbibliothek Altdorf von 1586−1750, in: Werner, G. und Schmidt-Herrling, E.: Die Bibliotheken der Universität Altdorf, Leipzig 1937 (= ZfB. B 69).

Wiedemann, Augsburger Pfarrerbuch = Wiedemann, Hans: Augsburger Pfarrerbuch, Nürnberg 1962 (= EKGB 38).

Will, Gelehrtenlexikon = Will, Georg Andreas: Nürnbergisches Gelehrtenlexicon . . ., 4 Bde., Nürnberg und Altdorf 1755−1758. Fortges. v. Christian Conrad Nopitsch, 4 Bde. (= Bd. 5−8), Altdorf 1802−1808.

Wils, Louvain = Wils, J.: Les professeurs de l'ancienne Faculté de théologie de l'Université de Louvain (1432−1797), in: EThL 4, 1927, S. 338−358.

Wirth, Vita = Wirth, Georg: Vita vel evangelium Iesu Christi, Frankfurt/Main 1594.

WLG = Westermann Lexikon der Geographie, hg. v. Wolf Tietze, 4 Bde. und 1 Register, Braunschweig 1968−1972.

Wordsworth-White, Evangelien = Novum Testamentum Domini nostri Iesu Christi Latine secundum editionem sancti Hieronymi, hg. v. John Wordsworth und Henry J. White, Bd. 1 (Evangelien), Oxford 1889−1898.

Wrightsman, Osiander = Wrightsman, Amos Bruce: Andreas Osiander und Lutheran Contributions to the Copernican Revolution. Phil. Diss. (masch.), Wisconsin/USA 1970.

Würfel, Diptycha = Würfel, Andreas: Diptycha ecclesiarum in pagis Norimbergensibus, das ist: Verzeichnůs und Lebensbeschreibungen der Herren Geistlichen auf denen Nůrnbergischen Land-Pfarren, samt den dazu gehörigen Prospecten, Nürnberg 1759.

Zahn, Forschungen = Zahn, Theodor: Forschungen zur Geschichte des neutestamentlichen Kanons und der altkirchlichen Literatur, 1. T.: Tatian's Diatessaron, Erlangen 1881.

Zahn, Geschichte = Zahn, Theodor: Zur Geschichte von Tatians Diatessaron im Abendland, in: NKZ 5, 1894, S. 85−120.

Zeltner, Sendschreiben = Zeltner, Gustav Georg: Kurzes Sendschreiben, worinnen von der alten und hochstraren teutschen Wormser Bibel zuverläßige Nachricht . . . ertheilet, Altdorf 1734.

Zeltner, Vitae = Zeltner, Gustav Georg: Vitae theologorum Altorphinorum, Nürnberg 1722.

Ziegelbauer, Historia 3 = Historia rei literariae ordinis S. Benedicti 4 Bde., a R. P. Magnoaldo Ziegelbauer recensuit, auxit, iurisque publici fecit R. P. Oliverius Legipontius. 3. T.: Biographica virorum illustrium . . ., Augsburg und Würzburg 1754.

Personenregister

Im Register nicht aufgeführt sind biblische Namen und Namen, die nur als Literaturangaben erscheinen.

Bibelstellenregister

Falls die Abgrenzung von biblischen Perikopen nur geringfügig und unerheblich voneinander abweicht, wurde dies im Register nicht berücksichtigt.

Johannes
14,9: 90
14,23: 90
17: 257
17,3: 200
17,11: 90
17,21: 90
17,22: 90
17,26: 90
18,12−27: 145
18,12−16: 212
18,13: 146
18,14: 117
18,17f.: 212, 247
18,19−24: 146, 197, 211f.,
   247
18,24: 117, 125, 146

Johannes
18,25−21,25: 52
18,25ff.: 212, 247
18,28: 54
19,1−5: 146
19,14: 54, 123, 147
19,18−24: 131
20,1f.: 83, 147
20,2: 29
20,3−11: 148
20,11−18: 148
21,15−17: 125
21,25: 104

Acta
1,1−2,12: 71, 125f., 188
26,5: 137

Römer
7,12: 87

I. Korinther
12,28f.: 137
14,29: 137
14,32: 137
15,6f.: 9, 71, 125, 188

II. Korinther
3,5f.: 93
3,7−9: 87
4,13: 154

I. Johannes
4,16: 90

Grafische Darstellungen der Anordnung der Evangelienperikopen in verschiedenen Evangelienharmonien

Um den Überblick über die Komposition der Evangelienperikopen und die mit dieser Anordnung verbundene Vorstellung des zeitlichen Ablaufs des Lebens Jesu zu erleichtern, wurde von einigen Harmonien ein grafisches Schema angefertigt, in das — soweit möglich — die einzelnen Perikopen dem zeitlichen Ablauf und der geographischen Fixierung nach eingetragen wurden. Diesem Verfahren gegenüber sind Vorbehalte angebracht, da z.B. bei vielen Perikopen nicht deutlich ist, wo der Autor sie lokalisiert sieht, und da ja die Abfolge innerhalb der Harmonie nicht immer mit der zeitlichen Abfolge identisch gedacht ist. Dennoch kann die grafische Gestaltung Orientierungshilfe leisten, die bei dieser spröden Materie dringend vonnöten ist.

Die wichtigsten evangelischen Perikopen wurden in Anlehnung an die Alandsche Synopse (Aland, Synopsis) mit Kennziffern versehen, die in die Grafiken anstelle von Bibelstellenangaben eingetragen wurden. Im einzelnen wurden folgende Kennziffern verwendet:

1 Prolog (1 J, 1 L)
2 Ankündigung der Geburt des Täufers
3 Ankündigung der Geburt Jesu
4 Maria bei Elisabeth
5 Geburt Johannes des Täufers
6 Stammbaum Jesu (6 M, 6 L)
7 Geburt Jesu
8 Die Magier
9 Beschneidung Jesu
10 Darstellung im Tempel
11 Flucht nach Ägypten
12 Kindheit Jesu (Lk 2, 39 f.)
13 Der zwölfjährige Jesus
14 Predigt des Täufers (nach den Synoptikern)
15 Das Täuferzeugnis (Joh 1, 29 ff.)
16 Gefangennahme des Täufers
17 Taufe Jesu
18 Versuchung Jesu
19 Die ersten Jünger (Joh 1, 35−51)
20 Hochzeit zu Kana
21 Tempelreinigung (Joh 2, 12−25)

22   Nikodemus
23   Johanneszeugnis (Joh 3,22–36)
24   Die Samariterin
25   Wirksamkeit Jesu in Galiläa (Mt 4,12–17 par.)
26   Predigt Jesu in Nazareth
27   Jüngerberufung (Mt 4,18–22; Mk 1,16–20)
28   Besessenenheilung (Mk 1,23–28; Lk 4,33–37)
29   Heilung der Schwiegermutter des Petrus
30   Fischzug des Petrus
31   Heilung des Aussätzigen (Mk 1,40–45; Lk 5,12–16 bzw. Mt 8,1–4)
32   Heilung des Gelähmten (Mk 2,1–12 par.)
33   Berufung des Levi (33a: Zöllnergastmahl)
34   Ährenausraufen, verdorrte Hand
35   Auswahl der Zwölf
36   Bergpredigt
37   Feldrede (Lk 6,17–49)
38   Sohn des Königischen
39   Hauptmann zu Kapernaum
40   Jüngling zu Nain
41   Nachfolge Jesu (Mt 8,18–22 par.)
42   Stillung des Sturms
43   Besessenenheilung bei Gadara
44   Töchterlein des Jairus und blutflüssiges Weib
45   Heilung zweier Blinder und eines stummen Besessenen (Mt 9,27–34)
46   Aussendung der Jünger
47   Anfrage des Täufers und Jesu Zeugnis über den Täufer
48   Weherufe über die Städte Galiläas
49   Lobpreis des Vaters und Heilandsruf (Mt 11,25–30)
50   Jesus und die Sünderin (Lk 7)
51   Jesus im Bunde mit dem Teufel? Sünde wider den Geist. Jonaszeichen
52   Mutter und Brüder kommen zu Jesus
53   Gleichnisreden Mt 13 par.
54   Reise nach Jerusalem und Heilung am Teich
55   Jesus im Urteil Herodes und des Volkes (Mt 14,1f. par.)
56   Tod des Täufers
57   Rückkehr der Jünger (Mk 6,30ff.)
58   Speisung der 5000
59   Jesus wandelt auf dem See
60   Brotrede
61   Rein und unrein (Mt 15,1–20 par.)
62   Die Syrophönizierin
63   Heilung eines Taubstummen und vieler Kranker (Mt 15,29–31; Mk 7,31–37)
64   Speisung der 4000
65   Hütet euch vor dem Sauerteig der Pharisäer
66   Heilung eines Blinden vor Bethsaida (Mk 8,22–26)
67   Petrusbekenntnis
68   Verklärung Jesu
69   Heilung eines Mondsüchtigen
70   Didrachme

71 Rangstreit der Jünger
72 Gemeindezucht
73 Vom Vergeben
74 Gleichnis vom Schalksknecht
75 Donnerskinder
76 Aussendung der Siebzig
77 Gleichnis vom barmherzigen Samariter
78 Maria und Martha
79 Gleichnis vom dringlichen Bitten; von Erhörung des Gebets
80 Gleichnis vom reichen Toren
81 Gleichnis vom unfruchtbaren Feigenbaum
82 Heilung einer verkrüppelten Frau am Sabbat
83 Heilung des Wassersüchtigen (Lk 14, 1–6)
84 Gleichnis vom großen Abendmahl (Lk 14, 15 ff.)
85 Gleichnisse vom verlorenen Schaf, Groschen, Sohn
86 Gleichnis vom ungerechten Haushalter
87 Gleichnis vom reichen Mann und armen Lazarus
88 Heilung der zehn Aussätzigen
89 Gleichnis vom Richter und der Witwe
90 Pharisäer und Zöllner
91 Reise Jesu nach Jerusalem im Verborgenen (Joh 7,10–13)
92 Reden im Tempel (Joh 7)
93 Jesus und die Ehebrecherin
94 Reden von Joh 8
95 Heilung eines Blindgeborenen am Sabbat (Joh 9)
96 Hirtenrede
97 Von Ehescheidung und Ehelosigkeit (Mt 19, 3–12 par.)
98 Lasset die Kindlein zu mir kommen
99 Der reiche Jüngling
100 Gleichnis von den Arbeitern im Weinberg
101 Jesus auf dem Tempelweihfest in Jerusalem (Joh 10, 22–39)
102 Jesus am Jordan (Joh 10, 40–42)
103 Auferweckung des Lazarus
104 Jesus in Ephrem
105 Die Söhne des Zebedäus
106 Blindenheilung (Mk 10, 46–52)
107 Heilung zweier Blinder nach Jericho (Mt 20, 29–34)
108 Heilung eines Blinden vor Jericho (Lk 18, 35 ff.)
109 Zachäus
110 Gleichnisse von den anvertrauten Pfunden
111 Salbung in Bethanien (Joh 12)
112 Einzug in Jerusalem
113 Jesus weint über Jerusalem
114 Tempelreinigung
115 Verfluchung des Feigenbaums
116 Gleichnis von den Weingärtnern
117 Zinsgroschen
118 Die Sadduzäerfrage
119 Die Frage nach dem obersten Gebot

120   Davidssohnschaft
121   Pharisäerrede (Mt 23 par.)
122   Das Scherflein der Witwe
123   Synoptische Apokalypse
124   Gleichnis von den zehn Jungfrauen
125   Gleichnis vom Weltgericht (Mt 25, 31 ff.)
126   Jesus und die Griechen (Joh 12, 20 ff.)
127   Todesbeschluß (Mt 26, 1–5 par.)
128   Salbung in Bethanien (Mt 26/Mk 14)
129   Verrat des Judas
130   Zurüstung zum Passamahl
131   Fußwaschung
132   Bezeichnung des Verräters
133   Einsetzung des Abendmahls
134   Abschiedsreden Jesu nach den Synoptikern
135   Abschiedsreden Jesu Joh 13–17
136   Gethsemane
137   Gefangennahme Jesu
138   Jesus vor Hannas
139   Jesus vor dem Hohenrat
140   Verleugnung des Petrus
141   Übergabe an Pilatus
142   Ende des Judas
143   Jesu Verhör vor Pilatus
144   Vor Herodes
145   Pilatus erklärt Jesus für unschuldig (Lk 23, 13–16)
146   Jesus oder Barrabas
147   Ecce homo
148   Verurteilung Jesu durch Pilatus
149   Verspottung Jesu durch die Soldaten
150   Weg nach Golgatha
151   Kreuzigung
152   Der Gekreuzigte wird gelästert
153   Die beiden Schächer
154   Der Tod Jesu
155   Die Zeugen unter dem Kreuz
156   Durchbohrung der Seite Jesu
157   Begräbnis Jesu
158   Die Wächter am Grab
159   Das leere Grab
160   Jesus erscheint den Frauen
161   Betrug der Hohenpriester
162   Emmaus
163   Jesus erscheint den Jüngern in Abwesenheit des Thomas
164   Jesus erscheint den Jüngern in Gegenwart des Thomas
165   Jesus erscheint den Elfen beim Mahl
166   Jesus erscheint den Elfen auf einem Berg in Galiläa
167   Jesus erscheint am See Tiberias
168   Himmelfahrt Christi

Arbeiten zur Kirchengeschichte

Herausgegeben von Kurt Aland, Carl Andresen und Gerhard Müller

---

Klaus Wengst

Tradition und Theologie des Barnabasbriefes

Groß-Oktav. X, 129 Seiten. 1971. Ganzleinen DM 40,–
ISBN 3 11 003975 3 (Band 42)

Horst Weigelt

Spiritualistische Tradition im Protestantismus

Die Geschichte des Schwenckfeldertums in Schlesien

Groß-Oktav. XIV, 325 Seiten, 2 Karten. 1973. Ganzleinen DM 113,–
ISBN 3 11 003581 2 (Band 43)

Martin Stupperich

Osiander in Preussen

1549–1552

Groß-Oktav. XVI, 402 Seiten, 3 Karten. 1973. Ganzleinen DM 73,–
ISBN 3 11 004221 5 (Band 44)

Hans Hermann Holfelder

Tentatio et consolatio

Studien zu Bugenhagens „Interpretation in Librum Psalmorum"

Groß-Oktav. XII, 233 Seiten. 1974. Ganzleinen DM 85,–
ISBN 3 11 004327 0 (Band 45)

Reinhard Schlieben

Christliche Theologie und Philologie in der Spätantike

Die schulwissenschaftlichen Methoden der Psalmenexegese Cassiodors

Groß-Oktav. X, 132 Seiten. 1974. Ganzleinen DM 45,–
ISBN 3 11 004634 2 (Band 46)

Preisänderungen vorbehalten

Walter de Gruyter Berlin · New York

Arbeiten zur Kirchengeschichte

Herausgegeben von Kurt Aland, Carl Andresen und Gerhard Müller

Hans Schneider

Der Konziliarismus als Problem der Neueren Katholischen Theologie

Die Geschichte der Auslegung der Konstanzer Dekrete
von Frebonius bis zur Gegenwart

Groß-Oktav. VIII, 378 Seiten. 1976. Ganzleinen DM 121,–
ISBN 3 11 005744 1 (Band 47)

Gerhard May

Schöpfung aus dem Nichts

Die Entstehung der Lehre von der creatio ex nihilo

Groß-Oktav. XII, 196 Seiten. 1978. Ganzleinen DM 82,–
ISBN 3 11 007204 1 (Band 48)

Josef Simon

Humanismus und Konfession

Theobald Billican, Leben und Werk

Groß-Oktav. XII, 260 Seiten, 1 Abbildung. 1980. Ganzleinen DM 98,–
ISBN 3 11 007862 7 (Band 49)

Text – Wort – Glaube

Studien zur Überlieferung, Interpretation und Autorisierung
biblischer Texte – Kurt Aland gewidmet

Herausgegeben von Martin Brecht
Groß-Oktav. VIII, 397 Seiten, Frontispiz. 1980. Ganzleinen DM 128,–
ISBN 3 11 007318 8 (Band 50)

Martin Schneider

Europäisches Waldensertum im 13. und 14. Jahrhundert

Gemeinschaftsform – Frömmigkeit – Sozialer Hintergrund

Groß-Oktav. XII, 157 Seiten. 1981. Ganzleinen DM 64,–
ISBN 3 11 007898 8 (Band 51)

Preisänderungen vorbehalten

Walter de Gruyter Berlin · New York